U0802104

林存光

1966年生，山东济宁人，山东省泰山学者，尼山世界儒学中心孔子研究院特聘专家，中国政法大学政治与公共管理学院教授、博士生导师，主要从事孔子与儒学、儒家政治哲学与政治文化、中国政治思想史等方面的教学与研究工作，出版有《孔子新论》《儒教中国的形成——早期儒学与中国政治文化的演进》《历史上的孔子形象——政治与文化语境下的孔子和儒学》《政治的境界——中国古典政治哲学研究》《中国古典和谐政治理念与治国方略研究》《中国政治思想通史·秦汉卷》《“文明以止”：中华民族的人文精神与文明特性研究》《天下为公与民惟邦本——儒家两大核心政治理念的历史考察与义理阐释》《论儒教作为一种文教——孔子、儒学与儒教问题评论集》《道义、权力与政治——儒家政治哲学与政治文化论集》《儒学的多维诠释》《中国人的政治智慧》等。

教育部哲学社会科学研究重大课题攻关项目
“中华文明精神特质和发展形态研究”（22JZD034）
资助项目阶段性成果

山东省泰山学者人才工程专项经费资助项目

儒家政治理念

林存光儒学著作集

林存光 著

山东友谊出版社·济南

图书在版编目（CIP）数据

儒家政治理念 / 林存光著. -- 济南 : 山东友谊出版社, 2025. 9. -- ISBN 978-7-5516-3686-5

Ⅰ. D092.2; B222.05

中国国家版本馆CIP数据核字第20253PS188号

儒家政治理念
RUJIA ZHENGZHI LINIAN

责任编辑：赵　锐
装帧设计：刘一凡

主管单位：山东出版传媒股份有限公司
出版发行：山东友谊出版社
地址：济南市英雄山路 189 号　邮政编码：250002
电话：出版管理部（0531）82098756
发行综合部（0531）82705187
网址：www.sdyouyi.com.cn
印　　刷：济南精致印务有限公司

开本：710 mm×1000 mm　1/16
印张：30.25　字数：500 千字
版次：2025 年 9 月第 1 版　印次：2025 年 9 月第 1 次印刷
定价：138.00 元

总序：理解儒学

回顾本人30多年所走过的学术历程，大体言之，盖始终围绕孔子和儒学、“儒教”中国以及儒家政治哲学与政治文化诸论题而不断开展研究和思考，当然，亦不仅仅局限于此而已。以对孔子生平与学思的考察和探求立基，进而对两千多年来中国历史上的种种孔子观念与历史形象作系统的现象学梳理，揭示其背后的各种意蕴及不同动机和诉求；从文化与政治整合互动之综合性的关系视角，并运用意识形态的理论立场、观点和方法，深入考察和探究儒学的意识形态化问题，进而审视和反思“儒教”中国亦即与帝制相结合的儒家建制或“儒教”传统的形成与演化、成长与衰落、重兴与解体的历史过程及相关问题；立足于主体性的精神境界视角，系统阐释中国古典四大思想流派（儒、墨、道、法）之政治哲学的理论意蕴及其思想范式意义，进而指导学生共同协作而全面地对中国人的政治思想传统特别是儒家政治哲学与政治文化开展历时性考察与理论反思。所有这些学术努力与理论尝试无疑都需要穿越两千多年的时空隧道与历史迷雾，探本溯源地对孔子与古典儒家以及先秦诸子百家学术的思想和理念往复重新地作深切体究与同情理解，乃至立足思想比较的视角并借鉴和运用各种理论资源，以期彻底领悟和把握其真精神、真面目、真血脉。学术研究需要付出艰辛的努力，我们的努力虽然微不足道，但对于理解孔子和儒学、讲好孔子和儒家的故事，相信绝不是毫无意义的。而借着撰写此自序的机会，笔者愿意就如何更好理解孔子和儒学或讲好孔子和儒家故事的问题，再略陈一己之浅见，以求教于学界贤达。

自孔子开宗立派以来，儒家之学经历无数代的传习承继而不断演化发展已有两千五百多年之久，对这一历时久远而内涵丰富的学术思想流派和人文精神传统，究竟应如何来理解和诠释、传承与弘扬，迄今依然是摆在我们面前的一道富有挑战而亟须应答的难题，需要认真而理性地加以对待和思考。要言之，漠视和盲信乃是理解的大敌，反之，唯有在同情理解的基础上，才能更好地讲好孔子和儒家的故事。

为此，在我看来，今日亟宜表出之的仍是梁漱溟先生那对待儒家所抱持的客观而理性的立场与态度。熊十力先生曾著有《原儒》的名作，对此，梁先生作过一番极其耐人寻味的评论——“假若今天我来写《原儒》”，他在评论中说：“熊著《原儒》直从赞扬儒家发端，所谓‘原学统’也，‘原外王’也，‘原内圣’也，无非站在儒家立场而说话。若使在我，则断断不出于此途。”为何这样讲呢？因为“说话非同诗歌之比”，“诗歌多从自家情怀出发，可以只顾我歌唱我的，不计其他”，而“说话或著书，原在以我所明了的某事某理晓喻于人”，故“当从彼此共同承认的一些事理入手，慢慢讲到他初时不曾懂得的事理上来，引导他接受”，尤其是，面对“当前思想界既为外来学术思想所统治，而儒学早失其传统地位的情势”，如果一味站在赞扬儒家的立场而“只顾自己说自己的话，自己肯定自己的话”，那是起不了什么作用的。因此，依梁先生之见，“应当不忙去赞扬儒家（这是既为外来的学术思想占统治地位的当前思想界所不能接受的），而先要人们从客观上认识得它”，而且，“今天写《原儒》正宜从世界各地不同文化和学术来作种种比较对照功夫”，正如俗语所说“不怕不识货，只怕货比货”，“一事一物必有其特征，而特征皆从比较对照中认识出来”。[①]

梁先生的上述立场与态度，真可谓先得我心。尽管当下儒学的热闹场景与梁先生所处的冷落遭遇难以同日语，但就对儒家的客观认识和理解来讲，梁先生所言仍极富教益而不失其深刻的启示意义，甚或可作为我们原儒时的箴规。因为“说话非同诗歌之比”，吾人今日也正不必“直从赞扬儒家发端”或忙着站在“去赞扬儒家”的立场说话。因为徒以狂热或冷漠的乖戾之气去作弘扬或贬低，都无益于我们认识儒家的真价值、理解儒学的真意义，借用徐复观先生的一句话说就是，“不仅是枉费精神，而且也会麻痹真实地努力，迷误前进的方向”[②]。正唯如此，依余浅见，我们要想认识儒家和理解儒学，依然需要拥有冷静而清明、客观而理性的心智，需要“作种种比较对照功夫”来切实把握儒家和儒学的根本特征，需要以刚大之气和虚灵不昧之心对历史上的儒学所蕴含的真价值及其内在的阴暗面加以充分而深切的认识和理解、作出客观而公允的反思和评价。即使是在今日亟欲要表彰、尊崇孔孟儒家之道而发明光大之，亦不可不兼通世界学术或兼究外国之学说，诚如王国维先生所说：“至周秦诸子之说，虽若时与儒家相反对，然欲知儒家之价值，亦非尽知其反对诸家之说不可，况乎其各言之有故，持之成理者哉！今日之时代，已入研究自由之时代，而非教权专制之时代。苟儒家之说而有价值也，则因研究诸子之学而益明；其无价值也，虽罢斥百家，适足滋世人之疑惑耳。……若夫西洋哲学之于中国哲学，其关系亦与诸子哲学之于儒教哲学等。今即不论西洋哲学自己之价值，而欲完全

① 中国文化书院学术委员会编：《梁漱溟全集》第七卷，山东人民出版社2005年版，第752页。
② 徐复观：《中国艺术精神》，春风文艺出版社1987年版，自叙，第2页。

知此土之哲学，势不可不研究彼土之哲学。异日发明光大我国之学术者，必在兼通世界学术之人，而不在一孔之陋儒，固可决也。”“夫尊孔孟之道，莫若发明光大之；而发明光大之之道，又莫若兼究外国之学说。”①

另如明儒吕坤所言：“天地间真滋味，惟静者能尝得出；天地间真机括，惟静者能看得透；天地间真情景，惟静者能题得破。作热闹人，说孟浪语，岂无一得？皆偶合也。”（《呻吟语·存心》）故吾人今日要想真切地认识和体知、全面理解和系统诠释，乃至富有意义地传承和弘扬、创新和发展儒学，都须首先静心以思之，孔子儒家所为之学、所求之道、所认之理，究竟是一种什么性质的学问和道理。如此而思之不切、体之不真，便着急忙慌地“作热闹人，说孟浪语”，在自家书斋中杜撰和制造出种种既时髦又廉价而且即时就变成明日黄花的“某某儒学”的名称与标签，不仅“枉费精神”，也实在可惜了这些“儒学”之名！

历史地讲，两千四五百年前，正当古老的中华文明向轴心时代的“精神觉醒”转生蜕变之际，孔孟降生，相距百余年，先后相继，讲学兴教，开宗立派，确立和奠定了儒家思想学说的基本范式与核心教义。孔孟之道带给世人的无疑是一种高度自觉的道德良知和修齐治平的深刻智慧，而在过去的两千四五百年的岁月中，在孔孟之道的思想之光的浸润和形塑下，确乎形成了一种悠久深厚的德性、智识和文明的儒学传统，一种对于中国人的心灵或民情世道有着深远历史影响的道德人文精神传统。对孔孟之道的思想内涵与历史地形成的儒家精神与儒学传统，我们理应本着极具温情和敬意的态度来加以系统的领会和深刻的理解。

任何对儒学的理解都不可能不回归反求之于孔孟之道的儒家思想源头，就此古典思想源头而言，我们似可以探本溯源或正本清源地讲，所谓儒学，实可

① 王国维：《奏定经学科大学文学科大学章程书后》，见彭华选编：《王国维儒学论集》，四川大学出版社2010年版，第95—97页。

从三个层面来对其思想义涵获得某种实质性的理解。第一，作为人类自我反思的一种特殊思想形式，孔孟古典儒家对于人的全面反思，亦即对于人之为人或人何以为人的自我反省与思考奠立了儒学之为儒学的理论根本，人是一种文化性和礼义性的存在，其生存须扎根于礼义化的文化传统的血脉之中，同时人亦是一种道德性和伦理性的存在，其天赋的孝悌亲亲和仁恕忠信之德最能体现其优异灵秀而独特的人类品质或美好的伦理德性。第二，作为修己安民或修齐治平的一种圣贤学问，孔孟古典儒家之“学”可以说关乎三个紧密相关的重要的意义维度或思想主题，一是个体生命之德性修养，二是人与人相与相交的关系性或伦理性，三是社会民生之福祉安乐。因为人生活在家—国—天下的多层级共同体的秩序连续体中，唯有人人以“修身为本”，乃至层层递进而以合乎人道或仁义道德的方式来齐家、治国和平天下，才能实现家齐、国治、天下太平和民生安乐的根本目标。在此过程中，当然需要发挥修德立教之士人君子或作为先知先觉者的圣贤人物的领袖作用或领导职责。第三，作为应乎人生需要或人类共同体生活需要而来[①]、富有人道主义意义的一种人生学问或思想学说，孔孟儒家之讲学立教，亦即儒之为学或儒之为教，乃意在引领人类去创建、追寻一种人道且文明的良善社会或美好的共同体生活，在其中，人们遵循“彼此互以人相待”[②]的“关系理性”或“伦理本位”理念而生活在一起，由亲亲而仁民，

① 如梁漱溟先生所说：“人世间不拘何物，要皆应于需要而有”，学术如此，宗教如此，文化如此，而莫不“应乎人生何种需要而来”（《儒佛异同论》，见《梁漱溟先生论儒佛道》，广西师范大学出版社2004年版，第82页）；“言乎学术所由产生以至其发展流播广远，似端在其应付人类生活需要；即是说：人生有什么问题便产生什么学术”（《东方学术概观》，见《梁漱溟先生论儒佛道》，广西师范大学出版社2004年版，第26页）。另如谢扶雅先生所言：中国人的思想“着重于人世的实际生活”，“‘儒’底思想即为应此需要而生。儒字从人从需，言其为适应人的需要”（《中国政治思想史纲》，台湾正中书局1954年版，第180页）。

② 梁漱溟：《东方学术概观》，见《梁漱溟先生论儒佛道》，广西师范大学出版社2004年版，第65页。

由仁民而爱物，乃至怀抱着“民胞物与”的仁道信念，而与天地万物一体共生。

然而，任何美好的愿望、深刻的思想见解或充满理想的义理信念，都不是凭空而生的，亦不能徒托之于空言，而是必有其发生之历史渊源与时代背景，也唯有力行实践才能将之转化为现实。然而，面对现实的具体生存处境，任何美好的愿望、深刻的思想见解或充满理想的义理信念，也都不是可以轻易实现的，甚至常常被歪曲利用乃至蜕变异化。即使从人生需要或人类实际生活需要的角度来讲，无疑也存在着各种不同的学术立场、理论视野和实践进路，故如何认识、理解和评价孔孟儒家应乎人的需要而来的人道且文明的生活理念，迄今恐怕都不免会见仁见智、异见丛生而莫衷一是。

那么，今天，我们又究竟应如何来认识、理解和评价历史上的儒学呢？在此，只能粗浅而简略地谈一点自己不成熟的体会和看法。在我看来，借用墨子关于“三表”即本之、原之和用之的说法（参见《墨子·非命上》），也许可以从不同层面更好地来认识、理解和论述儒学在历史上的演生、发展及其如何落于实践的问题。要之，所谓本之、原之和用之，即本之于社会历史语境，原之于儒家经典文本，用之于身心修养和生活实践。

试分别言之。孔孟儒家之学术或思想，无疑是在一定社会状况或历史语境下发生并发展演化的，故欲了解其学术的价值和思想的意义，必先考察其所处的社会状况或将其置于特定的历史语境下来加以理解和审视，诚如梁启超先生所说：“凡思想皆应时代之要求而发生，不察其过去及当时之社会状况，则无以见思想之来源。凡一思想之传播，影响必及于社会，不察其后此之社会状况，则无以定思想之评价。”[①] 孔孟生活在礼崩乐坏、列国纷争的东周衰乱之世，华夏民族已积累和拥有的数千年的悠久深厚的文明根脉与源远流长的文化传统面临着变乱丧坠、存亡续绝的深刻危机。面对文明根脉崩坏、文化传统失坠中绝

① 梁启超：《先秦政治思想史》，东方出版社2012年版，第12—13页。

的深刻危机和道德困境，面对动荡不安而充满敌意的严酷现实境遇和时代生存环境，在自身内在良知和使命担当意识的召唤与激励下，孔孟奋然兴作，自觉地担负起传承斯文、担当道义的历史使命和社会责任。具体而言，孔子生活于周制崩解、王权式微、天下失序的春秋乱世，故“修成、康之道，述周公之训，以教七十子，使服其衣冠，修其篇籍”（《淮南子·要略》），乃至贵仁尚义，崇尚礼乐，“设为以德致位之教，传弟子以治平之术”[①]，诚不愧为中国历史上最卓越而伟大的教育家和思想家。孟子继起，更生当诸侯争雄、战争频仍而“民之憔悴于虐政，未有甚于此时者也”（《孟子·公孙丑上》）的战国之世，汲汲于呼唤良心善性，探寻王道仁政，发为以德抗位、民贵君轻、独夫民贼之论，诚不愧为针对暴君虐政之思想上的“永久抗议”[②]。而孔子所修之篇籍为五经六艺（《诗》《书》《礼》《乐》《易》《春秋》），载录孔孟言行的《论语》《孟子》以及《大学》《中庸》《孝经》等儒家诸经传，亦遂成为后世儒家学者奉持尊信并不断加以训诂、注释和诠解的神圣经典文本，乃至形成了此后源远流长的儒家经典学问，并在历史上演生出经学和理学两种儒家学术和思想形态，即汉唐儒者注重文本章句和名物制度的训诂注疏之学，宋明儒者诉之于身心体验和成圣成贤的心性修养、重视而不局限于经典文本之思想内涵的义理诠释和天理良知之学。更进而言之，历史上的儒者亦非徒寻章摘句、解字注经和体认天道性理、发明本心良知而已，其根本追求乃在于通经而致用，求道以救世，修己而安人，经世以济民。说到底，孔孟儒家之道或孔孟儒家意义上的学术、思想与学问，乃是一种修齐治平之道，故务须真实笃切地用之于身心德性修养、社会伦理生活和政治生活实践，方能实现其自身的价值与意义。

然而，反过来讲，孔孟儒学之价值与意义又须于具体的社会历史境遇之中

① 萧公权：《中国政治思想史》，新星出版社2005年版，第48页。

② 萧公权：《中国政治思想史》，新星出版社2005年版，第62页。

并根据历代儒者对于孔孟之道的思想内涵和儒家经典的文本含义之各自不同的理解与诠释来加以应用，才能得以实现。正唯如此，这样一种应用与实现究竟是一种什么意义上的应用与实现，亦是非常值得我们作进一步深入探讨和研究的。似乎无须什么深思熟虑，我们就能明白这样一层道理，孔孟儒家之道在历史上的应用与实现未必就是合乎孔孟儒家之道的本真含义的应用与实现，否则的话，我们恐怕也就不免于要受天真幼稚之讥了。换言之，在孔孟之道和儒家经典文本的基础上而历史地形成的儒家学术与儒学传统及其思想教义的实践应用与具体实现，在具体的社会历史境遇中，实则常常伴随着家国天下的治乱兴亡而时盛时衰，并在一次次的浴火重生中，不是因被创造性转化和创新性发展而获得蜕变新生，就是因被歪曲性利用和教条性僵化而趋向腐化变质。譬如，在经历过焚坑之祸、秦火厄运之后，汉儒董仲舒们发愤兴起，“推明孔氏，抑黜百家”（《汉书·董仲舒传》），促使汉武帝实行“罢黜百家，表章‘六经’”的文教政策，乃至获得通经为学、入仕致用的制度化的合法途径，似乎成功地在帝制与“儒教”之间建立起了一种长期而稳定的相维互系的政教关系，然而，成功的背后，儒家学者也与儒术、儒学、“儒教”自身陷入了受帝制王权支配与规制的政治命运，而儒生士人也不得不在功名利禄的诱引下被通经入仕制度所驯化并屈从而服务于帝制王权的统治需要，故汉儒欲借帝王权势以推行圣人孔子之道，但现实情况却可能是“儒之途（仕途）通而其道亡矣”（方苞《望溪文集·又书儒林传后》）。不仅如此，魏晋以后，佛老二教兴起而日渐盛行，更导致儒学、“儒教”的浸微衰颓之势，隋唐大一统帝国建立后虽然重新将“儒教”确立为统治思想，科举取士制度亦得以建立并在后世不断被完善，从而使儒生士人进一步获得进入仕途而从政治民的制度化保障，但这似乎并没有使后世儒家从根本上摆脱“科举盛而儒术微”（《明史·儒林列传》序说）的政治困境。正唯如此，唐之韩（愈）、李（翱），宋之周（敦颐）、程（颢、颐）、张（载）、邵（雍）、朱（熹）、陆（九渊）和明之陈（献章）、湛（若水）、王（守仁）等诸大儒先后相继，奋然兴起，虽然其学术立场和思想见解不尽相同，但大抵皆以兴起斯文为己任，以接续孔孟之道统绝学为志业，以辨异端、辟邪说而昌明圣学为学的指归，但他们辟佛老异端而又不能不出入佛老、泛滥于诸家，立志求道、厌科举之业而又不得不通过科举仕进而求取功名以实现造福人群的政治理想，以圣贤自期而致力于以道抗势而又只能面对拥有至尊之权力势位的帝制王权并在官僚政治的制度框架下来进行思考并采取行动，虽亟欲致君尧舜或得君行道，却只会遭遇难以“格君心之非”的无奈。无论是汉唐之正统经学，还是宋明之程朱理学，不管其在学术上和思想上有何创造性的贡献和创新性的发展，虽然都被立于官方学术的权威地位，但事实上最终都难以逃脱被帝制王权缘饰而歪曲利用为统治思想之工具的命运。

时过而境迁，世异则事异。晚清以来儒学因不断遭遇外来西方强势文化与各种学术思潮一波又一波的激烈冲击，乃至历经五四新文化运动之思想启蒙和彻底反传统的批判洗礼，而陷入了生死存亡的文化困境之中。遭此困境与厄运，其间亦不断有学者尝试吸纳、融合和会通西学以重新激活儒学的思想资源，特别是现代新儒家亟欲返本以开新，试图在儒家内圣心性之学的思想资源的本源和根基之上接续、开显出民主和科学的新外王事业。毋庸置疑，作为近现代特殊时代背景下的产物，现代新儒家之“返本开新”的中西会通之学，亦不外是对其所处时代之中西大交通与时代性急剧变革的社会生活环境和历史文化语境所作出的意识反应。当然，其意识反应亦不能不立基于对儒家经典文本的经义诠解以及对孔孟儒学和宋明理学之思想内涵的义理阐释，而且着重于从中西文化比较与哲学会通的视野来拓展和深化对儒学之哲理价值和文化意义的理解和诠释。现代新儒家在促使儒学实现创造性转化和创新性发展上所作出的重要学术贡献是不容轻忽的，诚如方克立先生所说，他们“在中西文化冲突中，能够以比较健康的心态”，一方面充分肯定民族文化的主体性，与此同时又“尽量吸收西方文化之优长，以补中国文化之不足”[①]，其融合、会通中西哲学的努力“确实体现了儒家学说不断吸收外来营养、自求完善、更新发展的开放性的一面”[②]。

开放固然开放，但真正给中华民族带来生机，从而使之最终走出危亡境地的却是马克思主义和中国共产党人。中国共产党领导的新民主主义革命和新中国的建立真正改变了中国人民和中华民族的命运，正如美国汉学家费正清所言，“1949年没有一个人能否认中国共产党在毛泽东领导下公公正正地征服了中国”[③]。不宁唯是，对中国文化和中华文明而言，马克思主义的传入及其在思想意识形态领域之主导地位的确立，不仅使中国文化走出困境和摆脱危机，甚至“给伟大中华文明的复兴带来了生机”[④]。那么，如何才能使源远流长的儒学传统与当今占据主导地位的马克思主义实现有机结合，既使儒学的优秀传统得以实现创造性转化和创新性发展，又使马克思主义的魂脉能够扎根于以儒学为主流的中华优秀传统文化的根脉当中，乃至焕发出推动和引领中国式现代化、实现中华民族伟大复兴事业的蓬勃生机与无限活力，这正是我们当今所面临而亟需探求和解决的时代性重大课题。

综上所述，我们不难发现，儒学在历史上已然发展出的不外乎这样几种学术思想的型态，即原生型态的孔孟古典儒学，次生型态的“依经演绎”和通经致用式的汉唐经学，续生型态的身心体验和义理证悟式的宋明理学，以及新生型

---

① 方克立：《现代新儒学与中国现代化》，见《现代新儒学与中国现代化》，天津人民出版社1997年版，第76页。

② 方克立：《现代新儒学与中国现代化》，见《现代新儒学与中国现代化》，天津人民出版社1997年版，第74页。

③［美］费正清：《伟大的中国革命》，刘尊棋译，世界知识出版社2000年版，第321页。

④ 方克立：《略论现代新儒学之得失》，见《现代新儒学与中国现代化》，天津人民出版社1997年版，第48页。

态的返本开新和会通中西式的现代新儒学。这也许是老生常谈，但追本溯源地讲，孔孟古典儒学毋庸置疑是后世儒学在历史上不断演生和复兴而生生不息的源头活水，反之，儒学在历史上不断演生和复兴而生生不息的生命活力，亦正源自后世儒家学者对于孔孟古典儒学思想学说及其经典教义的深切领悟和独到诠释，并将个人性的生命体验和时代性的生活感悟注入对儒学的理解与诠释当中，从而在当下时刻重新激活其回应时代境遇之问题意识的思想活力。总之，真正的儒学创新必定植根于在真实生命体悟和生活实践的基础上对儒学的深刻理解与独到诠释，反之，在真实生命体悟和生活实践的基础上对儒学的深刻理解与独到诠释也必定具有儒学创新的真正价值与意义。

林存光

2024 年 2 月 20 日

目录

引论："政治"概念大于"君权"或"君主统治"概念

吾师刘泽华先生曾经提出过一个深富意味的重要理论命题，即"政治"概念大于"阶级"概念。受吾师这一命题的启发，我想提出这样一个命题，那就是："政治"概念大于"君权"或"君主统治"概念。为了更好地阐明这一命题的含义以及我提出这一命题的意图，请让我从最近读到的两篇文章谈起。

一、假如让我来写"先秦诸子的国家学说"

近日，纯粹出于学术性的好奇心，我怀着学习的态度拜读了一位学者的两篇鸿文大作，一篇是论"先秦诸子的国家学说"的（文章Ⅰ）[①]，一篇是论"中

① 杨阳：《中国传统国家理论的奠基——先秦诸子的国家学说》，《政治学研究》2018年第1期。

国传统民本思想”的（文章Ⅱ）[①]。说实话，这真的是两个好题目，长期以来我本人亦常常关注、思考和探究这两大主题。不过，我在这里将重点讨论文章Ⅰ的主要论题，并附带谈谈文章Ⅱ的核心观点。

文章Ⅰ从对国家概念的语义考辨入手，围绕国家起源、国家权力配置、国家职能和国家目的等诸多层面的问题，对先秦诸子的国家学说展开论述。我拜读之后获益良多，深受启发，而且，被激发出了探讨该问题的极大学术兴趣：假如让我来写“先秦诸子的国家学说”，我又该如何来写呢？

这无疑是一个宏大的思想史课题，如果没有长期的研究积累和相当高深的学术素养，是很难着手去写这方面的文章的。本人学识浅陋，只能在此略谈一点个人粗浅而不同的体会和认识。

（一）什么“国家”，什么“学说”？

说到“国家”，我首先想到的就是应该考察一下中国国家形态的演化历程，当然，可以从中西比较的视角，来审视一下中国国家形态的演生及其独特性问题。诚如钱穆先生所说，比较“尽不妨是很粗浅，很简单，但相互比较之后，便更容易明白彼此之真相”[②]。粗浅地讲，中国国家形态的演生经历了一个从万邦林立的古国时代向统一的封建王朝发展演化的过程，无疑，到西周时期，封建王朝的国家形态已趋于相当成熟而完备的形态。但至春秋战国时期，封建国家体制走向崩坏解体，新的郡县国家体制逐渐形成并在秦汉时期趋于成熟而完备。对一般学者来讲，这一过程无疑是一种历史的事实和常识。而先秦诸子正是处于二者的过渡转型时期，先秦诸子理论化的国家观念、意识和学说也正是在反思这一过渡转型时期面临的各种社会政治问题的过程中形成的，我们不能脱离这一历史背景来谈先秦诸子的国家学说。然而，如果我们和古希腊的城邦

① 杨阳、赖伯然：《传统民本论的起源、理论构建与双重面相》，《人民论坛·学术前沿》2023年11月下。

② 钱穆：《中国文化史导论》（修订本），商务印书馆1994年版，“附录：中国文化传统之演进”，第234页。

国家形态和国家学说来比较的话，会立马发现中国国家形态和诸子国家学说的相当明显的不同性质和思想差异。无须多说，古希腊城邦乃是一个个拥有主权的独立政治实体，古希腊哲人的政治学说可以说是一种城邦政制理论，但中国封建国家却完全不同于古希腊的城邦国家，它是一个容纳众多相对独立之城邑封国或家邦的统一王朝，像有的学者所说的那样，它事实上可以被称为一种天下型国家。因此，在宗法封建制时代，在中国人的国家观念之上，还有一个"天下"的观念，这是无人能否认得了的。正唯如此，所以，梁启超先生说："我国先哲言政治，皆以'天下'为对象，此百家所同也。'天下'云者，即人类全体之谓，当时所谓全体者未必即为全体，固无待言。但其彀的常向于其所及知之人类全体以行，而不以一部分自画。此即世界主义之真精神也。先秦学者，生当诸国并立之时，其环境与世界主义似相反，然其学说皆共向此鹄无异同，而且积极的各发表其学理上之意见，成为一种'时代的运动'。"① 研治中国政治思想史的学者，哪个没有读过梁氏的名著《先秦政治思想史》，又有谁会否认梁氏的这一卓见呢？若此，则当我们谈论先秦诸子的国家学说的时候，其实是要非常小心的，不作严格的语义限定，尤其是如果不明了中西国家形态的大分别，所谓"国家"在先秦诸子的政治学说中将会变成不可理解之物。另如钱穆先生所说："在古代的中国人，一般感觉上，他们对于中国这一块大地，并不认为是一个国，而认为它已可称为'天下'，就已是整个世界了。"正因如此，所以，"先秦诸子，实在没有一个人抱著狭义的国家主义。当时一般学术思想，都抱有一种'天下观'，所以说：'身修而后家齐，家齐而后国治，国治而后天下平'"。②如果我理解不错的话，按照梁启超和钱穆二先生的说法，我们应该去探讨和研究先秦诸子的"天下观念"而不是"国家学说"，这样才更有学术价值和理论意

① 梁启超：《先秦政治思想史》，东方出版社2012年版，第212页。

② 钱穆：《中国文化史导论》（修订本），商务印书馆1994年版，"附录：中国文化传统之演进"，第237、240页。

义。然而，文章Ⅰ通过国家概念的语义考辨得出的一个惊人结论却是："先秦时期，'邦''国''国家''宗庙''社稷''天下'，虽然本义各有所指，用来描述政治共同体时所指也各有侧重，但大体都是用来指称国家的概念。"言外之意是，这些概念的本义虽然各有所指，所指也各有侧重，但并不重要，关键是它们"大体都是用来指称国家的概念"的，那么，为什么还要区分什么天下、国、家呢？比如，孟子讲："人有恒言，皆曰'天下国家'。天下之本在国，国之本在家，家之本在身。"（《孟子·离娄上》）"人有恒言"，说明那是那个时代人的一种普遍共识或共通意识。然而，既然都是用来指称国家概念的，当时的人何必如此较真儿，竟然明确区分天下和国家，并视之为不同层次的问题，这是出于古人的思想混乱，还是由于今人的学术误解？如果让我写文章来探讨相关问题的话，我是绝不会仅仅通过语义考辨的方式就笼统而轻率地得出一个什么结论或断言而将不同概念各有所指的本义上的重要分别一概抹杀的。

（二）国家的起源与君主制的产生及其权力配置

今天，我们可以通过考古学的成绩来一探国家起源的究竟，而先秦诸子恐怕不具备这种科学的手段，他们似乎只能靠想象来推测，但他们有关国家起源的论说也绝非毫无根据。对于国家的起源，诸子各家的确各有论说而立场态度不同，而且，毫无疑问，正如文章Ⅰ所指出的那样，"先秦诸子对前国家时期人类生存状况的价值评判，与他们对国家产生的必要性和正当性的认识密切相关"，准此，作者将先秦诸子对于前国家的"自然状态"的价值认识区分为三种不同类型，即儒墨的否定性认识、法家的中性认识和老庄一系的肯定性认识，与之相对应的是，儒墨"都充分肯定国家存在的必要性"，法家认为"国家产生的根本原因是时势变化"，而且，"虽然法家对国家建立持欢迎态度，但是其对国家起源或存在的必要性的论述，却基本没有涉及道德评判，完全是从历史运动必然性的角度来进行的"，而"老庄一系道家对自然状态的推崇，自然会使其站在批判和否定的立场上来看待国家的起源"。粗略地看，这样讲似乎也没什么大问题，不过，如果认真探究的话，我是不会停留于这种对问题简单而表面的认识上的。对此，我想提几个更深层次的问题并稍作说明。

第一，儒墨对国家存在之必要性的充分肯定究竟意味着什么？

否定前国家的"自然状态"而仅仅肯定国家起源和存在的必要性，这对我们认识和理解儒墨思想的实质，似乎意义不大，哪怕他们对国家存在的必要性持一种充分肯定的立场和态度。因为到孔墨诸子的时代，国家已经存在了两千多年了，这是一个基本的历史事实，如果儒墨只是肯定哪怕是充分肯定国家存在的必要性，都并不显得他们的思想有多么高明。在我看来，问题的关键在于，他们身处乱世之中而充分肯定国家的存在究竟是为了什么，或者说，他们理论思考的重心究竟是什么。事实上，他们是绝不会满足于仅仅肯定国家的存在及其必要性的，因为对他们而言，天下国家在历史上一直是在"一治一乱"的循环进程中演进的，因此，重要的是要认清天下国家治乱兴亡的根源或根本原因，而思以道易之。就此而言，诸子各家盖莫不用思于此。正如清人章学诚所言：诸子各家"皆自以为至极，而思以其道易天下者也"（《文史通义·原道中》）。现代学者胡适亦有言曰："诸子自老聃、孔丘至于韩非，皆忧世之乱而思有以拯济之。"[①] 就孔墨而言，孔子最为关切的政治问题就是天下邦国的有道与无道问题，致力于以仁爱、礼义、孝悌、忠恕之道拯救天下生民于水火，一生栖栖遑遑，汲汲于周游列国而行道于天下，以期实现其国家善治和天下有道的理想，墨子亦不遑稍让且有过之，力行天志仪法、兼爱利人、和平非攻之道以期从根本上消弭国家之间纷争不断的祸患乱象。他们都绝非为一国一家一时一地而着想，而是为天下万世、世界大同和整个人类福祉的宏伟目标而不懈努力、奋斗不息。

第二，法家的历史观念及其对国家的认识真的是中性的吗？

如果是中性的，那么，为何多数学者认为法家所持有的乃是一种"历史进

① 胡适：《诸子不出于王官论》，见《中国哲学史大纲》，东方出版社 1996 年版，第 359 页。

化理论”或“进步的历史观”呢？如吾师刘泽华先生所言：《商君书》的作者们，“在中国思想史上第一次用分期的方法分析了历史的过程，并得出了今胜于昔的结论”，而且，“《商君书》的历史进化观像一把锐利的宝剑，斩断了一切迂腐守旧、死抱住历史僵尸不放的陈词滥调，为政治上的变法改制提供了最有力的论据”。[①] 如若不信，试比较一下《商君书・开塞》的作者和《庄子・盗跖》的作者有关人类社会之初的母系社会的不同立场和态度吧。《商君书・开塞》曰：“天地设而民生之。当此之时也，民知其母而不知其父，其道亲亲而爱私。亲亲则别，爱私则险，民众，而以别险为务，则民乱。当此之时，民务胜而力征。务胜则争，力征则讼。讼而无正，则莫得其性也。”而《庄子・盗跖》则曰：“古者民不知衣服，夏多积薪，冬则炀之，故命之曰‘知生之民’。神农之世，卧则居居，起则于于。民知其母，不知其父，与麋鹿共处，耕而食，织而衣，无有相害之心。此至德之隆也。”不需要深思明辨，仅从字面上我们就可以知道，相对于后者“至德之隆”的肯定性态度，前者所持的完全是一种否定性的态度，而绝不是一种中性的认识态度，如若不然，历史又怎么能够阶段性地向前演进，乃至“亲亲废，上贤立”，再进至于立君设官、“上贤废而贵贵立”（《商君书・开塞》）呢？要想使历史向前演进，国家必须进行变法改革，这难道不是法家国家学说的核心要义吗？

第三，如何理解老庄一系道家自然主义与无为观念的政治意义？

之所以强调“老庄一系”，当然内含着要将非“老庄一系”的道家排除在论述之外。排除就排除吧，那就让我们只就“老庄一系”来谈谈问题所在。没错，就是因为“老庄一系道家对自然状态的推崇”，所以他们“自然会使其站在批判和否定的立场上来看待国家的起源”，不过，“站在批判和否定的立场上来看待国家的起源”，尤其是庄子站在自然主义的立场上向往人与万物和谐共生的“至德之世”而主张人类应回归自然，从而从根本上否定国家存在的必要性，这难

① 刘泽华：《中国政治思想通史》（先秦卷），中国人民大学出版社2014年版，第275、276页。

道不正是先秦诸子"国家"学说中极其重要的一个认识维度和思想主题吗？怎么可以在有关诸子国家学说的随后论述中随随便便就把老庄一系道家批判性的"国家学说"排除而不谈呢？姑且不说庄子对"窃国者为诸侯"以及权力政治本身之恶和君主统治与国家间的纷争战乱在历史上和现实中带来多少亡国戮民之祸这一深刻的国家批判理论，就老子而言，还是与庄子有许多思想差异的。这不仅因为老子的"小国寡民"理想其实并不像庄子的主张那样彻底，并不是一种完全的前国家的自然状态，而只是一种文明之初"邻国相望"而"民至老死不相往来"（《老子·第80章》）的"小国寡民"状态，而且稍微读读《老子》，你就不难发现，老子对于天下国家治理问题从消极无为之道的意义上实在有许多精深玄妙的思考和正面深刻的论述，如"治大国若烹小鲜"（《老子·第60章》）、"天下神器，不可为也，不可执也。为者败之，执者失之"（《老子·第29章》）等，如果是我的话，我是不会在论述先秦诸子国家学说时轻易地将这一重要的"国家学说"无端"删除"或隐讳不谈的！删除了老庄一系道家的国家学说，那将使先秦诸子的国家学说显得多么单调乏味、无聊无趣呀！

"删除"了老庄一系道家的国家学说之后，作者究竟能够得出一种多么无聊的结论呢？那就是先秦诸子在国家权力配置这一国家学说的中心问题上都持有一种性质雷同的"集权"偏向。这不禁让我大惑不解，诸子的国家学说在思想上就那么毫无差别地同质一致吗？如果是我，我是不会这么轻率地下结论的。

文章Ⅰ告诉我们说："先秦诸子无法想象君主制之外还可能存在其他的政体形式，当然也无法想象两王制或多元权威中心存在的可能性。他们坚信'天无二日，民无二王'（《孟子·万章上》），达成'治'所需的权威中心必须是单一的，认为'隆一而治，二而乱'（《荀子·致士》），'两则争，杂则相伤，害在有与不在独也'（《慎子·德立》）。正因为深信'使天下两天子，天下不可理也；一国而两君，一国不可理也'（《管子·霸言》），他们才会反复强调君主权力的唯一性和绝对性。"证据材料确凿，似乎无人能否认这一点。那么，我们究竟应如何来理解和看待这一问题呢？要想很好地回答这一问题，我们首先必须搞清楚的是，国家究竟是一个什么东西，它在历史上为何而发端起源，以及君主和国家之间究竟是一种什么关系。

我们不妨借用文化人类学家有关国家的一个标准化定义来稍作说明。那么，据此定义，究竟何谓国家呢？“国家就是‘其领土内包含很多社区，拥有征税、征召人员服劳役或兵役、颁布并执行法律等权力，设有集权政府，享有自主权的政治单位’。因此，国家社会都有一个复杂的中央集权的政治结构，这个结构里包含具有立法、行政和司法功能的一系列永久性机构和一大批事务官员。这个定义的中心在于必须有在国内外贯彻政策的合法力量这一概念。在国家社会里，政府力图保持使用武力的垄断权。这种垄断权可以从发展正规化、专业化的社会控制机构，如警察、民兵、常备军等机构中看出。当然，国家的统治者也不是单纯依靠武力来维持社会秩序的。人民必须相信，至少在一定程度上相信，当权者有合法的权利进行统治。历史证明，如果人民不这样认为，那么，统治者最终会丧失他们维持统治的能力”①。照此定义，国家的起源或产生本身就是权力垄断和资源集中亦即集权化的历史产物。对此，我们的古人似乎也认识得非常清楚，譬如《管子·君臣下》曰：“古者未有君臣上下之别，未有夫妇妃匹之合，兽处群居，以力相征。于是智者诈愚，强者凌弱，老幼孤独不得其所。故智者假众力以禁强虐，而暴人止。为民兴利除害，正民之德，而民师之。是故道术德行出于贤人。……是故国之所以为国者，民体以为国。君之所以为君者，赏罚以为君。”显然，就像其他诸子各家各派的思想家一样，《管子·君臣下》的作者也主要是结合君主制的产生来论说国家起源问题的，在他看来，将人民团聚为一体，而权力集中于君，正是国家产生与形成的根本标志。不过，在历史上，国家的具体形态及其形成和发展的历史路径也不尽相同，故

①[美]C. 恩伯、M. 恩伯：《文化的变异——现代文化人类学通论》，杜杉杉译，辽宁人民出版社1988年版，第408页。

而，集权于政府或君主的形式和程度以及权力行使的方式也必然存在这样那样的差异。我不知道中国上古时期，国家建立和形成之初，是否将所有权力都集中在君主或国王手里，比如是否还有巫权与王权相抗衡，但在三代这两种权力似乎逐渐趋于合一了，不过，至少在商代，巫权还是能够在国家政治生活中发挥相当重要的作用的，至西周时期，巫权已趋于衰落而天子之王权至尊应该是不争的事实。然而，虽然名义上周天子的王权是至尊无二的，但是，在宗法封建制时代，它事实上又是受到层级化的贵族分权的限制的，而至春秋战国时代，周天子权威式微，宗法封建制度解体，遂至于列国纷争，诸侯争霸称王，这无疑也是一种常识性的历史事实。那么，处此争乱之世，诸子各家究竟是如何作出思想上的意识反应的呢？毫无疑问，他们的政治眼光因为受到历史的局限，所以从来没有在君主体制之外进行其他政体制度安排的设计和构想，但这似乎也没有什么好大惊小怪的，问题的关键在于，他们真的都别无二致地极力主张同一种性质的"集权"吗？如上文所言，老庄一系的道家是无论如何也不符合"集权"思想的范畴的，故而文章Ⅰ竟令人遗憾地在指出他们"站在批判和否定的立场上来看待国家的起源"之后再也不谈他们的"国家学说"了。而接下来的部分在论述诸子有关国家权力配置问题时将儒墨法三家的思想一概归属于"集权"的偏好范畴。毫无疑问，将法家思想归属于这一范畴，是无人能反对和否认的，如他们说：

> 人主者，擅生杀，处威势，操令行禁止之柄以御其群臣，此主道也。人臣者，处卑贱，奉主令，守本任，治分职，此臣道也。故主行臣道则乱，臣行主道则危。故上下无分，君臣共道，乱之本也。（《管子·明法解》）
>
> 夫以爱民用民，则民之不用明矣。夫至（善也）用民者，杀之，危之，劳之，苦之，饥之，渴之；用民者将致之此极也，而民毋可与虑害己者，明王在上，道法行于国，民皆舍所好而行所恶。（《管子·法法》）

故明王之所操者六：生之、杀之、富之、贫之、贵之、贱之。此六柄者，主之所操也。(《管子·任法》)

法家如此旗帜鲜明地主张将一切生杀赏罚大权完全集中于君主一人之手，这谁又能否定得了呢？甚至可以说，正是法家在推动由宗法封建制时代的天下王有、王权至尊和贵族分权制向秦汉帝制时代皇权专制集权化和郡县官僚制转型的历史变革进程中作出了其他各家无法比拟的历史贡献。我们姑且不对这一历史进程作任何的价值评判。

无独有偶，主张“尚同一义”的墨家似乎也具有鲜明的集权化的思想偏好，然而，谁都知道，墨家一方面尊天明鬼，另一方面又极力主张尚贤。尊信昌明天鬼之拥有对人类事务的赏罚权，而且置天志以为仪法，坚信天志天意之所在就在于要人“兼相爱、交相利”，这无疑是有意以天鬼之神圣和“兼相爱、交相利之法”（《墨子·兼爱中》）来节限或制衡天子和各级政长的恣意妄为，以使其权力行使务必合乎道德理性之要求。与此同时，墨子力主“得贤人而使之”的激进“尚贤”主张，而且要将其坚决落实在“高予之爵，重予之禄，任之以事，断予之令”（《墨子·尚贤中》）的具体措施之上，难道这没有一点分权的意味吗？

至于儒家，他们显然也是拥护君主制的，并像其他各家一样认为一国不可有二君，天下不可有二王，否则非乱不可。但也正是儒家对君主提出了更高的道德要求，希望他们加强自身的道德修养，在治国为政之前首先应修身正己，而且必须“使臣以礼”（《论语·八佾》），选人进贤时务必听取国人的意见而考察之[①]。我不清楚他们主张集权于一王一君究竟要集权到什么程度，但我不会

① 如孟子曰：“国君进贤，如不得已，将使卑逾尊，疏逾戚，可不慎与？左右皆曰贤，未可也；诸大夫皆曰贤，未可也；国人皆曰贤，然后察之，见贤焉，然后用之。左右皆曰不可，勿听；诸大夫皆曰不可，勿听；国人皆曰不可，然后察之，见不可焉，然后去之。左右皆曰可杀，勿听；诸大夫皆曰可杀，勿听；国人皆曰可杀，然后察之，见可杀焉，然后杀之。故曰，国人杀之也。如此，然后可以为民父母。”（《孟子·梁惠王下》）

认为孔子师徒从事私学教育事业并主张“学而优则仕”（《论语·子张》）或政权应向新兴士人开放就是在主张集权；我不会认为孟子主张“格君心之非”而“正君”（《孟子·离娄上》）就是在主张集权；我也不会认为孟子主张“君子之事君也，务引其君以当道，志于仁而已”（《孟子·告子下》），以及“无罪而杀士，则大夫可以去；无罪而戮民，则士可以徙”（《孟子·离娄下》），或者“有官守者，不得其职则去；有言责者，不得其言则去”（《孟子·公孙丑下》），就是在主张集权；我更不会认为孟子主张王者“与民同乐”（《孟子·梁惠王下》）乃至“贼仁者谓之‘贼’，贼义者谓之‘残’，残贼之人谓之‘一夫’。闻诛一夫纣矣，未闻弑君也”（《孟子·梁惠王下》），就是在主张集权。孟子天下治平的理想是“人人亲其亲、长其长，而天下平”（《孟子·离娄上》），《大学》的政治期望是“自天子以至于庶人，壹是皆以修身为本”，本人愚钝，我反复地琢磨体味，怎么也体会不出其中包藏祸心地隐含着什么集权的思想偏向。恰恰相反，身处战国中期王权不断强化、国家不断集权之历史发展的现实大势中，孟子大声疾呼“民贵君轻”、主张实行王道仁政以保障民生、以德服人而治平天下的良苦用心，反倒更像是凸显出了一种强调社会分配正义而反对集权霸道的思想偏向。即使是在政治上有着鲜明尊君立场的荀子，他也深明“人服而势从之，人不服而势去之”“天下归之之谓王，天下去之之谓亡”（《荀子·王霸》）的道理，懂得“君者，舟也；庶人者，水也。水则载舟，水则覆舟”（《荀子·哀公》）的道理，因此，依荀子之见，无论君王多么权力至尊、势位隆贵，也都应遵从道义，他甚至明确主张“从道不从君，从义不从父，人之大行也”（《荀子·子道》）。

事实上，无论儒家，还是墨家，都是在周制封建之家国天下的秩序背景下来思考天下国家的治理问题的，他们仍然抱持“礼乐征伐自天子出”（《论语·季氏》）的统一秩序理想，但谁都知道，封建制之所以是封建制，就在于它本身就是一种基于权力分散而对天下的土地和人口实行多层级占有的等级制度安排。因此，虽然诸子的思想中缺乏一种有关“权力制衡”机制的客观构想与制度设计，但从他们对封建制的坚守中，我们似乎也可以体会到他们对于权力分散之必要性的充分认识。而所谓“天无二日，民无二王”，绝不意味着他们就简单地承认君权的无限和绝对。在此，值得一提的还有，儒家的五伦观念告诉我们的是，君臣只是其中的一伦，而不是人伦之全部，即使是其中最重要的一伦，也绝不意味着它就是唯一重要的。文章Ⅰ说先秦诸子“反复强调君主权力的唯一性和绝对性”，这显然既不适用于道家，也不适用于儒家和墨家，姑且不说儒家的人伦观念中除了君臣一伦外还有父子、夫妇、兄弟、朋友四伦，即使是力主“尚同一义”而颇具“集权”思想偏向的墨子，你看看他所主张的“为贤之道”，即“有力者疾以助人，有财者勉以分人，有道者劝以教人。若此则饥者得食，寒者得衣，乱者得治。若饥则得食，寒则得衣，乱则得治，此安生生”（《墨子·尚贤下》），难道我们不能由此而得出一个更富意义的看法，即墨子将天下治安的希望寄托在每个人都奉行“兼相爱、交相利之法”而不是“君主权力的唯一性和绝对性”之上吗？

即使是最适合用“集权”来定性其思想偏向的法家，尽管他们极力鼓吹“尊君卑臣”而主张君权绝对，但他们也似乎明白绝对的权力集中一定会使整个政治体制难以有效而持久地良性运转。正唯如此，为了有效控制和支配臣民的一言一行，商鞅变法的主要举措之一就是把一国之人民编组成一种什伍组织，并赋予他们彼此监督和告奸的权力，甚至设想出这样一种法治体制，即遍置法官，而教吏民人人知法且以法相互讦告，乃至最终形成一种“吏不敢以非法遇民，民不敢犯法以干法官”（《商君书·定分》）的治理状况。关于国家的治理问题，法家诸子是深深地懂得君主个人的耳目心智不足为恃的道理的，所以法家思想的集大成者韩非才要劝告人君世主要众端参观、听无门户，而且一定要听取逆耳的忠言，因为“忠言拂于耳，而明主听之，知其可以致功也”（《韩非子·外储说左上》），一定要“使天下不得不为己视，天下不得不为己听”（《韩非子·奸劫弑臣》），正所谓“人主以一国目视，故视莫明焉；以一国耳听，故听莫聪焉”（《韩非子·定法》）。换言之，在法家的法术设计和权力配置思想中，也并非一味地偏向集权而已，在他们的集权思想中其实也包含着某种意义上的分权于民的“智慧”，当然，对法家来讲，无论是集权还是分权，都是为君权的绝对统治服务的。

此外，值得一提的是，即使诸子各家都有“集权”的偏向，但正如梁启超先生早已指出过的那样，“我国百家之政论，未有不致谨于乡治者”，如老子“小国寡民”之理想社会，墨子盖亦主张“一切政治教化，皆以乡与里为基本也”，法家“言乡治益纤悉周备矣”，如《管子·权修》曰：“朝不合众，乡分治也。”而“孟子井田之制，其目的亦以善乡治”。[①] 岂是以一“集权”偏向所能笼统地概言而摈斥之的？

综上，如果是我的话，我是不会不加分析、简单而无差别地一概将先秦诸子的思想都定性为具有“集权”偏向的。事实上，我们可以按照权力集中的由弱而强程度或从无政府到绝对集权的思想顺序，将先秦诸子大体排列成这样一个序列：老庄道家——孔孟儒家——荀子墨子——商韩法家，如此则可避免将诸子归并为同一种“集权”思想而混为一谈。

（三）国家的职能与目的

按照文章Ⅰ的论述逻辑，接下来所论乃是先秦诸子的国家职能论及其对国家目的的思考。然而，令人大惑不解的是，作者在告诉我们儒墨两家“都充分肯定国家存在的必要性”、法家也“对国家建立持欢迎态度”以及先秦诸子在关于国家权力配置的问题上都具有一种“集权”偏向之后，竟然说“先秦诸子对国家职能的讨论相对比较零碎”，问题是虽然零碎，却让作者有一种“无处不在的国家”的感觉。这一结论究竟是如何得出来的呢？我们不得而知。我们唯一知道的就是，虽然先秦诸子充分肯定国家存在的必要性或欢迎国家的建立，乃至都有“集权”偏向，但他们竟然对国家职能缺乏系统、全面而深刻的思考和论

---

① 梁启超：《先秦政治思想史》，东方出版社2012年版，第241—243页。

述，这可真是咄咄怪事。幸运的是，多亏在两千多年后有一位学者发现了这一问题，并替他们概括、归纳和总结出了他们的国家职能论大体包括经济、社会、文化等方面的内涵。不过，如果先秦诸子连国家职能都没有想明白，连国家是干什么的都不知道抑或思考、论述得很零碎，那么，他们肯定或欢迎国家的存在和建立及其国家权力配置上的“集权”偏向又究竟能有何用处呢？如果是我，我是绝不会轻易说出这种无厘头怪话的。文章Ⅰ的作者似乎把古人想象得太过愚蠢了。而根据美国著名政治哲学家罗尔斯的假定，即“我们正在研究的这些思想家总是要比我聪明得多”，而“如果他们不比我聪明的话”，“我为什么要在他们身上浪费我的时间”[①]呢？在一群愚蠢的思想家的身上浪费自己的时间，岂不显得自己更愚蠢吗？

依我之见，只要我们认真读过先秦诸子的著作，我想我们无论如何也不可能认为先秦诸子竟然对于“无处不在的国家”的职能的讨论是“相对比较零碎”的。如果真的是这样，那还叫“国家学说”吗？国家职能不应该是其“国家学说”的核心内容吗？前诸子时代的人都明白一个深刻的道理，即“国于天地”，必“有与立焉”（《左传·昭公元年》），并明确提出“国之大事，在祀与戎”（《左传·成公十三年》）。如果诸子对国家职能或立国之道问题反而缺乏系统、全面而深入的思考，那么，对他们来讲，国家之所以为国家，又当如何“与立”呢？钱穆先生尝言：“西方人讲政治，一定先要讲‘主权’。他们的政治思想，很多是建立在主权观念上。所以西方有神权、王权、民权的分法。到现在便是国家主权在民众。中国讲政治，一向不讨论主权在那里。……中国人讲政治，一向看重在‘职责’。只论政府该做些什么事？它的责任该是些什么？它尽了职没有？而并不讲主权在那里。……这是双方政治思想上一绝大的歧异。”[②]果

①［美］约翰·罗尔斯：《政治哲学史讲义》，［美］萨缪尔·弗里曼编，杨通进、李丽丽、林航译，中国社会科学出版社2011年版，编者的话，第5页。

② 钱穆：《中国历代政治得失》（新校本），九州出版社2012年版，第139页。

如此言，则中国传统政治思想的基本特色所在正是其政府职责论或国家职能论，当然，中国的思想家如先秦诸子之所以不怎么讨论主权在哪里的问题，也许的确如文章Ⅰ所说他们“无法想象除了君主之外，还能有什么样的机构或组织能够担当起共同体权威中心的功能”，所以主权在君构成了他们政治思考的理所当然的前提，乃至其政治思考的重心恰恰就落在对治国为政之道及君主所应担负的职责或国家职能的思考和论述上了，而现代学者研究先秦诸子的政治思想著作也可以说主要就是围绕着这些内容来展开论述的。诸如，绝圣弃智、绝伪弃诈、顺应民情、无为而治、在宥天下，选贤与能、富而教之、以德化民，实行仁政、制民之产、保障民生、救济穷人、保护工商，君道能群、以礼制序、以礼分施、明分使群，尚同一义、兼爱尚贤、节用利民，崇公抑私、奉行法治、鼓励耕战、富国强兵，难道这些不都是先秦诸子有关君主职责或国家职能的系统而明确的论述吗？

试以开亘古之新论的法家慎到为例，他曾明确提出“立天子以为天下，非立天下以为天子也。立国君以为国，非立国以为君也”（《慎子·威德》）的政治主张，吾师刘泽华先生如是评论道：“在春秋以前宗法分封制下，国事与家事是一回事。国家机构与职能很大一部分寓于血缘宗族关系之中。到了战国，情况有了很大变化。国家机构与职能的大部分与君主的宗族关系相分离。国事与君主的私事明显地区分开来。从春秋中后期开始，一些思想家逐渐把君主个人与社稷、国家区分开来。慎到在这里把两者作了更明确的区分。这种区分在理论上有重要意义，是国家观念发展的重大突破。国家不仅与君主分析为二，而且国家的利益高于君主个人的私利，君主应该为国家和天下服务。”另外，“慎到的尚法贵公思想要求把国家职能规范化，通过规范的形式体现和保证统治阶级的普遍利益”，“尚法贵公的提出，把国家职能的观念上升为理论，并极大地冲击了宗法关系对国家作用的影响”，“在春秋以前，国家职能是从属于天子、君主的；而尚法贵公思想则认为天子、君主应该是国家职能的执行者”。[①]另如儒家荀子亦有名言：“治国有道，人主有职”（《荀子·王霸》），而且，荀子专门写有《君道》篇，对于君主之“能群”或“善群”之职责进行了系统而深刻的论述。怎么能说先秦诸子对于国家职能或君主职责的讨论是相对比较零碎的呢？

而更加令人惊奇的是，文章Ⅰ从先秦诸子“相对比较零碎”的讨论中总结概括出的国家职能只关乎“经济、社会、文化”三方面的内容，至于国家的政治、军事、外交和宗教等职能则完全不见踪影。以儒法两家为例，难道他们从不关心和重视国家实现优良治理与富强目标的“政治”职能？从不关心和重视国家的军事职能和国家间的战争与和平外交职能？那他们为何要提出并讨论“尊五美，屏四恶”（《论语·尧曰》）和“足食”“足兵”“民信之”（《论语·颜渊》）的问题？为何要提出并讨论“三代之得天下也以仁，其失天下也以不仁。国之所以废兴存亡者亦然”（《孟子·离娄上》）和“交邻国有道”（《孟子·梁惠王下》）的问题？为何要提出并讨论“礼之于正国家也，如权衡之于轻重也，如绳墨之于曲直也”（《荀子·大略》）和以仁义为本（参见《荀子·议兵》）的用兵之道的问题？为何要提出并讨论“事断于法，是国之大道也”（《慎子·逸文》）、“法者，国之权衡也”（《商君书·修权》）、“奉法者强则国强，奉法者弱则国弱”（《韩非子·有度》）和“国待农战而安，主待农战而尊”（《商君书·农战》）的问题？另外，纵横家合纵连横的国际外交策略以及兵家关于国家用兵之道的军政理论，恐怕也应是先秦诸子“国家学说”中的重要内容或组成部分，而文章Ⅰ却无一言及之。

姑且不论国之大事在“祀”的宗教职能[②]，仅就国家的教育职能而言，文章

---

① 刘泽华：《中国政治思想通史》（先秦卷），中国人民大学出版社2014年版，第261、265页。

② 如《国语·鲁语上》：“夫祀，国之大节也；而节，政之所成也。故慎制祀以为国典。……夫圣王之制祀也，法施于民则祀之，以死勤事则祀之，以劳定国则祀之，能御大灾则祀之，能捍大患则祀之。非是族也，不在祀典。”

Ⅰ将其归属于"文化——意识形态职能"，依作者之见，墨家的"尚同一义"自不必说，无论是法家"明教不变""国无异俗""起居饮食所歌谣者战也"的"一教"（《商君书·赏刑》），或者"无书简之文"而"境内之民，其言谈者必轨于法"的"以法为教"（《韩非子·五蠹》），还是儒家"使之由生物学意义的'人'转变为文化意义上的'人'"的人伦之"教"，这都不过是主张"国家应努力营造单一的意识形态"。尤其是，对他们而言，"在多元社会中营造单一的意识形态，国家就必须运用刑法等暴力手段压制和禁绝各种异端"。这似乎有一定道理，的确，读读先秦诸子的著作，我们便不难发现，在诸子异说蜂起、百家争鸣的精神氛围和时代环境下，诸子各家都极力维护自身思想的正确性而极力诋毁和掊击异己之说，不免都有些过甚其辞，甚至也有主张"运用刑法等暴力手段压制和禁绝各种异端"的，这是毋庸置疑的。其实，诸子莫不言"教"，但要说儒家的成人成德之"教"与法家要臣民绝对服从君主统治乃至意在"弱民""愚民"①的以法为教或"以法教心"（《韩非子·用人》）之"教"，乃至与道家"处无为之事，行不言之教"（《老子·第2章》）而"常使民无知无欲"（《老子·第3章》）之"教"，在性质上完全相同，这却是难以令人信服的。当然，如果有学者非得一贯而刻意地以"宗教""人伦宗教化"或"政教合一"的名义将孔子儒家之所谓"教"污名化，至少我是不屑与之论辩的；如果一个受过从初等到高等一系列教育的人，对于儒家的成人成德之"教"如此仇视和鄙薄，而非要诋毁儒家教人做人的教育理念和国家应担负的崇教兴学的正常教育职能，那还有什么好说的呢？古人有言："今使人生于辟陋之国，长于穷檐漏室之下，长无兄弟，少无父母，目未尝见礼节，耳未尝闻先古，独守专室而不出门户，使其性虽不愚，然其知者必寡矣。"（《淮南子·修务训》）而现代国家都实施一种强制性的义

① 如《商君书·弱民》曰："民弱国强，国强民弱（当为'民强国弱'）。故有道之国，务在弱民。"《定分》篇则曰："民愚则易治也，此所生于法令明白易知而必行。"另如《垦令》篇曰："民不贵学，则愚；愚，则无外交；无外交，则国安不殆。""愚农不知，不好学问，则务疾农。"

务教育，难道这都不过是仅仅为了“营造单一的意识形态”而已？

如果先秦诸子对国家职能的问题欠缺明晰而深入的思考，那么，对他们而言，国家存在的目的又究竟为何呢？文章Ⅰ告诉我们，先秦诸子对国家目的的思考，要么为了全民利益，要么为了君主利益。如果粗略地讲，这种简单的二分法似乎也不错。不过，依我之见，在先秦诸子的国家学说中，关于国家、人民和君主三者之间的关系问题其实要复杂得多。如果按照墨子“三表法”中的第三表来讲，我们不妨将先秦诸子的言论主张“废（通‘发’）以为刑政”而“观其中国家百姓人民之利”（《墨子·非命上》），显然，他们不仅会考虑百姓人民利益，或者会考虑君主利益，也还会考虑到国家本身的利益。当然，从理想的意义来讲，这三方面的利益应该是一致的。不过，也会有不一致的情况发生，正如上引慎到所言“立天子以为天下”和“立国君以为国”，在天子和天下、国君和国家明确二分的情况下，天子和国君是应该维护或服务于天下和国家利益的。如此说来，除了全民利益和君主利益之外，先秦诸子也是认识和考虑到了国家本身利益的，不是国家存在的目的是为了君主利益，而是君主存在的目的是为了国家利益。如果不把这一层道理讲明白的话，还谈什么“先秦诸子的国家学说”呢？郭沫若先生早就明确指出过，法家商、韩之间明显存在着这样一种思想差异：“商君以国家的富强为本位，而韩非是以君主的利害为本位。”[①] 而如果在荀、韩师徒之间进行思想比较的话，也不难发现，“荀子还侧重人民，韩非则专为帝王，他们纵然有过师弟的关系，但他们的主张是成了南北两极的”[②]。而究极说来，国家和君主存在的目的都应是为了人民利益的，这就是先秦儒家的根本政治主张。文章Ⅰ的作者似乎也认识到了这一点，如说春秋以降出现了一种“立君为民”的说法，可以将之称为“直接将实现全体民众的利益作为国家存在的根本目的”的“全民目的论”，而“这种看法上承商周的‘畜众’‘保民’

① 郭沫若：《十批判书》，东方出版社1996年版，第366页。

② 郭沫若：《十批判书》，东方出版社1996年版，第395页。

之说，下启儒家的民本论”。然而，作者却又运用一种简单的二分法将儒家的民本论区分为“道”“术”两个层面的问题来加以理解。具体地讲，

> 作为“术”（政治策略）的民本论，事实上也就是重民论，强调民众在政治运行中的重要性或决定性作用。但作为“道”（政治原则）的民本论，则是将民众全体看做是政治运行的目的，孟子民贵君轻说就是如此，但是先秦儒家对这个问题做出最经典表述的不是孟子，而是荀子。……但是强调国家的存在是为全体民众的幸福和利益，只是先秦儒家为国家确定的世俗目的，相当于孔子所说的“庶”“富”两个层次，至于孔子所言的最高层次——“教”，则是国家存在的最高目的。在儒家看来，施行教化，化育万民，帮助芸芸众生做人成圣，结束“准人”的存在状态（生物学意义上“人”），实现作为“人”的存在本质（文化学意义的“人”），才是国家存在的更高层次的目的。

可见，文章Ⅰ的作者所理解的民本论，一方面是作为政治策略之“术”的“重民论”，即“强调民众在政治运行中的重要性或决定性作用”，另一方面则是作为政治原则之“道”的“全民目的论”，即“将民众全体看做是政治运行的目的”。但是，我怎么也想不明白，为什么“强调民众在政治运行中的重要性或决定性作用”就不能是民本论的一项政治原则，而只能将其归属于“政治策略”的“术”而不能归属于“政治原则”的“道”。而且，除了这两项抽象意义上的“术”和“道”之外，民本论的实质性的内容究竟是些什么，我们却不得而知。更成问题的还在于，作者刻意尊荀而抑孟，不知究竟为何。作者的言下之意似乎是，孟子的“民贵君轻”说虽然持全民目的论，但不像荀子那样明确地提出了“立君为民”的经典表述。然而，仅从字面上，我们就不难发现，孟子的民本论是一种“轻君—贵民”论，而荀子的民本论却是一种“尊君—为民”论，同样是全民目的论，一则轻君，一则尊君，无疑都属于儒家民本论的经典论述，但如果是我，我更倾向于赞赏孟子那绝非帝王之术的民本学，而不会纠缠于一个“立君为民”

的说法而尊荀抑孟。当然，在儒家关于国家目的的论说中，最高层次是“教”，这没有错，问题在于强调这一点不是肯定其必要性与合理性，而是质疑和诋毁其正当性。正唯如此，作者在文章的结语部分总结其全文意旨曰：先秦诸子虽然“创造了丰富多彩的政治思想体系”，但“在谈及国家权力配置时，他们表现出了强烈的集权偏好，从未设想过分权制衡或地方自治的合理性和可能性。在谈论国家职能时，他们几乎毫不犹豫地将经验和思想所及的权力都赋予了国家，使国家掌握一切资源的配置和分配权，可以进入、干预，乃至全面掌控经济、社会和文化领域，可以以教人做人和‘化性起伪’的名义进入和掌控人们的精神世界”。就这样，先秦诸子在道术分裂、百家异说的格局下所创造的政治思想体系的丰富多彩及其“国家学说”的理论贡献被混为一谈地一笔勾销了。如此，在关于国家目的的思考问题上区分全民利益与君主利益也就变得毫无价值和意义了。在我看来，这在学术上也正犯了清初大儒王夫之所说的一项大忌讳，即：“学者须于同中显异，方能于异中求同，切忌劈头便从同处估量去，则直不知择。”（《读四书大全说》卷十《孟子·告子上》）至如儒家的成人成德之“教”，其目的和本义乃在提高“国民人格”[①]或使人民养成“美善之品性与行为”[②]，它也许在历史上曾经被后世的专制帝王歪曲利用来“以教人做人和‘化性起伪’的名义进入和掌控人们的精神世界”，但要说其目的和本义就是如此，那就恐怕不免于厚诬古人矣。

(四) 儒家民本论思想的双重面相抑或双重扭曲？

然而，中国传统民本论思想中所蕴含的价值原则毕竟是不容一笔抹杀的，此盖文章Ⅱ之所由作也。不过，文章Ⅱ的核心观点基本上是围绕着文章Ⅰ提出的上述二分法来论述中国传统特别是儒家民本论的理论构建与双重面相的。仅就孔孟儒家民本论而言，“强调民众在政治运行中的重要性或决定性作用”的

① 梁启超：《先秦政治思想史》，东方出版社 2012 年版，第 112 页。

② 萧公权：《中国政治思想史》，新星出版社 2005 年版，第 44 页。

“重民论”与“将民众全体看做是政治运行的目的”的“全民目的论”，无疑都是同一民本论之思想整体的有机组成部分，然而文章Ⅰ的作者却将它们人为地割裂成了似乎彼此不相干的两种理论，这很明显是一种认识上的扭曲。不仅如此，文章Ⅱ在解释作为“术”的“重民论”时，却又提出一种新的看法，即民众“被看作实现统治者政治愿景和政策目标的工具与‘耗材’，并未成为政治存在和运行的最终目的”，这一表述显然与文章Ⅰ中“强调民众在政治运行中的重要性或决定性作用”的说法并不一致，这可以说是一种纯粹机会主义或工具主义意义上的“重民论”。依我之见，在这一意义上，恐怕只有法家重视农战的“重农论”可以归属于这一思想范畴，而儒家的“重民论”不可能是这种意义上的“重民论”，这只能造成认识上的再次扭曲。那么，文章Ⅱ究竟是如何来认识和解说儒家民本论中作为“术”的“重民论”面相的呢？其作者所采取的也不过就是一种最常见的批评套路而已，也就是说，儒家的“重民论”作为一种游说策略不过是“为君主利益考虑”而已，乃至使其民本论除了“全民目的论”外还呈现出了“得民之术”的另一副面相。对于承认君主制之必要性的儒家来讲，这恐怕也是难免的，但在我看来，这也不足为儒家病，因为毕竟他们的民本论不是还有“全民目的论”的面相吗？正如文章Ⅱ所说：“将民本论定性为民主思想，当然是错误且浅薄的。但因民本论的主体内容是重民论，就忽视与重民思想虽有联系，但明显存在差异的全民目的论的意义，也是不可取的。”在此，我想指出的一点是，儒家“民本论的主体内容”真的只是这种“得民之术”意义上的“重民论”吗？为何不是“全民目的论”呢？当然，即使民本论的主体内容是全民目的论，难道作为一种无实质内容的、抽象的政治原则的“全民目的论”就不会被用作“为君主利益考虑”的游说策略，或者被君主歪曲利用为一种纯粹机会主义或工具主义意义上的“得民之术”吗？文章作者难道没有听说过既非“由民作主”，亦非“以民为本”，而只是“为民而王”的说法吗？当然，依我之见，任何头脑清楚的人都不会因为某种理论会被歪曲利用，便轻易地否定这一理论本身的价值和意义。

文章Ⅱ又说："事实上，在孟子等儒家的思想中，民众的福祉与君主专制制度都处于至高价值的位置。在他们看来，民众整体上处于愚昧状态，缺乏道德自觉和自我管理能力，必须在外在权威的治理和教化下，才能做到'有耻且格'(《论语·为政》)。外在权威的存在，不仅是达成善治的前提，还是每个人实现其存在意义的前置条件。"这却是需要作些解释的，否则只会造成不必要的误解和故意扭曲的偏见，好像儒家只是出于一种阴暗邪恶的心理来从事教育和倡导教化。那么，在孟子等儒家的思想中，是否"民众的福祉与君主专制制度都处于至高价值的位置"呢？首先，孟子虽然承认君主制的必要性，但我并不认为孟子维护的就是一种君主专制制度，我不认为他讲民贵君轻和"得乎丘民而为天子"(《孟子·尽心下》)就是将君主专制制度和民众的福祉都置于至高价值的位置。尤其是当孟子讲"民为贵，社稷次之，君为轻"和"诸侯危社稷，则变置。牺牲既成，粢盛既洁，祭祀以时，然而旱干水溢，则变置社稷"(《孟子·尽心下》)时，他毫无疑问是将民众的福祉在价值系列中高置于社稷神灵和诸侯国君之上的。而且，依孟子之见，即使作为天下最高权威中心的天子，也必须或唯有赢得人民的支持或民心的悦服，才能成为天子并拥有其统治的政治正当性。

其次，"在他们看来，民众整体上处于愚昧状态，缺乏道德自觉和自我管理能力"，并承认外在权威的治理和教化的必要性，我不觉得这有什么问题，如果这符合那个时代的真实历史状况的话。若是那时的群众都民智已开，彻底摆脱了愚昧状态，都具有了充分的道德自觉和自我管理能力，孔子儒家还从事什么私学教育事业、倡导什么国家有责任崇教兴学以化民成俗，那孔子儒家就真的成了一群愚蠢至极的教育家和思想家了！不知今天状况如何，国家是否还需要办教育、人民是否还需要受教育呢？以及，姑且不说孔子儒家所处的时代，即使在今天，外在权威的治理和教化是否还有必要呢？但是，"外在权威的存在"，虽然是"达成善治的前提"，但我不认为儒家也认为外在权威（君主）的存在是"每个人实现其存在意义的前置条件"。正如上文所言，儒家不仅有五伦的多元观念，而且，依《周易·序卦》的说法："有天地，然后万物生焉。……有天地然后有万物，有万物然后有男女。有男女然后有夫妇。有夫妇然后有父子。有父子然后有君臣，有君臣然后有上下。有上下然后礼义有所错。"很明显，在儒家看来，君臣上下只是后生的人伦关系，尽管很重要，但其重要性也绝不是唯一的。另外，孔孟儒家也从来没有放弃过教育权，他们并没有将教育的权力完全赋予国家和君主。他们讲学立教以教导为人大道为宗旨、目的和职志，"学而不厌，诲人不倦"（《论语·学而》）是他们最宝贵的教育家品格，"得天下英才而教育之"（《孟子·尽心上》）是他们人生乐趣的一种真实体现，劝人向学修身是他们肩负的神圣使命，他们不愿意人民过一种"饱食、暖衣、逸居而无教，则近于禽兽"（《孟子·滕文公上》）的生活[①]，难道这有什么过错或者是一种罪恶吗？

---

① 诚如徐复观先生所说：孔子儒家对人类负责的精神之最伟大的一面，正是其"教化精神"的一面，亦即"孔子之精神，实系伟大宗教家之教化精神。毫无凭借，一本其悲悯之念，对人类承担一切责任，而思有以教之化之。此系立于社会之平面，以精诚理性相感召，这与政治之设施全异其趣"（《儒家精神之基本性格及其限定与新生》，见《儒家思想与现代社会》，九州出版社2014年版，第24页）。换言之，"先秦的儒家，自己是站在社会上去立教，站在社会上立教，乃是信任人类理性的自由选择，而不是出之于强制要求。在政治上，只要求统治者自己有德，而以尊重人民的好恶为统治者有德的最高表现。只要求统治者提供教育的工具——学校，只要求统治者以身教而不以言教。言教乃是师儒立教之事，统治者是要自己通过师傅、谏诤、舆论来终身受教的"。反之，"自己不肯教而常想去立教的人君，在儒家看来乃非昏即暴的人君"，而且，"以立教为第一的政府，势必流于极权政府"，因为"统治者若以立教为自己的最高任务，则不管教的内容如何，自然会流于以政治的强制力量，强制人民服从自己所认定的真理或价值，认定人民系为实现此一真理或价值而存在"，而"统治者常常把自己的权力意志以各种方式神化为真理与价值，于是表面上要人民为此真理与价值而牺牲，实际就是要人民为其权力意志而牺牲"，这"决非儒家精神所能允许"。（《释〈论语〉"民无信不立"——儒家政治思想之一考察》，见《中国思想史论集续篇》，上海书店出版社2004年版，第268页）

当然，文章Ⅱ的作者是“仔细研判”过孟子的“民贵君轻”说的，经过“仔细研判”，作者却又重申尊荀抑孟的陈词滥调，认为“在《孟子》中，最接近‘立君为民’说的是人们经常引用的‘民为贵，社稷次之，君为轻’”，但是，“若仔细研判，就会发现‘民贵君轻’是将民众整体与个别君主作比较，倘若将个别君主换成君主制度，恐怕就很难再得出同样的结论”。为什么呢？“因为在孟子等儒家看来，君主制度的存在是人之所以为人的前提，君臣之伦是人无法逃避的道德义务，‘无父无君’只能被定义为‘禽兽’。显然，相对于‘立君为民’，‘民贵君轻’说要相对保守，体现了儒家特有的中庸调和的旨趣”。作者显然没有弄懂孟子“民贵君轻”说与荀子“立君为民”论的真实含义，也没有搞清楚孟子等儒家对君主制度的真实看法。首先，对荀子而言，君之所以为君，其实是因其职责重大而理应势位至尊的，稍具政治思想史常识的人都知道，荀子的政治立场其实要比孟子“尊君”得多，怎么荀子讲了一句“立君为民”的话，好像就比孟子还要激进，而孟子的“民贵君轻”说反倒显得“相对保守”了呢？其次，孟子的确过甚其辞地说过“无父无君，是禽兽也”（《孟子·滕文公下》）的话，孟子等儒家也的确认为君臣之伦是人无法避免的道德义务，但是，他们真的认为“君主制度的存在是人之所以为人的前提”吗？我不这样认为。在我看来，也许更恰当而准确的表述应该是这样的：君主制度的产生或存在正是国家形成的根本标志，而包括君臣在内的五伦关系也是人类社会存在甚至整个人类生存不可或缺的必要条件，但是君主制度并不代表一切，五伦关系本身也并不等同于人之所以为人的本质属性，正如《中庸》所说：“仁者人也，亲亲为大；义者宜也，尊贤为大。”孟子亦有名言曰：“仁，人心也；义，人路也。”（《孟子·告子上》）可见，在孟子等儒家看来，真正重要的是亲亲、尊贤，是具有仁义之心，唯此才能称之为人，即使是君主也不例外，如果为人君者背离乃至残伤贼害了仁义，那是连做君主的资格都没有的，他们怎么可能简单地认为“君主制度的存在”就是“人之所以为人的前提”呢？依我之见，孟子等儒家承认甚至充分肯定君主制度的必要性，绝不意味着他们便将君主制度与人之所以为人的问题混同为一了。如果文章作者想不明白这层道理的话，我们不妨以其最为欣赏的荀子“立君为民”说为谕，荀子曰：“天之生民，非为君也；天之立君，以为民也。”（《荀子·大略》）据此推理，荀子究竟是认为君主或君主制度的存在是民之所以为民的前提呢，还是人民的存在或全民利益的目的是君之所以为君的前提呢？毫无疑问，即使是尊君的荀子，或者是主张“立君为民”的荀子，也不可能持有前一种观点。同理，对荀子等儒家而言，君主的存在或君主制度不可能是人之所以为人的前提，相反，人的存在或人类社群的生活需要乃是君之所以为君的前提，因为君主的根本职责就在于维护人类群居和一的有组织的社群生活。

最后，我们还需要对这样两个层次的道理或问题加以明辨区分，其一，君主制度与具体的个别君主不是一回事，儒家虽然充分肯定国家存在的必要性和君主制的合理正当性，却未必承认现实中某位具体的人君世主及其统治理所当然地具有合理性和正当性，正唯如此，他们总是将政治思考集中于具体君主的所作所为及其对国家治乱兴亡盛衰的影响并探究优良的治国为政之道，他们不仅批评现实中统治者的无道行为，也乐于推崇历史上的古圣先王之道，因为在他们看来，国家治理的黄金时代不是在他们所处的那个时代，而是曾经出现在古代圣王统治的时代。你可以说他们保守，但他们对君主制下的那些人君世主的态度却是复杂而审慎的，正唯如此，儒家才会深切期望统治者加强自身的道德修养。如果说这层道理无疑也是文章作者所认识到了的，尽管其也对此颇不以为然，但是还有一层道理似乎是其没有想到的，那就是，其二，君主制度与绝对君权也绝不是一回事，孟子等儒家承认甚至充分肯定君主制度的必要性，绝不意味着他们就承认或充分肯定君权的无限与绝对。这是儒家之所以为儒家，而在思想上与法家有着本质区别的地方，正如梁启超先生所言：“民权之说，中国古无有也。法家尊权而不尊民，儒家重民而不重权，道墨两家此问题置诸度外，故皆无称焉。”[①] 所谓“尊权”“重权”的“权”，当然是指君权，在我看来，这才是问题的实质，仅仅是承认或充分肯定君主制度之必要性，这不足为儒家病，事实上，正是尊崇绝对君权的法家才可能将君主制度本身之存在视为“人之所以为人的前提”[②]，而文章作者却张冠李戴地用来指斥孟子等儒家，岂能令人心服？

二、“政治”概念大于“君权”或“君主统治”概念

将先秦诸子的国家学说化约为一种同质化的“集权思想”，无疑犯了本质主义还原论的错误。在我看来，只有彻底厘清订正认识和理解上的上述片面曲解，我们才能真正深刻理解儒家民本论思想的精义要旨，并客观而公允地认识和评价其政治学说的理论价值与历史意义，而不是刻意地去厚诬古人。诚如徐复观先生所言，这种“学术上的良心”，甚至“较之政治上的良心更为重要”，因为“政治上的错误或欺诈，因与社会大众在利害上的密切关连，常能并世即可发现；而学术上的错误或诈欺，因穷探冥索之不易，常承讹踵谬，至千百年而莫之或觉”[③]。

如果我们在学术上足够诚实的话，那么，我们就不能不承认，孔孟儒家的民本论思想及其深富道德力量与深刻人文关怀意义的政治理念，无疑是我国政治思想传统中最值得令人倍加珍视和认真鉴取的一份厚重的思想文化遗产，认识和理解上的扭曲和迷误只会使人们看轻和蔑弃这一份自家传统而成为“沿门

① 梁启超：《先秦政治思想史》，东方出版社 2012 年版，第 246 页。

② 当然，在法家式的君主专制之下，所谓“人”不过就是只能作为任人摆布的工具亦即完全受君主控御和支配的农夫和士兵而已。或者如郭沫若先生所说，对韩非那样的法家而言，“所需要的人只有三种：一种是牛马，一种是豺狼，还有一种是猎犬。牛马以耕稼，豺狼以战阵，猎犬以告奸，如此而已”（《十批判书》，东方出版社 1996 年版，第 400 页）。

③ 徐复观：《释“版本”的“本”及士礼居本〈国语〉辨名》，见《中国思想史论集续篇》，上海书店出版社 2004 年版，第 170 页。

托钵效贫儿"的思想和文化上的"穷人"。借用法国著名思想家托克维尔的一句话说，就是"穷人保存了祖辈的大部分偏见，而没有保存祖辈的信仰；他们保存了祖辈的无知，而没有保存祖辈的德行"，"穷人"之所以如此，说到底，"都是出于愚昧"[①]。

皆"务为治"的诸子异说蜂起及展开激烈论辩的百家争鸣，无疑为中国人打开了一个充分自由和无限开放的政治思考空间，诸子百家各具其独特的理论贡献，亦均富跨越时空的思想穿透力，然而，我们不能因此便对其优劣得失无所判断和抉择，乃至"漫羡而无所归心"（《汉书·艺文志》）。孟子"辟杨墨"而谓之"禽兽"之道，韩非诋儒墨而谓之"愚诬"之学，固皆过甚其辞而不免乎一偏之见，但就其政治主张而言，平心而论，儒、道、墨三家实则具有更多政治理想主义色彩，而不像商鞅、韩非等刑名法家和苏秦、张仪等纵横家之流那样将思想狭隘地拘囿于君主之集权统治和现实之利害计较，正如宋人所言："纵横之家，翻覆变诈，舞一世于口舌之上；而刑名之家，深刻惨毒，纳天下于刀锯之下。使当时之民，没身涂炭水火之中而不能出，实二家之为。"[②]对于儒、道、墨三家而言，"政治"概念无疑大于"君权"或"君主统治"概念，尽管其思想都是在君主制的同一观念框架下运作的，但超乎君权统治之上的有天命、天道和天志，规约君权运作于下的有民心、民情和民利。对他们而言，建国立君而使人类过上一种文明生活，虽属必要和正当（庄子除外），甚至可以说是人类发展史上具有划时代意义的一件大事，但无论是上天，还是下民，其存在本身都是不以君主权力意志为转移的，反之，君主之为君主，其存在之必要性与正当性却须以天与人归或天命民意为转移，故君主之为祸抑或为福，其实也都一直是在两可之间的，故历史在一治一乱之间循环不已，甚至每况愈下。即使他

---

①［法］托克维尔：《论美国的民主》上卷，董果良译，商务印书馆1988年版，第12页。

② 李春颖校注：《张九成文集校注》，中国政法大学出版社2018年版，附录之施德操：《施先生孟子发题》，第249页。

们处在晚周衰乱之世，深切地感受或认识到天下不可一日无君，或国无君不可以为治，但对他们而言，君主与作为“神器”或“大器”的天下国家也绝非完全等同之物，而君主之为君主，其本身似乎并无独立自足的价值与意义，而是理应或务须担负起代天理民或敬天保民的神圣职责，亦即担负起保障和维护民生之利益需求与人类社群生活之共同福祉的天然职责，正所谓“民之所欲，天必从之”（《尚书·泰誓》），而“有民立君，将以利之”（《史记·周本纪》），又或如宋儒伊川先生《春秋传序》所说：“天之生民，必有出类之才，起而君长之；治之而争夺息，导之而生养遂，教之而伦理明，然后人道立，天道成，地道平。”（《近思录》卷三）

我先民深知“国于天地”必“有与立焉”（《左传·昭公元年》）的道理，先秦诸子之天下国家观念与政治学说无非就是将此道理进行系统化和理论化的阐发而已，但对儒、道、墨三家而言，“国于天地”而所“有与立”者，绝非仅仅在强调设立君主之有其必要性与正当性而已，而政治之为物更绝非等同于君权或君主统治概念而已。诚如吾师刘泽华先生所说：“政治是否等于阶级？对于这个问题我想应有一个新的认识。在阶级社会中，政治是具有强烈的阶级性的。但政治又不完全等同于阶级，政治的内容应大于阶级。政治生活中有一些是具有社会性的。它既有阶级性，又有社会性。这种社会性超出了阶级的局限，是人类社会共同创造的产物。”所以，我们“不能在政治和阶级之间画等号”，试举一个具体的例子而言，“比如说，在各个国家的不同时期，都有一个通过政治方式来调节人和自然的关系的问题，运用一些立法及一些公共措施来保证两者之间的谐调，这些就很难说是阶级的”。①

如果我理解不错的话，我们据此似可放宽眼界而将刘师之意推而广之，不仅通过政治方式来调节人和自然的关系，而且，通过政治方式来调节人和人的

① 刘泽华：《“政治”概念大于“阶级”概念》，见南开大学历史学院编：《刘泽华全集·随笔与评论》，天津人民出版社2019年版，第34页。

关系，通过政治方式来"尊贤使能"和"制民之产"而公正合理地进行职位和利益的分配与调节，通过政治方式来兴学立教以美风俗而成善治，通过政治方式来对人类社会生活秩序进行"群居和一"式的合理安排，这些都很难说只是属于君权或君主统治概念的含义范围，而是属于具有普遍意义的政治范畴，其中蕴含着贯通古今中外的治国为政之道。总而言之，不管怎样，我们是绝不能简单地在政治和君权或君主统治之间画等号的，就儒家政治理念而言，就更是如此。谓予不信，本书所收录有关儒家政治诸理念的论文可资为证，兹不再赘言。

但最后仍需强调指出一点，那就是，如果我们真的想要从丰富而鲜活的儒家政治理念中鉴取有益思想观念资源来建构我们所需要的一种政治哲学的话，那么，首先需要做的就是"砍去国王的脑袋"。法国著名思想家福柯曾如是说：

> 君主政体建立于中世纪，其背景是各种先存的封建权力之间持久不休的争斗。君主政体是作为仲裁人，作为制止战争，结束暴力、勒索，阻止私人争端的权力出现的。该政体赋予自身以一种法律的和消极的职责，因而变得可以让人接受；当然，它很快又超越了这种职责。君主、法律、权利剥夺，这一切构成了权力代理制度，而后权力就通过法律学说移交，因为政治学说始终被君主这个人物所困扰。所有这些学说又都提出了君权问题。而我们所需要的，是一种政治哲学，该政治哲学不是围绕君权，不是围绕法律，不是围绕权利剥夺来构造的；应该砍去国王的脑袋，但人们在政治学说中尚未这样做。[①]

福柯的这一见解对于我们无疑是深富启发意义的。先秦诸子生活在宗法封建制向郡县官僚制激烈转型变革的时代，这个时代急需一种新型的君主政体来结束诸侯各国和封建势力之间的持久纷争。诸子各家对于新型君主政体和国家体制的理论构想的价值和意义，我们无疑应从这一时代背景来加以理解，正唯

① 杜小真编选：《福柯集》，上海远东出版社2003年版，第437—438页。

如此，他们的政治学说始终被君主这个人物所困扰也就不足为怪了，这是无可否认而毋庸讳言的，当然，儒家亦不例外。然而，我们之所以强调儒家之“政治”概念大于“君权”或“君主统治”概念，其意也正是要从“应该砍去国王的脑袋”的政治哲学的视角来重新认识和理解儒家政治理念所蕴含的深刻意义。而且，在我看来，只有从这一政治哲学的视角出发，才能使儒家政治学说在今天真正实现创造性转化和创新性发展。言尽于此，不当之处，敬请读者朋友批评赐教！

天下为公：儒家政治思维的公共性向度及其现代转向

"天下为公"是一个十分重要而极富中国思想特色与文化意蕴的政治观念，它寄托着古来中国人尤其是儒家学者的博大崇高的政治理想与价值诉求，系统探究和深入反思这一观念本身及其所衍生出来的种种政治文化意涵，对于我们理解儒家政治思维特征的公共性向度及实质意义无疑是大有裨益的。为此，我们将就中西古典政治思维理路的差异，作为一种政治信仰的"天下"观念的基本内涵，儒家古典思想形态中的"大公政制"理想，帝制中国政教传统的形成、演进及其近代变革，儒家政治思维的现代转向等诸多问题，作一些初步的尝试性的探讨和论述。

一、中西古典政治思维理路的差异

自先秦以来，中国就形成了自身独特的政治思考的方式与传统。如果说春秋战国之世出现和形成的诸子百家之学可被称为中国思想的古典形式的话，那么由先秦诸子所创立和发展出的中国古典的政治思考方式与传统，明显具有不同于由古希腊政治哲人所创立和发展出的西方古典政治思考方式与传统的鲜明特色。就中西方政治思考的古典形式所具有的基础性或奠基性意义而言，可以说它们为后来中西文明的发展从根源处即确立了各自不同的思想或精神的路标。

如所周知，先秦诸子即中国古典的思想家或政治哲人，置身于西周宗法政治衰败与“封建天下”解体的社会政治背景之下，他们思考和关注的政治对象与问题范围及其政治价值取向，尽管有这样那样的差异甚至是根本相反的，如小至个体一己一身而大至整个自然宇宙，或是留恋或是背弃封建宗法制，但有一点他们是殊途同归的，或者能够在政治见解上达成共识的，即要从根本上解决当时人类社会的混乱失序状态，就必须重建“天下”秩序。司马谈所谓“《易大传》：‘天下一致而百虑，同归而殊途。’夫阴阳、儒、墨、名、法、道德，此务为治者也，直所从言之异路，有省不省耳”（《史记·太史公自序》）。依我之见，这样来理解和解释司马谈所言的意思是最为适当合宜的，即诸子百家汲汲于“干世主”而所务为治者，从根本上来讲正是以天下为对象的，如孔儒因感怀于“天下”之“有道”与“无道”而卓然以“平天下”为己任，墨子因愤激于“天下之人异义”（《墨子·尚同中》）而不遗余力地倡导一同天下之义，道家因忧思于“天下之人各为其所欲焉以自为方”（《庄子·天下》）而一心要将天下托付给顺应自然之道而拒绝“治”天下的人，法家有感于实力为一国生存之根本而极力鼓吹以一国之强并吞天下。诚如梁启超所言：“我国先哲言政治，皆以‘天下’为对象，此百家所同也。”又说，“中国人说政治，总以‘天下’为最高目的，国家不过与家族同为达到这个最高目的中之一阶段。”[①] 虽然当时人所说的“天下”仅局限于指称“赤县九州”的“中国”，但我们切莫看轻了这一想象的

① 梁启超：《先秦政治思想史》，东方出版社2012年版，第212、266页。

“天下”观念及其所具有的重要政治含义，它最集中地彰显了中国古典政治哲学家们独具特色的问题意识与政治情怀。

与之不同，由为数众多、政体各异的城邦所形成的政治背景，为古希腊政治哲学家们对城邦的各种政体进行系统的比较分析提供了最佳的便利条件，诚如麦克里兰所言：“一趟古希腊之旅，就是上一堂比较政府课的好机会。”[①] 苏格拉底、柏拉图和亚里士多德们怀着极为浓厚的兴趣而孜孜不倦地考察城邦的政体问题，并不厌其烦地比较论究各种政体的优劣。他们不仅深切关注什么是城邦最好的政治制度，而且还认真探索城邦的最佳规模问题，如苏格拉底说：“我国的当政者在考虑城邦的规模或要拥有的疆土大小时似乎应该规定一个不能超过的最佳限度。”“国家大到还能保持统一——我认为这就是最佳限度，不能超过它。”[②] 对“有关最好城邦的规模问题的简要论述”，亦“展示了亚里士多德政治学说的一个独特方面”[③]。

与古希腊政治哲学家不同，如“苏格拉底以及柏拉图和亚里士多德都认为人类社会的最完美形式是 polis（city 即城邦）”[④]，中国的政治哲学家们自始便是“封建天下”的不幸产儿，他们虽然生活在“封建天下”已趋于解体的时代，却始终难以割舍掉关切“天下”的情怀，只因这无法排遣的“天下”情怀，他们不仅没有兴趣比较考察各国政体的问题，而且均极力主张应彻底消除“诸侯异政”的混乱政象。因此，可以说胸怀天下的情结寄托了中国古典政治哲学家们最深切的“大一统”的政治诉求，尽管他们中的某些人也提出过“小国寡民”的桃源梦想和“君臣并耕”而“无所事圣王”（《汉书·艺文志》）的小农理想，但

①［美］约翰·麦克里兰：《西方政治思想史》，彭淮栋译，海南出版社 2003 年版，第 19 页。

②［古希腊］柏拉图：《理想国》，郭斌和、张竹明译，商务印书馆 1986 年版，第 137 页。

③［美］列奥·施特劳斯、约瑟夫·克罗波西主编：《政治哲学史》（上），李天然等译，河北人民出版社 1993 年版，第 162 页。

④［美］列奥·施特劳斯、约瑟夫·克罗波西主编：《政治哲学史》（上），李天然等译，河北人民出版社 1993 年版，绪论，第 5 页。

他们中的绝大多数人所最为关切的核心问题是天下统一和“王天下”的问题，这一问题对墨子来说是“一同天下之义”（《墨子·尚同中》），对孟荀来说是行仁政、义术而王霸天下，对老子来说是“以无事取天下”（《老子·第57章》），对法家来说是“独制于天下而无所制”（《史记·李斯列传》）。

质而言之，城邦与天下是中西古典政治哲学家们所关注的两种性质极为不同的对象，它们亦寄托着中西古典政治哲学家们不同的政治理想与最高目的追求，正是由此而衍生出了中西不同的政治思维理路。其不同概括而言即是，古希腊政治家们主要关注和思考的是城邦的政体与正义问题，认为政体的好坏优劣关乎国家的治乱安危，而先秦诸子即中国古典政治哲学家们所主要关注和思考的则是天下的治与乱、有道与无道以及“统治”的公正或无私与否的问题，他们更主要的是认为统治者个人德行的好坏善恶决定着天下国家的治乱兴亡，其中尤以儒家最具代表性，譬如，据《礼记·孔子闲居》载，子夏尝问孔子曰：“三王之德参于天地。敢问何如斯可谓参于天地矣？”孔子回答道：“奉三无私以劳天下。”并进一步解释说，“天无私覆，地无私载，日月无私照。奉斯三者以劳天下，此之谓三无私。”孟子更有名言曰：“君仁，莫不仁；君义，莫不义；君正，莫不正。一正君而国定矣。”（《孟子·离娄上》）荀子则认为：“国者，天下之利用也；人主者，天下之利势也。得道以持之，则大安也，大荣也，积美之源也。不得道以持之，则大危也，大累也，有之不如无之，及其綦（谓穷极之时）也，索为匹夫不可得也。”（《荀子·王霸》）并说：“道存则国存，道亡则国亡。”（《荀子·君道》）

二、“天下”观念的基本内涵

“天下”之为“天下”，为中国古典政治哲学家政治思考与政治关切的对象，而平治天下或重建天下秩序又为其追求实现的最高政治目的，职是之故，如斯之“天下”观念实则充分彰著和体现了中国古典政治哲人的政治情怀，或可径直称之为中国古典政治哲人的政治信仰。此政治信仰内涵丰富，上关天道，下系民生，孕育、促生了诸子百家各自不同的人类价值信念及其政治思考与论说的不同理论进路。那么，中国古典时期的政治哲人何以会具有此一政治信仰？其实质性的意涵究竟为何？兹稍加阐述如下。

首先，中国古人所说的“天下”，仅就其字面的含义来讲，指的就是“天之下”。据东汉许慎《说文解字》所释，“天，颠也”，意即“至高无上”者为“天”；另如孔子所言，“唯天为大”（《论语·泰伯》）。可见，在我们古人的心目中，所谓“天”，乃是指那最崇高和博大者，而由天所覆盖（与之相应的是由地所承载）的“天下”也即具有了最广大普遍和涵盖一切（人类全体和自然万物）的意味了。如梁启超先生所曰：“‘天下’云者，即人类全体之谓。”[①] 其实，古人所谓“天下”，不仅是指“人类全体”，而且更是涵盖宇宙万物而言的，如《中庸》所言：“天地之道：博也，厚也，高也，明也，悠也，久也。今夫天，斯昭昭之多，及其无穷也，日月星辰系焉，万物覆焉。今夫地，一撮土之多，及其广厚，载华岳而不重，振河海而不泄，万物载焉。”

其次，天下的观念亦与中国古人对“天”的信仰密切相关。古代中国有一种可以追溯到上古三代的、源远流长的本土宗教信仰，那就是对“上帝”或天的崇拜和信仰，尤其是西周以来，对天的信仰可以说占据了中国人传统宗教信仰的主导地位，而且，这种传统的宗教信仰具有强烈而鲜明的政治性。一方面，周人深信人类由上天所生，如“天生烝民”的说法两见于《诗经·大雅》的篇章中（《荡》和《烝民》）；另一方面，周人认为“皇天（或昊天）上帝”乃是主宰和支配世间一切的至上神，其意志和命令决定着天下王朝的兴亡更替。天下的统治者或王朝之天子乃是上天所生的“元子”，元子受天所命而统治天下，然而，王朝统治者应以“德”配天受命，统治者一旦失德，“皇天上帝”便会“改厥元子”（《尚书·召诰》），更命有德。由此而言，天下之人虽然都是上天所生，

① 梁启超：《先秦政治思想史》，东方出版社2012年版，第212页。

但唯有其所生之“元子”才拥有统治天下的正当权力与资格，而且，“天命靡常”（《诗经·大雅·文王》），或者说“皇天无亲，惟德是辅”（《尚书·蔡仲之命》），上天只授予那些有德之人以“天子”之权位或统治天下的正当权力与资格，天子失德，天命便会发生转移。周人正是由此对天的信仰，而生发出一种汲汲于上畏天命而切切于下保民生的政治忧患意识，这一政治忧患意识以敬德保民或明德慎罚为核心理念，此正是后来占据中国传统统治思想之主流地位的儒家德治主义和民本主义的滥觞与源头。

再次，在周文蕴蓄宏富、粲然大备而日趋于疲敝、衰微和崩坏的春秋战国之世，以及在王纲解纽而导致社会生活与政治体制变革日益加剧的历史背景、趋势和条件下，诸子百家之学术思想勃然兴起，蔚为大观，然论究诸子学术思想之原起，诚如吕思勉先生所言，旧有二说，一出于《汉书·艺文志》，“谓其原皆出于王官”，二出于《淮南子·要略》，“谓皆以救时之弊”，此二说各有其道理，故“谓二说皆是”实未尝不可，这是因为：“天下无无根之物；使诸子之学，前无所承，周、秦之际，时势虽亟，何能发生如此高深之学术？且何解于诸子之学，各明一义，而其根本仍复相同邪？天下亦无无缘之事，使非周、秦间之时势有以促成之，则古代浑而未分之哲学，何由推衍之于各方面，而成今诸子之学乎？”[①] 而综括而言，诸子之学之渊源有自、前有所承，各明一义而又根本相同，同起于救时之弊而能够相反相成者，究其实质乃在于他们都是在一个“共同的观念框架”下运思而成就其“一家之言”的，这一“共同的观念框架”也就是汉家太史公司马迁所说的“究天人之际，通古今之变”（《汉书·司马迁传》），而被置于天人古今观念框架之核心地位的正是“天下”。正如《庄子·天下》作者所言，诸子百家之道术既起于“天下大乱”的时代生活环境，亦归宿于为这一“天下大乱”之世提供某种救治的方术，尽管在《庄子·天下》的作者看来，“天下多得一察焉以自好”所导致的“道术”分裂的思想状况有悖于天地之纯美和

① 吕思勉：《为学十六法》，中华书局2007年版，第131页。

古人之大全，然而，它们不仅共同孕育于以《诗》《书》《礼》《乐》《易》《春秋》为文本载体的文化传统，而且“皆有所长，时有所用”，故能“备世之急”。

又次，对先秦诸子而言，天人古今之观念框架的内涵和意义无疑是迥然不同甚至是截然相反的，譬如，儒家热诚地追寻古圣先贤的教诲而致力于准古衡今和推人事以体天道；道家汲汲于消解人为的造作而追求效法、遵循超越古今而具有永恒普遍之意义的自然天道；墨家既诚挚地追寻古圣先贤的教诲而又不遗余力地尊奉天鬼之意志以为治世的仪法；法家则急切地欲通过尚力重法、变古改制以求国家之富强和君主之尊安。然而，不管诸子各家所说的天和人、古和今的具体意涵及其对天人、古今之关系的认知和评价态度如何，乃至在他们各自不同的思想信仰体系中，无论是主宰性的意志之天，义理性的道德之天，还是超越性的自然之天，客观性的物质之天[①]，天之为天（亦可“天地”并举），其实均具有一种博大、包容、无私的精神品格。对于天覆地载之博大、包容、无私的精神体认可以说是先秦诸子同归一致的通见共识，如儒家之“三无私”的观念认为“三王之德参于天地”，而“天无私覆，地无私载，日月无私照”（《礼记·孔子闲居》）。《中庸》对天地之道的博大无私更言之极为深切著明，其言曰：“天地之道：博也，厚也，高也，明也，悠也，久也”，“博厚，所以载物也；高明，所以覆物也；悠久，所以成物也”，“天地之所以为大也”正在于“天地之无不持载，无不覆帱”，而“大哉圣人之道！洋洋乎！发育万物，峻极于天”。墨家亦认为：“天之行广而无私，其施厚而不德，其明久而不衰，故圣王法之。”（《墨子·法仪》）道家也是反复申论和强调“天无不覆，地无不载”（《庄子·德充符》）或“天无私覆，地无私载”（《庄子·大宗师》）的观念，并认为统治者“游心于淡，合气于漠，顺物自然而无容私焉，而天下治矣”（《庄子·应帝

① 据冯友兰先生所言，“天”有“五义”，即物质之天、主宰之天、运命之天、自然之天和义理之天（《中国哲学史》上册，中华书局1961年版，第55页），其中的运命之天与我们此处的论旨不相干。

王》)，或者是“圣人若天然，无私覆也；若地然，无私载也。私者，乱天下者也”(《管子·心术下》)。法家也不例外，如《管子·形势解》曰：“天公平而无私，故美恶莫不覆。地公平而无私，故小大莫不载。无弃之言，公平而无私，故贤不肖莫不用。故无弃之言者，参伍于天地之无私也。”《管子·版法解》亦曰：“凡人君者，覆载万民而兼有之，烛临万族而事使之。是故以天地、日月、四时为主、为质，以治天下。天覆而无外也，其德无所不在；地载而无弃也，安固而不动，故莫不生殖。圣人法之以覆载万民，故莫不得其职姓，得其职姓，则莫不为用。故曰：‘法天合德，象地无亲。’”另如，《尸子·治天下》曰：“天无私于物，地无私于物，袭此行者谓之天子。”《吕氏春秋·去私》曰：“天无私覆也，地无私载也，日月无私烛也，四时无私行也，行其德而万物得遂长焉。”《吕氏春秋·贵公》曰：“昔先圣王之治天下也，必先公，公则天下平矣。……阴阳之和，不长一类；甘露时雨，不私一物；万民之主，不阿一人。……天地大矣，生而弗子，成而弗有，万物皆被其泽、得其利，而莫知其所由始，此三皇五帝之德也。”由上可见，尽管诸子各家对于天地精神的具体意涵与特性的认识和理解存有差异而不尽一致，但在人生和政治问题上对于法天合德、与天为一的最高精神境界和终极治理目标的追求却是别无二致的。换言之，不管先秦诸子所说的天地究竟是具有主宰意志的神性之物，还是作为纯粹客观性的物质存在，不管是具有道德义理性的意涵，还是富有超越道德性的自然特质，他们都是从对“天无私覆，地无私载”的精神领悟和信念体认中，来思考人生境界之修养和提升问题，并阐发其治国理政或君主统治的政治理念的，乃至廓然大公的天地精神不仅为圣王明君树立了一种法天合德、随天体道或天人合一的最高精神境界与终极人生目标，而且同时也为圣王明君确立了一种治国理政、平治天下的根本治道依据。

最后，先秦诸子的政治思维可以说发生了一种时代性的根本转换，即从周人以统治者之“德”为中心来思考王朝政权的天命合法性的归属(嬴得或转移)

问题，转向以人类生活所应遵循的最具普遍和公共性意义的“道”为中心来思考政治统治的正当合理或公正无私与否以及天下国家的治乱与秩序构建问题。依我之见，先秦诸子开创了一个政治反思的崭新时代，之所以这样说，正是因为他们主要是围绕着“道”（人所共由的人类生活的正确道路问题）这一核心理念来思考政治问题的，或者说，对“道”的探究与求索并致思于各“以其道易天下”（《文史通义·原道中》）构成了诸子各家政治反思的内在根本动力，尽管他们所说的“道”及其所意图重建的天下之“秩序”各具其意涵而差异很大甚至相反不同，但对诸子各家而言，是否遵循和符合他们所说的“道”乃正是评判政治统治是否正当合理或公正无私，以及天下国家治乱的根本标准。然而，需要强调指出的是，上述政治思维的转换，并不意味着从此之后周人的政治思维便遭到了彻底摒弃，而只是说诸子各家皆试图站在一种更具普遍和公共性意义的视角来反思政治问题，并强调或赋予其各自所说的“道”以一种正当合理性与普遍有效性。而且，如萧公权先生所言，诸子处在由“封建天下”向“专制天下”变革演进的过渡时期，其思想虽“不必悉以之（指‘封建天下’——引者注）为对象或理想”，但“均以封建天下为其背景”；秦汉以后，“专制”虽代“封建”而成定制，但前后思想却“有一共同之特点”，即“无论其内容如何，均以‘天下’为对象”[①]。而在“天下本位”的思想指导下，汉人不仅复兴了周代天命有德的统治思想，而且致力于以一致百虑、同归殊途（参见《史记·太史公自序》）或相反相成（参见《汉书·艺文志》）的综合原则而将诸子各家之治道理念整合融贯为一体，构建了一种极具包容性的王道思想或王官之学。

综上，中国古来的“天下”观念与天下的统治和治理或天下秩序的构建问题，与传统的天命信仰和诸子多元的天道信念是密切相关的，然而，无论是统治者专有之德性及其天命归属问题，还是天下国家的治理是否合乎公共性的“道”的问题，或者将这两方面的问题整合为一体，天（地）都处于天下观之间

① 萧公权：《中国政治思想史》，新星出版社2005年版，第7、9页。

题意识的核心地位，而且最终构成人间秩序和政治统治之正当合理和公正无私的价值根源。在我看来，我们只有将有关天下治理的各种政治思想理念置于天人古今的共同观念框架下来加以审视和论述，才能对它们之间的异同有一种更好的理解和阐释。但不管怎样，我们首先必须明确的是，中国古人之天下观念，其含义“略近欧洲中世初期之世界帝国”[①]，但与古希腊之城邦理念、与近代民族国家之观念均极为不同，而今天我们究竟应如何认识其在历史上的负面影响，如造成“国人根本缺乏国际观念”和“民族思想发育不良”[②]等问题，以及在今日全球化时代如何积极鉴取其合理价值，即作为一种政治信仰的天下观所包含的公正无私之根本政治价值诉求及其大同主义、普世主义或世界主义之理想和倾向，如熊十力先生所说，由中国人视“中国”或“天下”为一“最高的文化团体”这样一种“爱和平、贵礼让”的“国家”观念扩充出去，乃至“人类都依着至诚、至信、至公、至善的方向去努力，可使全世界成一个最高的文化团体”[③]，个中意义，的确值得我们深长思之。

三、古典儒家的“大公政制”理想

尽管先秦诸子生活在一个列国并立竞存、政治斗争异常激烈的时代，然而他们最根本的政治情怀仍然是心系天下，以天下为政治思考的根本对象，进而探究和思考国家的治乱兴衰问题。大体而言，儒、墨、道诸家基本上都把天下、国、家的治理和一人之身的修养问题看成是一体相关的，而法家则倾向于把天下国家的治理、家庭伦理和个人修身作为两类不同性质的问题区别看待。但不管怎样，政治思考的对象与范围以天下为单位而不是仅仅局限于以国家为单位，说明并体现了中国古典政治哲人的政治价值观蕴含着一种具有普世性诉求意义

① 萧公权：《中国政治思想史》，新星出版社2005年版，第9页。

② 萧公权：《中国政治思想史》，新星出版社2005年版，第9—10页。

③ 熊十力：《中国历史讲话　中国哲学与西洋科学》，上海书店出版社2008年版，第27页。

的思维向度与公共理性精神。因此，对他们来讲，天下国家的治理都是一个对应着人类整体而至关重要的根本性政治问题，而且，他们大都把天下国家看作一大“神器”或“重器”，并推崇圣王的统治，认为只有圣人作王才能治理好天下国家，这成了中国文化语境中的一种天然的政治观念。如《老子·第29章》曰：“天下神器。”唯其如此，天下的治理便需要一种独一无二的具有神圣资质或拥有神圣资源的统治者即圣王来统治，不过，各家认为所应采取的天下国家的治理之道却是不同的。道家主张圣王应遵循自然大道，“无为而任物之自为”[①]，故老子认为作为“神器”的天下是“不可为”的，故需“圣人去甚，去奢，去泰”（《老子·第29章》）而实行清静无为之治，并极力反对尚贤任智为治；墨子认为，圣人之为圣人乃是“以治天下为事者也”（《墨子·兼爱上》），因此，他必须能够洞察天下治乱的根本原因，奉行天志仪法，以贤能之人为各级政长，以尚同一义为政，并致力于以“兼相爱、交相利之法”（《墨子·兼爱中》）消除天下的祸乱；法家所希望的理想统治者，要么是“察要”以治国或“守始以知万物之源，治纪以知善败之端”的神明之君[②]，要么就是虽然在有限的个体知识才能方面与一般人无异却手握赏罚之“利器”，凭借权势法术的“神圣”资源（或工具手段）来治理国家、控驭臣民的中君庸主，如《管子·霸言》曰：“夫权者，神圣之所资也”，韩非亦有言：“势者，胜众之资也”（《韩非子·八经》），“人主之大物，非法则术也”（《韩非子·难三》），而“立法，非所以备曾、史也，所以使庸主能止盗跖也”（《韩非子·守道》），“使中主守法术，拙匠守规矩尺寸，则万不失矣”（《韩非子·用人》）。而儒家亦是本着上述天然的政治观念，来阐发他们那独具特色的治国平天下之道的，而且对于“天下为公”的理念作出了最为深刻系统的理论思考和政治论述。

① 如郭象《庄子·在宥》注曰：“所贵圣王者，非贵其能治也，贵其无为而任物之自为也。”

②《商君书·农战》曰：“圣人明君者，非能尽其（陶鸿庆曰：‘其当作知。’）万物也，知万物之要也。故其治国也，察要而已矣。”《韩非子·主道》曰：“道者，万物之始，是非之纪也。是以明君守始以知万物之源，治纪以知善败之端。”

对儒家来讲，天下之为天下，亦是被作为一大“神器”来看待和处理的。如荀子所言，作为“至重”“至大”“至众”之“天下”，是非“备道全美”之圣人不能平治的，正所谓：“天下者，至重也，非至强莫之能任；至大也，非至辨莫之能分；至众也，非至明莫之能和。此三至者，非圣人莫之能尽。故非圣人莫之能王。圣人备道全美者也，是县天下之权称也。”（《荀子·正论》）荀子另有言曰：“国者，天下之大器也，重任也，不可不善为择所而后错之，错险则危；不可不善为择道然后道之，涂薉（与秽同）则塞，危塞则亡。”（《荀子·王霸》）因此，天下国家的治理问题亦犹措置器物一般，关键在于如何措置之，如果措置得当，天下就会治安，反之，措置不当则会危及天下的安定。《大戴礼记·礼察》曾载录过这样一段汉代人耐人寻味的问答：

> 问：“为天下如何？”曰：“天下，器也。今人之置器，置诸安处则安，置诸危处则危；而天下之情与器无以异，在天子所置尔。汤武置天下于仁义礼乐，而德泽洽禽兽草木，广育被蛮貊四夷，累子孙十余世，历年久五六百岁，此天下之所共闻也。秦王置天下于法令刑罚，德泽无一有，而怨毒盈世，民憎恶如仇雠，祸几及身，子孙诛绝，此天下之所共见也。夫用仁义礼乐为天下者，行五六百岁犹存，用法令为天下者十余年即亡，是非明效大验乎？人言曰：‘听言之道，必以其事观之，则言者莫敢妄言。’今子或言礼义之不如法令，教化之不如刑罚，人主胡不承殷周秦事以观之乎？”

在上述引文中，汉代儒家学者旨在援引殷周秦事来为儒家以礼义教化为核心的治道理念作合理性辩护和正当性论证，强调儒家所主张的以礼义教化为核心的治国之道优越于法家以刑罚法令为重心的治道理念。显然，这主要是从实际的治理效果的意义上来为其治道理念所作的合理性辩护和正当性论证，事实上，古典儒家在最初阐发其政治理念时却赋予了其更为深广的理论意义，他们那被赋予了更为深广的理论意义的政治理念可被称为一种大公政制的理想。概括以言，儒家大公政制的理想主要包括三方面的内容：一是政道之公，二是治道之公，三是天下治平或大同小康的社会理想目标诉求。而且，这一大公政制的理想是在天下治乱兴亡和圣王一脉相承的统治谱系的历史意义脉络中被加以阐明和论述的，亦是在天人分合的关系框架下被加以揭示和定位的。

所谓政道之公，是指政治权位之制度安排或政治权力之获取与转移方式的公正、正当与合理性。儒家把政治权力与职位的制度安排看作一种公共性的人类事务，其公正、正当与合理性体现在这一安排必须有利于维护天下秩序的和谐安定以及国家的治理目标和人类社群之共同福祉的实现。

所谓治道之公，是指政治统治或权力行使之方式方法的公正、正当与合理性。同样，其公正、正当与合理性也体现在必须有利于维护天下秩序的和谐安定以及国家的治理目标和人民大众之社群福祉的实现。

在儒家看来，只有在以政道之公和治道之公作为前提条件的情况下，或者唯有通过政道之公的制度安排和治道之公的统治方式，才能并必然实现天下治平或大同小康的社会理想目标。

毋庸讳言，儒家的大公政制理想并“没有在君主体制之外进行其他政治制度的设计”[①]，而是在传统君主体制的框架内来进行型构和设想的。尽管如此，由儒家所发展出的君主政治理念的独特内涵及其特有的思想贡献仍然值得我们关注和重视，尤其是将其放在对先秦诸子进行思想比较的视野下来加以审视和辨析时，儒家君主政治理念的独特内涵及其特有的深刻意义将会得以充分彰显。《周易·序卦》作者曾经这样描述天地万物生成演化的自然过程，其言曰：“有天地，然后万物生焉。……有天地然后有万物，有万物然后有男女。有男女然后有夫妇。有夫妇然后有父子。有父子然后有君臣，有君臣然后有上下。有上下然后礼义有所错。”这一观念颇具代表性，体现了儒家对于人类世界之形成过

①［德］罗哲海：《轴心时期的儒家伦理》，陈咏明、瞿德瑜译，大象出版社2009年版，第353页。

程及其构成性的人伦关系图景的一般构想或预设。由此可知，在儒家看来，政治性的君臣上下关系的产生乃是自然演化过程的必然结果，而且正是这一政治性的事物最终带给世人一种礼义化的生活秩序，然而，这并不说明政治事物不是一种“必要的恶”，就是一种“不可或缺的善”①。事实上，如果从孟子所谓“天下之生久矣，一治一乱”的长时段的人类历史过程来看的话，尽管古圣先王在维持天下的治平上发挥了决定性的作用，但是，天下的治平却也总是因为圣人之道的衰微而为“暴君代作”（《孟子·滕文公下》）所打断。据此而言，则君主的统治既可带来治平之善，亦可制造祸乱之恶。儒家之政治思考的重心于是便落在了如何“格君心之非”而“致君尧舜上”，从而引导政治去恶而向善。

如所周知，在儒家看来，历史上以尧、舜、禹、汤、文、武为代表的圣王统治的时代，可以说是政道之公、治道之公以及天下治平之理想目标得以圆满实现的完美体现。这一点在《礼记·礼运》中假借孔子之口得到了最为清晰而系统的表达和阐述。其言曰：

> 大道之行也，与三代之英，丘未之逮也，而有志焉。
>
> 大道之行也，天下为公，选贤与能，讲信修睦。故人不独亲其亲，不独子其子，使老有所终，壮有所用，幼有所长，矜寡孤独废疾者皆有所养，男有分，女有归。货恶其弃于地也，不必藏于己；力恶其不出于身也，不必为己。是故谋闭而不兴，盗窃乱贼而不作，故外户而不闭。是谓大同。
>
> 今大道既隐，天下为家，各亲其亲，各子其子，货力为己，大人世及以为礼，城郭沟池以为固，礼义以为纪；以正君臣，以笃父子，以睦兄弟，以和夫妇，以设制度，以立田里，以贤勇知，以功为己。故谋用是作，而兵由此起。禹、汤、文、武、成王、周公，由此其选也。此六

① 康晓光：《儒家宪政论纲》，见许章润、翟志勇主编：《历史法学》第五卷《优良政体》，法律出版社2012年版，第121页。

君子者，未有不谨于礼者也。以著其义，以考其信，著有过，刑仁讲让，示民有常。如有不由此者，在埶者去，众以为殃。是谓小康。

毋庸讳言，大同、小康的社会理想蓝图是基于对上古三代的历史想象而提出的，带有强烈而鲜明的崇古色彩，未必符合当时历史的真实状况。然而，耐人寻味的是，对历史的充满想象力的建构，又确乎提供了一种用来审视、评判“现实世界”的理想社会的蓝图与标准，从而在历史上不断激发起人们改进现状的意愿、热忱和行动，甚至迄今为止依然有其效力。具体而言，所谓“大同”，是指世人遵循大道而行，天下为所有人民所公有，有贤德和能力的人被选举出来担任和掌握公共的职位与权力，讲求诚信，修治和睦，所以人们彼此关爱，毫无私心，乃至人人各得其所，各安其分，各尽其责，人们生活和谐安乐，没有人会身遭不幸，因此，权谋诈伪的恶念被杜绝而不会兴起，盗窃掠夺的恶行被消除而不会发生，如此，人们也就无须紧闭门户而彼此防备。而所谓“小康”，则是指大道隐没消失，天下为一家一姓所私有，人们只是各自关爱自己的亲人，关心自己的私人利益，统治者占有天下、世袭权位，为了维护自己的统治和利益，而构筑坚固的城郭沟池，制定严格的礼义纲纪，以便使君臣名分端正，父子亲情笃厚，兄弟情谊和睦，夫妻关系和谐，然而，也正是各种制度的设立，田里的划分，知愚勇怯能不能之间的区别，以及一切出于建功立业的私心，在人们之间制造了差异、分裂与隔阂。因此，权谋的运用由此而发生，兵革战事也由此而兴起。夏禹、商汤和周代的文王、武王、成王、周公，就是在这样的时代里产生出来的杰出圣贤人物，他们都谨慎地依礼而行，汲汲于彰显道义，考察诚信，辨明过错，践行仁爱，讲求礼让，向人民显示做人行事应遵循的准则，如有不遵循的，即使是有权有势者，也要给以惩处而夺去其职权地位，而民众亦视之为祸害。

由上可见，身处诸侯异政、战事日剧、祸乱频仍的春秋战国之世，孔儒心生忧患，深切关注天下的和谐安定、和平统一问题，故而构想出大同、小康的理想社会蓝图。相对来讲，上古大同理想更为远大美好，但难以遽然实行，而三代小康之世虽然已离治世之大道渐行渐远，却有礼义法度可以遵循，故而仍不失为儒家心目中的和谐良序社会之理想典范，而且，由于它距孔儒的时代较近，亦较为接近现实，因此对他们来讲小康理想更具有现实可行性。职是之故，孔子本人及其后荀子之徒才会汲汲于礼乐之教而倡言“礼之急”，比较而言，孟子之徒则发挥孔子仁爱之说，似乎更倾向于推崇和向往仁义大同之社会理想。但不管怎样，值得注意的是，对大道之行与隐、天下之为公与为家所作的时代性划分仍然将大同理想置于小康之上，这样一种历史观念，虽然是对上古历史的一种过于美化或理想化的虚构和想象，然而，却表达了儒家天下为公的大公政制的真实社会理想与政治信念。也就是说，儒家至圣孔子以“祖述尧舜，宪章文武”（《礼记·中庸》）为职志，亚圣孟子更是“言必称尧舜”（《孟子·滕文公上》），虽体现了孔孟思想中强烈的“好古”倾向，但究其实质意义而言，他们所好之“古”实则寄托了他们大公政制的社会理想与政治信念，这正构成了他们批评性地审视和反思现实政治状况的重要依据或根本标尺。这一点似乎构成了儒家思想的一种持久而一贯的特点，不过，在孔孟之间以及同时代的儒家学者和不同时代的儒家学者之间，他们借助古代理想而阐发的政道和治道理念仍然存在着这样那样的观念上的细微差别，需要我们审慎地作出区分和明辨。

孔子曾经盛赞“尧之为君”与“舜禹之有天下”以及泰伯之“至德”，其言曰：

> 大哉！尧之为君也。巍巍乎！唯天为大，唯尧则之。荡荡乎！民无能名焉。巍巍乎！其有成功也。焕乎！其有文章。（《论语·泰伯》）
>
> 巍巍乎！舜禹之有天下也，而不与焉。（《论语·泰伯》）
>
> 泰伯，其可谓至德也已矣！三以天下让，民无得而称焉。（《论语·泰伯》）

在孔子看来，尧之为君在其能则天而治，而天之大在其公正无私，说到底，尧之伟大乃在其为君能选贤任能而治天下，并不垄断天子权位，占天下为私有而独享专断的权力；舜、禹以及商汤之伟大亦在于此，如子夏亦曰："富哉言乎！舜有天下，选于众，举皋陶，不仁者远矣。汤有天下，选于众，举伊尹，不仁者远矣。"（《论语·颜渊》）不仅是选贤任能，更重要的还在于尧能将天子之权位禅让于舜，舜又将天子之权位禅让于禹，《论语·尧曰》载其禅让之辞曰："尧曰：'咨！尔舜！天之历数在尔躬，允执其中。四海困穷，天禄永终。'舜亦以命禹。"而孔子之所以盛赞吴泰伯之"至德"，亦在其虽为周太王之长子而能辞让天子之权位，次弟仲雍亦从之逃避居吴，其三弟季历最终得以继承王位，而后文、武继起兴周灭殷。

由上可见，孔子对于天子权位的非暴力的和平禅让方式以及统治者能够选贤任能而治即愿意与贤能之人分享治权，明确持一种赞赏的态度而给予了充分的肯定。就天子权位的和平禅让而言，它一方面体现了禅位者的博大、公正与无私，另一方面则要求受禅者必须是一位具备受任天子之位的正当资格的有德者，同样，治权向贤能之人的开放，也一方面体现了统治者的博大、公正与无私，另一方面则要求参与分享治权之人必须具备以德致位的正当资格。对孔子而言，天子权位的和平禅让与治权向贤能之人的开放无疑正是政道之公的体现。而就治道之公而言，选贤任能而治或治权向贤能之人的开放问题实亦可被视为治道之公，孔子不仅明确主张选贤任能或"举贤才"（《论语·子路》），而且，打破地域、国别和阶级的界限，终身致力于"有教无类"的私学教育事业，以培养和造就治国参政的富有才德之士人君子，既为当时新型文士阶层的崛起铺平了道路，更以其周游列国的实际行动为士人开辟政治参与的公共活动领域作出了最为重要的历史贡献。继孔子之后，墨子提出了更为激进的尚贤主张，将尚贤看作"为政之本"[①]，在希望统治者为新兴的士阶层开放仕途这一点上，儒墨

① 如墨子曰："官无常贵，而民无终贱，有能则举之，无能则下之""虽在农与工肆之人，有能则举之"（《墨子·尚贤上》），"不党父兄，不偏贵富，不嬖颜色，贤者举而上之，富而贵之，以为官长；不肖者抑而废之，贫而贱之，以为徒役"（《墨子·尚贤中》）。

两家可以说是站在同一条政治战线上的同道，故战国时期儒家最重要的两大代表人物孟子和荀子也都极力主张统治者应尊贤敬士或尚贤使能而治，如孟子曰，统治者要想获取仁德的荣誉而厌恶不仁之辱，“莫如贵德而尊士”而使“贤者在位，能者在职”，而统治者若能做到“尊贤使能”而使“俊杰在位”的话，“则天下之士皆悦，而愿立于其朝矣”（《孟子·公孙丑上》）；反之，“无罪而杀士，则大夫可以去；无罪而戮民，则士可以徙”（《孟子·离娄下》）。荀子亦曰：“君人者欲安则莫若平政爱民矣，欲荣则莫若隆礼敬士矣，欲立功名则莫若尚贤使能矣，是君人者之大节也。”（《荀子·王制》）并说：“君人者爱民而安，好士而荣，两者无一焉而亡。”（《荀子·君道》）除了主张“举贤才”之外，孔子还提出了一系列重要的治道理念，如“为政以德”（《论语·为政》），“以礼让为国”（《论语·里仁》），先正己而后正人[1]，先修己而后安人[2]，先富民而后教之[3]，以及强调道德教化和礼义引导的统治方式较之运用强制性的政令与刑罚的手段在治国理民上具有更为根本的重要性：既更为正当而合理，又在道德上更为有效[4]，等等。而且，依孔子之见，只要统治者以及参与政治的士人君子能够切身做到“克己复礼”，就可以引领天下人民走上仁道之正途。

值得注意的是，在天子权位的转移方式问题上，孔子尚未将禅让与世袭明确地加以公与私（公天下与家天下）的区分并将二者对立起来看待，如《孟子》所引孔子之言曰：“唐虞禅，夏后殷周继，其义一也。”（《孟子·万章上》）显

---

① 如季康子问政于孔子，孔子对曰：“政者，正也。子帅以正，孰敢不正？”（《论语·颜渊》）子曰：“其身正，不令而行；其身不正，虽令不从。”“苟正其身矣，于从政乎何有？不能正其身，如正人何？”（《论语·子路》）

② 如子路问君子，子曰：“修己以敬。”曰：“如斯而已乎？”曰：“修己以安人。”曰：“如斯而已乎？”曰：“修己以安百姓。”（《论语·宪问》）

③ 如子适卫，冉有仆。子曰：“庶矣哉！”冉有曰：“既庶矣，又何加焉？”曰：“富之。”曰：“既富矣，又何加焉？”曰：“教之。”（《论语·子路》）

④ 如子曰：“道之以政，齐之以刑，民免而无耻；道之以德，齐之以礼，有耻且格。”（《论语·为政》）

然，孔子虽然盛赞禅让或辞让天子权位的政道之公，但并不认为世继（世袭传子）的方式就是不正当、不合理的，问题的关键在于统治者是不是有德者以及其治国理政的方式是否合乎道义，只要统治者有德以及其治国理政的方式合乎道义，不管其权位的获取与转移是世袭还是禅让，甚至是通过暴力的“革命”方式而夺取，如汤武之“革命”①，都是可以接受和认可的。正因为如此，孔子深怀君子“以德致位”之政治理想，甚而认为有才德之君子亦可南面当一国之君主，故曰：“雍也可使南面。”（《论语·雍也》）因此，可以说，孔子生当晚周衰乱之世，最为关切的政治问题乃在于统治者的有德与无德以及天下的有道与无道，正因为统治者之无德无道、不仁不义，故孔子愤然“设为以德致位之教，传弟子以治平之术，使得登庸行道，代世卿而执政”，以图“为封建天下重新创造其统治阶级”②；正因为天下之无道、失序，故孔子奋然以道自任，倡导仁爱，修德行义，兴复周礼，以图为封建之世重建“礼乐征伐自天子出”（《论语·季氏》）的天下秩序。不可否认，孔子之“好古”“从周”自有其保守的一面，但是如果我们能够认真对待并恰当理解孔子对政道之公与治道之公问题所作的深刻思考及其政治含义的话，而且，只要我们不“把爱好秩序与忠于暴君混为一谈”③，那么，我们便不难理解孔子的良苦用心，理解他何以会强调臣下应“事君尽礼”或“事君以忠”（《论语·八佾》），以及为何主张重塑天子的权威以重建“礼乐征伐自天子出”的天下秩序。其真实用心乃在于基于其大公政制的理想重新塑造和建构君主统治的正当性与合理性及其道德权威的合法性。

孔子之后，尧舜禅让、三代世继和汤武革命即关于权位转移和获取方式的政道问题成了一个富有争议的问题，在诸子各派甚至是儒家学者内部引发了广泛的关注和进一步深入的讨论。如舜、禹、汤、武在《韩非子》和《庄子》中被

① 如《周易·革卦·彖传》曰：“天地革而四时成，汤武革命，顺乎天而应乎人，革之时大矣哉！”

② 萧公权：《中国政治思想史》，新星出版社2005年版，第48页。

③［法］托克维尔：《论美国的民主》上卷，董果良译，商务印书馆1988年版，第15页。

从不同的角度描写成了一种完全负面的政治和道德形象，如《韩非子·说疑》曰："舜逼尧，禹逼舜，汤放桀，武王伐纣，此四王者，人臣弑其君者也，而天下誉之。"《庄子·盗跖》则曰："尧不慈，舜不孝，禹偏枯，汤放其主，武王伐纣，文王拘羑里。此六子者，世之所高也。孰论之，皆以利惑其真而强反其情性，其行乃甚可羞也。"就儒家学者而言，有的极力推崇尧舜之禅让，最著名者为1993年出土发现的郭店楚墓竹简文献《唐虞之道》，而孟、荀则持反对的态度，对尧舜禅让的历史传说心存疑虑而提出了质疑，反之，则对汤武革命给予了充分肯定。

《唐虞之道》认为尧舜禅让授贤而不传子，为政所关切的是天下的公共利益而不是一己之私利，乃是上德仁圣之行的体现。其文如下：

唐虞之道，禅而不传（或读作"专"）。尧舜之王，利天下而弗利也。禅而不传，圣之盛也。利天下而弗利也，仁之至也。故昔贤仁圣者如此。身穷不贪，没而弗利，穷仁矣。必正其身，然后正世，圣道备矣。故唐虞之（道，禅）也。

夫圣人上事天，教民有尊也；下事地，教民有亲也；时事山川，教民有敬也；亲事祖庙，教民孝也。

尧舜之行，爱亲尊贤。爱亲故孝，尊贤故禅。

古者圣人二十而冠，三十而有家，五十而治天下，七十而致政，四肢倦惰，耳目聪明衰，禅天下而授贤，退而养其生。

禅也者，上德授贤之谓也。上德则天下有君而世明，授贤则民举效而化乎道。不禅而能化民者，自生民未之有也，如此也。

由上可知，尧舜被看作爱亲尊贤的明君圣王典范，不仅在治道上以利天下为怀，重视对人民进行道德教化，而且在政道上不贪求独占天子之权位，能够在自己身体和智力衰惰的晚年禅让授贤。在《唐虞之道》的作者看来，"禅而不传"是圣德之盛，而"利天下而弗利"是"仁之至"，显然把政道看得比治道更为重要，前者是后者的前提和保障，即认为上德之君能够禅让授贤乃是治世化民的前提条件或根本保障，反之，“不禅而能化民者，自生民未之有也”。

与《唐虞之道》的作者所见有异，孟子认为，天子之权位是不能通过私相授受的方式来传递、转移和获取的，也就是说它不能由天子本人的个人意向来决定，在其中能够起根本性的决定作用的乃是“非人之所能为”或“莫之为而为者”的“天”；虽然在位之天子可以将候选之贤者举荐于天，但不能使天将天子之位授予贤者，而且天的授予也不是通过直接的命令（言），而是通过“行与事”来显示的。譬如：“使之主祭，而百神享之，是天受之；使之主事，而事治，百姓安之，是民受之也”；特别是在尧去世、三年之丧服完之后，舜为了让尧的儿子继位而躲避到南河以南，然而，“天下诸侯朝觐者，不之尧之子而之舜；讼狱者，不之尧之子而之舜；讴歌者，不讴歌尧之子而讴歌舜”，这正说明了天意是要舜即天子之位，这样舜才来到国都“践天子位”。另外，孟子对于舜“居尧之宫，逼尧之子”而“篡”的历史传闻显然也是熟知的，果真如此的话，舜之获取天子之位，也就不是“天与”的了。不过，对孟子来说，尧舜之间私相授受的说法是不尽真实的，同样，舜篡位的传闻也是不可信的。孟子本人更倾向于以天与人归的正当性和合法性观念来解释尧舜之间权位转移传递的政道问题，而且，尤其重要的是，孟子更乐于用“民意”来诠释和彰显“天意”，即将政道之公置于民意的基础之上，故征引《太誓》之文曰：“‘天视自我民视，天听自我民听’，此之谓也。”另外，在孟子看来，无论是传贤，还是传子，都取决于“天意”，正所谓“天与贤，则与贤；天与子，则与子”，因此，根据这一观念，孟子对于舜禹之间和禹启父子之间的权位转移传递问题作了如下解释，舜禹之间与尧舜之间的权位转移传递方式是一样的，即“舜崩，三年之丧毕”后，“禹避舜之子于阳城，天下之民从之，若尧崩之后不从尧之子而从舜也”，然而，禹生前虽然像尧荐舜、舜荐禹一样而“荐益于天”，而且，“禹崩”后，“三年之丧毕，益避禹之子于箕山之阴”，但“朝觐讼狱者不之益而之启，曰：‘吾君之子也。’讴歌者不讴歌益而讴歌启，曰：'吾君之子也。'" 故禹子启得以世继而有天下。显然，在孟子看来，启世继而有天下拥有同样的天与人归的正当性与合法性，正所谓"唐虞禅，夏后殷周继，其义一也"（《孟子·万章上》）。

综上，相对于《唐虞之道》的作者来讲，孟子在解释天子权位之有序、正当而合法地转移传递的政道问题上，引入了一个至关重要的决定性因素，即天与人归，即"把所有的权力变换——世袭的与非世袭的，一律视为天意或人民的意愿所至"，不仅"推卸了从唐虞时期放弃王位到三代时期反叛君王的破坏世袭原则的责任"[①]，而且，明确地依据自我信念中的政治正当性与合法性观念来解释禅让与世继的问题，如此一来，孟子便将政治反思的关注点从判断政治事件或历史事实的真伪问题（如尧舜禅让的真相）引向了对政治正当性与合法性的一般标准问题（天与人归）的思考，从对尧舜禅让传贤的重视和推崇引向了对尧舜美德善行（孝悌仁义）的称扬与赞颂，从对禅让与世袭之政道优劣问题的强调引向了对世袭制度下君主统治的暴虐与善治问题的思考，以及对"格君心之非"（《孟子·离娄上》）而"务引其君以当道，志于仁而已"（《孟子·告子下》）的治道问题的关注。当然，这只意味着儒家学者的思考重心在孟子那里发生了调整和转移，正如有的学者所指出的那样，这一调整和转移与公元前316—前314年燕国禅让事件的失败尝试有着密切的关系[②]，燕王哙"以国让于子之"（《史记·燕召公世家》）而引发燕国内乱的事件可以说充分彰显了禅让理想在实际操作中的政治困境，这一困境是由君主权位的占有者与其贵重之臣之间个人私相授受的私意或人为意志的操纵对禅让的败坏和歪曲所带来的，名义上的禅让，既不能说明让位者有德，也不能说明受禅者贤能，更不能体现天与人归的正当性与合法性，而只会引发新的权力争斗和国家内乱，孟子对此持明确反

①［美］艾兰：《世袭与禅让——古代中国的王朝更替传说》，孙心菲、周言译，北京大学出版社2002年版，第22页。

② 参见彭邦本：《楚简〈唐虞之道〉初探》，见武汉大学中国文化研究院编：《郭店楚简国际学术研讨会论文集》，湖北人民出版社2000年版。

对的态度和立场是不无道理的，而他引入“天与人归”的正当性与合法性的标准无疑是想给禅让传贤之政道附加上一条严格的限制性条件和规范性要求。正因为有此限制，历史上才会出现这样的情况，即“匹夫而有天下者，德必若舜禹，而又有天子荐之者，故仲尼不有天下。继世以有天下，天之所废，必若桀纣者也，故益、伊尹、周公不有天下”（《孟子·万章上》）。

对孟子来说，天乃是政治统治之正当性与合法性的终极来源，天之所与从根本上可以说赋予了天子之权位一种最高意义上的公共道德权威以及超乎个人私意私利之上的公正无私的政治职责。从表面上来看，这与墨子强调天志天意的超然公正性，认为唯有天可作为公正无私之仁义治法的终极依据（参见《墨子·法仪》），以及认为昔者三代圣王乃是得天鬼之赏而被立为天子的观念①，是颇为相近类似的。然而，墨子所说的“天”，乃是一监临天下、主宰一切而可予人祸福赏罚的具有人格意志的外在超越意义上的至上神，正因为如此，其意志才构成为用以审视、衡量、评判一切的最高理想仪法或绝对客观标准，而且，墨子亦常常援引是否符合“国家百姓人民之利”的功利标准用以评判认识和观念的是非对错以及刑政的功效；相反，孟子所说的“天”，则是一种“莫之为而为”性质的决定性因素，它内在于事物之中，通过人类生活中的“行与事”来显示其意向，从政治正当性与合法性的实质意义上讲，“天与”更主要是通过民心民意的倾向而得以具体落实和实现的。当然，尽管“天与”被赋予了“民心”“民意”的实质性意义，但并不能在具体而客观的制度操作层面从根本上解决权力

① 近代有学者认为禅让之说起源于墨家，如墨子曰：“古者舜耕历山，陶河濒，渔雷泽，尧得之服泽之阳，举以为天子，与接天下之政，治天下之民。”（《墨子·尚贤中》）据此而言，墨子似乎认为尧舜之间的权力转移是通过禅让的方式实现的，然而，墨子又曰：“若昔者三代圣王尧、舜、禹、汤、文、武者是也。……其为政乎天下也，兼而爱之，从而利之，又率天下之万民，以尚尊天事鬼，爱利万民。是故天鬼赏之，立为天子，以为民父母；万民从而誉之曰圣王，至今不已。”（《墨子·尚贤中》）显然，墨子又认为三代圣王乃是得天鬼之赏而被“立为天子”的，反之，三代暴王则是因天鬼所罚而“室家丧灭”（《墨子·尚贤中》）的，也就是说王朝的兴灭、权力的转移乃最终是由天鬼的赏罚所决定的。

和平有序转移的问题。不过，在政治反思中“天与人归”之正当性与合法性标准的引入，对于从理论上深刻批评暴君虐政和系统阐发王道仁政的治道理念却具有十分重要的意义。而孟子之所以在政治反思中引入“天与人归”的正当性与合法性标准，又是与他对普遍性的人类心性的反思密不可分的。

在孟子看来，人类内在具有的心性是天赋善良的，一切外在的行为都必须根据其是否出自内在的良心善性来判断其是非对错，人们也只有尽心知性才能知天，故曰：“尽其心者，知其性也。知其性，则知天矣。存其心，养其性，所以事天也。”（《孟子·尽心上》）这在政治上引出了一个十分重要的主张，那就是只要每个人发挥自己的良知良能（尧舜亦不例外，他们只是“先得我心之所同然”者的孝悌的道德典范而已）[①]，做到“人人亲其亲、长其长”，就可以实现整个天下治平的根本目标（参见《孟子·离娄上》）。不过，对于生活在祸乱不已的战国之世的孟子来说，为了实现这一目标，还需要担负着“治人者”之责的统治者首先必须通过内在的反思，体察认知自身天赋固有的良心善性，并加以存养扩充，而且必须将自己的仁心善性运用于政治上，实行制民恒产、保障民生、以德化民（即以孝悌仁义之道教民）的仁政王道，以保持与人民意愿（所欲所恶）的高度一致，乃至与人民同忧共乐，只有这样，才能真正赢得民心，正所谓“得天下有道：得其民，斯得天下矣；得其民有道：得其心，斯得民矣；得其心有道：所欲与之聚之，所恶勿施，尔也”（《孟子·离娄上》）；“乐民之乐者，民亦乐其乐；忧民之忧者，民亦忧其忧。乐以天下，忧以天下，然而不王者，未之有也”（《孟子·梁惠王下》）。另如《大学》所曰：“民之所好好之，民之所恶恶之，此之谓民之父母。”反之，那些贼仁害义而违背民意或残暴地对待人民的统治者是失去了正当资格而不配做君主的，正所谓：“贼仁者谓之‘贼’，贼义者谓之

① 孟子曰：“人之所不学而能者，其良能也；所不虑而知者，其良知也。孩提之童，无不知爱其亲者；及其长也，无不知敬其兄也。亲亲，仁也；敬长，义也。无他，达之天下也。”（《孟子·尽心上》）

‘残’，残贼之人谓之‘一夫’。闻诛一夫纣矣，未闻弑君也。”（《孟子·梁惠王下》）“暴其民甚，则身弑国亡；不甚，则身危国削。”（《孟子·离娄上》）在孟子看来，“汤放桀，武王伐纣”并不是“臣弑其君”（《孟子·梁惠王下》）的叛逆行为，而是诛杀独夫民贼的正义之举；对于残暴地对待人民的君主，人民是没有必要心怀忠诚的，而且人民有正当的理由去不服从、抗争甚至杀掉暴君。

由上可知，孟子在权力转移的制度安排问题上，对于是采取禅让的方式还是世继的方式，并未过分深究其孰优孰劣。不过，他对于私相授受意义上的禅让持一种明确反对的态度，他最为关切的乃是统治者应如何正当地行使其权力而进行合理统治的治道问题，而且将这一问题置于人类普遍具有的内在心性基础上来加以考量和估价。正因为如此，他才会对不顾民生而一味追求自身利益之实现和国家扩张目标的暴君污吏给予严词批评、痛加针砭，将他们斥为独夫民贼，并对汤武的“革命”行为给予了充分肯定。

在尧舜禅让和汤武革命之关乎权力转移方式的政道问题上，荀子的看法和立场可以说与孟子是基本一致的，即质疑尧舜禅让之说而肯定汤武革命之功，不过，荀子看待问题的思维理路与论证方式又与孟子有很大差异。《荀子·成相》有言：“请成相，道圣王，尧、舜尚贤身辞让。……尧授能，舜遇时，尚贤推德天下治。……舜授禹，以天下，尚得（当为‘德’）推贤不失序。……禹劳心力，尧有德，干戈不用三苗服。举舜甽亩，任之天下身休息。”据此而言，荀子对于尧、舜、禹之间的禅让似乎并无任何异议，而是采取认同和接受的态度。不过，更能代表荀子观点和看法的恐怕是《正论》篇中对这一问题的论述。荀子在《正论》篇中全面而详尽地驳斥了在他看来属于世俗之说的各种有关汤武革命和尧舜禅让的观点和说法。有人提出“桀、纣有天下，汤、武篡而夺之”的观点，而荀子则认为，桀、纣虽然因世继而尝有天下，即拥有天子之势位，但他们不能有效而合理地治理天下，使政令通行于天下，乃至于“内则百姓疾之，外则诸侯叛之……甚者诸侯侵削之，攻伐之”，如此，即使他们尚未灭亡，其实却已失掉了天下，而天下亦实际上已处于“无君”的状态；当此之时，诸侯之中若有能“修其道，行其义，兴天下之同利，除天下之同害，而天下归之”“海内之民莫不愿得以为君师”者，那么，其“诛暴国之君”便犹如“诛独夫”一样，这在荀子看来是完全正当合理的，而汤武之诛桀纣便属于这种情况。荀子曰：“天下归之之谓王，天下去之之谓亡。”这是以天下人之归服与叛离作为评判统治者是否拥有正当与合法性的唯一标准，因此，汤武修道行义、兴利除害，而能为天下人所归往，反之，桀纣却“反禹、汤之德，乱礼义之分，禽兽之行，积其凶，全其恶”而为天下人所背离抛弃，实皆是理所当然的，故曰：“汤、武者，民之父母也；桀、纣者，民之怨贼也。”据此而言，是桀纣首先丧失了做君的资格而失去了天下，而并非汤武叛逆弑君而篡夺了桀纣的天下。总之，“汤、武之诛桀、纣也”，绝非弑君，而不过是“诛独夫”（《荀子・议兵》）而已。

显然，荀子在汤武革命的问题上有着与孟子相当一致的看法，但关于“尧舜擅（禅）让”（《荀子・正论》）的说法，荀子虽然与孟子一样持质疑的态度，却提出了与孟子不同的看法和观点，问题的关键在于他们的关注点和看待问题的思路存在很大的差异。孟子之所以质疑“尧舜禅让”之说，主要是认为天子亦不能将其权位私自授予他人，权力的转移方式，不管是传贤还是传子，都最终取决于天，尽管“天视自我民视，天听自我民听”，即天意往往体现为民意，然而，对孟子而言，“天”这一“莫之为而为”的决定性因素也是不能被简单地化约为其他因素而轻易消解掉的，否则，权力的私相授受便会被个人的私意所败坏和扭曲，民意亦难免会沦为一种被用作缘饰或掩盖操纵权力转移的个人私意的工具。然而，由于荀子持有一种天人相分的思想，他所说的“天”只是一客观自然之天，与社会人事的吉凶和天下国家的治乱不相干，故曰：“天行有常，不为尧存，不为桀亡。”（《荀子・天论》）因此，荀子并不认为“天”可以作为用来审视和评估权力转移方式之正当与合理性的终极标准或决定因素，而只能用“天下归之”还是“天下去之”作为评判的标准，而这一标准说到底又可以用另一种说法来表达，即“天子唯其人”（《荀子·正论》），这不仅适用于解释汤武革命的问题，亦同样适用于解释尧、舜、禹之间权力的和平转移问题。所谓“天子唯其人”，乃是指唯有最适合于统治或治理天下的人才能作天下的王而居于天子之权位，而依荀子之见，唯有圣人才是最适宜于作王的，故曰：

天下者，至重也，非至强莫之能任；至大也，非至辨莫之能分；至众也，非至明莫之能和。此三至者，非圣人莫之能尽。故非圣人莫之能王。圣人备道全美者也，是县（悬）天下之权称也。……故可以有夺国，不可以有夺天下；可以有窃国，不可以有窃天下也。夺之者可以有国，而不可以有天下；窃可以得国，而不可以得天下。是何也？曰：国，小具也，可以小人有也，可以小道得也，可以小力持也；天下者，大具也，不可以小人有也，不可以小道得也，不可以小力持也。国者，小人可以有之，然而未必不亡也；天下者，至大也，非圣人莫之能有也。（《荀子·正论》）

由上可见，荀子所要表达和阐述的意思甚为明确，因为天下是至重、至大、至众之器（大具），所以只有至强、至辨、至明而备道全美的圣人才能担当起治理天下的重任，明分制序而使之和谐安定，虽然小人可以通过窃夺的方式而获得、居有和把持邦家小国的统治权，但天下是“非圣人莫之能有”的。一言以蔽之，天下之大器必须也只能由备道全美而具有神圣属性或超凡魅力的圣人来统治才是正当而合理的。对孔孟而言，生活在一个“圣人，吾不得而见”（《论语·述而》）或圣人未必能有天下即圣与王已然分离的乱世，由圣人作王的诉求只不过是一种政治上难以实现的理想而已，它曾经实现于上古三代，但在当时的现实生活中却是可遇而不可求的，尽管孟子怀抱着一种五百年必有王者兴的强烈政治信念，但对于实现天下平治的目标，他面对世间贼仁残义的人君世主，亦不得不将希望寄托在那些像他一样虽无圣王犹奋然兴起而勇于担当道义的豪杰之士的身上。但，在荀子那里，圣人作王的信念却发生了一种微妙的转换，对荀子来讲，由圣人作王而平治天下不是一种可能的政治理想，而是一种现实的政治必需，而且是实现天下这一神器大具之有效而正当合理治理目标所内含的一种理有固然、势所必至的必然政道诉求，即唯有圣人具备正当的资格来作王统治天下，而天下也唯有由圣人作王来统治才能实现其最有效而完美的治理目标。①

正是基于上述政道诉求的理念，荀子才不赞同“尧舜禅让”的说法，并极力予以驳正。首先，荀子似乎认为，所谓“禅让”，意指权力的转移让渡只能发生在势位相敌的人之间，然而，天子之所以为天子，正在于他是“势位至尊，无敌于天下”的。因此，在天子生前，天下是没有人在势位上可以拥有被让与天子权位的正当资格的，而且，能做天子的必是备道全美的圣王，所谓“道德纯备，智惠甚明，南面而听天下”，以至于在他的统治之下，“生民之属莫不震动从服以化顺之，天下无隐士，无遗善，同焉者是也，异焉者非也”。既然天下没有人在道德和智慧方面能够超过天子，那么，作为圣王的天子不应也没有必要把天下的统治权让与别人——那些在道德和智慧方面都不如他的人。也许有人会说，禅让是在天子死后进行的，荀子亦不同意这样的说法，因为在他看来，圣王在上，可以实现对天下的完美统治和至善目标，即“决德而定次，量能而授官，皆使民载其事而各得其宜”，假如这样的圣王“已没”，天下处于无圣的状况，那么天子之权位也就无人可禅；反之，假如天下仍有圣人在，这有两种可能，一是圣在后嗣之子，如是则“天下不离，朝不易位，国不更制，天下厌然与乡无以异也”，这不过是“以尧继尧”而已，二是圣在三公，如是则“天下如归，犹复而振之矣，天下厌然与乡无以异也”，这亦不过是“以尧继尧”而已，无论哪一种情况，都只是以圣继圣，而无须“禅让”，而若行“禅让”之制，实有引发“徙朝改制”之变故的潜在危险。依荀子之见，天子生前，“天下一隆，致顺而治，论德

---

① 熊十力先生曾批评孟子说：“孟子主张圣王治理天下，却是谬想。”（《体用论》，中国人民大学出版社2006年版，第163页）其实，这一批评更适用于荀子。

而定次”，在其死后，“则能任天下者必有之矣”，这种以圣继圣的权力和平转移方式，实是由遵循“礼义之分”的制度规定而来的，因此，无须以“禅让”的方式来进行“徙朝改制”式的权力转移。又有一种说法，是说尧舜“老衰而擅”，之所以“老衰而擅”，是因为圣人天子像一般人一样，如《唐虞之道》的作者所言，亦会因年老而“四肢倦惰，耳目聪明衰”，故需“禅天下而授贤，退而养其生”，但荀子认为，“血气筋力则有衰，若夫智虑取舍则无衰”，而针对“老者不堪其劳而休也”的说法，荀子则认为这不过是“畏事者之议”而已。依荀子之见，“天子者，势至重而形至佚，心至愉而志无所诎，而形不为劳，尊无上矣。……居如大神，动如天帝……故曰：诸侯有老，天子无老，有擅国，无擅天下。古今一也。夫曰‘尧、舜擅让’，是虚言也，是浅者之传、陋者之说也，不知逆顺之理，小大、至不至之变者也，未可与及天下之大理者也”（《荀子·正论》）。

与孟子一样，荀子在权力转移的方式问题上，并不认为有必要在价值上比较区分传贤与传子的优劣，乃至将其中的一种方式置于优先考虑的位置，而是认为，只要继承权位者拥有圣人的统治资格，那么，不管是三公还是嗣子，都具有其正当的合法性。而他之所以反对“尧舜禅让”的说法，不是因为担心权力的和平转移会被私相授受意义上的禅让之个人私意的操纵所败坏和歪曲，以致引发严重的政治动荡和国家危机，而是认为作为圣王的天子不仅拥有至尊无上的权势地位，而且备道全美，其“智虑取舍”不会因年老而衰，在他的统治之下，可以实现完美善治的目标，因此无须进行禅让而通过刻意授予的方式移交天子之权位。而且，在荀子看来，由于禅让会牵涉“徙朝改制”的问题，禅让其实是一种困难而潜藏着高度危险的权力转移的方式和途径，因此，作为圣王的天子死后，只需或应该按照“礼义之分”的制度规定由另一位圣人继承天子之权位即可，无论这位即位的圣人是死去天子的三公还是其子嗣，都不过是“以尧继尧”或圣圣相承式的正当而合理的权力转移方式。无疑，荀子反对禅让的理由是大成问题的，如对天子至尊无上之势位的强调，以及认为圣人不会因年老而智虑衰減，这与《唐虞之道》的作者对舜“方在下位，不以匹夫为轻；及其有天下也，不以天下为重”的赞美及古代圣人“七十而致政”的说法是大为不同的。不过，他认为权力的转移应基于“礼义之分”的制度规定，而不应出于刻意的授予，希望掌握权力的圣人天子死后由另一位圣人继承天子之位，以避免“徙朝改制”的危险，却可以说是荀子对权力转移的政道问题所作出的独到思考。另外，像孟子一样，荀子也对汤武诛杀桀纣那样的独夫民贼式的暴君给予了高度赞扬和充分肯定，并从君舟民水、载舟覆舟的角度来申论君主与人民之间的统治关系①，既强调人民乃是维系君主统治的根基，同时亦警示君主，人民中间蕴藏着一种革命的力量，可能会因不满其压迫而反抗甚至颠覆其统治。而君主要维持其持久安定的统治，其问题的关键究竟何在呢？像孟子一样，荀子也同样将其归结到君主如何对待和统治人民的方式即治道问题上。

在有关治道的问题上，荀子一反孟子的性善论而极力强调人类本性之恶，并系统发展了孔子的礼治思想，其中不乏独到之创见。首先，依荀子之见，对于人类自然生就的各种本性本能，诸如好利之性、疾（嫉）恶之情、耳目声色之欲等，如果不加以矫正和节制，而是顺从放纵而任由其发展的话，那么人就注定会走向恶。那么，靠什么来矫正、节制和转化人性呢？主要靠由历史上的圣人所制作的礼义法度，而君主统治之所以是正当而必要的，其根本理由就在于君主可以凭借着圣人制作的礼义法度来矫正和节制人性向恶的方面发展，故荀子曰：“古者圣人以人之性恶，以为偏险而不正，悖乱而不治，故为之立君上之势以临之，明礼义以化之，起法正以治之，重刑罚以禁之，使天下皆出于治、合于善也。是圣王之治，而礼义之化也。……故性善则去圣王，息礼义矣；性恶则与圣王，贵礼义矣。故檃栝之生，为枸木也；绳墨之起，为不直也；立君上，

①《荀子·哀公》引孔子答鲁哀公问之言曰：“君者，舟也；庶人者，水也。水则载舟，水则覆舟；君以此思危，则危将焉而不至矣！”另外，这一说法亦见于《荀子·王制》。

明礼义，为性恶也。”（《荀子·性恶》）其次，荀子还明确提出了“立君为民”的重要命题，所谓“天之生民，非为君也。天之立君，以为民也”（《荀子·大略》）。所谓立君为民，像孔孟一样，荀子的意思也是希望统治者能够爱民利民而实行王道政治，而王道政治的两个基本方面就是富民和教民，正所谓“不富无以养民情，不教无以理民性”（《荀子·大略》），也就是说，富民和教民的目的在于养民情和理民性而使之能够弃恶而向善。同时，荀子也认为君主统治是否正当与合法就在于其能否赢得人民的支持和归服，即“用国者，得百姓之力者富，得百姓之死者强，得百姓之誉者荣。三得者具而天下归之，三得者亡而天下去之；天下归之之谓王，天下去之之谓亡”（《荀子·王霸》）。再次，既然君主担负着治理国家和养教人民的“重任”，所以不能不讲求为君之道与君主职责之所在，因此，荀子还对君主的修身与职责问题作了系统而深刻的阐述，正所谓“治国有道，人主有职”（《荀子·王霸》）。具体而言，由于君主在整个国家的治理当中扮演着一种决定性的政治角色，关乎国家的治乱，因此，在荀子看来，以礼义修身，以公义克制自己的私欲，乃是为人君者的第一要务；由于“人主者，以官人为能者也”（《荀子·王霸》），因此，君主首先必须做到“公正无私”和“志爱公利”（《荀子·赋》），唯有如此，才能要求人臣尽忠为公，反之，“人主不公，人臣不忠也”（《荀子·王霸》）。尤为重要的是，荀子认为，君之所以为君，其根本职责就在于他应“能群”（《荀子·君道》），在于其能够维系人类“群居和一”的社会生活条件与“礼义之分”的人间伦理秩序，以实现公道平正的善治目标，所谓“先王案为之制礼义以分之，使有贵贱之等，长幼之差，知愚、能不能之分，皆使人载其事而各得其宜，然后使谷禄多少厚薄之称，是夫群居和一之道也。故仁人在上，则农以力尽田，贾以察尽财，百工以巧尽械器，士大夫以上至于公侯，莫不以仁厚知能尽官职，夫是之谓至平”（《荀子·荣辱》）。最后，荀子治道思想的核心和宗旨在于强调和突出礼的根本重要性。在荀子看来，礼之所以为礼，乃是“法之大分，类之纲纪”，是“道德之极”

(《荀子·劝学》)、“人道之极”(《荀子·礼论》), 是学术、道德、政治和所有人类事务及人间秩序的最高准则或终极尺度。具体讲, 礼乃修身正行、治国安民的根本, 礼是国家的治乱与命脉之所系, 礼之于正国家, 犹如权衡之于轻重、绳墨之于曲直、规矩之于方圆(参见《荀子·王霸》); 以礼分施, 可以“均遍而不偏”(《荀子·君道》); 以礼“明分职, 序事业”, 任贤使能, 则可以“莫不治理”(《荀子·君道》); 以礼“明分使群”(《荀子·富国》), 全面地安排和建构一种人间伦理秩序, 则可以实现“群居和一”、天下“至平”(《荀子·荣辱》)的根本目的。故曰:“礼义之谓治, 非礼义之谓乱。”(《荀子·不苟》)

以上便是古典儒家围绕着君主体制而对政道和治道问题所作的基本政治思考, 其政治思考的核心价值诉求既来源于对天地覆载、化育生成万物的公正无私之特性与品格的体认, 亦是基于对人类社群生活所应遵循的人所共由之道或最具普遍意义的公道通义或公平正道的反思, 这一核心价值诉求可一言以蔽之曰:“天下为公。”该语可以说最集中而鲜明地体现了古典儒家政治思维的公共性向度及其伟大政治理想和崇高价值信念。所谓“天下为公”, 一是指天子之权位属于一种公共性的职位, 应通过禅让的方式授予具备圣德之人, 而不是私传授予子孙, 反之, 所谓“天下为家”则是指将天子之权位私传于子孙。如郑玄注曰:“公犹共也。禅位授圣, 不家之。”孔颖达疏曰:“‘天下为公’, 谓天子位也。为公, 谓揖让而授圣德, 不私传子孙。”(《礼记正义》)陈澔《礼记集说》注曰:“天下为公, 言不以天下之大私其子孙, 而与天下之贤圣公共之。”“天下为家, 以天下为私家之物而传子孙也。”二是指天下为天下人所公有或共有, 此即《吕氏春秋·贵公》所言:“天下非一人之天下也, 天下之天下也。”反之, 天下为家则是指将天下据为一家一姓的私有之物。天下为公的两种含义是可以互证互诠而彼此加强的, 不过, 与之相对而言的“天下为家”的两种含义却是既有联系, 又有区别的, 由“以天下为私家之物”的前提而自然可以推导出必然将天子之权位私传于子孙的结论，但反过来讲，将天子之权位传于子孙却并不意味着就是将天下完全占为私有，至少在古典儒家那里，天下为家的两种含义是不能被简单地混同看待的，传子和传贤一样具有正当的合法性，只要其统治能够赢得天与人归或者是遵循德化、仁义或礼义的正确治道原则，而且，统治者愿意向圣贤人物、士人君子开放治权而允许他们参与天下国家的治理。尽管古典儒家在禅让授贤的问题上存在着意见分歧，或者认为禅让传贤优于世继传子，或者认为无论是传贤还是传子都必须受到天与人归的条件的严格限制，或者认为应在“礼义之分”的制度规范下采取以圣继圣的方式进行权力的和平转移。尽管他们在对人性的看法和治道问题上存在着这样那样的差异甚至持有截然相反的观点，或者认为人性本善而希望通过激发和唤醒统治者本身内在良心的自觉以实现仁政王道的治道理念和平治天下的政治目标，或者认为人性本恶而希望统治者遵循出于圣人理性制作的礼义法度而修身治国、起伪化性、富民教民，但他们无疑都是在天下为公的伟大理想和崇高信念的指引和支撑下来思考和探索天下国家的政道与治道问题的。当然，他们是在封建天下的时代背景下来思考相关问题的，因此，对他们而言，政治问题是分层级的，他们所讨论的政道问题主要是指天下层级意义上的最高统治权的权位安排和权力转移的方式方法问题，他们共同崇尚权力的和平转移，但也认识到了禅让的方式所固有的缺陷或可能产生的弊端，他们接受和认可世继的方式，但又对世袭权力的滥用和暴政的产生保持着高度的警觉，故而对汤武革命的行为和人民反抗的力量也给予充分的肯定。在他们看来，唯有赢得人民的支持和拥护，统治者才能最终获得统治天下的权力，舍此别无他途，民心的向背决定着天下国家的兴亡，正所谓得民心者得天下、“得乎丘民而为天子”（《孟子·尽心下》），因此，最高统治权的获取与行使只有符合人民的意愿和利益需求，才是正当而合理的；尽管在国家层级的权力获得上，可以通过天子的分封授予甚至可以通过不正当的盗取篡夺的方式或手段来实现[①]，但是，其统治仍然是只有遵循合乎道义或符合人民意愿与利益需求的方式来实施，才具有其正当的合理性，国家的存亡便取决于此，如孟子曰：“三代之得天下也以仁，其失天下也以不仁。国之所以废兴存亡者亦然。”(《孟子・离娄上》)而荀子亦曰：“道存则国存，道亡则国亡。”(《荀子・君道》)正因为如此，他们在治道问题上又往往抱持一种将修齐治平或家国天下看作本末终始而一贯的政治立场和看法。

但不管怎样，他们立足于天下之公有及其公正统治而对于政道与治道问题所作的具有公共性意义的政治思考和理论探索，实蕴含着许多极富价值的理念和智慧，诸如天下为公、立君为民、尊贤敬士、为政以德、以德化民、民贵君轻、与民同乐等等，我们可以将包含着这些理念与智慧的整个古典儒家的大公政制理想概括归纳如下：

第一，天下万物皆为天地所化育和生成，无论是草木禽兽，还是人类社会，都是天地自然化生的产物，而在人类社会的自然形成过程中，不仅男女夫妇、父子兄弟构成一种天然的人伦关系，君臣上下亦是人伦关系中的必要之物，而人类社会的和谐有序、良好治理正有赖于这些人伦关系及不同伦理角色之名义与职分的确定与端正。

第二，天地之道，覆载化育万物，博厚高明而公正无私，天下国家的治理之道亦当如是，而唯有圣人能够则天而治，亦唯有圣人之道“发育万物，峻极于天”而可以参赞天地化育之功，故而唯有圣人最宜于作王或天子，并能够遵循“天下为公”的根本原则而统治天下，或者说唯有圣王依据“天下为公”的原则

---

① 如孟子曰：“不仁而得国者，有之矣；不仁而得天下者，未之有也。”(《孟子・尽心下》)荀子亦曰：“可以有夺国，不可以有夺天下；可以有窃国，不可以有窃天下也。夺之者可以有国，而不可以有天下；窃可以得国，而不可以得天下。是何也？曰：国，小具也，可以小人有也，可以小道得也，可以小力持也；天下者，大具也，不可以小人有也，不可以小道得也，不可以小力持也。国者，小人可以有之，然而未必不亡也；天下者，至大也，非圣人莫之能有也。”(《荀子・正论》)

而实行的统治最能够体现天地之道博大高明、公正无私的品格和特性。

第三，圣王或天子的统治，其合法性必须建立在道德的权威和天与人归的正当基础之上，尤其应建立在民心民意的根基之上，只有那些与人民的好恶意愿保持高度一致、对民生需求作出积极回应、能够与人民同忧共乐的统治者，才能赢得人民心悦诚服的支持、拥戴与归服；与之相应地，最高统治权或天子之权力的获取、转移和行使亦必须经由正当而合理的方式才具有合法性，不管是通过禅让授贤的方式，还是以圣继圣的方式，不管是通过传子世继的方式，还是通过征诛革命的方式，总之最高统治权应该在圣贤之间转移，并应赢得民心民意的最终支持。

第四，君主制的确立，对于天下国家的治理是必要的，而天之立君乃是为人民服务的，因此，君主应该循道尽职，其职责所在包括为政以德，关切民事与民利，实行王道与仁政、德化与礼治，注重民生之保障，重视民德之教养，应在保障人民物质生活条件的基础上注重通过教育的方式提升人民的道德文明教养，通过以礼制序的方式构建一种等级和谐的优良社会秩序，乃至引领人民过上一种富足、安定、有序、和谐、合乎礼制而富有人伦道德意义的社群生活。

第五，天下国家的治理，需要受过教育、德才兼备而富有道义担当之公共精神和品格的圣贤人物与士人君子的共同参与，因此，尊贤敬士、任贤使能，即开放仕途，让圣贤人物和士人君子共享治权，参与天下国家的治理，乃是统治者的基本职责所在和应奉行的任官用人的根本原则。

第六，向往大同小康、天下太平的社会理想，追求实现社会善治的根本目标。

最后，特别需要指出的是，在古典儒家的“大公政制”理想中，天下国家的治理实需要富有人文教养和道义担当精神的士人君子的共同政治参与，这一士人君子的参政诉求及其参与式的政治理念尤其彰显了古典儒家政治思维的公共性特质。如所周知，古典儒家极富道义情怀，为挽救时代的社会混乱状况和道德与政治上的败坏趋势，他们以道义担当作为自我的期许，对道义的追求可以说是激发和推动他们奋发有为和积极入世甚至知其不可而为之的根本精神动力。而说到底，他们的所思所为，他们的道德思考与政治参与的行动，亦正是他们那以道义相尚的士人君子之学的内在必然要求。

对古典儒家而言，士人君子应以追求道义为职志，以居仁由义为己任，如子曰："士志于道，而耻恶衣恶食者，未足与议也。"（《论语·里仁》）"君子义以为上。"（《论语·阳货》）曾子曰："士不可以不弘毅，任重而道远。仁以为己任，不亦重乎？死而后已，不亦远乎？"（《论语·泰伯》）孟子则曰士"尚志"，所志在于"仁义而已"（《孟子·尽心上》）。进一步来讲，士人君子对道义的追求与担当，应优先于对富贵、权势和利益的获取，甚至于比一个人的生命价值更为重要，故子曰："富与贵，是人之所欲也，不以其道得之，不处也；贫与贱，是人之所恶也，不以其道得之，不去也。……君子无终食之间违仁，造次必于是，颠沛必于是。""朝闻道，夕死可矣。"（《论语·里仁》）"志士仁人，无求生以害仁，有杀身以成仁。"（《论语·卫灵公》）孟子曰："生，亦我所欲也；义，亦我所欲也，二者不可得兼，舍生而取义者也。"（《孟子·告子上》）荀子亦曰："志意修则骄富贵，道义重则轻王公，内省而外物轻矣。"（《荀子·修身》）质言之，道义乃是士人君子立身处世、入仕参政、经世济民的根本行为准则和终极价值依据，它关乎士人君子个人的修身立志，关乎人民大众的利益福祉，关乎天下国家的安平善治。正所谓："道二：仁与不仁而已矣"，"三代之得天下也以仁，其失天下也以不仁。国之所以废兴存亡者亦然。"（《孟子·离娄上》）"道存则国存，道亡则国亡。"（《荀子·君道》）

依我之见，古典儒家的道义论，并非西方哲学语境中的极端形式的为尽义务而不计后果的狭义道义论，而是一种广义的、完整形式的全面道义论，从政治统治或国家治理的角度，这一全面道义论除了要求统治者担负其名分所要求的职责和义务之外，还要求统治者以开放和包容的心态对士人精英（仁人君子或圣贤人物）的参政要求和人民的利益福祉与道德教养提升方面的需求作出积极的回应，反之，士人精英亦有责任和义务积极参与到公共政治领域的国家治理活动当中去，而人民的好恶或意愿亦必须被纳入政治道义和政治正当性的全面考量之中。我们可将此称为参与式政治理念。据此，我们也可以说，儒家的参与式政治理念正蕴含在其道义论之中，或者是由其道义论直接衍生出来的一种独具特色的政治理念。

总而言之，古典儒家所说的“道义”，不仅关乎士人君子个体的道德信念与修养操守，更是一个公共性和群体性的政治概念，因此，对道义的追求使儒家赋予了自身一种强烈而鲜明的积极入世和关切政治的公共情怀与精神特质。在此，尤其需要强调指出的是，古典儒家以道义为准的的士人君子之学及其修己以治人、修身以参政的参与式政治理念实具有一种不容混同、化简为利禄仕途之学的特有的理想含义和独特的人格魅力，诸如应保持和拥有“匹夫不可夺志”（《论语·子罕》）的独立人格意志和“富贵不能淫，贫贱不能移，威武不能屈”（《孟子·滕文公下》）的大丈夫气概，以杀身成仁、舍生取义作为自己的人生信念，以天下兴亡、道义担当为己任，胸怀修齐治平、经世济民的政治抱负和关切民生、忧国忧民的政治情怀等，这些无疑都是对于公共政治领域的善治目标的实现富于教益的思想资源，迄今仍然值得我们认真对待和吸取借鉴。当然，在中国历史上，当古典儒家的参与式政治理念被落实在汉代通经入仕和隋唐以后科举取士的具体制度安排上所衍生出来的种种问题及其得失成败，亦同样非常值得我们作深入系统的批评反思，不过，限于篇幅，我们在下文将主要论述儒家“大公政制”理想的历史影响及其在现实政治实践中遭遇的困境问题。

四、帝制中国政教传统的形成与演进

在西方，古希腊之后，欧洲史上曾经出现过一系列政治组织形式，如帝国、城市国家、教会以及“专制”的或“民族”的君主国家，而处于中世纪长达数世纪之久的欧洲发展之问题核心的乃是教会与国家的关系或“神学—政治问题”①，不过，大体而言，政体的诸种制度安排或政府形式的问题及“占据着政治权威正当性的中心位置”②的正义问题，始终是西方政治哲学家关注的核心问题。而在中国，秦汉之后，中国人一直生活在大一统帝国与分裂割据的治乱循环的政治形态和社会历史进程中，处于中国历史发展之核心的则是“儒教”与皇权的关系以及由二者的分合与互动关系所构成的政教传统，天下为公与天下为家，乃至天下的治与乱、有道与无道、统一与分裂等问题仍然是中国思想家关注的核心政治问题，不过，后世思想家所说的“天下”已由建立在宗法分封制基础上的“封建天下”转型变革为建立在郡县官僚制基础上的“专制天下”，儒家的政制理想也由以“封建天下”为理想而转变为维护大一统帝国的专制皇权，诚如萧公权先生所言，“秦灭六国为吾国政治史上空前之巨变。政制则由分割之封建而归于统一之郡县，政体则由贵族之分权而改为君主之专制。政治思想与此巨变相应，亦转入一新段落”。而“儒家思想由拥护封建制度一变而拥护专制政体，成为二千年中之正统学派”。③

而儒家之所以能够成为“二千年中之正统学派”，一方面是由于汉以后历代王朝统治者持续不断的尊崇，另一方面亦是由于古典儒家的大公政制理想确乎能够为后世的思想家、政治家和统治者的政治思考和行动提供一种指引合理方向的路标。当然，对于后世的思想家、政治家和统治者来说，乃至在我们看来，先秦诸子的各种竞争性学说中不仅具有各种可资利用的思想资源，而且亦蕴含着诸多思想上的合理性和治国理政的深刻智慧，如墨家的兼爱主义和非攻主张及其对于国家人民生利福祉的强调、激进的尚贤观念与注重节俭实用的思想，道家的自然主义和无为政治主张及其对于强权政治非理性的暴虐与破坏作用以

① 参见[法]皮埃尔·莫内：《自由主义思想文化史》，曹海军译，吉林人民出版社2004年版，第1—10页。

②[英]戴维·米勒：《政治哲学与幸福根基》，李里峰译，译林出版社2008年版，第72页。

③ 萧公权：《中国政治思想史》，新星出版社2005年版，第173、9页。

及统治者权力意志的贪婪与自私特性的尖锐批判，法家的立法改制、富国强兵主张及其所抱持的信赏必罚、崇公抑私的法治主义的坚定政治立场与其“为天下位天下”、“立天子以为天下”、“立国君以为国”、国民一体的观念[①]，等等。因此，在帝制中国的时代，“儒教”的信念与儒家的理想虽然居于统治思想的主导或主流的地位，却并非帝国统治者的唯一凭借，对于政治家和思想家来说亦不是唯一具有吸引力的思想信念。然而，问题的关键仍然在于，就其主流而言，正统“儒教”信念与大一统专制皇权的分合与互动关系的确一直构成了中国政教传统的核心焦点，二者既有彼此结合、互系互维的一面，同时亦存在着某种紧张性的张力，因为儒家的大公政制理想对于现实的专制皇权的合法性及其权力运作常常构成一种制约性的思想因素，它虽然在历史上没有也不可能从根本上消除政治上的专制暴政，但构成了一种抑制和抵抗专制暴政的文化力量。

当然，当儒家的大公政制理想发挥对专制皇权的制约作用时，其本身的内涵在某些方面也发生了一些具有实质性意义的特殊变化，其中最为显著的思想变化是由汉儒董仲舒带来的，董子致力于重新塑造天的主宰性的绝对权威，而且大讲天人感应与灾异谴告之说，以此来警示和制约专制皇权。相对于古典儒家大公政制理想中所蕴含的道德理性精神来讲，董子的思想显然具有一种浓厚的巫术思维特质和迷信色彩，这无疑是一种理智上的退化，但如果将董子的这一思想努力放在秦汉政治发展史的背景下来加以审视的话，则可以使我们更好地了解其真实用意和良苦用心。据《说苑・至公》所载，秦始皇统一六国之

---

① 如《商君书・修权》曰：“公私之分明，则小人不疾贤，而不肖者不妒功。故尧舜之位天下也，非私天下之利也，为天下位天下也；论贤举能而传焉，非疏父子亲越人也，明于治乱之道也。故三王以义亲，五霸以法正诸侯，皆非私天下之利也，为天下治天下。是故擅其名而有其功，天下乐其政，而莫之能伤也。今乱世之君臣，区区然皆擅一国之利，而管一官之重，以便其私，此国之所以危也。故公私之交，存亡之本也。”《慎子・威德》曰：“古者立天子而贵之者，非以利一人也。……立天子以为天下，非立天下以为天子也；立国君以为国，非立国以为君也。”《管子・君臣下》曰：“国之所以为国者，民体以为国；君之所以为君者，赏罚以为君”，而“为人君者，倍道弃法而好行私，谓之乱”。

后，曾经考虑并与其臣下讨论过是禅让授贤还是世继传子的权力转移问题，其文如下：

> 秦始皇帝既吞天下，乃召群臣而议曰："古者五帝禅贤，三王世继，孰是？将为之。"博士七十人未对。鲍白令之对曰："天下官，则禅贤是也；天下家，则世继是也。故五帝以天下为官，三王以天下为家。"秦始皇帝仰天而叹曰："吾德出于五帝，吾将官天下，谁可使代我后者。"鲍白令之对曰："陛下行桀、纣之道，欲为五帝之禅，非陛下所能行也。"秦始皇帝大怒曰："令之前！若何以言我行桀、纣之道也？趣说之，不解则死。"令之对曰："臣请说之。陛下筑台干云，宫殿五里，建千石之钟，立万石之虡。妇女连百，倡优累千。兴作骊山宫室，至雍相继不绝。所以自奉者，殚天下，竭民力。偏驳自私，不能以及人。陛下所谓自营仅存之主也。何暇比德五帝，欲官天下哉？"始皇暗然无以应之，面有惭色，久之，曰："令之之言，乃令众丑我。"遂罢谋，无禅意也。

显然，在回答秦始皇帝关于五帝禅贤与三王世继究竟孰是孰非、孰优孰劣的问题时，鲍白令之没有含糊其词，而是作了非常明确的回答，即在以天下为官（公有）的五帝时代，最高统治权的转移采取的是禅让授贤的方式，而在以天下为家（私有）的三王时代，实行的是世继传子的制度。而且，在鲍白令之看来，这两种权力转移的方式事实上并不具有同等的正当与合理性，天下为官的禅贤明显优于天下为家的世继，而所谓天下为家实则意味着统治者占天下为私有的权力意志①及其"殚天下，竭民力"以"自奉"的天然暴政倾向，因此，自私暴虐而妄自比德于五帝的秦始皇帝只可能实行世继，而不可能也不配实行禅贤。果如鲍白令之所言，秦始皇帝不仅放弃禅贤的想法而采用了世继传子的方式，而

① 如《诗经·小雅·北山》所谓："溥天之下，莫非王土；率土之滨，莫非王臣。"秦刻石亦明确表达了同样的"天下王有"的观念，即"六合之内，皇帝之土"，"人迹所至，无不臣者"（《史记·秦始皇本纪》）。

且以己为始，竟然妄想将帝位子子孙孙地一直传袭下去以至于万世，不料想秦帝国二世就垮台了，最终为刘邦所建立的西汉王朝所取代。

不过，王朝的更替与权力的转移方式及其合法性问题仍然是困扰汉家统治者的一大难题。汉家高祖视天下为其一家一姓莫大之私有产业，而且汉承秦制，故皇权仍然沿袭采用世继传子的方式，然而，不仅汉之得天下是否正当在汉初依然是一个富有争议的问题，禅贤的理想也时常激起一些西汉儒家思想家的向往和某些汉家统治者和政治家的冲动。据史传所载，文帝初立后不久，其君臣就围绕“豫建太子”之事而讨论过是选举禅贤还是世继传子的问题，最后文帝为臣下说服而接受了立太子的建议（参见《史记·孝文本纪》）。景帝之时，辕固生与黄生之间更曾发生过一场有关“汤武受命”问题的争执。黄生强调君臣上下之分犹如冠履之别而具有不可颠覆倒置的绝对权威性，即使君上失行有过，臣下也只能尽其正言匡过之责，而绝不应“因过而诛之，代立践南面”，因此汤武变乱君臣上下之分是弑君而非受命。而辕固生则坚持儒家肯定汤武革命的一贯立场，认为汤武是受命诛暴匡乱而赢得天下归心的圣王。由于这一争执最终牵涉汉家政权即“高帝代秦即天子之位”的是非（即正当性或合法性）问题，景帝最后以“食肉不食马肝，不为不知味；言学者无言汤武受命，不为愚”的暧昧说法结束、平息了这场争论，而且“是后学者莫敢明受命放杀者”（《史记·儒林列传》）。景帝之所以采取一种暧昧处理的立场和态度，乃是因为他作为汉家皇帝，既不能否定汤武革命的正当，也不宜否定黄生的说法，否定了前者也就等于否定了“高帝代秦即天子之位”的正当性，否定了后者则会引发对统治者权威的质疑，反之，他也不好对其中的任何一种说法持肯定的态度，因为肯定两者中的一种说法也就意味着否定了另一种说法。景帝的暧昧说明他既想让人们完全认同和接受“高帝代秦即天子之位”的正当性，同时亦想牢固树立汉家皇权的绝对权威及汉家王朝统治稳固持久的合法性，也许可以说景帝的暧昧态度恰恰显示了汉家统治者已趋于成熟，并已具备处理统治合法性问题的智慧。

然而，这并不说明汉家统治的合法性问题最终由此就完全解决了，按照战国阴阳家邹衍五德终始说的理论（秦始皇首先援引这一理论来确定秦王朝统治合法性的水德属性），汉家王朝的统治究竟属于哪一德仍然是有待解决和确定的一大政治难题，而且，政治意识形态或帝国统治思想的重新选择与确立的重大问题亦逐渐被提上了政治日程。汉武帝即位之后，所有这些问题都酝酿、累积到了不得不解决的时候，汉武帝的雄才大略和文治武功，加上儒家思想及其政治态度的自我调整，特别是董仲舒的卓越贡献，诸如对天之绝对权威性和皇权之天命合法性的重新塑造以及对儒家经典和“儒教”信念的义理合理性和思想优越性与其意识形态话语霸权的系统阐述和成功树立，最终确立和奠定了帝制中国大一统皇权统治与政教关系的基本模式。

在经历了秦朝的暴政及其引发的反抗与革命的洗礼和汉初黄老无为政治的试行之后，如何约束和限制至尊无上的大一统专制皇权的狂妄暴虐，如何既能鉴取君主无为的益处而又使皇权不至于过于消极疲软[①]，即如何使皇权既能积极有为而又不堕落为恣意妄为，乃是摆在汉儒董仲舒们面前的一道亟须解决的政治难题，而董仲舒的解决之道就是推明孔氏，通过对儒家经典特别是《春秋》经与《公羊传》之经义释义的再诠释，鼓吹大一统，大倡天权，提出孔子立新王之道、王者必受命而王以及上天会降灾异以警示谴告统治者等诸多命题，既赋予大一统专制皇权以一种神圣的天命合法性与绝对权威，同时亦希望统治者能够真诚尊奉孔子儒家之道，乃至通过对天命天威的敬畏来自我节制和约束，尤其是作为“一种以神谴的方式所显现出的一种令人敬畏的力量”[②]，董子所说的天与天命实则又对专制皇权构成了一种客观性的外在制约因素，而且天人感应与灾异谴告之说亦使人们对于天命与皇权之间的互动关联可作具体的外显性

---

①如《春秋繁露·离合根》曰：“为人主者，法天之行……故为人主者，以无为为道，以不私为宝。立无为之位而乘备具之官……此人主所以法天之行也。”

②[罗马尼亚]米尔恰·伊利亚德：《神圣与世俗》，王建光译，华夏出版社2002年版，序言，第1页。

的观察，并据此而对统治者的过失或现实政治的得失提出某种批判性的反思，或者就政策上具有可操作性的补救措施提供某种具体建议。

可是，当董子的天人感应与灾异谴告之说在西汉中后期逐渐发挥其广泛而深刻的政治影响时，却引发了汉家王朝的政治合法性斗争与严重危机，因为董子提出的王者必受命而王的政治命题其实蕴含着一种“天下为公”而天命不私一姓的政治信念，而其灾异谴告之说更激发、诱引出了一些思想家的禅贤理想和激进主张，乃至他们借由灾异之发生而质疑汉家统治的合法性，如董子后学眭孟就曾经因灾异的发生而“推《春秋》之意”，劝说汉昭帝“求索贤人，禫（同‘禅’）以帝位”，不过，他最后却以“袄（同‘妖’）言惑众，大逆不道”（《汉书·眭两夏侯京翼李传》）罪而被诛；宣帝之时，盖宽饶曾上书批评宣帝重用刑名法吏和信任中尚书宦官说：“方今圣道浸废，儒术不行，以刑余为周、召，以法律为《诗》《书》。”并引《韩氏易传》言：“五帝官天下，三王家天下，家以传子，官以传贤，若四时之运，功成者去，不得其人则不居其位。”或以为宽饶“指意欲求禫（同‘禅’），大逆不道”，上遂下宽饶吏，宽饶引佩刀自到北阙之下（参见《汉书·盖宽饶传》）。显然，昭宣之世，汉家统治已趋于稳固，统治者显然不喜禅贤之说，也不会主动放弃统治权，因此，主张禅贤者受到刑诛乃是不可避免的。

然而，世事难料，禅贤的理想和灾异说在汉末衰世的流行却最终“把汉家的天位在精神上打倒了”[①]。成帝之时，汉儒刘向和谷永等人已开始向成帝敲响了汉家行将易姓而亡的警钟，发出了“天命所授者博”“不私一姓”，有可能“更命有德”的警告[②]，而且，在他们那里，灾异说与天下为公和禅贤的理想是

① 顾颉刚：《秦汉的方士与儒生》，上海古籍出版社1998年版，第28页。

② 如刘向曰：“王者必通三统，明天命所授者博，非独一姓也。……世之长短，以德为效，故常战栗，不敢讳亡。”（《汉书·楚元王传》）谷永亦曰：“臣闻天生蒸民，不能相治，为立王者以统理之，方制海内非为天子，列土封疆非为诸侯，皆以为民也。垂三统，列三正，去无道，开有德，不私一姓，明天下乃天下之天下，非一人之天下也。”（《汉书·谷永传》）

并行不悖的，故刘向在《说苑·至公》中首先推崇的便是尧舜之禅让，其言曰：“《书》曰：‘不偏不党，王道荡荡。’言至公也。古有行大公者，帝尧是也。贵为天子，富有天下，得舜而传之，不私于其子孙也。去天下若遗躧（同‘屣’）。于天下犹然，况其细于天下乎？非帝尧孰能行之？孔子曰：‘巍巍乎！惟天为大，惟尧则之。’《易》曰：‘无首吉。’此盖人君之公也。夫以公与（通‘举’，治理）天下，其德大矣。推之于此，刑（同‘形’）之于彼，万姓之所载（同‘戴’），后世之所则也。”而与刘向、谷永等人基于“天下乃天下之天下，非一人之天下”和天命“不私一姓”的公天下的理念，从维护、延续汉家统治的政治立场出发，向汉成帝发出汉家面临“更命有德”或“易姓而亡”的警告不同，成帝时更出现了一种直接宣告汉家运统终结的声音，如齐人甘忠可诈伪造作《天官历》《包元太平经》十二卷，并声称“汉家逢天地之大终，当更受命于天，天帝使真人赤精子，下教我此道”（《汉书·眭两夏侯京翼李传》）。表面看来，“更受命”的建议较之“更命有德”或“易姓而亡”的警告要温和得多，希望通过“更受命”的方式使汉家已衰的国运国祚得以自我更新延续，但它的前提是基于此前汉家王朝统治的天命合法性已然终结而走到了尽头，因此，它更容易激发起人们彻底否定汉家统治的天命合法性的激进的悲观情绪和末世论调，使人们彻底丧失掉对汉家统治的天命合法性的认同与信心。

哀帝之时，李寻和夏贺良等人以“汉历中衰，当更受命”为说，建议哀帝“宜急改元易号”，终于促使哀帝上演了一出“改元易号”（《汉书·眭两夏侯京翼李传》）的政治闹剧，而且，耐人寻味的是，这位在位仅6年就短命而亡的哀帝临终前数月竟然还冒出过一个非常不俗的“怪念头”，那就是禅位让“贤”。汉兴以来，宠臣佞幸之贵盛莫如董贤，哀帝宠董贤，与之共卧起，贤年二十二即位居三公，官拜大司马卫将军，常给事中，领尚书事，而“百官因贤奏事”，其权与人主相侔。匈奴单于朝汉，曾因贤年少而怪问其故，哀帝以“大司马年少，以大贤居位”作答。后不久，哀帝置酒麒麟殿，与董贤父子亲属一起宴饮，席间，哀帝竟然从容笑视着董贤讲了一句语惊四座的话，他说：“吾欲法尧禅舜，何如？”侍宴在侧的中常侍王闳（成帝外家平阿侯王谭之子、王莽的叔伯堂兄弟）显然认为哀帝此言甚是不妥，所以直言进谏曰：“天下乃高皇帝天下，非陛下之有也。陛下承宗庙，当传子孙于亡穷。统业至重，天子亡戏言！”而结果是“上默然不说，左右皆恐。于是遣闳出，后不得复侍宴”（《汉书·佞幸传》）。与眭孟、盖宽饶因倡言禅贤而被刑诛的命运不同，这一次是汉家衰世之庸主汉哀帝主动提出要禅位让出自己的汉家天子之位，而维护汉家高皇帝天下的王闳却遭到斥逐。说哀帝禅位让贤的想法是一种“怪念头”，其实并不尽然，在天命信仰日益深入人心，天下为公或皇天不私一姓的观念日趋高涨，灾异话语已蔚然成风的时代精神氛围中，汉家帝王逐渐认同和接受了汉家运统即将或已然终结的观念与断言，从这样一种政治文化思潮的背景来说，汉哀帝的想法应该说是再正常不过了，它不是突发的奇想，也不是席间的戏言，更不是酒后的醉话，而正是不久之后王莽禅汉的一种具有反讽意味的先声与谶语，因为对于维护汉家高皇帝天下的王闳来说，哀帝禅位让贤的想法可能就是一种“怪念头”，而对于后来的王莽来说，他无疑正是上接哀帝禅位让贤的想法顺势而为，从而才以禅让的方式合理正当地“篡”夺了汉家天下的，而他们恰恰都是西汉历史上最有权势的外戚家族王氏的子弟。为汉家王朝敲响“易姓之变”警钟的刘向卒后十三岁而王氏代汉，西汉王朝的历史就是这样在各种政治观念与政治诉求暗流涌动而其间又充斥着观念的冲突与混乱的时代精神氛围中走向终结的。

但是，王莽禅汉的成功却并没有使其建立的新室王朝江山永固，反之，新室王朝却像暴秦一样短命，应该说王莽乘汉家之危、利用符命而成功禅汉之后，大体上是汲汲于遵行儒家的大公政制理想来进行复古改制的，但他主要是借助于强大的专制皇权来推行其全盘性的复古改制方案，而且，深深地陷入保守与激进、复古与创新、迷信与理性、理想与现实之间的矛盾泥潭之中而找不到一条合理的出路，结果是改制失败而新室速亡。而问题的关键是，这不仅是王莽个人及其新室的失败，而且更使儒家变法禅贤的政治理想与信念遭受了一场大挫败，诚如钱穆先生所言："王莽失败后，变法禅贤的政治理论，从此消失，渐变为帝王万世一统的思想。（至少是希望能如此。）政治只求保王室之安全，亦绝少注意到一般的平民生活。（后世对王莽的批评，全是沿著东汉王室之意见。）这不是王莽个人的失败，是中国史演进过程中的一个大失败。"[①] 这才是最值得我们深长思之的问题。从此之后，世继传子成了帝制中国的永久定制，而所谓"禅让"却丧失了其通过和平的方式将权力禅让授予贤者的本真含义和崇高理想，沦为"家天下"时代许多朝代的政治野心家篡夺他人政权的虚假文饰的幌子。既然有人愿意打着"禅让"的幌子以实现自己篡夺他人政权的政治野心，说明以权位的公共性为理由的"禅让"旗号还是具有一定的蛊惑人心而让人信服的文饰作用的，然而，正是在这种虚假的文饰中，权力和平转移的政道问题也不会再引起人们认真思考和对待的热忱，而政治家和思想家们所关注王朝政治问题的核心更主要地集中在统治者的个人品德及其统治方式与权力行使以及选官和吏治的好坏或公正与否等治道层次的问题上了，如宋儒朱子论治道曰："天下事，须是人主晓得通透了，自要去做，方得。"又论人君用贤问题曰："只看合下心不是私，即转为天下之大公。将一切私底意尽屏去，所用之人非贤，即别搜求正人用之。"（《朱子语类》卷一百零八《朱子五·论治道》）

天下没有永世不灭的王朝，除了"禅让"的虚文假饰之外，天下仍主要是靠武力来"打"并由此而为一家一姓所据为私有的。而天下为家时代的世袭传子制度的最大弊端，亦是其固有的根本缺陷，就是虽然能够"打"下天下的可能是具有雄才大略的一代贤明的开国之君，但后世继位之主却未必贤能而具备治国的器识和才具，反而会如东汉末学者崔寔所言，因为承平日久而孳生恣睢之心，荒耽嗜欲，乃至习乱安危至于祸乱败亡而不悟（参见《政论》）；或如另一位东汉末学者仲长统所言："及继体之时，民心定矣。普天之下，赖我而得生

① 钱穆：《国史大纲》（修订本）上册，商务印书馆1994年版，第153页。

育，由我而得富贵。……豪杰之心既绝，士民之志已定。贵有常家，尊在一人。当此之时，虽下愚之才居之，犹能使恩同天地，威侔鬼神”“彼后嗣之愚主，见天下莫敢与之违，自谓若天地之不可亡也。乃奔其私嗜，骋其邪欲。……遂至熬天下之脂膏，斫生人之骨髓。怨毒无聊，祸乱并起。……土崩瓦解，一朝而去。昔之为我哺乳之子孙者，今尽是我饮血之寇仇也。……存亡以之迭代，政乱从此周复，天道常然之大数也。”（《昌言·理乱》）帝制中国与“儒教”信念互系相维的政教传统就这样在一治一乱的历史命运中被长期延续着，降至宋明时期，理学思潮将“儒教”信念自然天理化或内在良知化，使儒家纲常名教的观念和人伦礼教的思想不断被强化而深入人心，对于维护帝制中国的皇权统治来讲，发挥了至关重要的驯服人心的作用。不过，专制皇权的不断强化及其残暴统治也使明末清初的一批杰出思想家充分认识到了君主实为天下之大害，如黄宗羲所言：“古者以天下为主，君为客，凡君之所毕世而经营者，为天下也。今也以君为主，天下为客，凡天下之无地而得安宁者，为君也。是以其未得之也，屠毒天下之肝脑，离散天下之子女，以博我一人之产业，曾不惨然！曰‘我固为子孙创业也’。其既得之也，敲剥天下之骨髓，离散天下之子女，以奉我一人之淫乐，视为当然，曰‘此我产业之花息也’。然则为天下之大害者，君而已矣。”（《明夷待访录·原君》）并说：“盖天下之治乱，不在一姓之兴亡，而在万民之忧乐。”（《明夷待访录·原臣》）以为君臣之职分应是为天下万民之忧乐而兴利除害，而不是谋求一己一家一姓之私利，应允许人民各得正当合理地谋求其“自私”“自利”，而不应“以我之大私为天下之大公”而禁止人民“自私”“自利”（《明夷待访录·原君》）。或者，如顾炎武所言：“自天下为家，各亲其亲，各子其子，而人之有私，固情之所不能免矣”，故所谓“王政”便当“合天下之私以成天下之公”而不应“以公灭私”（《日知录》卷三《言私其豵》）。顾氏另有名言曰：“天下之人各怀其家，各私其子，其常情也。为天子为百姓之心，必不如其自为，此在三代以上已然矣。圣人者因而用之，用天下之私，以成一人之公而天下治。……故天下之私，天子之公也。”（《亭林文集·郡县论五》）另一位思想家唐甄亦曰：“治天下者惟君，乱天下者惟君。治乱非他人所能为也，君也。”（《潜书·鲜君》）并说：“自秦以来，凡为帝王者皆贼也。”（《潜书·室语》）明末清初思想家对于君主之私及其为天下之大害的批评反思，乃至关切民生而主张“合天下之私以成天下之公”的思想，不可谓不深刻而切中要害，亦不可谓不发人深省，但惜乎他们生活在明亡清兴、天崩地解的时代，而且清王朝的建立及其对正统政教传统的维护和延续最终阻断了他们的思考而使之难以发生进一步突破性的根本转进。

五、中国政教传统的近代变革与儒家政治思维的现代转向

如上文所言，在中国历史上，古典儒家的上述“大公政制”理想引发了人们政治意识和政治行为上的各种不同的反应。秦汉之际，天下为家（私有）而传子的观念最终战胜天下为官（公有）而禅贤的理想，但在西汉中晚期，“公天下”的观念又重新激发儒家学者积极鼓吹禅位让贤、易姓换代的政治诉求，最终演成了王莽禅汉的“易姓之变”。然而，王莽禅汉以行复古改制的失败，却使儒家变法禅贤的政治理想与“公天下”的政治信念遭到了一场大挫败，因此，在汉以后的帝制中国时代，天下之大公的观念主要表达的是一种治道理想。然自晚清以来，在学习西学和借鉴引进西方文明的过程中，“天下为公”又重新成了近代中国知识分子进行体制（政体）构想的一个具有重要支撑性意义的本土文化观念资源。

在西方文明的外来冲击以及由此而激发起的内部一波接一波的改良维新与激进革命浪潮的推动下，中国的政教传统在近代变革的进程中遭到越来越深入的批判乃至彻底的蔑弃，诸如皇权专制主义、圣王君师观念、中国形式的政教合一或政教混合（帝制与“孔教”）、纲常名教、礼教、尊卑等级制度和家族主义等。不过，孔子以仁为本的太平大同之教与儒家天下为公的大公政制理想也曾

一度被重新激活，如康有为、梁启超、谭嗣同等维新运动的领袖们深感西方文明之刺激，力图“泯中西之界限，化新旧之门户”，以使孔子的仁义之说和大同之教与西方文明之平等、自由、民权等种种观念相融合混同，而在政治制度上则力主变“国为君有”之“专制”而为“国为公有”之“立宪”，如康有为曰：

> 中国虽有孔、孟之大义，但属空言，就实事考之，则数千年皆属乱世之时，而国为君有，欧人所谓专制是也。欧人言国为公有曰Constitution，义出希腊，即吾中国之礼也，但不及鬼神耳。盖希人先创之，日人译之曰立宪，以明君民同受治于法律之中。质而言之，立宪国者，国为公有，君民共之；专制国者，国为君有，一人私之。专制国为君所私有，旧世之义也；立宪国为全国人所公有，新世之义也。从旧嬗新，百年来万国之民，所暴骨力争，即在革私有而为公有之一事而已矣。为之君者，上知天下之公理，在天下为公，下知万国之趋势，在国为公有，则举国而公之，即无事矣。为之民者，但力争国为公有，不得之则一切不顾，苟得之则君主民主种族自立，可不计也。①

继康有为之后，孙中山亦以“天下为公”相号召，并主张以激进革命的方式在中国实现民主共和的建国目标，最终在中国延续长达两千多年之久的帝制被辛亥革命所推翻，清帝逊位诏书中有言：“人心所向，天命可知。予亦何忍以一姓之尊荣，拂兆民之好恶。是用外观大势，内审舆情，特率皇帝将统治权公诸全国，定为共和立宪国体。近慰海内厌乱望治之心，远协古圣天下为公之义。”另外，“五四”前后，儒家民为邦本的理念亦曾被人用来接引、比附和融会西方的民主主义观念。

当然，近世中国人所说的“大同”（康有为）、“天下为公”（孙中山）以及“惟民主义”（陈独秀），因吸纳、融会了西方文化的先进思想因素，事实上

---

① 康有为：《救亡论》（选录），见汤志钧编：《康有为政论集》，中华书局1981年版，第662—663页。

与传统儒家所说的大同、天下为公和民惟邦本，在思想内涵上已有实质性的不同，尤其是五四新文化运动的领袖们，一反康有为等“泯中西之界限，化新旧之门户”的立场与态度，而是在新旧中西或孔子之道与现代生活之间作绝对不可相容之严格的区分，并以全盘接受西方文化之民主和科学为鹄的，不遗余力地掊击孔子之偶像与儒家的礼教和纲常名教等观念，因此，他们在政治理念上深刻认识到西方主权在民的民主主义与儒家民为邦本的民本主义之间的本质不同，并对此作了明确的区分和阐述，如陈独秀所言：“《东方》记者又谓：‘民视、民听，民贵、君轻、伊古以来之政治原理，本以民主主义为基础，政体虽改而政治原理不变。故以君道、臣节、名教、纲常为基础之固有文明，与现时之国体，融合而会通之，乃为统整文明之所有事。’呜呼！是何言耶？夫西洋之民主主义（democracy）乃以人民为主体，林肯所谓‘由民（by people）而非为民（for people）’者，是也。所谓民视、民听，民贵、君轻，所谓民为邦本，皆以君主之社稷——即君主祖遗之家产——为本位。此等仁民、爱民、为民之民本主义（民本主义，乃日本人用以影射民主主义者也。其或径用西文 democracy，而未敢公言民主者，回避其政府之干涉耳），皆自根本上取消国民之人格，而与以人民为主体，由民主主义之民主政治，绝非一物。倘由《东方》记者之说，政体虽改而政治原理不变，则仍以古时之民本主义为现代之民主主义，是所谓蒙马以虎皮耳，换汤不换药耳。毋怪乎今日之中国，名为共和而实不至也。即以今日名共和而实不至之国体而论，亦与君道、臣节、名教、纲常，绝无融合会通之余地。”①

那么，中国政教传统之近代变革与儒家政治思维的现代转向的实质与根本目标究竟是什么？显然，这并不是一个容易确切回答而能够给出一个历史终结论式的断言的问题，因为迄今为止，我们仍在探索之中，还没有一个完全令人

---

① 陈独秀：《再质问〈东方杂志〉记者》，见王中江、苑淑娅选编：《新青年》，中州古籍出版社 1999 年版，第 321 页。

满意的单一而圆满的结论或答案。不过，在经历了晚清以来一轮又一轮的古今中西之间的文明碰撞与文化论争以及改良维新、民主革命、立宪共和、新文化运动与“儒教”革命的种种洗礼之后，我们或许应该也更能够怀着一种理性、平和而开放的心态来看待古今中西之争的问题了，正像荀子说的那样，应“以仁心说，以学心听，以公心辨”（《荀子·正名》）。马克思主义的阶级意识与革命理论，社会主义的先进文化与核心价值，西方文明的思想精髓和有益成果，中华文化的优良传统与儒家思想的精华奥义，所有这些积极因素的有机结合、融合会通，也许能够带给中华民族一个光明而美好的未来前景，但是，我们不能因此而失掉了居安思危之心和深谋远虑之见，而面对未来，仍然值得我们当下予以深思的问题是：当我们摆脱了中国政教传统中的圣王君师主义的迷思和纲常名教、等级礼制的束缚之后，当我们经历了上述种种的洗礼之后，有多少西方文明的思想精髓和有益成果已为我们所真实地享有，有多少我们本民族固有文明中的思想糟粕和不良传统仍然在发挥着无形的影响而又有多少思想精华和优良传统却被我们忘却和抛弃？而当我们致力于追求实现民主法治、公平正义的目标时，什么东西仍然是我们的羁绊而有待于我们解决？而要认清这些问题的实质，我们需要追寻我们先贤“公天下”的博大政道理想与深邃治道智慧，并学习和借鉴西方政治哲人以科学精神分析和看待各种政体类型的制度安排问题，以及关于不同的恰当政府形式及其腐败堕落形式与国家治乱之间关系问题的理性思考与慎思明辨。过去，我们对于君主制的爱恨情仇，不是将君主尊为圣王、真命天子和好皇帝，就是将君主视为盗贼、祸害和独夫民贼，这似乎已成为历史，而今天，我们对于“儒教”和民主的爱恨情仇似乎还在延续，正如托克维尔尝言：“在基督教世界组织和建立民主制度，是我们时代的重大政治问题。”“在基督教世界的命运似乎悬而未决的今天，有些人在民主尚在成长的时候，便急于攻击民主，说它是一种敌对的力量；而另一些人，则已把它作为无中生有的新神而加以崇拜。但是，双方对于他们所仇恨或膜拜的对象都认识得很不全面。

他们在黑暗中互相乱打，只是偶尔能击中对方一下。”① 套用托克维尔的话将其中的“基督教”置换为“儒教”来描述我们当下面临的问题和所处的思想状况似乎再恰当不过了。

耐人寻味的是，五四新文化运动之后，“天下为公”又重新成了现代新儒家会通中西政治与学术的最为重要的本土观念资源。关于如何在“儒教”世界组织和建立民主制度的重大政治问题，“五四”之后的现代新儒家可以说作出了自己有益的理论思考与回应，其中以熊十力、牟宗三、徐复观师徒的观点最具代表性，其思考与回应虽未必是该问题最终的正确答案，但从中可以看出儒家政治思维的现代转向。方克立先生曾经对现代新儒家下过一个经典定义：“现代新儒家是在本世纪（指20世纪——引者注）20年代产生的以接续儒家‘道统’为己任，以服膺宋明儒学为主要特征，力图用儒家学说融合、会通西学以谋求现代化的一个学术思想流派。”② 依余浅见，现代新儒家除了以服膺宋明儒学、重视发掘其内圣心性之学的思想资源为主要特征之外，其在外王政治之学方面则以服膺先秦时期的古典儒学，重视诠解和阐发其德化、治道的思想资源为主要特征，并力图通过“返本开新”的诠释路径与方式而用古典儒家的内圣外王之学融合、会通西方的科学、民主与自由思想。

作为现代新儒家的开山鼻祖，熊十力最为重视的就是《大易》之哲学，终生不遗余力地阐发孔子六经内圣外王之学的意蕴，并主张“中西学术，离之两伤，通之两美”③。依熊先生之见，“孔子内圣之学，只是一个仁字为根本；外王之

①［法］托克维尔：《论美国的民主》上卷，董果良译，商务印书馆1988年版，第362、280页。

② 方克立：《要重视对现代新儒家的研究》，见《方克立文集》，上海辞书出版社2005年版，第177页。

③ 熊十力：《中国哲学与西洋科学》，见《境由心生：熊十力精选集》，陕西师范大学出版社2008年版，第27页。熊先生还解释何以言“通”而不言“合”说：“通字与合字异。不辨异而言合，是混乱也。知其异而求通，自有会合处也。”

学，只是一个均字为根本”，而“仁就是良心”，“均者均平”[①]。在《读经示要》一书中，熊先生曾“综群经之言治”而将古典儒家的治道思想概括总结为九大义，即：一曰仁以为体；二曰格物为用；三曰诚恕均平为经；四曰随时更化为权；五曰利用厚生，本之正德；六曰道政齐刑，归于礼让；七曰始乎以人治人；八曰极于万物各得其所；九曰终之以群龙无首。[②]而在后来的《原儒》一书中，更进一步对孔子六经的内圣外王之学进行了深入系统的诠解与阐发，其中特别标举和推崇“《大易》、《春秋》、《礼运》、《周官》四经”，并以之为中心而阐述“孔子天下为公之理想与制度”，以为孔子六经之内圣外王之学，“内圣则以天地万物一体为宗，以成己成物为用；外王则以天下为公为宗，以人代天工为用”[③]。扼要而言，熊先生认为，孔子以天下为公为宗、“倡天下为公之道”的外王之学，实欲“破除阶级，倡导民主”，即“除阶级，废私有”，乃至“令阶级荡平，统治者废黜”，以实现“天下为公”、均平无私、“群龙无首”[④]之治。其释“群龙无首”之义曰：

> 《大易·乾》之用九曰：“群龙无首。”群龙所以象众阳也。……其于人也，则为君子之象。春秋太平世，人人有士君子之行，是为众阳，是为群龙。无首者，至治之隆，无种界，无国界，人各自由，人皆平等，无有操政柄以临于众庶之上者，故云无首。……群龙无首之治，人类最高愿欲也。[⑤]
>
> 古代以龙有阳刚之德，故圣人居天子之位者，即取象于龙。今乾之六爻皆阳，是群龙也。世进太平，则大地人类都是圣人，而天子之

---

① 熊十力：《孔子内圣外王之学》，见《境由心生：熊十力精选集》，陕西师范大学出版社2008年版，第57—58页。

② 参见熊十力：《读经示要》，中国人民大学出版社2006年版，第17—48页。

③ 熊十力：《原儒》，中国人民大学出版社2006年版，第104—105页。

④ 熊十力：《原儒》，中国人民大学出版社2006年版，第115—118页。

⑤ 熊十力：《读经示要》，中国人民大学出版社2006年版，第44—45页。

位与权不属于一人，乃遍属于普天之下一切人，故曰“群龙无首”。无首，谓无有为首长者。①

在熊先生看来，孔子之外王学既然“主张废除统治阶级与私有制，而实行天下为公之大道”②，而“天下为公，必荡平阶级，故大人世及之礼制不容存，同时必作劝人民自主之力量”③，因此，《礼运》之所谓大同与小康，前者才是孔子之真实理想，而后者则与之相背离，属于后世小儒之主张，即使如孟、荀诸儒亦“不能承受孔子之外王学”而主张小康礼教，以至于“虽主张诛戮暴君，毕竟不反对君主制度”，故“非孔子嫡嗣也”④。孟、荀尚且如此，更遑论汉以后以纲常名教为大宗、为帝制作辩护之竖儒和奴儒了。就《春秋》三世之说而言，其义并非如后儒所理解，世运演化当循由据乱世进而为升平世再进而为太平世之依次递进之序，而“吾人惟待时而已”，孔子之志其实是要于据乱世起治，即“期于在据乱世举革命之事”，所谓“夫圣人革命之志，要在造时，毋待时也。造时者，惩过去与现时之弊，与其颓势之所趋，而极力拨去之，惟顺群情之公欲公恶，行大公至正之道，以创开一变动、光明、亨通、久大之新时代”⑤，而孔子之所以“因公山、佛肸二子之召而皆欲应之”，其志即“在领导民众以行革命，改乱制而开民主之局”⑥。另外，《周官经》同样是孔子的拨乱起治之书，其政治主张亦在“取消王权”，废除统治阶级，而“实行民主政治”⑦。

由上可见，熊十力依据《大易》《春秋》《礼运》《周官》四经而对孔子外王学所作的训释诠解，虽不少以时论己见附会臆说古人意思的成分，但其良苦用

① 熊十力：《原儒》，中国人民大学出版社2006年版，第116页。
② 熊十力：《原儒》，中国人民大学出版社2006年版，第117页。
③ 熊十力：《原儒》，中国人民大学出版社2006年版，第104页。
④ 熊十力：《原儒》，中国人民大学出版社2006年版，第129页。
⑤ 熊十力：《原儒》，中国人民大学出版社2006年版，第136、128页。
⑥ 熊十力：《原儒》，中国人民大学出版社2006年版，第120页。
⑦ 熊十力：《原儒》，中国人民大学出版社2006年版，第148页。

心还是值得我们同情的，尤其值得注意的是，他融会西学而对“天下为公”之政道含义的阐发，即废除君主制度而实行民主政治，在儒家政治思维的现代转向上可以说树立了一个引领方向的重要精神路标。虽然他的后继者与其思路不尽相同，但他们在力图使儒家的政治思维转向民主政治的诉求这一点上却是前后相承、一以贯之的。①

与熊十力先生所关注的侧重点有所不同，牟宗三和徐复观二先生则重在梳理和阐述古典儒家的“德化”治道思想，并对孟、荀的思想多有肯定性的正面评价。牟宗三先生曾系统比较和论述先秦儒、道、法的治道思想，并分别称之为“德化的治道”“道化的治道”和“物化的治道”。然而，与其师熊十力极力推崇孔子“天下为公”的外王学不同，牟先生之学术却重在反思儒家外王学的缺陷。依牟先生之见，所谓“天下为公，选贤与能”，实“可从政权与治权两方面说”，即“若只限于治权方面说，而政权仍属于一家之世袭，或寄托在具体之个人上，则还不能真算是‘大道之行’，以今语言之，即还不能算是真正之民主。只有治权之民主，而无政权之民主，则治权之民主亦无客观之保证，而不得其必然性。而真正之民主则寄托于政权之民主”②。据此而言，则先儒所谓“天下为公，选贤与能”，只能算是“治道”意义上的“治权之民主”，而不是真正“政道”意义上的“政权之民主”，故在牟先生看来，过去的中国可以说只有治道而没有政道。根据这一基本看法，牟先生更进一步对明末清初诸思想大家的“公天下”理想及其政治思维的缺陷作了系统的阐释和精到的评述，有必要详引其文如下：

儒家德治，由孔子定其型范，后来儒者以及政治上的基本观念一

① 今天有所谓“大陆新儒家”，其“政治儒学”的思维理路颇不同于现代新儒家“返本开新”的内圣外王之学的思路，其所谓“王道政治”与“现代仁政”的理念、“三院制”与“儒家宪政”的构想以及复兴“儒教”和立“儒教”为“国教”的意识形态主张和诉求等，究竟是对现代新儒家的当代“超越”，还是一种“逆向反动”，值得关注和反思，惜乎在此无暇深论。

② 牟宗三：《政道与治道》，广西师范大学出版社2006年版，第9页。

直遵守不渝。秦汉一统后，君主专制的政治形态（即政体）成立，此“德治”一观念复随之用于其上而扩大，而其基本用心与最高境界仍不变。在大一统的君主专制之形态下，皇帝在权与位上是一个超越无限体。因为治权与政权不分，合一于一身，而其政权之取得又是由打天下而来，而儒者于此亦始终未想出一个办法使政权为公有，是即相应政权无政道。①

这种治道之不足处，不是治道本身的问题，乃是政道方面的问题。假定相应政权有政道，民主政治成立，使政权与治权离，则此种治道当更易实现，且反而使自由民主更为充实而美丽。以前相应政权无政道，故此种德化的治道实在是有时而穷，而其实现亦受阻。此实为中国历史文化之大症结。②

一、皇位继承之难；二、朝代更替之难；三、宰相之难。言中国历史者每至此而穷。虽以王船山之睿智，言至此，亦推诸天运而止。此可见以往贤者用心之限度。

王船山曰：“与贤者在于得人，与子者定于立嫡。立嫡者，家天下一定之法也。虽然，嫡子不必贤，则无以君天下而保其宗社，故必有豫教之道以维持而不即于咎。……故立適与豫教并行，而君父之道尽。过此以往，天也，非人之所能为也。而又奚容亿计哉？”（《读通鉴论》卷七《后汉章帝》）

又曰：“……王之所以王，霸之所以霸，圣之所以圣，贼之所以贼，反身而诚，不言而喻。保尔子孙，宁尔邦家，岂他求之哉？自非圣人，未有能免于祸乱者！立適之法，与贤之权，皆足以召乱，况井田、封建之画地为守者乎？”（《读通鉴论》卷二十《唐高祖》）

---

① 牟宗三：《政道与治道》，广西师范大学出版社2006年版，第26页。

② 牟宗三：《政道与治道》，广西师范大学出版社2006年版，第28页。

按："立适"与"与贤"俱足召乱，何不于此一思解决之道乎？诚能以"道"与贤，则无乱矣。与贤而召乱，必非真能广其与贤也。与贤而在一家之内，则仍是以立适为经，以与贤为权，亦犹传子传弟之兼用以相济也。与贤而限于一家之内，则以"家天下"为一定不移之前题，其内部之争乱诚不可免也。盖此一内部之氤氲不能客观化，自必为一团私欲之纠结。何不于此而用其心耶？古之儒者亦未尝不用心。王船山曰："立适与豫教并行，而君父之道尽。过此以往，天也，非人之所能为也。"以家天下为准则，自必推至此。然儒者明知天下者非一家所得私，又有贼、霸、王、圣各级之不同，何不就此而一深思也？……何吾华族上下五千年，皆为家天下之意识所笼罩，而不能冲破耶？抑非必无其他隙明也。尧舜禅让也，选贤与能也，亦示于家天下外尚有公天下之一说，而且置于历史之开端，视为理想之境界。何不就此理想而一深思耶？深思其所以实现之道耶？岂尽可推之于天而止耶？此足见往贤直线思考之蔽。

…………

中国以往只有治道，而无政道。往贤用心大体皆在治道上说话，而总转不到政道上来。儒家、道家、法家之思想，关此方面，亦都是治道的思想：儒家是德化的治道，道家是道化的治道，法家是物化的治道。而此三套治道思想都是登峰造极而到家者，而唯不知于政道处用心。船山是代表儒家者。若顺治道一条鞭地想，则推至其极，必收缩于一心，由慎独以清贞而安稳天下，所谓圣君贤相也。吾所谓政治格局，所谓政权民主，皆属于政道者。唯政道转出，而后可以补治道之不足，而后可以使治道客观化，不止停于一心中，而上述之三难亦可以得而决。①

---

① 牟宗三：《历史哲学》，广西师范大学出版社2007年版，第197—207页。

牟先生的论述富有启发性，其核心的意思便是通过反思传统政治思维的缺陷或局限，来为我们指点当下面对的政治问题的关键，即“政道”之转出问题[①]，唯有政道转出，儒家“公天下”的理想与“德化”的治道思想才能被更好地实现而发挥其价值和意义。

徐复观先生亦曾系统梳理和阐述孔子和古典儒家的德治思想与治道理念，认为“孔子乃至整个儒家的政治思想，都是由德治观念所贯通的”，而且孔子的德治思想和中国文化主要“立基于性善思想之上”，“这便真正把握到了人类尊严、人类平等及人类和平相处的根源，当然也是政治上自由民主的根源”[②]。徐先生不仅充分肯定孔子儒家的德治思想，而且格外强调儒家民本主义的思想价值。尽管徐先生在对民本思想的评价上前后有所变化，如最初认为“孟子的‘民贵君轻’思想，只是民本思想，与民主的思想尚隔一间”，但他后来转而对孟子的“为民”政治理念给予了高度的评价，所谓“孟子在政治上谈‘仁义’、谈‘王道’的具体内容，只是要把政治从以统治者为出发点，以统治者为归结点的方向，彻底扭转过来，使其成为一切为人民而政治”，正因为孟子“坚持政治应以人民为出发点、为归宿点”，所以“他明白确定政权的移转应由人民来决定”[③]。在徐先生看来，以儒家为代表的中国的政治思想，“除法家外，都可说是民本主义”，而“民本主义”的最重要的特征和价值就在于“认定民是政治的主体”，但他同时也明确意识到了一个最大的困境，即政治理念上虽强调“民才是主体”，

---

① 牟先生所说的“政道”有其特定的含义，是指“政权的民主”或民主政治（或主权在民）的客观制度架构，故牟先生认为“中国以往只有治道，而无政道”，而我们是在比较宽泛的含义上来使用“政道”一词的，即不同的政体类型有其相应不同的政道理念与制度架构，因此，我们亦可说历史上的儒家所关注和讨论的天下为公与天下为家以及禅让、世继和革命的问题亦是关乎政道的问题。

② 徐复观：《孔子德治思想发微》，见《中国思想史论集》，上海书店出版社2004年版，第185、181页。

③ 徐复观：《孟子政治思想的基本结构及人治与法治问题》，见《中国思想史论集》，上海书店出版社2004年版，第111—112页。

而实际政治或政治的现实却是“君又是主体”，“这种二重的主体性”实构成为一种“无可调和的对立”，而“对立程度表现的大小，即形成历史上的治乱兴衰”[①]。尽管徐先生的二重主体性之说不乏真知灼见，然而，民之主体性与君之主体性其实并不对称，民本与民主毕竟“尚隔一间”而有待于“转进”，回到徐先生的旧说之上，则就“以民为本、以民为贵的政治思想”而言，“人民始终处于一种消极被动的地位，尽管以民为本，而终不能跳出一步，达到以民为主”，乃至于“政治问题总是在君相手中打转，以致真正政治的主体没有建立起来，一直到明末，黄梨洲氏已指明君主是客，天下是主，但跳出君主圈子之外，在人民身上来想政治的办法，这只隔着薄薄的一层纸，而这层薄纸终不曾被中国文化的负担者所拆穿……是值得我们深思长叹的”[②]。

不管是肯定、褒扬孔子儒家之外王学及其德治民本思想，还是批评、反思儒家政治思想的缺陷，他们都坚信儒家的思想资源可以与民主政治相融通，可以为之奠立内在的民族文化的根基，或者经过一番融通西学的“转进”，“治权的民主”可以发展为“政权的民主”，民本主义亦可发展为民主政治。但不管怎样，以熊、牟、徐为代表的现代新儒家的基本政治共识是，民主政治“才是人类政治发展的正轨和坦途”[③]。而其中，牟先生对儒家政治思维之缺陷的批评反思尤其值得我们注意，而在我看来，牟先生所说的民主政道之转出与建立的问题也的确是我们面临的一个时代性的重大政治问题。不过，我想在此仅就牟先生的上述看法指出两点：一是牟先生带给我们的重要启示，二是牟先生政道观念中存在的不足。关于第一点，即唯有民主政道之转出，儒家“公天下”的理想

---

① 徐复观：《中国的治道》，见《中国思想史论集续篇》，上海书店出版社2004年版，第308页。

② 徐复观：《儒家政治思想的构造及其转进》，见《中国思想史论集》，上海书店出版社2004年版，第248页。

③ 徐复观：《儒家政治思想的构造及其转进》，见《中国思想史论集》，上海书店出版社2004年版，第247页。

和“德化”的治道思想才能被更好地实现而发挥其价值和意义的问题，我认为这同样甚至更适用于儒家“为民”的民本主义的政治理念，正如美国汉学家狄百瑞所言，“儒家最为关注‘民’”，“人民的福祉和苦难是压在儒家良知上的重担”[①]，而确乎其实的是，儒家对人民福祉的民本主义关切如果不是仅仅停留于良知的表达上的话，那么它的真正落实与切实实现便有赖于主权在民之民主政道的转出。诚然，儒家的“为民”的民本主义的确如陈独秀所言，与“由民”（即以人民为主体）的民主主义“绝非一物”，不能简单地将二者混同起来，不过，我认为我们并不能因此便拒斥儒家的良知，而将民本主义的“为民”政治看成是完全错误的，或者像托克维尔所认为的那样，“把天主教说成是民主的天然敌人，那是一个错误”[②]，同样把富有良知的儒家说成是民主的天然敌人，也可能是一个错误。当然，问题的关键在于，我们需要区分问题的层次而给予其恰当的定位，即“为民”的民本主义或民本主义的“为民”政治其实应被归属于治道层次的问题，而“由民”的民主主义或民主主义的民主政治则属于政道层次的问题，如此，“儒家的良知”才有可能在民主政道真正转出之后仍然具有其应有的意义而发挥其恰当的作用。关于第二点，我想说的是，牟先生只关注民主政道之转出，却似乎缺乏像托克维尔那样对“民主”之易引发“多数的暴政”[③]之弊端的反思。在历史上，儒家推崇圣王统治的理想实含有圣王崇拜的流弊，而且圣王的理想总是在现实中被歪曲为“王圣”。牟先生显然已走出圣王崇拜的迷思，却似乎像陈独秀那一辈人有陷入把民主政治作为“新神”而加以崇拜的迹象，不过我仍然认为这较之某些大陆儒者借鼓吹“王道政治”之名而敌视、贬低民主政治更为可取也更值得给予同情理解。然而，在积极促进和推动民主政道之转出的同时，我们的确又大有必要反思并防止其各种流弊的产生和出现，

①[美]狄百瑞：《儒家的困境》，黄水婴译，北京大学出版社2009年版，第22页。

②[法]托克维尔：《论美国的民主》上卷，董果良译，商务印书馆1988年版，第333页。

③[法]托克维尔：《论美国的民主》上卷，董果良译，商务印书馆1988年版，第287页。

首先，像陈独秀所说的那样，应避免将“为民”的民本主义混同于“由民”的民主主义，以至蒙马以虎皮而造成名为民主共和而实不至的局面；其次就是，应防止“多数的暴政”，如托克维尔所言：“无限权威是一个坏而危险的东西。……任何一个权威被授以决定一切的权利和能力时，不管人们把这个权威称做人民还是国王，或者称做民主政府还是贵族政府，或者这个权威是在君主国行使还是在共和国行使，我都要说：这是给暴政播下了种子”①；还有就是，就像历史上“圣王”总是被歪曲为“王圣”那样，“民主”也有可能被歪曲为“主民”，这也正像托克维尔在“遵循人民的真正意愿的政府”与“仅以人民的名义发号施令的政府”之间所作的明确区分那样，真正的民主政府是“遵循人民的真正意愿的政府”，一如儒家理想中的真正“为民”的圣王式的统治者是“遵循人民的真正意愿”的统治者，而“主民”的政府则是“仅以人民的名义发号施令的政府”，也就像“王圣”式的统治者只不过是仅以“为民”的名义发号施令的统治者而已，而问题在于“没有比以人民的名义发号施令的政府更难抗拒的了，因为它可以假借大多数人的意志所形成的道义力量，坚定地、迅速地和顽固地去实现独夫的意志”②。

最后，无论是民主政道的转出，还是德化与民本之治道思想在政道转出基础上的客观化落实，在儒家看来，作为公共行动领域的政治生活之必要就在于它应该遵循“天下为公”的崇高理想与公正无私的价值理念，引领人们去恶而向善，并致力于实现符合人民真正意愿的善治目标，而从事和参与政治者理应注重自身的道德修养，并“吉凶与民同患”（《周易·系辞上》），将自己的能力和智慧贡献于人民大众的福祉，而不是屈从自身卑劣的贪婪自私的权力欲而一味地追名逐利。依余浅见，中西政治思维理路的不同在于，在何谓“政治”的问题上，西人长于论“政”，中人长于言“治”；政者政体，治者治道；政体是

①[法]托克维尔：《论美国的民主》上卷，董果良译，商务印书馆1988年版，第289页。
②[法]托克维尔：《论美国的民主》上卷，董果良译，商务印书馆1988年版，第252页。

一种有关政治体制之客观架构的制度科学，治道则关乎统治者个人的德行修养与精神境界；科学追求知识真理，需要运用理性思辨来加以探求，德行修养与境界提升追求天人合一的目标，需要经由反求诸己的证会体认来加以领悟与践行[①]。然而，合其要归，双方在对政治生活之本质或政治事务之性质的理解及对公共理性与公正价值的尊尚方面亦不无融通会合之处，因此，“知其异而求通”[②]，如果说对于古希腊政治哲人亚里士多德而言，政治就是“人类试图改善生活并创造美好社会的活动”[③]，那么儒家所持有的政治观也正是如此；如果说“先知的伟大之处在于他们谴责现世的贪婪、腐败和权力欲，并向我们发出警告：如果不能做出改变，人类将根本没有未来”而“马克思正是这样的一位先知”[④]的话，那么，孔子也正是这样的一位先知。进而言之，古圣先哲所谓天下为公、立君为民的理念，所谓“藏天下于天下”（《明夷待访录·原法》）、“以天下治天下”或“群龙无首”的治法[⑤]，所谓太平大同之世的社会理想，与今人所谓立党为公、执政为民，与西哲所谓公平正义、自由民主，乃至与马克思所谓

① 参见林存光：《重读中国古典政治哲学》，《政治思想史》2011 年第 1 期。

② 熊十力先生尝言：“中西学术，离之两伤，通之两美。”并说，“通字与合字异。不辨异而言合，是混乱也。知其异而求通，自有会合处也。”（《中国哲学与西洋科学》，见《境由心生：熊十力精选集》，陕西师范大学出版社 2008 年版，第 27 页）

③［英］安德鲁·海伍德：《政治学》（第二版），张立鹏译，中国人民大学出版社 2006 年版，第 3 页。

④［英］特里·伊格尔顿：《马克思为什么是对的》，李杨、任文科、郑义译，新星出版社 2011 年版，第 71 页。

⑤“以天下治天下”语出熊十力先生《健庵随笔》（《境由心生：熊十力精选集》，陕西师范大学出版社 2008 年版，第 144 页），我认为此语之义与熊先生所阐发《大易》“群龙无首”之义是相同一致的，其释“群龙无首”之义曰：“《大易·乾》之用九曰：‘群龙无首。’群龙所以象众阳也。……其于人也，则为君子之象。春秋太平世，人人有士君子之行，是为众阳，是为群龙。无首者，至治之隆，无种界，无国界，人各自由，人皆平等，无有操政柄以临于众庶之上者，故云无首。……群龙无首之治，人类最高愿欲也。”（《读经示要》，中国人民大学出版社 2006 年版，第 44—45 页）

“每个人的自由发展成了所有人自由发展的条件”[1]的社会理想，在根本价值与精神上以及在人类最高愿欲之蕲向上，或许亦确乎有其一贯契合之义境。职是之故，中西古今政治哲人的政治思维理路抑或有异，但其关注和思考问题的根本焦点之一，则似可一言以蔽之曰：不是以公义战胜私欲，就是让私欲腐蚀公义；不是让强权战胜道理，或让权势压制正义，就是以道理驯服强权，或以正义驯服权势。如西哲帕斯卡说：

> 没有权势的正义是无用的，没有正义的权势是专制的……因此，我们必须将正义和权势结合起来，并为了这个目的，使正义的变得强大，或使强大的变得正义……无法使权势服从正义，人们不得不让正义服从权势；无法让正义强大，只有让权势合法化。[2]

而中儒荀子、吕坤则曰：

> 君子之求利也略，其远害也早，其避辱也惧，其行道理也勇。君子贫穷而志广，富贵而体恭，安燕而血气不惰，劳倦而容貌不枯，怒不过夺，喜不过予。君子贫穷而志广，隆仁也；富贵而体恭，杀势也；安燕而血气不衰，柬（同简）理也；劳倦而容貌不枯，好交也。怒不过夺，喜不过予，是法胜私也。《书》曰：“无有作好，遵王之道；无有作恶，遵王之路。”此言君子之能以公义胜私欲也。（《荀子·修身》）

> 天地间，惟理与势为最尊。虽然，理又尊之尊也。庙堂之上言理，则天子不得以势相夺，即相夺焉，而理则常伸于天下万世。故势者帝王之权也，理者圣人之权也。帝王无圣人之理，则其权有时而屈，然则理也者又势之所恃以为存亡者也。以莫大之权，无僭窃之禁，此儒者之所不辞而敢于任斯道之南面也。（《呻吟语》卷一《谈道》）

---

①［英］特里·伊格尔顿：《马克思为什么是对的》，李杨、任文科、郑义译，新星出版社2011年版，第90页。

②转引自［美］哈里斯·哈比森：《马基雅维利的〈君主论〉与莫尔的〈乌托邦〉》，黄越、郭文良、李宇靖译，《政治思想史》2011年第4期，第157页。

古人云："东海西海，心同理同。"唯有公义战胜私欲、权势服从正义或者道理驯服权势之日，才是"天下为公"之一国善政乃至世界良序真正得到实现之时。

六、附论：大道之行也，天下为公①

党的十八大以来，习近平总书记多次谈及"天下为公"和"大道之行也，天下为公"。2016年11月11日，在纪念孙中山先生诞辰150周年大会上，习近平总书记更对一生追求"天下为公"的孙中山先生给予了高度评价："我们要学习孙中山先生天下为公、心系民众的博大情怀。孙中山先生有着深厚的为民情怀，一生坚持以'天下为公'为最高思想境界，致力于'除去人民的那些忧愁，替人民谋幸福'，对此矢志不移、无比坚定。"

"大道之行也，天下为公"出自儒家经典文献《礼记·礼运》，是孔子在阐述自己的社会政治理想时明确提出的，为人们刻画和描绘了最理想而崇高的政治目标、最远大而美好的社会愿景，这就是中国人所熟知的"大同"理想。紧接"大同"理想，孔子进一步阐述了他对于"小康"社会的看法。"小康"可以说是较次一级的政治目标和社会理想，但也更加接近现实而具有实现的可能性。

"大同""小康"的社会理想和政治目标，虽然是出于对上古三代时代状况充满历史想象力的重构而提出的，但为人们提供了一种用来审视、评判现实世界的理想社会蓝图与标准，自它们提出之日起，就在历史上不断激发人们改进现状、追求理想的想望、意愿、热忱和行动。在近现代，西方列强和日本帝国主义的欺凌与侵侮，更激起了中国人民反抗外侮、追求实现国家富强乃至"天下为公"和"大同"理想的坚定决心与信心。今天，我们党领导全国人民全面建成了小康社会，而且不止步于此，我们还有更崇高远大的理想信念和目标追求，

① 该部分内容是后附加上的，原载于《光明日报》2016年11月23日06版"温故"栏目。

那就是对“天下为公”“大同”世界的无限向往与渴求。

那么，从古至今，何以中国的思想家、政治家和革命家如此热诚推崇和深沉追求“天下为公”的博大情怀和思想境界？

天下之为天下，乃是指包含所有人在内的人类整体。自先秦以来，天下便是中国思想家和政治家政治思考和关切的对象，治国平天下或重建天下秩序是他们追求实现的终极政治目标。因此，天下的观念实际上寄托了中国思想家和政治家最崇高而博大的政治理想、道德情怀和价值信仰。

那么，如何才能治国平天下或重建天下秩序呢？中国先秦儒、墨、道、法等各家的思想家一致认为，天地之道是最博厚广大、公平无私的。正是基于这一认识，他们才要在政治上汲汲于辨析天下为公还是天下为私的问题，并一致主张，统治者只有遵循、效法天地之道，才能真正引领整个天下走向太平大治，也就是说，唯有天下为公，才能平治天下，反之，“私者，乱天下者也”（《管子・心术下》）。《礼记・礼运》所谓“大道之行也，天下为公”，其根本含义即在于此。

天下为公、大同世界的理想，向世人展现了最崇高而远大的关于人类美好社会超越性的理想和愿景。但中国的思想家们从不架空虚设一种高远孤悬的天下主义理想，也不认为可以跨越时代的可能性而一下子实现大同社会的终极理想。正如《大学》所说：“物有本末，事有终始。知所先后，则近道矣。”因此，儒家视域中的修齐治平或家国天下问题所期望达到的，乃是一种不断扩展的“同心圆”秩序或循本末终始之序而层层推进的“差序格局”。今天，倡导“天下的当代性”或“新天下主义”，必须首先实现中华民族伟大复兴的中国梦的奋斗目标，才有可能逐步引领全人类走向天下为公、大同世界的终极理想和崇高目标。

当然，另一方面，我们切勿忘记，追求实现天下为公、大同世界的终极社会理想始终是我们为之不断努力奋斗的远大而崇高的目标。因为我们中国人是向来没有狭隘的国家观念的，正如历史学家吕思勉先生所说：“中国人总愿意与天下之人，同进于大道，同臻于乐利。有什么办法，可以使天下的人，同进于大道，同臻于乐利，中国人总欣然接受”，而“压服他人，朘削他人，甚而至于消灭他人的思想，中国人是迄今没有的”[①]。

总而言之，中国人希望能够循序渐进，而使天下的人都能够同进于大道，共臻于大同。反之，中国人追求天下为公、大同世界的终极理想和崇高目标，并不简单地排斥和否定家国、民族、地域、宗教等种种差异性和特殊性对于世人身份认同和寄托其归属感所具有的重要意义。但在终极理想的意义上，又总是期望能够化天下为一家、联四海为兄弟，而使整个天下成为一个人类休戚与共的命运共同体，因为只有这样的“天下”，才是“大道之行也，天下为公”的天下，才能像我们头上的星空和脚下的大地那样，真正激起和唤醒我们内心深处的永恒希望，真正拥有温暖和鼓舞人心的伟大力量。

---

① 吕思勉：《中国政治思想史》，中华书局2012年版，第112、113页。

民惟邦本：政治的民本含义

"民惟邦本"，即把人民视为邦国的根本，把政治视为固本安邦的神圣事业，这一观念集中表达了古来中国人最源远流长的政治价值信念与共同体智慧，而这一政治价值信念与共同体智慧在古典儒学那里得到了最为充分而系统、全面而深刻的理论阐述。然而，论者常常喜欢从民主的角度或者参照着民主来论述、评断中国传统民本理念的价值与意义，不是将民本简单地混同于民主，就是以"现代民主"来否定"传统民本"的价值和意义，真可谓论者纷纷而莫衷一是，不仅造成种种认识和理解上的误区，甚至也使民本理念的本义遭受各种扭曲或遮蔽。因此，笔者认为，仍然有必要正本清源，特别是需要调整视角、转换思路，重新审视过去那种久相沿袭、已成定式的民主/民本对举比论的思维习惯，从古典儒学的本来意义和思考政治问题的更具普遍意义的政治哲学视角来重新反思和估价民本理念的实质意涵及其当代价值与意义。

一、民本理念的近代反响与质疑之声的现代开端

如所周知，“民惟邦本”一语出自《尚书·五子之歌》，其文曰：“民可近，不可下。民惟邦本，本固邦宁。”这可以说是中国民本思想的“源头活水”与经典表达[①]。虽然这一思想理念被明确地称为“大禹之戒”、“皇祖”之训，但它无疑有着更为久远深厚的根基与渊源，更有着极为广大深远的传衍与影响，乃至在中国历史上形成了一股“不时涌现的民本思想之巨流”[②]。

关于中国民本思想源远流长而贯穿中国政治史和思想史数千年之久的历史演化脉络与线索，已有许多学者作了系统的梳理和阐述。[③]根据这些学者的研究，我们有充分的理由说，贯穿中国古代政治思想史之始终的一大核心主题就是民本思想，即把人民视为邦国的根本，把政治视为固本安邦的神圣事业，这对中国人来说从来都是一个理所当然而毋庸置疑的政治问题，而常常令人质疑的反倒是在制度上久已建立牢不可破之根基的君主专制统治，而君之为君，若为专制之暴君，甚至被古来的一些思想家径称为独夫民贼或天下最大的祸害。[④]

① 参见金耀基：《中国民本思想史》，法律出版社2008年版，第5页；夏勇：《中国民权哲学》，生活·读书·新知三联书店2004年版，第1页。

② 金耀基：《中国民本思想史》，法律出版社2008年版，第7页。

③ 如谢扶雅的《中国政治思想史纲》（台湾正中书局1954年版），金耀基的《中国民本思想之史底发展》（台湾嘉新文化基金会1964年版），金耀基的《中国民本思想史》（法律出版社2008年版），冯天瑜、谢贵安的《解构专制——明末清初“新民本”思想研究》（湖北人民出版社2003年版），张师伟的《民本的极限——黄宗羲政治思想新论》（中国人民大学出版社2004年版），王保国的《两周民本思想研究》（学苑出版社2004年版），韩锴的《中国民本思想》（红旗出版社2006年版），卢向国的《温情政治的乌托邦——中国古代民本思想的机理研究》（天津人民出版社2008年版），张分田的《民本思想与中国古代统治思想》（南开大学出版社2009年版）。

④ 如齐宣王问：“臣弑其君，可乎？”而孟子答曰：“贼仁者谓之‘贼’，贼义者谓之‘残’，残贼之人谓之‘一夫’。闻诛一夫纣矣，未闻弑君也。”（《孟子·梁惠王下》）明末清初思想家黄宗羲曰：“为天下之大害者，君而已矣。”（《明夷待访录·原君》）唐甄则曰：“自秦以来，凡为帝王者皆贼也。”（《潜书·室语》）

近代以来，随着西学的不断传入，以及一部分先进的中国人对于西方科学技术和政治制度逐渐深入的了解，一些改良维新志士的制度改良热忱更进一步被激发，他们所提出的政治主张和改良方案就是援西鉴古以力矫秦以来君主专制政制之弊。所谓援西，即在广泛深入考察西方国家政体类型得失优劣的基础上，力主学习、引进其“君民共主”和议院之制；所谓鉴古，即远鉴上古尧舜三代立君为民、“以民为先”、天下为公的优良传统。如郑观应《盛世危言》一书中说：

天生民而立之君，君犹舟也，民犹水也，水能载舟，亦能覆舟，伊古以来，盛衰治乱之机总此矣。况今日中原大局，列国通商势难拒绝，则不得不律以公法。欲公法之足恃，必先立议院，达民情，而后能张国威，御外侮。孙子曰：“道者，使民与上同欲”，“可与之死，可与之生，而不畏危也”。……议院兴而民志合、民气强耳。（《议院上》）[①]

欲行公法，莫要于张国势；欲张国势，莫要于得民心；欲得民心，莫要于通下情；欲通下情，莫要于设议院。中国而终自安卑弱，不欲富国强兵为天下之望国也则亦已耳，苟欲安内攘外，君国子民持公法以永保太平之局，其必自设立议院始矣！（《议院上》）[②]

盖五大洲有君主之国，有民主之国，有君民共主之国。君主者权偏于上，民主者权偏于下，君民共主者权得其平。（《议院下》）[③]

议院之设，原以示大公无我，上下一体也。西国以公议堂为政事之根本，既有议院，君不得虐民，而民自忠于奉上。猗欤休哉，此三代以上之遗风也。（《议院下》）[④]

善夫！太公之言曰：“天下非一人之天下，乃天下之天下。同天

① 郑观应：《盛世危言》，王贻梁评注，中州古籍出版社1998年版，第96页。
② 郑观应：《盛世危言》，王贻梁评注，中州古籍出版社1998年版，第97页。
③ 郑观应：《盛世危言》，王贻梁评注，中州古籍出版社1998年版，第100页。
④ 郑观应：《盛世危言》，王贻梁评注，中州古籍出版社1998年版，第102页。

下之利者则得天下，擅天下之利者则失天下。”孔子曰：“舜、禹之有天下也而不与焉。”又曰：“为君难，为臣不易。”又曰：“先之劳之。”夫子值东周之衰，世变未极，故为此浑容之语。洎乎孟子，世变将极，上下之情愈离，故其言曰：“民为贵，社稷次之，君为轻。”又曰：“君视臣如手足，则臣视君如腹心；君视臣如土芥，则臣视君如寇仇。”其悲天悯人，冀世主之一悟，不啻大声疾呼。卒之举世聋聩，竟无用者，终成暴秦之祸，伤已！汉、唐以降，虽代有令辟，而要皆创业之始，挟其假仁小惠笼络天下，以求遂其大欲。守成之主并此而去之，百计防维，全其权，固其私，为子孙谋。去古人利天下之心愈远而愈失。此所以治乱相寻无百年而不变。宋儒误引《春秋》之义，谓君虽至不仁，臣民必顺受无贰。呜呼！信如斯也，则是天之立君，专为鱼肉斯民，而天下兆民胥供一人之用。有是理乎？为君者乐其言便于一己之私，亦从而嘉许之，以布告四海。执持愈坚，缚束愈甚，于是天下之民气愈遏抑而不能伸，天下之民心愈困穷而无所告，郁久猝发，若决江河，不横溃四出，尽溃堤防而不止。(《原君》)[①]

另如王韬在《弢园文录外编》一书中说：

天下之治，以民为先，所谓民惟邦本，本固邦宁也。(《重民上》)[②]

天下何以治？得民心而已。天下何以乱？失民心而已。(《重民中》)[③]

治民之大者，在上下之交不至于隔阂。此外，首有以厚其生，次有以恒其业。……朝廷有大兴作，大政治，亦必先期告民，是则古者与民共治天下之意也。呜呼！勿以民为弱，民盖至弱而不可犯也；勿

① 郑观应：《盛世危言》，王贻梁评注，中州古籍出版社1998年版，第107—108页。

② 王韬：《弢园文录外编》，陈恒、方银儿评注，中州古籍出版社1998年版，第59页。

③ 王韬：《弢园文录外编》，陈恒、方银儿评注，中州古籍出版社1998年版，第62页。

以民为贱，民盖至贱而不可虐也；勿以民为愚，民盖至愚而不可欺也。夫能与民同其利者，民必与上同其害；与民共其乐者，民必与上共其忧。(《重民中》)[①]

泰西之立国有三：一曰君主之国，一曰民主之国，一曰君民共主之国。……论者谓：君为主，则必尧、舜之君在上，而后可久安长治；民为主，则法制多纷更，心志难专一，究其极，不无流弊。惟君民共治，上下相通，民隐得以上达，君惠亦得以下逮，都俞吁咈，犹有中国三代以上之遗意焉。

三代以上，君与民近而世治；三代以下，君与民日远而治道遂不古若。至于尊君卑臣，则自秦制始。于是堂廉高深，舆情隔阂，民之视君如仰天然，九阍之远，谁得而叩之！虽疾痛惨怛，不得而知也；虽哀号呼吁，不得而闻也。(《重民下》)[②]

事实上，对郑观应、王韬等人来说，援西和鉴古实则是一而二、二而一的问题，也就是说，学习和借鉴西方最优良的政制，也就是继承和发扬中国上古最优良的传统，因为西方最优良的政制源自中国上古最优良的传统，或不过是中国上古最优良的传统的"遗风""遗意"而已。而援西鉴古的目的，即在于彻底矫正和根治秦以后君主专制政制的弊端，为此他们对秦以后君主专制政制的弊端所作的痛切反思和深刻批评实不乏真知灼见。[③]一言以蔽之，对西方优良政制的了解，更激发了他们对于中国上古民本思想与重民政治传统的认同，而且，在比较西方三种国家政制类型即君主(专制)之国、民主之国、君民共主之国优劣的基础上，他们主要选择其中的君民共主政制来着力加以阐扬和倡导，以为无论君主专制，还是民主政治都有其流弊，唯有西方君民共主政制才与中国

① 王韬：《弢园文录外编》，陈恒、方银儿评注，中州古籍出版社1998年版，第63页。

② 王韬：《弢园文录外编》，陈恒、方银儿评注，中州古籍出版社1998年版，第65页。

③ 参见郑观应《盛世危言》一书《议院》上下、《原君》等篇，王韬《弢园文录外编》一书《重民》上中下等篇。

古昔之立君为民、民惟邦本的优良政治传统不仅相通相合，而且最适合于中国当下治国理民的时代需要。毋庸讳言，他们将西方君民共主与议院之优良政制看作中国上古民本之优良政治传统的“遗风”“遗意”，甚至明确主张“西学中源”的观点，这显然出于一种文化上的“误读”，但这一“误读”不仅较之当时那些以为“汉之议郎，唐、宋以来之台谏御史”即是“今西国之议员”（《盛世危言·议院上》）的简单比附论者在政治见识上远胜，而且，对于中国人以开放的文化心态在深入了解与优劣比较的基础上吸取和借鉴西学及西方之优良政制更是具有积极而有益的接引价值和启示意义。总之，此时的改良志士既不热衷于引进西方的民主之制，亦绝不轻忽中国传统的民本思想与优良政治传统。而且，他们使用极富中国特色的政治词语即以君民关系来描述政治生活之实质的“君民共主”的说法来指称西方君主立宪的政体，充分彰显和突出了他们的这样一种政治信念与主张，即只有那种能够在君与民、上与下的双本位或双主体之间构建起权力平衡的政制才是最优良的政制，权力偏于任何一方都会产生流弊。

不过，“君民共主”的说法却逐渐被“君主立宪”的说法所取代，后一种说法无疑更偏于从立宪的角度来限制君主的专制权力，然而，颇为吊诡的是，力主君主立宪的维新运动的思想领袖康有为却又始终坚持保皇的立场，希望借助皇权来推行、实施其维新变法的主张。与此同时，他更借助儒家《春秋》“三世”之说和《礼记·礼运》的小康大同思想，依据据乱世、升平小康世和太平大同世的“三世”依次演化递进的进化论历史观来构想和看待体制架构或政体选择的问题，以为与三世彼此相应的政体类型即君主专制、君主立宪和民主共和也应是一种依次递进的先后顺序关系。故康氏虽然极力倡导民权，阐扬自由平等之义、民主之制为孔孟立教及其太平大同之说的根本宗旨①，但始终认为国家政治体制的架构与选择绝不能躐等以求骤进，而只能以小康之义救治他所处的当今乱世阶段，即按《春秋》三世之义，“中国目前民智未开”，“只可行君主立宪之制，不宜行民主共和之政”②。

与康有为不同的是，梁启超和谭嗣同则极力阐扬孔子的太平大同之教，并直欲以之救治当下的中国，特别是谭嗣同激烈批判中国传统的纲常名教，认为孔子立教的宗旨在于“废君统，倡民主，变不平等为平等”，孟子继之而“畅宣民主之理”，而此旨不明始自荀子之学对它的败坏，乃至后世伦常三纲之说、不平等之法对人的桎梏之祸愈演愈烈、愈演愈酷，其中，尤其是“二千年来君臣一伦，尤为黑暗否塞，无复人理，沿及今兹，方愈剧矣”③。可见，谭氏一方面激烈批评中国传统以三纲伦常为核心的政治文化观念和传统，一方面以民主平等之义来阐释孔孟太平大同之教旨，而且进一步申论和发展了儒家的民本思想，提出君末民本的著名观点，其言曰：“生民之初，本无所谓君臣，则皆民也。民不能相治，亦不暇治，于是共举一民为君。……夫曰共举之，则其分际又非甚远于民，而不下侪于民也。夫曰共举之，则因有民而后有君；君末也，民本也。天下无有因末而有累及本者，亦岂可因君而累及民哉？夫曰共举之，则且必可

① 康有为在《孟子微》一书中于“禹稷当平世”一章注曰：“故独立自由之风，平等自由之义，立宪民主之法，孔子怀之，待之平世而未能遽为乱世发也。以乱世民智未开，必当代君主治之，家长育之，否则团体不固，民生难成，未至平世之时局而遽欲去君主，是争乱相寻，至国种夷灭而已。”又《孟子微·总论》解孟子答齐宣王问用贤而有“国人皆曰贤然后察用”之语曰：“此孟子特明升平授民权，开议院之制”，解孟子民贵之语曰：“此孟子立民主之制，太平法也。盖国之为国，聚民而成立。天生民而利乐之，民聚则谋公共安全之事，故一切礼乐政法，皆以为民也。但民事众多，不能一一自为，公共之事必举公人任之。所谓君者，代众民任此公共保全安乐之事。为众民之所公举，即为众人之所公用。民者如店肆之东人，君者乃聘雇之司理人耳，民为主而君为客，民为主而君为仆，故民贵而君贱，易明也，众民所归，乃举为民主。”（参见金耀基：《中国民本思想史》，法律出版社2008年版，第167、169页）

② 金耀基：《中国民本思想史》，法律出版社2008年版，第167页。

③ 谭嗣同：《仁学》，印永清评注，中州古籍出版社1998年版，第168、172页。

共废之。君也者，为民办事者也；臣也者，助办民事者也。赋税之取于民，所以为办民事之资也。如此而事犹不办，事不办而易其人，亦天下之通义也。”并说，“君亦一民也，且较之寻常之民而更为末也。”[①]

不管是坚持君主立宪的温和主张，还是极力阐扬民主平等的激进观点，毫无疑问，由康、梁和谭等人所领导的维新变法运动及其尊“孔教”、伸民权、倡自由平等民主的激烈言论，对传统中国严等级名分的纲常伦理观念构成了极大的破坏性的冲击、挑战和威胁，故引起了传统保守分子的激烈回应，他们痛诋康、梁等为“丧心病狂”“背叛圣教，败灭伦常”的“圣贤之蟊贼、古今之巨蠹”，是“一意惟泰西之是从”“唯泰西者是效”而“用夷变夏”的罪人，甚至是“真士类之文妖”“真汉奸之尤”，并说：“倡平等，堕纲常也；伸民权，无君上也；孔子纪年，欲人不知有本朝也”（苏舆《翼教丛编》），“三纲为中国神圣相传之至教，礼政之原本，人禽之大防”（张之洞《劝学篇・序》），“圣人所以为圣人，中国所以为中国，实在于此”，“故知君臣之纲，则民权之说不可行也；知父子之纲，则父子同罪、免丧废祀之说不可行也；知夫妇之纲，则男女平权之说不可行也”（张之洞《劝学篇・内篇・明纲第三》）。

然而，随着思想的“不断激进化”，改良维新运动逐渐被民主革命的浪潮所取代，这一历史发展趋势既不是保守分子所能阻挡得住的，也并非改良维新志士事先所期望和逆料得到的。最终，不仅清王朝被辛亥革命所推翻，而且延续两千多年的帝制中国也被革命志士所开创建立的“以‘民’为名之民国”所取代，诚如金耀基先生所说，民主共和之国的创建，确乎是“中国历史上旋乾转坤的大变局”[②]。而辛亥革命前后，亦可说是中国近代思想演化与变革、冲突与斗争最为剧烈的时期，倡导自由民权、民主科学的思潮日趋高涨，鼓吹三纲革命、圣人革命和孔丘革命而排孔批儒的声音也日趋激烈，中西之异、古今之变的问

① 谭嗣同：《仁学》，印永清评注，中州古籍出版社1998年版，第177—178页。

② 金耀基：《中国民本思想史》，法律出版社2008年版，第181页。

题意识与观念主张逐渐占据了时代思潮的上风与主流。当然，这一时期思想变革的历程充满着曲折和反复，有着异常错综复杂的时代特点，因为仍然有人固守着中国政治文化的旧传统而极力拒斥西方思想文化的传入、排诋民主共和思想的影响，甚或妄图复辟帝制、逆时代潮流而行，但值得我们注意的是，也有人援引西学以阐释、诠解中学之精义，或者援西人之长以补中人之短，甚或尝试将中西学术思想之优良资源融合冶铸于一炉而自创新说，更有人严辨中西之异、力主古今之变，乃至援引、参照西方文化之所长以便全面反思和批评、否定和掊击中国文化之弊端和病症。

援西学以释中学的典型例子即是刘光汉（刘师培）和林獬于1903年所著《中国民约精义》（1904年由上海镜今书局刊印）一书，该书依据卢骚（卢梭）《民约论》（今译《社会契约论》）中的论点要义来董理、汇集中国历代经子文献中符合民约精义的文字材料，并加“案语”作扼要说明与诠释，如《书》经的材料“案语”曰：“三代之时，为君民共主之时代。故《尚书》所载，以民为国家之主体，以君为国家之客体。盖国家之建立，由国民凝结而成。赵太后谓：不有民，何有君？是君为民立，在战国之时且知之，而谓古圣独不知之乎？《民约论》之言曰：所谓政府者，非使人民奔走于政府之下，而使政府奔走于人民之中者也（卷三第二章）。是则民也者，君之主也；君也者，民之役也。吾尝谓中国君权之伸，非一朝一夕之故。上古之时，一国之政悉操于民，故民为邦本之言，载于《禹》训。夏、殷以来，一国之权为君民所分有，故君民之间有直接之关系，所谓‘后非民罔使，民非后罔事’也。降及周初，民权益弱。欲伸民权，不得不取以天统君之说，所谓‘天视自我民视，天听自我民听’者也。故观《尚书》一经，可以觇君权专制之进化。然而君权益伸，民权益屈。……后世以降，人民称朝廷为国家，以君为国家之主体，以民为国家之客体，扬民贼之波，煽独夫之焰，而暴君之祸，遂以大成，君民共主之世，遂一变而为君权专制之世矣。夫岂

《尚书》之旨哉！”①

戊戌变法失败后，流寓日本的梁启超于1902年和1903年间则力倡“新民”之说，以为“新民为今日中国第一急务”，他如是阐释其所谓“新民之义”及所持基本立场说：“新民云者，非欲吾民尽弃其旧以从人也。新之义有二：一曰淬厉其所本有而新之；二曰采补其所本无而新之。”“故吾所谓新民者，必非如心醉西风者流，蔑弃吾数千年之道德、学术、风俗，以求伍于他人；亦非如墨守故纸者流，谓仅抱此数千年之道德、学术、风俗，遂足以立于大地也。”②显然，梁氏新民之说意在于中西之间取“允执其中”的立场，不过，其论说的宗旨终究不是为了守旧，而是重在革新吾国民之德，故痛切反思我国民之所最缺者在公德以及国家思想等，而力倡权利思想与自由之说，以为“国家譬犹树也，权利思想譬犹根也”，然“除印度、非洲、南洋之黑蛮外，其权利思想之薄弱，未有吾国人若者也”，此甚可耻，故：“为政治家者，以勿摧压权利思想为第一义；为教育家者，以养成权利思想为第一义；为一私人者，无论士焉农焉工焉商焉男焉女焉，各以自坚持权利思想为第一义。……若是者国庶有瘳！若是者国庶有瘳！”并说，“自由者，天下之公理，人生之要具，无往而不适用者也”③。总的来讲，笔者以为，梁氏的新民之说迄今对于我们仍不乏启示、警醒的价值与意义，而其基本立场可以说是主张吸取西方思想之优长以补救中国国民之缺点和短处。

作为中国近代民主革命的先行者和思想领袖，孙中山先生虽然在政治上力主激进的民主革命，但他所提出和倡导的三民主义却绝非“欲吾民尽弃其旧以从人”，既非“如心醉西风者流”，亦非“如墨守故纸者流”，既要充分吸取西方民治思想之优长，又要接续和发扬中国民本思想之精义，可以说是将中国的民

---

① 李妙根编选：《国粹与西化——刘师培文选》，上海远东出版社1996年版，第11—12页。

② 梁启超：《饮冰室文集点校》第一集，吴松、卢云昆、王文光等点校，云南教育出版社2001年版，第547—551页。

③ 梁启超：《饮冰室文集点校》第一集，吴松、卢云昆、王文光等点校，云南教育出版社2001年版，第571—572页。

本思想与西方的民治之说“加以汇贯糅合，冶为一炉”[①]的结晶品。而且，孙中山先生还常常援引美国总统林肯“葛提斯堡（Gettysburg）演说”中对民主政治或人民政府三原则的论说，来阐述自己所主张的三民主义的含义，他最早将林肯所说 of the people、by the people、for the people 分别译作民有、民治、民享，并说：“林肯所主张的这个民有、民治和民享主义，就是兄弟所主张底民族、民权和民生主义。”[②]在 1924 年三民主义十六讲之民生主义第二讲中，他又进一步解释说：“我们三民主义的意思，就是民有、民治、民享。这个民有、民治、民享的意思，就是国家是人民所共有，政治是人民所共管，利益是人民所共享。照这样的说法，人民对于国家不只是共产，一切事权都是要共的。这才是真正的民生主义，就是孔子所希望之大同世界。”[③]可见，对孙中山先生而言，其三民主义不仅与林肯所谓民有、民治、民享是相通的，而且更与孔子儒家的思想传统有着至为深切的渊源关系，孙中山的民族、民权与民生三大主义可以说分别是对儒家的仁义王道精神、民本思想和尊生重养的人本主义的继承和发扬。[④]据此而言，孙中山先生虽非像康有为、刘师培等人那样，用西方的自由民主之说、民约之论直接解释孔孟之义、古经之旨，将儒家的民本思想直接等同于西方的民主之说，但他也绝不认为二者是完全对立和不相容的，而是倾向于将中国的民本思想与西方的民治之说会通融贯为一。从这一意义上来讲，孙中山的三民主义及其权能区分、五权宪法之说可以说是对中西思想文化资源加以综合创新的重要成果和经典范例。

---

① 金耀基：《中国民本思想史》，法律出版社 2008 年版，第 184 页。

② 孙中山：《三民主义之具体办法》，转引自金耀基：《中国民本思想史》，法律出版社 2008 年版，第 182 页。另，1919 年，孙中山在《文言本三民主义》中曾曰：“林肯氏曰：‘为民而有，为民而治，为民而享者，斯乃人民之政府也。’有如此之政府，而民者始真为一国之主也。”（《三民主义》，岳麓书社 2000 年版，第 241 页）

③ 孙中山：《三民主义》，九州出版社 2011 年版，第 186 页。

④ 参见金耀基：《中国民本思想史》，法律出版社 2008 年版，第 187—194 页。

与上述刘、梁、孙以西释中、以西补中及融合中西的思想观点和文化立场不同的另一股思想潮流，乃是严辨中西之异，力主古今之变，而且，这样一股思潮终于在“五四”时期取得了压倒性的优势地位，掀起了中国现代史上最深刻的一场思想革命，此即所谓新文化运动，它一方面站在全面“欧化”的立场上积极倡导西方的科学、人权与民主，另一方面则以激烈反传统的姿态对中国的旧文化旧传统特别是帝制与“儒教”发起了猛烈的攻击和全面的批判。关于中西之异，严复早已有精到而深刻的辨析和论述，其言道：

尝谓中西事理，其最不同而断乎不可合者，莫大于中之人好古而忽今，西之人力今以胜古；中之人以一治一乱、一盛一衰为天行人事之自然，西之人以日进无疆，既盛不可复衰，既治不可复乱，为学术政化之极则。

其命脉云何？苟扼要而谈，不外于学术则黜伪而崇真，于刑政则屈私以为公而已。斯二者，与中国理道初无异也。顾彼行之而常通，吾行之而常病者，则自由不自由异耳。

夫自由一言，真中国历古圣贤之所深畏，而从未尝立以为教者也。……中国理道与西法自由最相似者，曰恕，曰絜矩。然谓之相似则可，谓之真同则大不可也。何则？中国恕与絜矩，专以待人及物而言。而西人自由，则于及物之中，而实寓所以存我者也。自由既异，于是群异丛然以生。粗举一二言之：则如中国最重三纲，而西人首明平等；中国亲亲，而西人尚贤；中国以孝治天下，而西人以公治天下；中国尊主，而西人隆民；中国贵一道而同风，而西人喜党居而州处；中国多忌讳，而西人众讥评。其于财用也，中国重节流，而西人重开源；中国追淳朴，而西人求欢虞。其接物也，中国美谦屈，而西人务发舒；中国尚节文，而西人乐简易。其于为学也，中国夸多识，而西人尊新知。其于祸灾也，中国委天数，而西人恃人力。若斯之伦，举有与中国之理相抗，以并存于两间，而吾实未敢遽分其优绌也。[①]

严复的上述论述，诸如“自由不自由”之异，以及“中国最重三纲，而西人首明平等”“中国尊主，而西人隆民”等，可以说真正抓住了中西文化及其价值观念差异的核心与要害。然而，严复在中西之间所持的立场却是“未敢遽分其优绌”，并说：“孟子曰：‘民为重，社稷次之，君为轻。’此古今之通义也。”[②]可见，与谭嗣同言君末民本为“天下之通义”一样，严复也认为儒家的民本思想为“古今之通义”，具有跨古今、超时代的普适性价值和意义。然而，随着中西新旧思潮的对立与冲突愈演愈烈，在中西之间“未敢遽分其优绌”的立场和态度，终于被中西新旧之间“绝无调和两存之余地”的立场和态度所取代，如新文化运动的领袖陈独秀便明确反对在中西新旧之间作“依违调和”[③]，认为“欧洲输入之文化，与吾华固有之文化，其根本性质极端相反”，“盖共和立宪制，以独立、平等、自由为原则，与纲常阶级制为绝对不可相容之物，存其一必废其一”[④]。也就是说，必须在中西新旧之间或孔子之道与现代生活之间作绝对不可相容之严格的判分，并以全盘接受西方文化之民主和科学为鹄的，不遗余力地掊击孔子之偶像与儒家的礼教和纲常名教等观念。不过，在倡导新文化运动之初，当时的激进知识分子（包括陈独秀在内）在引介西方民主、译介英文“democracy”一词时，并没有将之与中国传统的民本主义或民惟邦本的说法严格区分开来，如顾昕先生所指出，“除音译‘德谟克拉西’以外，最流行的译法

① 严复：《论事变之亟》，见丁守和主编：《中国近代启蒙思潮》上卷，社会科学文献出版社1999年版，第161—163页。

② 严复：《辟韩》，见丁守和主编：《中国近代启蒙思潮》上卷，社会科学文献出版社1999年版，第250页。

③ 任建树、张统模、吴信忠编：《陈独秀著作选》第一卷，上海人民出版社1993年版，第281、237页。

④ 陈独秀：《吾人最后之觉悟》，见王中江、苑淑娅选编：《新青年》，中州古籍出版社1999年版，第107、110页。

是‘平民主义’，亦有人译之为‘庶民主义’”，甚至还有“民本主义”[①]的译法。陈独秀亦曾将西方近代民主共和国家的“主权在民”的政治原则称为“惟民主义”，并说：“民主国家，真国家也，国民之公产也，以人民为主人，以执政为公仆者也。……国家而非民主，则将与民为邦本之说，背道而驰。”[②]直到1919年，陈独秀才深刻认识到西方主权在民的民主主义与儒家民为邦本的民本主义之间的本质不同，并在《再质问〈东方杂志〉记者》一文中作了严格而明确的区分和阐述，并将自己民主主义的主张与一般在政治原理上将民主主义与民本主义混同看待的观点区别开来，他说：

> 《东方》记者又谓：“民视、民听，民贵、君轻、伊古以来之政治原理，本以民主主义为基础，政体虽改而政治原理不变。故以君道、臣节、名教、纲常为基础之固有文明，与现时之国体，融合而会通之，乃为统整文明之所有事。”呜呼！是何言耶？夫西洋之民主主义（democracy）乃以人民为主体，林肯所谓“由民（by people）而非为民（for people）”者，是也。所谓民视、民听，民贵、君轻，所谓民为邦本，皆以君主之社稷——即君主祖遗之家产——为本位。此等仁民、爱民、为民之民本主义（民本主义，乃日本人用以影射民主主义者也。其或径用西文democracy，而未敢公言民主者，回避其政府之干涉耳），皆自根本上取消国民之人格，而与以人民为主体，由民主主义之民主政治，绝非一物。倘由《东方》记者之说，政体虽改而政治原理不变，则仍以古时之民本主义为现代之民主主义，是所谓蒙马以虎皮耳，换汤不换药耳。毋怪乎今日之中国，名为共和而实不至也。即以今日名共和而实不至之国体而论，亦与君道、臣节、名教、纲常，绝无融合会通

① 顾昕：《德先生是谁？——五四民主思潮与中国知识分子的激进化》，见哈佛燕京学社、三联书店主编：《儒家与自由主义》，生活·读书·新知三联书店2001年版，第329页。

② 陈独秀：《今日之教育方针》（1915年10月15日《青年杂志》第一卷第二号），见吴晓明编选：《德赛二先生与社会主义——陈独秀文选》，上海远东出版社1994年版，第16页。

之余地。[①]

陈氏此论一出，可以说真正开启了现代中国学人质疑中国民本主义思想传统的先声。因为在此之前，民本思想不仅在过去帝制中国君主专制的时代可以与君道、臣节、名教、纲常的观念并行而不悖，而且即使在近代中国政治上要求体制改良、维新甚至实行革命的时代仍然构成为一种重要的支撑性的价值资源。然而，民本非民主，中国古代的仁民、爱民、为民的民本主义不同于西方现代的主权在民的民主主义，民惟邦本的民本主义与以人民为主体的民主主义在性质上“绝非一物”，不管陈氏本人及“五四”激进知识分子的民主观是否“肤浅”，或者“倾向于接受卢梭式民主思想”而“未能区分卢梭式民主思想同英美式民主思想的差别”，乃至越来越带有强烈的“民粹主义”[②]色彩，这样一种观点的提出，的确在中国与西方、传统与现代、民本与民主之间毅然决然、简洁明快地画出了一条截然相反对立的分界线。正因为如此，从此以后，中国人与自身固有的整个文化传统便一直处在一种充满疑问的关系当中，民本观念也从此不再是一种确定无疑的政治信念。因此，我们似乎已不大可能再简单地肯定和完全认同中国的民本思想和传统了。然而，问题是否真的就此终结了呢？笔者以为，这一问题绝不是用“是”或“否”就能简单作答的，毋宁说，它作为质疑中国民本思想的现代开端，也正构成了我们对此问题进行深入反思的真正起点。

二、“民本 / 民主”问题的“文化战争”及其主要学术观点

五四新文化运动，或者说广义的五四运动，不管今人如何去评价它，作为

① 陈独秀：《再质问〈东方杂志〉记者》（1919年2月15日《新青年》第6卷第2号），见王中江、苑淑娅选编：《新青年》，中州古籍出版社1999年版，第321页。

② 顾昕：《德先生是谁？——五四民主思潮与中国知识分子的激进化》，见哈佛燕京学社、三联书店主编：《儒家与自由主义》，生活·读书·新知三联书店2001年版，第327—329页。

一场“试图通过思想和社会改革建设一个新中国”的“大规模的现代化运动”[①]，无疑构成了现代中国的历史开端，亦是中国现代学术的历史开端。诚如周策纵先生所说，由于“五四”时期的知识分子和改革者，主要“从批判旧传统和以西方文明重估中国人过去的态度和实践开始”，其基本精神便是“抛弃旧传统和创造一种新的、现代化的文明以‘挽救中国’”，不过，“虽然改革的领导者所宣称的目标是建设一种现代文明，但他们在这方面的努力与他们摧毁旧事物的活动相比则远为逊色”[②]。由此，它所造成的一个严重后果或留给我们的一个重要思想遗产就是，它使我们长期以来一直处在一种与自身固有的文化传统充满疑问甚至彻底断裂的关系之中，不可避免地导致了一种梁漱溟先生所说的自近代以来便日益趋于加重的“文化失调”症的发生，即旧的文化传统逐渐被彻底抛弃，而新的文明却始终难以被真正建立起来，它带给现代中国人的是许多情感和理智上的双重困惑与痛苦。

不可否认，“自五四运动发生以来……中国经历了比过去任何一个历史时期都更为深刻的变革。那个时期兴起的潮流依然左右着形势；那个时期提出的深刻问题依然有待思考和解决”[③]。也正是在这一深刻变革的过程中，现代中国学术文化思潮的主流倾向可以说始终是破而不是立，乃至人们“常常淡忘了对自己固有传统应有的重视”[④]。迄今为止，我们还依然处身在一种深刻的变革过程当中。不过，正是由“五四”所开启的思想革命与现代化运动，引发了更

①［美］周策纵：《五四运动：现代中国的思想革命》，周子平等译，江苏人民出版社1996年版，第1页。

②［美］周策纵：《五四运动：现代中国的思想革命》，周子平等译，江苏人民出版社1996年版，第491页。

③［美］周策纵：《五四运动：现代中国的思想革命》，周子平等译，江苏人民出版社1996年版，第502页。

④［德］顾彬：《“紧随你自己！”——卡尔·雅斯贝尔斯对中国可能具有的意义》，见［德］卡尔·雅斯贝尔斯：《大哲学家》，李雪涛主译，社会科学文献出版社2005年版，中文版序，第1页。

为激烈的文化论辩和思想斗争，乃至催生出了中国现代学术思想的各种各样的派别和思潮，如方克立先生所指出，在这些派别和思潮当中，迄今仍然在发展中的、最具有强大生命力和影响力的主要有三个派别或三大思潮，“这三派就是中国的马克思主义者、自由主义的西化派和现代新儒家”，它们都可以说是“现代中国思想斗争的产物”[①]，是各种各样的人物和思想派别围绕着“中国向何处去”“中国文化向何处去”这一核心议题，就“中国社会和中国文化发展的道路选择问题”而展开思想斗争和文化论战的产物。换言之，面对古今之变、中西之异的时代难题，人们不得不通过“一番讨论、争论”，甚至是可称为“文化战争”的“一种冲突”[②]，来重新确立中国社会和中国文化发展的道路问题，由此而产生和形成了观点各异的各种各样的学术思想派别和文化思潮。这其中，围绕着民本 / 民主的思想议题，“五四”以来的各家各派和各种思潮同样展开了深入持久的“探讨、辩论、文化争论甚至文化战争”[③]。

兹将中国现当代学术思想脉络和文化论争中关于民本 / 民主问题的最具代表性的学术观点分别概述如下：

（一）现代新儒家的民本 / 民主融合会通观

在现代中国的各种学术文化思潮中，现代新儒家思潮可以说最为关切或热衷于探究儒家民本与西方民主之关系问题的思想议题。因为，作为对五四新文化运动的一种保守的回应，现代新儒家思潮一方面汲汲于返本以接续儒家一以贯之、一脉相承的学术和思想“道统”，致力于弘扬儒家的内圣心性之学，“重建儒家的价值系统”，推动“儒学的第三期发展”；另一方面则又力图开新以融摄、会通西学，以便谋求实现“五四”所倡导的民主科学的“新外王”事业。

---

① 方克立：《现代新儒学与中国现代化》，天津人民出版社 1997 年版，第 67、5 页。

②［美］弗朗西斯·福山：《大分裂：人类本性与社会秩序的重建》，刘榜离、王胜利译，中国社会科学出版社 2002 年版，第 340 页。

③［美］弗朗西斯·福山：《大分裂：人类本性与社会秩序的重建》，刘榜离、王胜利译，中国社会科学出版社 2002 年版，第 314 页。

作为现代新儒家的开山鼻祖，熊十力先生最为重视的就是《大易》哲学，终生不遗余力地阐发孔子六经内圣外王之学的意蕴，并主张“中西学术，离之两伤，通之两美”①。依熊先生之见，“孔子内圣之学，只是一个仁字为根本；外王之学，只是一个均字为根本”，而“仁就是良心”，“均者均平”②。在《读经示要》一书中，熊先生曾“综群经之言治”而将古典儒家的治道思想概括总结为九大义，即：一曰仁以为体；二曰格物为用；三曰诚恕均平为经；四曰随时更化为权；五曰利用厚生，本之正德；六曰道政齐刑，归于礼让；七曰始乎以人治人；八曰极于万物各得其所；九曰终之以群龙无首。③而在后来的《原儒》一书中，更进一步对孔子六经的内圣外王之学进行了深入系统的诠解与阐发，其中特别标举和推崇“《大易》、《春秋》、《礼运》、《周官》四经”，并以之为中心而阐述“孔子天下为公之理想与制度”，以为孔子六经之内圣外王之学，“内圣则以天地万物一体为宗，以成己成物为用；外王则以天下为公为宗，以人代天工为用”④。扼要而言，熊先生认为，孔子以天下为公为宗、“倡天下为公之道”的外王之学，实欲“破除阶级，倡导民主”，即“除阶级，废私有”，乃至“令阶级荡平，统治者废黜”，以实现“天下为公”、均平无私、“群龙无首”⑤之治。其释“群龙无首”之义曰：

《大易·乾》之用九曰：“群龙无首。”群龙所以象众阳也。……其于人也，则为君子之象。春秋太平世，人人有士君子之行，是为众阳，是为群龙。无首者，至治之隆，无种界，无国界，人各自由，人皆平等，

---

① 熊十力：《中国哲学与西洋科学》，见《境由心生：熊十力精选集》，陕西师范大学出版社2008年版，第27页。熊先生还解释何以言“通”而不言“合”说：“通字与合字异。不辨异而言合，是混乱也。知其异而求通，自有会合处也。”

② 熊十力：《孔子内圣外王之学》，见《境由心生：熊十力精选集》，陕西师范大学出版社2008年版，第57—58页。

③ 参见熊十力：《读经示要》，中国人民大学出版社2006年版，第17—48页。

④ 熊十力：《原儒》，中国人民大学出版社2006年版，第104—105页。

⑤ 熊十力：《原儒》，中国人民大学出版社2006年版，第115—118页。

无有操政柄以临于众庶之上者，故云无首。……群龙无首之治，人类最高愿欲也。①

古代以龙有阳刚之德，故圣人居天子之位者，即取象于龙。今乾之六爻皆阳，是群龙也。世进太平，则大地人类都是圣人，而天子之位与权不属于一人，乃遍属于普天之下一切人，故曰“群龙无首”。无首，谓无有为首长者。②

在熊先生看来，孔子的外王学既然“主张废除统治阶级与私有制，而实行天下为公之大道”③，而“天下为公，必荡平阶级，故大人世及之礼制不容存，同时必作劝人民自主之力量”④，因此，《礼运》之所谓大同与小康，前者才是孔子的真实理想，而后者则与之相背离，属于后世小儒的主张，即使如孟、荀诸儒亦“不能承受孔子之外王学”而主张小康礼教，以至于“虽主张诛戮暴君，毕竟不反对君主制度”，故“非孔子嫡嗣也”⑤。孟、荀尚且如此，更遑论汉以后以纲常名教为大宗、为帝制作辩护的竖儒和奴儒了。就《春秋》三世之说而言，其义并非如后儒所理解，世运演化当循由据乱世进而为升平世再进而为太平世之依次递进的顺序，而“吾人惟待时而已”，孔子之志其实是要于据乱世起治，即“期于在据乱世举革命之事”，所谓“夫圣人革命之志，要在造时，毋待时也。造时者，惩过去与现时之弊，与其颓势之所趋，而极力拨去之，惟顺群情之公欲公恶，行大公至正之道，以创开一变动、光明、亨通、久大之新时代”⑥，而孔子之所以“因公山、佛肸二子之召而皆欲应之”，其志即“在领导民众以行革命，改乱制而开民主之局”⑦。另外，《周官经》同样是孔子的拨乱起治之书，其政

① 熊十力：《读经示要》，中国人民大学出版社2006年版，第44—45页。

② 熊十力：《原儒》，中国人民大学出版社2006年版，第116页。

③ 熊十力：《原儒》，中国人民大学出版社2006年版，第117页。

④ 熊十力：《原儒》，中国人民大学出版社2006年版，第104页。

⑤ 熊十力：《原儒》，中国人民大学出版社2006年版，第129页。

⑥ 熊十力：《原儒》，中国人民大学出版社2006年版，第136、128页。

⑦ 熊十力：《原儒》，中国人民大学出版社2006年版，第120页。

治主张亦在“取消王权”，废除统治阶级，而“实行民主政治”[①]。

与熊十力先生所关注的侧重点有所不同，其弟子牟宗三和徐复观二先生则重在梳理和阐述古典儒家的“德化”治道思想，并对孟、荀的思想多有肯定性的正面评价。牟宗三先生曾系统比较和论述先秦儒、道、法的治道思想，并分别称之为“德化的治道”“道化的治道”和“物化的治道”。然而，与其师熊十力极力推崇孔子“天下为公”的外王学不同，牟先生之学术却重在反思儒家外王学的缺陷。依牟先生之见，所谓“天下为公，选贤与能”，实“可从政权与治权两方面说”，即“若只限于治权方面说，而政权仍属于一家之世袭，或寄托在具体之个人上，则还不能真算是‘大道之行’，以今语言之，即还不能算是真正之民主。只有治权之民主，而无政权之民主，则治权之民主亦无客观之保证，而不得其必然性。而真正之民主则寄托于政权之民主”[②]。据此而言，则先儒所谓“天下为公，选贤与能”，只能算是“治道”意义上的“治权之民主”，而不是真正“政道”意义上的“政权之民主”，故在牟先生看来，过去的中国可以说只有治道而没有政道。牟先生反复申论此义说：

> 儒家德治，由孔子定其型范，后来儒者以及政治上的基本观念一直遵守不渝。秦汉一统后，君主专制的政治形态（即政体）成立，此“德治”一观念复随之用于其上而扩大，而其基本用心与最高境界仍不变。在大一统的君主专制之形态下，皇帝在权与位上是一个超越无限体。因为治权与政权不分，合一于一身，而其政权之取得又是由打天下而来，而儒者于此亦始终未想出一个办法使政权为公有，是即相应政权无政道。[③]
>
> 这种治道之不足处，不是治道本身的问题，乃是政道方面的问题。假定相应政权有政道，民主政治成立，使政权与治权离，则此种治道

① 熊十力：《原儒》，中国人民大学出版社2006年版，第148页。

② 牟宗三：《政道与治道》，广西师范大学出版社2006年版，第9页。

③ 牟宗三：《政道与治道》，广西师范大学出版社2006年版，第26页。

当更易实现，且反而使自由民主更为充实而美丽。以前相应政权无政道，故此种德化的治道实在是有时而穷，而其实现亦受阻。此实为中国历史文化之大症结。[①]

中国以往只有治道，而无政道。往贤用心大体皆在治道上说话，而总转不到政道上来。儒家、道家、法家之思想，关此方面，亦都是治道的思想：儒家是德化的治道，道家是道化的治道，法家是物化的治道。而此三套治道思想都是登峰造极而到家者，而唯不知于政道处用心。……若顺治道一条鞭地想，则推至其极，必收缩于一心，由慎独以清贞而安稳天下，所谓圣君贤相也。吾所谓政治格局，所谓政权民主，皆属于政道者。唯政道转出，而后可以补治道之不足，而后可以使治道客观化，不止停于一心中。[②]

牟先生的上述论述，其核心的意思便是通过反思传统政治思维的缺陷或局限，来为我们指点当下面对的政治问题的关键，即“政道”之转出问题。在他看来，唯有政道转出，儒家“公天下”的理想与“德化”的治道思想才能被更好地实现而发挥其价值和意义。

徐复观先生亦曾系统梳理和阐述孔子和古典儒家的德治思想与治道理念，认为“孔子乃至整个儒家的政治思想，都是由德治观念所贯通的”，而且孔子的德治思想和中国文化主要“立基于性善思想之上”，“这便真正把握到了人类尊严、人类平等及人类和平相处的根源，当然也是政治上自由民主的根源”[③]。徐先生不仅充分肯定孔子儒家的德治思想，而且格外强调儒家民本主义的思想价值。尽管徐先生在对民本思想的评价上前后有所变化，如最初认为“孟子的‘民贵君轻’思想，只是民本思想，与民主的思想尚隔一间”，但他后来转而对孟子

① 牟宗三：《政道与治道》，广西师范大学出版社2006年版，第28页。

② 牟宗三：《历史哲学》，广西师范大学出版社2007年版，第207页。

③ 徐复观：《孔子德治思想发微》，见《中国思想史论集》，上海书店出版社2004年版，第185、181页。

的“为民”政治理念给予了高度的评价，所谓“孟子在政治上谈‘仁义’、谈‘王道’的具体内容，只是要把政治从以统治者为出发点，以统治者为归结点的方向，彻底扭转过来，使其成为一切为人民而政治”，正因为孟子“坚持政治应以人民为出发点、为归宿点”，所以“他明白确定政权的移转应由人民来决定”①。在徐先生看来，以儒家为代表的中国的政治思想，“除法家外，都可说是民本主义”，而“民本主义”的最重要的特征和价值就在于“认定民是政治的主体”，但他同时也明确意识到了一个最大的困境，即政治理念上虽强调“民才是主体”，而实际政治或政治的现实却是“君又是主体”，“这种二重的主体性”实构成为一种“无可调和的对立”，而“对立程度表现的大小，即形成历史上的治乱兴衰”②。尽管徐先生的二重主体性之说不乏真知灼见，然而，民之主体性与君之主体性其实并不对称，因此，回到徐先生的旧说之上，则就“以民为本、以民为贵的政治思想”来说，“人民始终处于一种消极被动的地位，尽管以民为本，而终不能跳出一步，达到以民为主”，乃至于“政治问题总是在君相手中打转，以致真正政治的主体没有建立起来，一直到明末，黄梨洲氏已指明君主是客，天下是主，但跳出君主圈子之外，在人民身上来想政治的办法，这只隔着薄薄的一层纸，而这层薄纸终不曾被中国文化的负担者所拆穿……是值得我们深思长叹的”③。

唐君毅先生对于中西融通的问题亦有自己独到的思考和见解，他主要从人文的角度来认识和理解“政治上的民主”问题，认为首要的是人文世界的开展和各种人生人文价值的实现，而民主的思想概念应作为由前者引申而来的第二义来加以理解和规定限制，也就是说，“政治本身在人类文化中的地位”是属于

① 徐复观：《孟子政治思想的基本结构及人治与法治问题》，见《中国思想史论集》，上海书店出版社2004年版，第111—112页。

② 徐复观：《中国的治道》，见《中国思想史论集续篇》，上海书店出版社2004年版，第308页。

③ 徐复观：《儒家政治思想的构造及其转进》，见《中国思想史论集》，上海书店出版社2004年版，第248页。

第二义的问题，它不过是“全部人类文化领域中之一部”，它并“不直接实现任何的人生文化价值”，其功能和价值“只在间接的创发实现人生文化价值”，或“以保障促进整个社会文化之发展为其任务”[①]。因此，“政治意识的本源，只能是对于社会中各种人生文化价值，俱加以肯定之一涵盖的意识”，故此政治活动必然依赖道德意识，亦即政治活动当根源于“对全面人文皆望其俱成”或“涵盖全面人文”的“道德性的仁义之心”[②]。然而，除了这种“直接出自道德意识之政治意识”外，政治活动还根基于“权力动机之政治意识”，而“纯粹的权力意志”乃出自“人之最深的私欲”。依唐先生之见，这两种政治意识是相反对立的，恰“成一对反”。而两相比较，前者即“人之直接的道德意识，可以实现政治上之善”，但“不能根绝政治上之恶”，后者即出自人之私欲的“纯粹的权力意志”利用“各种社会文化之力量”而得以“发挥放纵”，则会“造成人类政治社会中无穷的罪恶”，而且，“人从权力意志所发生之罪恶”，并“非圣贤教化所必然能转移”的。[③] 基于前一种政治意识，人们在过去总是倾向于要求或期望“圣王之治与哲学家之治”，反之，只有基于对后一种政治意识的清醒反省和认识，民主才会成为一种政治上的必须或必然要求，因为“可以逐渐根绝政治上之恶的政治，不能只是圣王之治与哲学家之治，而只能是民主政治”，“民主政治可以立各种人权保障之法律，来限制政权之使用”，而“同时以普遍的选举权，来决定政治上人物之进退”，只有在民主政治中，人民才能“真成一政治上的主体，而其政治地位，可在原则上与执政者平等”[④]。毋庸讳言，由于中西社

① 唐君毅：《人文与民主之基本认识》，见《人文精神之重建》（二），广西师范大学出版社2005年版，第315—316、318页。

② 唐君毅：《人文与民主之基本认识》，见《人文精神之重建》（二），广西师范大学出版社2005年版，第318、320、321页。

③ 唐君毅：《人文与民主之基本认识》，见《人文精神之重建》（二），广西师范大学出版社2005年版，第321—323页。

④ 唐君毅：《人文与民主之基本认识》，见《人文精神之重建》（二），广西师范大学出版社2005年版，第323、324页。

会人文的历史发展脉络与特点各自不同，故中西政治面目与制度表现出很大的差异，西方发展出了一套西方式的民主政治制度，而中国则没有。但是，尽管中国没有发展出西方式民主政治及相应的一套制度，但儒家的理想及其和融贯通、充实圆满的道德人文精神中却潜在地蕴藏着一种“中国式之民主精神”，因为儒家的性善论肯定人人皆具仁心善性，“相信人皆可以为尧舜”，或“人人皆可为圣，可与天合德”，其中蕴含着一种“尊重整全之人格”的“大平等精神”，而“现在西方言民主精神之最后根据，不外人格尊严，人格之平等”①，因此，唐先生认为，我们应该将“西方式民主制度与民主精神”分别来看待，也就是说，“过去的中国，虽无西方式民主制度，然此不必涵蕴过去中国文化之价值不如西方，亦不必涵蕴其中无中国式之民主精神”，因为“此精神即在中国之人文精神中”②。总之，通观中西方政治制度与社会人文之演化历史和未来发展，唐先生深信，“大智之士，合而观之，则知中西已往政治面目之迥异，皆由文化历史之不同，而二者之人文目标，亦正有相通之处，而正当综合于未来之中国与世界”③，言下之意，知其异而求通，则民主政治亦当是儒家人文精神之内在的必然要求。

由上可见，熊十力先生可以说仍然是以西方的自由平等和民主政治之义来直接训释诠解儒家原始经典和孔子外王学的论旨，故不乏以时论已见附会臆说古人意思的成分，但其良苦用心在于融会西学以阐扬孔子和儒家“天下为公”的政道含义，即废除君主制度而实行民主政治，在儒家政治思维的现代转向上可以说树立了一个引领方向的重要精神路标。虽然他的后继者与其思路不尽相

---

① 唐君毅：《中西社会人文与民主精神》，见《人文精神之重建》（二），广西师范大学出版社2005年版，第338、343、340页。

② 唐君毅：《中西社会人文与民主精神》，见《人文精神之重建》（二），广西师范大学出版社2005年版，第337—338页。

③ 唐君毅：《中西社会人文与民主精神》，见《人文精神之重建》（二），广西师范大学出版社2005年版，第347页。

同，但他们在力图使儒家的政治思维转向民主政治的诉求上却是前后一贯、一脉相承的。譬如牟、徐、唐诸位先生，不管是肯定、褒扬孔子儒家的外王学及其德治民本思想，还是批评、反思儒家政治思想的缺陷，他们都坚信儒家的思想资源或道德人文精神可以与民主政治相融通，可以为之奠立内在的民族文化的根基，或者经过一番融通西学的“转进”，“选贤与能”的“治权的民主”可以发展为政道意义上的“政权的民主”，民本主义可以发展为民主政治。也就是说，现代新儒家无疑认为从儒家的思想资源或道德人文精神中能够直接开显出西式的民主政道来，但由于意识到历史上儒家从来没有做到过这一点以及儒家政治思维和观念本身所存在的内在缺陷与不足，因此，像牟宗三先生本人也只能是讲由良知的“自我坎陷”或“曲通”[①]的方式来实现民主政道的建国目标。即如徐复观先生，尽管他对孟子强调和凸显人民之政治主体性的民本思想给予了高度肯定性的正面评价，但也意识到了“以民为本”的民本与“以民为主”的民主毕竟“尚隔一间”而有待于“转进”。但是，不管怎样，以熊、牟、徐、唐为代表的现代新儒家的基本政治共识是，民主政治“才是人类政治发展的正轨和坦途”[②]，认为政治上从君主专制制转至民主制，即是“转至近代化的国家政治法律之建立”，“这是一民族自尽其性的本分事，不是西化的事”[③]。他们深信，中国文化中蕴含着“民主思想之种子”，譬如儒家肯定“天下非一人之天下”，“并一贯相信在道德上，人皆可以尧舜为贤圣，及民之所好好之，民之所恶恶之等”，“此中之天下为公，人格平等之思想，即为民主政治思想根源之所在，至少亦为民主政治思想之种子所在”[④]。在他们看来，中国文化中的道德精神，显然与君

① 牟宗三：《政道与治道》，广西师范大学出版社2006年版，第50页。

② 徐复观：《儒家政治思想的构造及其转进》，见《中国思想史论集》，上海书店出版社2004年版，第247页。

③ 牟宗三：《生命的学问》，广西师范大学出版社2005年版，第53页。

④ 牟宗三、徐复观、张君劢、唐君毅：《为中国文化敬告世界人士宣言》，见胡晓明、傅杰主编：《释中国》第四卷，上海文艺出版社1998年版，第2926页。

主制度是根本矛盾的，而这种矛盾，“只有由肯定人人皆平等为政治的主体之民主宪政，加以解决，而民主宪政，亦即成为中国文化中之道德精神自身发展之所要求”，因此，“今日中国之民主建国”，实“乃中国历史文化发展至今之一大事业”而“必当求其成功者”①。

综上，我们之所以在上文首先详述现代新儒家的学术观点，主要是因为他们代表了一种正面肯定和阐扬儒家传统和民本思想的观点，而且是现代中国的一大最具生命力和影响力的文化保守主义思潮，尽管他们之间在具体观点和看法上也不尽一致，但他们不是把孔子和儒家原始经典的外王学直接看作民主政治的理念，就是认为儒家的德化、民本思想虽然在历史上与君主制纠结在一起并深受君主专制的牵制和损害，但与现代民主并不矛盾和冲突，甚至在民主政道真正转出之后才能更好地实现其应有的价值和意义，并发挥其恰当的功能和作用。诚如托克维尔所言：“把天主教说成是民主的天然敌人，那是一个错误。”②毫无疑问，现代新儒家以儒家的思想资源融摄、会通西方科学民主的努力也向我们明确昭示了这一点，即把儒家说成是民主的天然敌人，恐怕也是一个错误。他们的上述儒家民本思想和道德人文精神与民主完全可以融合会通的观点，显然迥然不同于陈独秀的民本非民主观，也可以说是对陈氏民本非民主观所作出的一种回应。客观地讲，现代新儒家与陈氏所代表的高扬科学民主大旗的“五四精神”并不是完全对立的，甚至可以说他们也直接接续了“五四”高扬科学民主大旗的精神血脉，但在民本 / 民主的问题上，陈氏的民本非民主观强调的是民本与民主在根本性质上的相异相左，并坚定地站在竭力阐扬现代民主和激烈反传统的立场上而明确否定中国传统的民本思想在今天依然具有任何积极的价值和意义，认为二者在性质上既“绝非一物”，亦“绝无融合会通之余地”，显然，这是现代新儒家所不能接受和认同的。

---

① 牟宗三、徐复观、张君劢、唐君毅：《为中国文化敬告世界人士宣言》，见胡晓明、傅杰主编：《释中国》第四卷，上海文艺出版社 1998 年版，第 2928 页。

②［法］托克维尔：《论美国的民主》上卷，董果良译，商务印书馆 1988 年版，第 333 页。

(二) 民本主义为中国政治思想一大特色，值得我们给以充分肯定和认真对待

除了陈独秀和现代新儒家关于民本/民主是否可以融合会通的两种截然相反对立的观点之外，梁启超、萧公权、谢扶雅、金耀基等先生的观点和看法可以说是另外一种最具代表性的观点和看法，即将民本主义看作中国政治思想的一大特色，并对之作出实事求是的客观分析和一分为二的历史评价。梁氏的观点和看法主要是在他研究中国政治思想的经典之作《先秦政治思想史》一书中提出来的，该书对于中国政治思想史这一学科的建立和形成来说，具有十分重要的开端奠基和树立学术范式的开创性贡献和意义，因此，梁氏可以说是从现代学术的视角和思想史的意义脉络对中国的民本思想作出系统梳理和认真阐述的第一人，其观点和看法也可以说代表了一种最富有学术范式意义的观点和看法，在中国政治思想史研究领域产生了深远的影响。

《先秦政治思想史》一书，是梁氏于1922年在北京法政专门学校和东南大学讲授先秦政治思想时所编著的讲义，后于1936年由中华书局出版，正是在该书中，梁氏特辟一章专门论述“民本的思想”。依梁氏之见，中国“古代政治上之最高理想”乃是“天的观念与家族观念相互结合”的“天子政治”，《尚书·洪范》所谓“天子作民父母以为天下王”，可以说“最能表出各代‘天子’理想之全部”。天子代天理民的政治理念，亦可说是一种“间接的天治主义”，天子与人民并非“相对的阶级”，因为“人人共以天为父”，天子之为天子不过是天之“元子”或“众子之长”而已，而且如《尚书·召诰》所说，“皇天上帝，改厥元子”，既然“元子而常常可以改，则元子与众子之地位原非绝对的”，“质言之，则人人皆可以为天子也”，乃至于“此种人类平等的大精神，遂为后世民本主义之总根芽”。而由于天意必“托民意以见”，故有“天治主义与民本主义之所由结合也”。[①] 而自“春秋战国以还，学术勃兴，而所谓‘百家言’者，盖罔不归宿于政

① 梁启超：《先秦政治思想史》，东方出版社2012年版，第41—42页。

治”，而“其政治思想有大特色三：曰世界主义，曰平民主义或民本主义，曰社会主义。此三种主义之内容，与现代欧美人所倡导者为同为异，孰优孰劣，此属别问题。要之此三种主义，为我国人夙所信仰。无论何时代何派别之学者，其论旨皆建设于此基础之上”①。

那么，既然民本主义为我国政治思想之一大特色，又究竟应如何来看待和评价这一思想传统呢？梁氏亦援引林肯所言论之曰：

> 美林肯之言政治也，标三介词以隐括之曰：of the people，by the people，and for the people，译言政为民政，政以为民，政由民出也。我国学说，于 of，for’之义，盖详哉言之，独于 by 义则概乎未之有闻。申言之，则国为人民公共之国，为人民共同利益故乃有政治。此二义者，我先民见之甚明，信之甚笃。惟一切政治当由人民施行，则我先民非惟未尝研究其方法，抑似并未承认此理论，夫徒言民为邦本，政在养民，而政之所从出，其权力乃在人民以外。此种无参政权的民本主义，为效几何？我国政治论之最大缺点，毋乃在是。……要之我国有力之政治理想，乃欲在君主统治之下，行民本主义之精神。此理想虽不能完全实现，然影响于国民意识者既已甚深，故虽累经专制摧残，而精神不能磨灭。欧美人睹中华民国猝然成立，辄疑为无源之水，非知言也。②

显然，与孙中山先生只是参照和援引林肯之言来申论自己所主张的三民主义的含义不同，梁氏一方面明确指出我国民本主义思想中实已蕴含着民有、民享，即“政为民政”“政以为民”或“国为人民公共之国”“为人民共同利益故乃有政治”二义，而且“我先民见之甚明，信之甚笃”；另一方面亦毫不讳言我国政治论之最大缺点即在欠缺民治或政由民出一义，正因为这后一方面的缺点，

① 梁启超：《先秦政治思想史》，东方出版社 2012 年版，第 3—4 页。

② 梁启超：《先秦政治思想史》，东方出版社 2012 年版，第 6—7 页。

所谓民为邦本、政在养民，不过是一种人民“无参政权的民本主义”，因此，其在历史上施行的成效如何，实在是大可质疑的。然而，依梁氏之见，民本主义的精神虽然在历史上曾经累经君主专制的摧残，却始终不能被磨灭，正唯如此，近世“中华民国”的建立才不会是无源之水。可见，梁氏对民本主义采取了实事求是、一分为二的评价态度，既对其欠缺民治这一根本缺点有着深刻的批评反省，但又并不因此便否定其所蕴含之民有、民享二义本身的价值和意义。

另外，论民本主义亦不能不论及尊重和顺从民意，以及对儒家由此所提出的仁政主张和保民理念应如何理解和评价的问题，梁氏说：

> 要而论之，我先民极知民意之当尊重，惟民意如何而始能实现，则始终未尝当作一问题以从事研究。故执政若违反民意，除却到恶贯满盈群起革命外，在平时更无相当的制裁之法。此吾国政治思想中之最大缺点也。[①]

这一批评事实上与对民本主义政治论之欠缺民治一义的批评是完全一脉相承的，即使在今天看来，这一批评反省亦不失其深刻与精到。然而，“知民意之当尊重”与“民意如何而始能实现”是两个相关而又不同的问题，梁氏并未因为后一缺点便否定前者的价值和意义，不仅未作否定，而且其实，从政治合法性的角度来讲，“民意之当尊重”的问题意识本身，也许可以说具有永恒不灭的真理价值，此点留待后文再详论。不过，关于儒家的仁政主张和保民理念，梁氏似乎前后有着极为不同的理解和评价，在梁氏于1902年激烈倡言其新民说之际，他曾如是批评说：

> 中国先哲言仁政，泰西近儒倡自由，此两者其形质同而精神迥异，其精神异而正鹄仍同。何也？仁政必言保民，必言牧民。牧之保之云者，其权无限也。故言仁政者，只能论其当如是，而无术以使之必如是。虽以孔孟之至圣大贤，哓音瘏口以道之，而不能禁二千年来暴君

① 梁启超：《先秦政治思想史》，东方出版社2012年版，第45页。

贼臣之继出踵起，鱼肉我民，何也？治人者有权，而治于人者无权。其施仁也，常有鞭长莫及、有名无实之忧，且不移时而熄焉；其行暴也，则穷凶极恶，无从限制，流毒及全国，亘百年而未有艾也。圣君贤相，既已千载不一遇，故治日常少而乱日常多。若夫贵自由定权限者，一国之事，其责任不专在一二人，分功而事易举，其有善政，莫不遍及，欲行暴政者，随时随事，皆有所牵制，非惟不敢，抑亦不能，以故一治而不复乱也。是故言政府与人民之权限者，谓政府与人民立于平等之地位，相约而定其界也，非谓政府畀民以权也。……政府若能畀民权，则亦能夺民权，吾所谓形质同而精神迥异者，此也。然则吾先圣昔贤所垂训，竟不及泰西之唾余乎？是又不然，彼其时不同也。吾固言政府之权限，因其人民文野之程度以为比例差。当二千年前，正人群进化第一期，如扶床之童，事事皆须藉父兄之顾复，故孔孟以仁政为独一无二之大义。彼其时政府所应有之权，与其所应尽之责任，固当如是也。政治之正鹄，在公益而已。今以自由为公益之本，昔以仁政为公益之门，所谓精神异而正鹄仍同者此也。但我辈既生于今日，经二千年之涵濡进步，俨然弃童心而为成人，脱蛮俗以进文界矣，岂可不求自养自治之道，而犹学呱呱小儿，仰哺于保姆耶？抑有政府之权者，又岂可终以我民为弄儿也？权限乎！建国之本，太平之原，舍是曷由哉？①

大抵中国善言仁，而泰西善言义。仁者人也，我利人，人亦利我，是所重者常在人也；义者我也，我不害人，而亦不许人之害我，是所重者常在我也。此二德果孰为至乎？在千万年后大同太平之世界，吾不敢言！若在今日，则义也者，诚救时之至德要道哉！夫出吾仁以仁人

① 梁启超：《论政府与人民之权限》，见《饮冰室文集点校》第二集，吴松、卢云昆、王文光等点校，云南教育出版社2001年版，第846—847页。

者，虽非侵人自由，而待仁于人者，则是放弃自由也。仁焉者多，则待仁于人者亦必多，其弊可以使人格日趋于卑下。若是乎仁政者，非政体之至焉者也。吾中国人惟日望仁政于其君上也，故遇仁焉者，则为之婴儿；遇不仁焉者，则为之鱼肉。古今仁君少而暴君多，故吾民自数千年来祖宗之遗传，即以受人鱼肉为天经地义，而“权利”二字之识想，断绝于吾人脑质中者固已久矣。①

在上述引文中，梁氏所阐述的观点主要包含着这样几层意思，颇值得我们细加玩味：①比较而言，孔孟所讲仁政与西人所倡自由，形质虽同而精神迥异，关键在于前者基于“治人者有权，而治于人者无权”，而后者务在划定政府与人民之权限而使之立于平等之地位；其次，二者虽精神迥异而正鹄仍同，因为政治之正鹄在公益，而前者以仁政为公益之门，后者以自由为公益之本。②孔孟倡仁政，言保民，因牧民保民者拥有无限之权力，而人民处于无权之地位，以此之故，统治者施仁未必能够见效，而其行暴却可以流毒贻害无穷。以此与西哲倡自由，划定政府与人民之权限，使之立于平等之地位比，其优劣自见。③然而，我们是否据此便有正当的理由崇西贬中而对吾先圣昔贤心怀鄙薄之意呢？是又不然，因为时代不同，也就是说，人群进化和人民文明教化的程度存在着时代的差别，就其所处的时代和彼时政府所应负权责而言，孔孟以仁政为独一无二之大义自是理所当然的。④我辈既生于今日，自孔孟的时代以来已历经两千多年的进步，固当弃童心而为成人，脱蛮俗而进文明，自应寻求自养自治之道，而不可再学呱呱小儿，仰赖政府保姆之哺育，故划定政府与人民之权限实乃今日“建国之本，太平之原”。⑤梁氏论中国言仁与泰西言义之异，其意亦在强调今日之国人当求自由、争权利，而不应再“日望仁政于其君上”，而自甘“人格日趋于卑下”。由上可知，此时的梁启超主要是参照西方的自由权利观念来

① 梁启超：《新民说·论权利思想》，见《饮冰室文集点校》第一集，吴松、卢云昆、王文光等点校，云南教育出版社2001年版，第569页。

批评性地审视反省儒家仁政保民的政治理念的，其批评反省不可谓不深刻，但他也并非采取一味蔑弃或简单否定的态度，而是历史地看待孔孟的仁政之说与吾人今日的政制选择问题。不仅如此，在其后来的《先秦政治思想史》一书中，梁氏又对孟子的仁政主张和保民理念给予了重新评价，其言道：

> 孟子言仁政，言保民，今世学者汲欧美政论之流，或疑其奖厉国民依赖根性，非知治本，吾以为此苛论也。孟子应时主之问，自当因其地位而责之以善。所谓“与父言慈与子言孝”。不主张仁政，将主张虐政耶？不主张保民，将主张残民耶？且无政府则已，有政府，则其政府无论以何种分子何种形式组织，未有不宜以仁政保民为职志者也。然则孟子之言，何流弊之有？孟子言政，其所予政府权限并不大。消极的保护人民生计之安全，积极的导引人民道德之向上，曷尝于民政有所障耶？①

上述评价同样采取的是历史分析的态度，但已不再简单地参照西方的政论来批评仁政保民之说的流弊，而是给予了它更多的同情性的理解和肯定性的褒扬。依笔者之见，这种前后观点的变化和修正，并非因为梁氏本人“流质易变”而素无定见所致，而是因为他对孔孟主张仁政和保民的真实用心与本来含义有了更加全面的认识和深入的理解，因此，其评价也显得更加客观公允了。总的来讲，梁氏主要从思想史的角度，并站在历史分析的立场上，对于作为中国政治思想之一大特色的孔孟儒家的民本主义思想与仁政保民的政治理念，既有深刻的批评反思，又能给予其同情的理解和高度的评价。

继梁氏之后，不少学者特别是研究中国政治思想史的学者进一步对梁氏的上述观点作了申论和发挥，诚如金耀基先生所言：“民本思想为中国政治哲学中最精彩也最主要之一部分，此为中山先生所雅言，梁任公在其《先秦政治思想史》中且特指出民本思想为吾国政治哲学之一大特色，近人萧公权、柳诒徵、徐

① 梁启超：《先秦政治思想史》，东方出版社2012年版，第124页。

复观、谢扶雅诸氏皆能批却导窍，多所发挥。”[①] 当然，金耀基先生本人亦属于这一学者队伍之列。下面我将扼要评述一下萧、谢、金等学者的观点和看法。

萧公权先生的《中国政治思想史》一书初版于1945年，由上海商务印书馆印行。在该书中，萧先生曾评价、论析孟子民贵之说及其与近代民权之间的差别说：

《尚书》有“民为邦本”之语，孟子殆最能阐发其旨。

孟子贵民，故极重视民意，而认民心之向背为政权转移及政策取舍之最后标准。……民贵之古义，至孟子之身，湮沉已久，殆近绝学。孟子之功不在自出心裁创设其旨，而在重张坠绪于晚周君专政暴之时。于是孟子之政治思想遂成为针对虐政之永久抗议。

虽然，孟子民贵之说，与近代之民权有别，未可混同。简言之，民权思想必含民享、民有、民治之三观念。故人民不只为政治之目的，国家之主体，必须具有自动参预国政之权利。以此衡之，则孟子贵民，不过由民享以达于民有。民治之原则与制度皆为其所未闻。故在孟子之思想中民意仅能作被动之表现，治权专操于“劳心”之阶级。暴君必待天吏而后可诛，则人民除取不亲上死长之消极抵抗以外，并无以革命倾暴政之权利。凡此诸端，皆由时代环境所限制。吾人若一考欧洲至十六七世纪犹大倡诛戮暴君之论，至18世纪以后民治之理论与制度始进展流行，则于公元前四世纪“贵民轻君”之孟子，可无间然矣。[②]

同样治中国政治思想史的学者萨孟武先生亦持有与萧氏相类似的观点，其言如下：

先秦诸子学说，无不直接地或间接地讨论政治……先秦思想虽然主张不同，而均是政治思想。

---

① 金耀基：《中国民本思想史》，法律出版社2008年版，第6页。

② 萧公权：《中国政治思想史》，新星出版社2005年版，第59、61—63页。

固然均是政治思想，而却没有一人主张民主，最多也只是民本主义。民主与民本不同，民主不但要 for the people，还要 by the people，而民本则只有 for the people，至于哪一种施设可以达到 for the people 的目的，则由政府决定。何以吾国没有民主思想呢？大凡民智未开，大众的智力和能力相差不远之时，往往是谁都不肯服从别人的意见，此时舍依多数人决定之外，实无办法。这只是一个原因，最重要的，吾国自有历史以来，就是大国，而与希腊的城市国家不同。……民主政治乃以多数人的意见决定一切，在代表观念尚未发生以前，要在大领土之上，集合全体人民开会，是办不到的，而且希腊的城市国家，多数决政治也不是一举而即成功。

唯在大国，只有多数观念，而不能佐之以代表制度，民主政治亦难实现。

吾国古代没有"多数"与"代表"的制度，因之先哲就没有民主思想，这不是吾国先哲思想不如希腊，而是因为吾国环境与欧洲不同。

因为先哲没有民主思想，所以他们多寄望于圣君贤相，俾能实行 for the people 的政治。何况既然注重贤圣了，贤圣的观念更剥夺了"多数"的观念。吾人只看孔子思想，就可知道。至于民主思想的发生则在前清末叶由西洋输入的。[①]

由上可见，像梁任公一样，萧公权先生亦同样给予孟子的民贵之说以同情的理解和高度的评价，认为其发明民贵之说具有特殊的历史贡献，其政治思想亦具有"针对虐政之永久抗议"的重要意义。然而，孟子的民贵说中又的确欠缺民治民权的观念，因此，孟子的民贵之说与近代的民权观念和制度有着根本的差别，不能将二者简单地混同起来。但是，此并不足以让我们鄙薄孟子的民贵之说，因为它与西方近代的民权民治的理论和制度之间的差别，是由时代环

① 萨孟武：《中国政治思想史》，东方出版社2008年版，绪论，第10—12页。

境的限制所造成的，拿西方18世纪后才始流行的民治理论和制度与公元前4世纪孟子提出的“贵民轻君”之说相比论，我们大可不必怀抱着一种自我矮化和自我作践的文化心理而心有戚戚焉。与萧先生稍显不同的是，萨孟武先生主要从地理环境和国家规模的角度，来看待我国先哲注重贤圣观念而没有民主思想的问题，但他也同样强调民本与民主的不同在于民治上的差别，并具体阐述了民主政治需要以“多数”与“代表”的观念为根基，而我国先哲的贤圣观念恰恰剥夺了“多数”的观念，故而直到前清末叶民主思想才由西洋输入进来。

此后，谢扶雅、金耀基二先生虽然继续强调指出中国民本思想缺乏民治范畴这一特点，但他们更加鲜明地突出了民本思想在整个中国政治思想史上的核心与主流的地位，并作了更加深入系统的阐发和论述。谢氏认为，“中国五千年来之政治思想实为一气呵成，可作一幅整个图画来看，因其无非发挥一个‘民’字，故全部得称为‘民学’”[①]，并论述分析中国政治思想之根本特征、缺陷及“民学”政治思想之三要目说：

> 作者常以“人学”（Humanism）说明中国伦理思想，谓吾民族之伦理观，非如西方之自然主义（Naturalism），非如印度或希伯来人之超自然主义（Supernaturalism），乃是澈头澈尾的“人”本主义。吾国历代各派伦理思想，无论子学、经学、理学、玄学、心学、朴学，皆不外乎“人学”之演化与阐明。由人本的伦理思想推衍而来的政治思想，自然地亦逻辑地必演为民本主义，而其政治学说遂得谥为“民学”。但须知此“民”之为民，决非西洋近代之所谓民；盖吾族原有观念中“黎民”之民，即人民之民而非国民之民也。西方学者每论政治具三要素：（1）国民（2）国土（3）国权。吾人既素不认“国”为政治之最终对象，而以“天下”为范围，则国民势非扩为“天下民”不可，是即人民也已。特人民又非漫指“人类”。人类乃属于社会学的题材，芸芸无所范序；

① 谢扶雅：《中国政治思想史纲》，台湾正中书局1954年版，第15页。

人民则正确地专属于政治学的题材，有“君”焉以为之对，有“群体”焉以为之对，彝伦攸叙，而受道德理想之隶辖者也。人学者，研究“人生之道”的学问；而民学者，即研究“群体中的个体与此群体相互间之道”的学问也。

又吾族心目中之民本主义，亦与西方所谓德谟克拉西（Democracy）者不同。Democracy 应正译为“民主”，或“民治”；而主或治则吾先民观念中根本缺乏此范畴焉。吾人只恒言“民为邦本”，“民为贵”；人民固居政治中最重要的地位，但似皆不念及人民有直接或间接的统治权之必要。作者姑杜撰西译吾民本主义为“Demoism”以与人本主义之 Humanism 相类比，而迥别乎寻常所谓 Democracy 也。盖吾族以为“主”或“治”之问题，宜取决于道德的衡准，而不必规定于某个人或某阶级，故独治（君主政体），群治（民主政体），寡治（贵族或财阀军阀政治）等等，在吾先民之思想习惯中，似皆已成早经淘汰之问题。政治为人民大众之公事，人民又各为政治的动物，至于谁任执行，则“为政以德，譬如北辰，居其所而众星拱之”。人民与统治者之关系，等于众星之于北辰：众星惟共相“拱”卫，而北辰亦惟垂“拱”仰成而已。此视政治固似太简易者，顾在宽坦平易空气中养成之吾民族，认政治不过为人伦之一端，（即所谓君臣），而此端之最初环，厥为相偶之夫妇。由夫妇，父子，兄弟而至朋友，君臣，实皆人生日常平淡自然之事。王道荡荡，坦直而康平，本无取乎蹊折艰奇，反贻庸人自扰。“伦常”云云者，伦必常道，何奥异之有哉？

吾国政治思想之特征，就量而言，为平天下主义，就质而言，为民本主义，综合之，则为民学。在民学的总纲之下，得孳衍为三条目：一曰平和的精神，二曰平等的观念，三曰平均的政策。三者皆由平字演出，盖平天下主义中应有之涵义也。美国林肯总统之论政治理想，

> 曾冠三介词于人民之上，曰 Of the people，by the people，and for the people，国人尝译为民有，民治，民享。美之立国精神宿于平民主义，颇与我国相似。民有有似乎平和，民治有似乎平等，民享有似乎平均；但亦止于相似，而决不是相同，此不可失之拉牵附会也。[①]

谢氏以民本主义为中国政治思想之最突出的特点，故特命之曰“民学”，在中国政治思想史的学术著作中可谓独树一帜，他不同于梁、萧二氏以为中国民本思想已兼具民有和民享二义而所缺者在民治一义，而是将中国“民学”政治思想的内涵要义概括为三大条目，即平和的精神、平等的观念和平均的政策，并以此三条目与林肯所谓民有、民治、民享相比较，认为二者虽相似而实则“决不是相同”，此可谓谢氏的一大独到之创见。质言之，中国的民本不同于西方的民主或民治，它们是两种不同文化系统的政治理念，因其各具特色和价值而不必穿凿附会地将二者比而混同之。另外，谢氏还强调思想史的研究当“持客观的态度”以求古人思想之真，若“以今衡古，甚或以欧美现代思想比拟吾国先民，如释尧舜禅让为共和，《管子》轨里连乡为自治，则厚诬古人，混蒙史实，学术界之大罪也”[②]。而就中国“民学”政治思想本身发展演进的历史线索和脉络来讲，谢氏将之划分为四个阶段，即原始时期（唐虞至东周）、创建时期（春秋战国子学时代）、继承时期（两汉至明清末叶经学时代）、再造时期（近百年），与各时期相对应的“民学”政治思想，可分别称之为原始的民学、伦理的民学、玄学的民学和科学的民学。耐人寻味的是，虽然谢氏认为民本与民主并非一物，表面上看似乎与陈独秀的民本非民主观颇为相似，但其实二人的观点“决不是相同”的，因为谢氏既不主以民主否定民本，亦并不判定二者“绝无融合会通之余地”。譬如，依谢氏之见，孙中山的三民主义是“以民生为中心”，“兼具中国性与世界性之政治哲学”，既“包括了林肯的三民”，“又发扬了中国固有的民

① 谢扶雅：《中国政治思想史纲》，台湾正中书局 1954 年版，第 9—11 页。

② 谢扶雅：《中国政治思想史纲》，台湾正中书局 1954 年版，第 22 页。

本”，而且，“推陈出新，使传统的民学晋为科学的民学（Scientific Demoism）”，因此，可以说，我国“五千年来之政治思想，至三民主义而登峰造极”[①]。由此足见，谢氏对于将西方民主与中国固有民本思想镕冶为一炉的三民主义是抱持极为肯定和赞赏的态度的，不仅如此，谢氏还认为，应如孙中山先生所言，“吾人应尽力吸收西方科学以补我之不逮”，职是之故，“我固有‘民学’之如何更积极地与充分地‘科学化’，乃为现代中国政治思想之必然趋势”[②]。

与谢氏充分阐扬中国固有的民本思想并认为民本与民主并非一物的观点不同，中外学人亦不乏站在充分肯定中国民本思想的立场上而将其与民主比而同之者，如有西人谓：“远在公元前四世纪，中国的孟子，已倡导‘民贵君轻’的大义，自秦废封建，取缔贵族，中国即为民治的社会”，或者是“中国哲学和国民心习之趋向民治，对于西洋政治哲学有重大的影响”，乃至“中国文化为启发西洋民主政治的一个源泉，亦可谓创造西洋民主政治的一个动力”[③]；另如中国学者陶希圣评孟子性善论说：“人性同一而且性善，充此说之所至，也可以使民主主义成立”，虽然他接着说“然而孟子决不是民主主义者”，但同时又明确讲“孟子的民主主义是士人对贵族主张的，所以他的民主主义是士人主政或国人主政。他的理想政制是贤人作君主”[④]，可见，在陶希圣看来，孟子其实是一个主张民主主义的非民主主义者。但不管怎样，上述观点在金耀基先生看来，皆“将‘民本’与‘民治’混谈而不免有隔”[⑤]，因此，金先生继谢扶雅之后，一方面继续系统梳理和全面论述中国民本思想的发展史，并极力肯定和阐扬民本思想在中国历史上所具有的价值与意义及其所发挥的功能与作用；另一方面亦特别注意辨析民本与民治或民主之异以期对民本 / 民主混同说之谬误有所驳正。

① 谢扶雅：《中国政治思想史纲》，台湾正中书局1954年版，第173、192、176页。
② 谢扶雅：《中国政治思想史纲》，台湾正中书局1954年版，第178页。
③ 转引自金耀基：《中国民本思想史》，法律出版社2008年版，第6—7页。
④ 陶希圣：《中国政治思想史》（上），中国大百科全书出版社2009年版，第141、145页。
⑤ 金耀基：《中国民本思想史》，法律出版社2008年版，第7页。

依金先生之见，“中国之民本思想，实澈上澈下，流贯中国五千年之政治者，它确是源远流长，声势浩阔的”，虽然“有时它迂回曲折，有时又直道而行”，但总的来说，“民本思想实是中国政治思想中之主流”①。而且，在金先生看来，“讲民本思想，若仅从‘民本’二字的字面去把捉、衡量，未免失之皮相”，相反，即使不言“民本”二字，但凡“为生民立命”，但凡“为天下着想之精神”，“即是地道的民本思想”②；而“中国的政治思想，就‘民’的观点看，有民本、非民本及反民本三派”，“民本思想起源于《尚书》‘民惟邦本’之语，后经儒家继承而发扬光大之”，“非民本思想则为老庄杨朱一派”，“反民本思想则以申韩、李斯等辈为健者”，因此，金氏所欲论述中国之民本思想实即“儒家政治哲学之核心”；在中国历史上，“重人文精神的儒家之民本思想的巨流”实冲洗“减杀了专制毒害”，或者说“中国之政治，自秦汉以降，虽是一个君主专制的局面，但总因有浓厚的民本思想之影响，遂使君主专制的政治弊害得以减轻和纾解”③。在论及孟子的民本思想时，金氏一方面充分肯定和褒扬孟子的民本思想，另一方面又力辩民本非民主，其言道：

> 中国人论政，真正自“民”之观点发挥张扬者，三代以还，以孟子为第一。若孟子者，真不仅为儒家之巨子，更且为中国民本思想之大宗师矣。④
>
> 凡大事皆需询及国人，虽为上古之遗制，而孟子加以发挥，乃逼近今日民主国家“诉之于民”之气味。虽然，“国人皆曰贤，然后察之，国人皆曰不可，然后察之，国人皆曰可杀，然后察之”，是则人民未必为最后主权之所寄，而孟子之政治思想乃不足以言“民主主义”，更不可谓“开议院之则”。……所以孟子之政治哲学并非近世之民主哲

① 金耀基：《中国民本思想史》，法律出版社2008年版，第5页。

② 金耀基：《中国民本思想史》，法律出版社2008年版，第6页。

③ 金耀基：《中国民本思想史》，法律出版社2008年版，第1—3、8页。

④ 金耀基：《中国民本思想史》，法律出版社2008年版，第77—78页。

学，乃开明专制之政治哲学也。而孟子之理想的政治建构殆亦非以民为主，而是希望在贤明君主政治下，行民本主义也。……虽然，西文之民治理论至18世纪始进展流行，而孟子在西历纪元前4世纪已唱如是宏论，不可谓非先知先觉之士。吾人岂可因“民贵”与“民治”尚差“一问（按：间）”，而为先贤病哉？①

在上文辨析民本与民主之相异时，金氏非常赞同梁启超、萧公权提出的观点和看法，认为儒家的民本思想虽然兼具民有、民享二义，但因缺乏民治这关键的一义，因此与民主仍然相隔一间，正所谓“中国历史上有民本思想，但未有民主思想……民本思想与民主思想，虽相似但非同一，虽可通但非一物，民本思想不必有民治之精神，民主思想则以民治为基点，两者虽只隔一门，但光景固有不同也”②。然而，像谢扶雅先生一样，金氏亦以历史的眼光来看待这一问题，认为此实不足以为先贤病。

另外，金耀基先生还将中国或儒家民本思想的内涵和“究竟义”归纳概括为以下六个方面：第一，“儒家民本思想之第一义是以人民为政治之主体”；第二，“天之立君既然为民，则君之居位，必须得到人民之同意，君与民之间实不啻存有一种双边的契约，亦即各有其职务与责任”；第三，“儒家的民本思想既然以人民为最高价值性的存在，则保障人民之生存，自为逻辑上必有之归结，于是‘保民’、‘养民’，便成为人君的最大职务”；第四，从儒家的民本思想，“必自然地引起一个‘义利之辨’的问题来”，而所谓“义利之辨”，其实质即是“在政治上”，“抑制统治者的特别利益，以保障人民的一般权利”；第五，在儒家政治思想中，“‘王霸之争’的问题与民本思想又是呼吸相关的”，质言之，“王者之一切制作，均系为民，而霸者则唯借武力征服人，强使从己，其制作设施，虽亦有时似乎为民，然其意则不过以之为达其好名好利好尊荣之手段”；第六，

① 金耀基：《中国民本思想史》，法律出版社2008年版，第70—71页。

② 金耀基：《中国民本思想史》，法律出版社2008年版，第16—17页。

关于儒家民本思想之意义，“尚可从另一角度发明之，即从‘君臣之际’的观点予以阐释”，就此而言，“儒家认定人民是政治之目的，人君不过一种工具或手段而已，因此一切政治的活动，当为人民而非为人君，乃自然之理。从而人臣之事君，非为服从而服从，非为人君之尊荣而服从之，乃因人君之存在系为人民而服从之，故君臣之际，非如法家之主张乃片面的绝对的服务关系，而是双边的互约关系”①。

关于中国或儒家民本思想的内涵和要义，不同的学者各有各的归纳和概括，说者纷纷，不再一一赘述，可参看相关学者的观点概述②。除了对民本六义的阐述之外，较之谢扶雅的四阶段说，金氏更进一步将中国民本思想的历史发展过程划分为六个时期，即春秋以前之胚胎时期，春秋战国之建立时期，秦汉之停滞时期，东晋之后经隋唐以迄宋明的消沉时期，明末清初及近世（以黄宗羲和康、梁为代表）之发皇时期，最后是完成时期，即“迨中山先生出，融贯古今，会通中外，创三民五权之说，将古有的民本思想与西洋民治观念，细针密缝，妥为结合，一方使西洋的民主思想在中国大地生根，一方又为中国的民本思想找到通向永恒之大路”，因此，“民本思想至是烂然大完”。③

（三）中国传统的民本或重民思想是君主专制主义理论的有机组成部分，是中华帝制时代的统治思想

与上述治中国政治思想史的学者的观点不同，其他一些治中国政治思想史和民本思想史的学者则就如何恰当地定位、历史地理解和客观地评价中国的民本思想提出了另外一种观点，即主要把民本思想看作一种重民思想，并认为中国古代重民的思想与尊君的观念是密不可分的，或者说重民思想不过是传统君

---

① 金耀基：《中国民本思想史》，法律出版社2008年版，第10—15页。

② 参见卢向国：《温情政治的乌托邦——中国古代民本思想的机理研究》，天津人民出版社2008年版，第112—119页；张分田：《民本思想与中国古代统治思想》（上），南开大学出版社2009年版，第34—37页。

③ 参见金耀基：《中国民本思想史》，法律出版社2008年版，第17—22页。

主专制主义理论的一个有机组成部分，甚至可以将民本思想视为中国古代统治思想的一种代称。提出了这样一种观点和看法的，主要以刘泽华、冯天瑜、张分田、卢向国等先生为代表。

像梁启超、萧公权、谢扶雅、金耀基等学者一样，刘泽华先生亦以治先秦政治思想和中国政治思想史名家，但不同于梁启超和萧公权围绕着政术或治道问题、谢扶雅和金耀基以民学或民本思想为核心来研治中国政治思想史的学术理路，刘先生独树一帜，开创了另外一种治中国政治思想史的学术研究范式，即以王权主义为主旨来解读中国政治思想的基本内涵与历史发展过程。① 刘先生曾专门撰文系统地梳理先秦时期的民论，并就其与君主专制主义的关系论述道：

> 先秦政治家与思想家对民的态度大致可分为两种，一是轻民主张，这无疑是露骨的专制主义；二是重民思想，这是多数人的主张。在过去的研究中，有人把重民思想说成是民本主义或民主主义。我认为这种概括是不确切的。民本主义或民主主义是与公民权紧密相关的概念，如果没有公民权的内容，就不宜用民本主义或民主主义。先秦思想家的重民思想是没有公民权内容的。重民的主体是君主，民仅是被君主重视的对象。重民思想在局部问题上与专制君主虽有冲突，但从全局看，它不是对专制君主的否定，而是提醒君主注意自己存在的条件。思想家们倡导重民不是要否定君主，而是向君主献策，把重民作为巩固君主地位的手段。在我看来，重民思想与君主专制主义是不矛盾的，它可以是君主专制主义的一种补充。②

可见，在刘先生看来，中国传统的民本思想只能说是一种缺乏公民权的重民思想，它并不会导致对君主专制统治的否定，它与君主专制主义不仅是不矛

① 详论参见拙文：《重读中国古典政治哲学——兼论中国政治思想史研究诸范式》，《政治思想史》2011 年第 1 期。

② 刘泽华：《先秦民论与君主专制主义》，见《中国传统政治思想反思》，生活·读书·新知三联书店 1987 年版，第 118 页。

盾的，反而可以成为“君主专制主义的一种补充”。在后来的相关论述中，刘先生更加明确地将民本与君本结合起来作为一种组合命题的结构性整体来加以看待和评价，然而，将民本只是作为一种重民思想看待则是一以贯之的。依刘先生之见，中国的王权主义在政治思维方式上具有一种重要的“阴阳组合结构”的特点，诸如君本—民本的组合，尊君—罪君的组合，王体道—道高于君的组合，王有天下—天下为公的组合，正统—革命的组合等等，在传统思想中，这些组合命题中的任何一个命题，“都不是单独存在的，在理论逻辑上也不能自成系统，而是两者互为条件，互相依存，互相渗透，是一种有机的组合关系”，同时，两者还是一种主辅组合的关系，在上面所列举的诸命题中，“都是前者为主，后者为辅，正像阳为主、阴为辅那样，不能颠倒”。具体就君本—民本这一组合命题来说，“中国历史上论述君本与民本的理论极多，如果不把它们视为一种组合关系，就一论一，单项推理，就会得出截然相反的看法，甚至会认为君本与民本是互相排斥和互相否定的。比如，有些人抓住‘民本’往下推，于是得出中国古代就有民主理论与民主机制，‘民本’（是——引者添）与‘君本’相对的，进而认为民本是现代民主的源头与合乎逻辑的发展等等。这种看法显然并不符合历史的实际。中国历史上的君本与民本是一种组合关系，胶结在一起，根本无法分割。两者的关系应该说是这样的：君本以民本为基础，民本以君本为归宿。……在传统思想中，‘民为国本’与‘君为民主’是辩证地统一在一起的。”而且，“传统思想中讲民本的地方多多，然其要点不外是‘重民’二字”。[①]

冯天瑜先生亦持有与刘先生相类似的观点和看法，在系统探究中华元典精神而论及其君民关系论时，冯先生指出，在传统思想中，民本与尊君其实是一种比翼双飞的并存关系，自战国以降，这样一种君民关系论，“向左翼发展，便成就了民本主义；向右翼发展，便成就了尊君主义”[②]。或者也可以说，“民本

① 刘泽华：《传统思维方式与行为轨迹》，见《洗耳斋文稿》，中华书局2003年版，第675—676页。

② 冯天瑜：《中华元典精神》，上海人民出版社1994年版，第282页。

思想是先秦以降中国政治思想的主潮之一，它与尊君论相反而又相成，共同构筑了中国君主专制政体的理论基石”①。换言之，在由“王权决定社会”的体制规约下的中国传统政治理念中，其基本内容包括属于右翼的法家的极端尊君论和属于左翼的儒家的民本—尊君论，“它们共同组成中国式的君主专制主义的一体两翼”②。不过，通过对明末清初政治思想的综合考察和研究，冯天瑜和谢贵安二先生还提出了一个有关中国政治思想史的颇具新意的观点和看法，即认为“明末清初进步思潮中的政治思想”，乃是“一种介于传统民本与近代民主之间的过渡的政治思想”，他们称之为“新民本思想”③。在他们看来，“民本思想无论新旧，都是维护君主制度的政治思想，是建立以君主政治为核心、易于操作的政治制度”，不过，“旧民本是时代呼唤君主集权政治的产物，新民本则是在时代试图解构君主专制制度之际应运而生的”，因此，“旧民本中包含着浓厚的尊君思想，而新民本思想中则包含着强烈的限君意识”④。总的来讲，新民本思想家“从学理层面挑战专制政治”，即“离析君主专制主义，猛烈抨击其两翼之一的法家极端尊君论，对另一翼的儒家民本论加以辨别，承继、发挥‘重民’、‘恤民’部分，扬弃、更替‘尊君’、‘卫君’部分”，从而使“先秦以降的民本思想获得改造与升华”，故可称之为“新民本”，新民本与旧民本既有联系又有区别；与此同时，“作为‘解构专制’的未完成形态，‘新民本’既同近代民主存在

① 冯天瑜、谢贵安：《解构专制——明末清初“新民本”思想研究》，湖北人民出版社 2003 年版，第 1 页。

② 冯天瑜、谢贵安：《解构专制——明末清初“新民本”思想研究》，湖北人民出版社 2003 年版，题记，第 1 页。

③ 冯天瑜、谢贵安：《解构专制——明末清初“新民本”思想研究》，湖北人民出版社 2003 年版，第 7 页。

④ 冯天瑜、谢贵安：《解构专制——明末清初“新民本”思想研究》，湖北人民出版社 2003 年版，第 10、11 页。

本质差异，又是近代民主最切近的民族文化资源与前驱先路”[①]。显然，冯、谢二先生虽然强调民本与民主有着本质的差异，但又耐人寻味地赋予明末清初的“新民本”思想一种特别的文化定位，即把明末清初的新民本思想看作“通往近代民主思想的过渡形态”[②]。

张分田先生关于中国民本思想的观点和看法集中体现在他的《民本思想与中国古代统治思想》一书中，在该书中，作者对中国民本思想所作的历史探究和理论分析相当系统而深刻，他不仅将民本思想概括为一个核心理念与三个基本思路，即核心理念是“以民为本”，基本思路是“立君为民”“民为国本”“政在养民”，而且认为，“民本思想不是一种仅仅涉及民的问题的政治思想，更不是仅仅局限于政治道德、重民政策的政治思想，而是可以包容传统政治思维的全部内容的政治学说体系”，也就是说，在中国历史上，“民本思想可以贯通、涵盖每一个学派、每一位思想家的整个思想体系乃至中国古代政治学说”，“体系化的民本思想可以涵盖中国古代统治思想的基础框架乃至全部内容”，或者“以民为本的思想几乎可以贯通所有重大的政治理论命题”，“甚至可以说，一部民本思想发展史就是一部统治思想发展史”，因此，“在一定意义上，民本思想可以作为中国古代政治思维的总称”，或者，“‘民本思想’可以作为中国古代统治思想的代名词”。[③]显然，张先生并不仅仅就民本而论民本，而是把民本思想看作中华帝制的一种“庞大的思想体系”，而且，对民本—君本的问题作了更进一步的阐发，认为“所谓的‘民本思想’实际上是一种系统论证、全面规范君主制度的思想，它既没有弃置‘君本’而形成独立的理论体系，也没有脱离君

① 冯天瑜、谢贵安：《解构专制——明末清初“新民本”思想研究》，湖北人民出版社2003年版，题记，第1—2页。

② 冯天瑜、谢贵安：《解构专制——明末清初“新民本”思想研究》，湖北人民出版社2003年版，第1页。

③ 张分田：《民本思想与中国古代统治思想》（上），南开大学出版社2009年版，第37、44—46、2页。

权而展开独立的政治实践”，因此，“无论在理论上，还是在实践上，‘民本’与‘君本’始终共处一体，紧密粘连在一起，根本无法剥离开来”[①]。与之相应地，关于民本与民主的关系问题，张先生亦明确判定民本在根本性质上不同于民主，由于中国古代思想家都没有明确提出过“治权在民”的理念，或者民本思想“并不具备‘治权在民’的理念，更不具有否定‘治权在君’的意蕴”，因此，我们在中国古代政治思想史上不仅找不到“名副其实”的“民本主义”，而且，“就理论原点和本质属性而言，民本思想是与民主思想相对立的思想体系”[②]。甚至，我们从理论特质、制度设计、政治实践和发展历程等所有方面，都可以判定“中国古代的‘民本思想’不是‘民主思想’”，因为“从理论特质看，民本思想始终没有明确提出‘治权在民’的思想；从制度设计看，民本思想与中华帝制具有高度的匹配性；从政治实践看，民本思想的主要功能是优化君主政治；从发展历程看，民本思想既没有推出民主共和政治，也没有自发地导出民主思想”，因此，“就最基本的核心理念而言，民本思想不属于民主思想范畴，而属于专制主义范畴”[③]。具体就明末清初的社会政治批判思潮来讲，依张先生之见，它无疑“将民本思想推向了极致”[④]，或者如张师伟所言，体现了“民本的极限”[⑤]，但就中国传统政治思维的“君为政本—民为国本”的基础框架来讲，“强烈的批判精神的确冲击着这个固有的框架，并为突破、废置这个框架提供了可能，在这个意义上，不妨称之为‘新民本’”，但是，“只要不能突破、废置这个框架就仍旧属于传统政治思维范畴，并势必向自身结构的动态平衡回归”，因此，在后一种意义上，“它依然是‘旧民本’”[⑥]。不过，也有学者如李存山先生把明末清初的

① 张分田：《民本思想与中国古代统治思想》（上），南开大学出版社2009年版，第1—2页。
② 张分田：《民本思想与中国古代统治思想》（上），南开大学出版社2009年版，小序，第2页。
③ 张分田：《民本思想与中国古代统治思想》（下），南开大学出版社2009年版，第743页。
④ 张分田：《民本思想与中国古代统治思想》（上），南开大学出版社2009年版，第355页。
⑤ 张师伟：《民本的极限——黄宗羲政治思想新论》，中国人民大学出版社2004年版。
⑥ 张分田：《民本思想与中国古代统治思想》（上），南开大学出版社2009年版，第358页。

政治批判思潮特别是黄宗羲《明夷待访录》中的政治思想看作“从民本走向民主的开端”，因为黄氏的思想中已包含有以权力来制约权力的“本土”设想，这使传统的民本思想不仅已充其极，而且有可能突破或超过传统的极限。[①]但问题是，在张分田先生看来，如果民本思想的理论原点被弃置，基础框架被解构或突破，有关“民”的地位和权利的政治思维必然会发生质变，而“一旦发生这种质变，具有新的特质的思想体系也就不再属于‘民本思想’范畴”，换一个角度讲，“中国古代的民本思想只有自我否定，才能脱胎换骨，转化成现代民主思想”[②]。

当然，判定民本思想不是民主思想，并不意味着要简单地否定民本思想或一概予以蔑弃之，事实上，“中华帝制的统治思想相当精致，包含着丰富的政治智慧和政治理性”，尤其是“作为中华帝制统治思想的民本思想”，我们将它“既可以明确无误地划归专制主义范畴”，同时也必须认识到它“又包含着许多普适性的政治价值”，譬如，“其中最重要的是：人本主义的政治精神；国家政权为人民大众而设的政治本体论；人民大众是国家根本的政治哲学；政治权力归根结底来自人民大众的权力观念；一切政治活动的根本目的是为了人民大众的治国理念；具有普遍意义的执政规律等”[③]。但，我们又“不应过高估计民本思想的积极因素”，并“必须恰当评估民本思想在现代化进程中的作用”[④]。总之，如果我们非要用“民主”的尺度来考量民本的话，那么，可以说“民本思想介于是与非是之间”，因为“就本质属性而言，它不是民主思想，而就许多因素而言，它又与民主思想相通”，“前者注定民本思想只属于传统社会，而后者注定民本

① 参见李存山：《从民本走向民主的开端——兼评所谓“民本的极限”》，《华东师范大学学报》（哲学社会科学版）2006年第6期，第1—8页。

② 张分田：《民本思想与中国古代统治思想》（上），南开大学出版社2009年版，第359页。

③ 张分田：《民本思想与中国古代统治思想》（下），南开大学出版社2009年版，第744页。

④ 张分田：《民本思想与中国古代统治思想》（下），南开大学出版社2009年版，第745—748页。

思想的许多因素依然适用于现代社会”①。据此以论儒家思想的历史价值和现代意义，张先生最后得出的结论就是：

> 纵观数千年的中国古代政治文明史，可以得出这样的结论：既不能高估孔孟之道的历史价值，更不能夸大儒家民本思想的现代意义。儒家学说的核心政治价值已经完全丧失了继续存在的历史依据。如果在现代社会张扬“民贵君轻”，只能让人们笑掉大牙。中华文明的复兴绝对不能走文化“复归”的道路。“回到孔孟去”的思路过于天真烂漫，而“重建儒教社会”的主张则是地地道道的误国之论。②

卢向国先生亦站在民本在性质上不同于民主而且无法转化开出民主的立场和观点上，在其所著的《温情政治的乌托邦——中国古代民本思想的机理研究》一书中，他对中国古代民本思想进行了系统的历史考察和理论的机理分析。卢先生在该书中对于各种有关民本与民主的学术观点搜罗列述得相当详备，颇具参考价值，而就他本人的学术观点来看，值得我们注意的是，他提出了自己对于中国民本思想发展史的一种独到看法，即“把民本思想的发展分为两条线索分析”，或者把中国古代的民本思想划分为“两个类型”，“一种是抱有高尚道德理想的民本思想，这是把民众看作国家和君主的目的的民本思想，可称之为‘作为价值的民本思想’；另一种是仅仅把民众作为可资利用力量的民本思想，可称之为‘作为工具的民本思想’”，“价值民本思想出于对人民的同情和怜悯，工具民本思想则出于对人民的畏惧和利用”③。在历史上，两条线索虽然有交叉，但从总体上看，后者才是民本思想的主流。不仅如此，在民主视野下来分析民本思想的逻辑及其价值与意义，则不难发现民本在性质上根本不同于民主，因为“在民本思想下，以民为本与圣贤在位是一体两翼的关系；以民为本与以君为主

---

① 张分田：《民本思想与中国古代统治思想》（下），南开大学出版社2009年版，第750页。

② 张分田：《民本思想与中国古代统治思想》（下），南开大学出版社2009年版，第750页。

③ 卢向国：《温情政治的乌托邦——中国古代民本思想的机理研究》，天津人民出版社2008年版，第18页。

也是一体两翼的关系”，而“圣贤在位和以君为主实质上就是君主专制，这是民本思想下政体的必然归宿”，因此，从比较的视野来看，民主与民本的差异实质上也就是“中西政治思想的差异”，民主与民本这样两条路向的不同实质上也就是“民主与专制这样两条路向的不同”[①]。正因为有上述比较视野下的性质判定，因此，卢先生不赞同现代新儒家从民本转化开出民主的观点和主张，明确指出“企图使民本转化为民主，这是一条死胡同”[②]。不过，卢先生认为，“虽然民本开出民主的道路是一条死胡同，但并不是说民本思想在今天毫无价值”，民本思想的内在精神在今天仍然“具有超越时空的价值”；尽管民本不同于民主，也无法转化为民主，但民本中却也包含有一定的民主性因素，这主要体现在民本思想主张人民拥有一定的集体权利，包括拥有和享有天下、统治者应当尊重民意以及人民的革命权。因此，总的来说，如果我们在今天的政治生活中要给予民本思想的现代价值一种恰当定位的话，那么，它可以也只能“依附于民主体制”“作为民主的补充物”而发挥作用。[③]

（四）其他有关民本／民主、儒家思想／西方民主问题的相反对立的学术观点

除了上述代表性的学术观点之外，还有必要在下面介绍另外一些学者的观点，以进一步彰显今天在民本 / 民主问题上所存在着的两种截然相反对立的立场与看法。

1. 同样认为民本不同于民主，但有人一心想要在民本与民主之间画一条泾渭分明、不可逾越的分界线，而有人则深切希望民本能够跨越这条分界线而发

---

① 卢向国：《温情政治的乌托邦——中国古代民本思想的机理研究》，天津人民出版社 2008 年版，第 260 页。

② 卢向国：《温情政治的乌托邦——中国古代民本思想的机理研究》，天津人民出版社 2008 年版，第 305 页。

③ 参见卢向国：《温情政治的乌托邦——中国古代民本思想的机理研究》，天津人民出版社 2008 年版，第 306—307 页。

挥其应有的建构新型民主或新民本学说的价值与作用。前者以刘绪贻先生为代表，后者以李存山先生和夏勇先生为代表。

刘绪贻先生认为："民本思想是封建时代、君主专制时代的产物，是为专制政体服务的；民主思想是后君主专制时代的产物（我们这里不涉及雅典民主），是为现代共和政体、人民政权服务的。两者本来就泾渭分明，不是一回事。"① 基于这样一种看法，我们也许可以自然而然地得出这样一个结论，即只有或必须彻底抛弃传统的民本，摆脱传统民本"幽灵"的纠缠，我们才能实现建设现代民主政治的远大宏伟目标。

李存山先生虽然也同样认为"民主不同于民本"，但他给予了中国民本思想更多同情的理解，并深切希望我们可以"从民本走向民主"，甚至借此"建成比西方更优越的新型民主"。依李先生之见，"中国古代的'民本'思想，可从两个主要方面去理解：一是说人民的利益是国家和社会的价值主体，二是说君主的权力只有得到人民的拥护才能稳固"。虽然中国和儒家的民本思想在历史上是与君主制结合在一起，在秦汉以后也是与"三纲"之说结合在一起的，但它"又以民为社会、国家的价值主体"，这其中自然存在着矛盾，而正是"在这种矛盾中也潜含着从民本走向民主的种子"，"也就是说，当君主制的祸害达到一定程度时，儒家就可能重新考虑民本与政治制度的关系问题"。从中国文化和社会的近现代转型的历史过程来说，"在政治思想和政治制度方面，这种转型可以说就是从民本走向民主的过程。不过，中国人民学习西方的民主，首先是与反抗西方帝国主义的侵略、与整个国家和民族的利益相联系的，因此，中国的民主实际上仍然坚持了中国传统民本思想的集体主义价值观，而在政治制度上则是从与传统民本思想结合在一起的君主制走向民主制"。在近代史上，民本与民主可以融通转进的最好例子可以说是孙中山的三民主义，因此，李先生如是评论说："孙中山的三民主义吸收了西方文化的民主思想，但与中国传统的民本

① 刘绪贻：《再论把"民主"与"民本"区分开来》，《同舟共进》2011年第4期，第72页。

仍有着密切的联系。从政体上说，民主与民本是对立的；而从价值观上说，民主是为了民本的真正实现，是把民本提升到一个新的历史高度。”总而言之，在李先生看来：“理清民本与民主的关系，这对于建设具有中国特色的民主制度具有重要的意义。严复曾经说，西方文化是‘自由为体，民主为用’。此自由、民主的思想是我们要学习的，但西方的自由、民主也有重个体之自由而轻社会整体之和谐的缺陷。中国的民本思想则是以人民整体的利益为‘体’，把此民本的价值观与自由的价值观结合起来，达到个人自由与社会整体利益的和谐，则中国将建成比西方更优越的新型民主。”①

与上述李先生“从民本走向民主”的观点相类似，夏勇先生从民权的角度或借助权利概念重新诠解、阐释中国的民本思想，并希望“在继承和重述古代民本思想的基础上，把以民为本的民本论转变为民之所本的民本论，把他本的民本论转变为自本的民本论，把以民为手段的民本论转变为以民为目的的民本论”，乃至最终构建“一种以新的民本学说为基底的民权学说”②。孙中山先生早就讲过这样一种观点和看法，即民权的学说虽然是从欧美传进来的，近代事实上的民权也是在欧美首先建立起来的，但关于民权的议论和观念中国早在几千年前就有了，譬如，“两千多年前的孔子、孟子便主张民权。孔子说：‘大道之行也，天下为公。’便是主张民权的大同世界”③。夏勇先生关于民本 / 民权的论说应该说是对这一观点和看法所作的更进一步的、颇具新意的阐扬和发挥。依夏先生之见：

> “民惟邦本”，是一个关于价值法则和政治法则的判断，也是一个关于人民的主体资格的判断，还是一个关于政治合法性的判断。在价值法则方面，民本与人本是相通的，它们都把尊生爱人、保民养民作

① 参见李存山：《中国的民本与民主》，《孔子研究》1997 年第 4 期，第 4—15 页；《儒家的民本与民主》，《博览群书》2006 年第 12 期，第 53—59 页。

② 夏勇：《中国民权哲学》，生活·读书·新知三联书店 2004 年版，第 2 页。

③ 孙中山：《三民主义》，九州出版社 2011 年版，第 71 页。

为最高的价值，把是否有利于人民作为最终的判断标准。在政治法则方面，民本与人民主权是相通的，它们都确认人民的主体地位，把人民答应不答应、同意不同意作为判断国家治理的政治标准。符合这样的价值法则和政治法则，统治才具有合法性。正是基于这样的合法性观念，儒家得以通过义利之辨来抑制统治者的特权利益，在王霸之争上贵王贱霸，在君臣之际上提倡从道不从君。①

但是，不管怎么说，传统的民本学说中仍然缺乏某些重要乃至关键的要素，这一点夏勇先生也是毫不讳言的，他说：

在中国古代思想里，民权观念已经发育出来。它基于民本并以民本作为自己的表达形式。民本是政治合法性的最高尺度，也是民众的权利主体资格和政治权利诉求的终极凭借。不过，总的说来，传统的民本学说里还缺乏明确的作为制度操作概念的民权，只有作为起义暴动之动力的非制度、非程序的民权。

在古代中国，实际存在的程序法则主要是专制体制，民权思想因此只能是不完整的，这是古代民权思想与近代民权思想的区别所在。这个区别，不是有无的区别，而是多少的区别。②

正因为传统民本学说或民权观念缺乏一些重要乃至关键的要素，因此，夏勇先生仍然不得不纠结于新旧之间，不得已而推陈出新、重新构建一种“新的民本学说”③。

综上，无论是李先生的“从民本走向民主”，还是夏先生从民权的角度来重新诠解阐释民本，他们都希望能够跨越和沟通古与今、传统与现代，当然，也都是以现代的民主、民权作为传统民本的未来走向的目标指向。

① 夏勇：《中国民权哲学》，生活·读书·新知三联书店2004年版，第8页。
② 夏勇：《中国民权哲学》，生活·读书·新知三联书店2004年版，第18、19页。
③ 参见夏勇：《中国民权哲学》，生活·读书·新知三联书店2004年版，第50—56页。

2. 有人认为儒家思想与西方民主能够也可以进行逻辑的结合，有人则认为应该超越西方民主，回归儒家本源。前者以邓小军先生为代表，后者以蒋庆先生为代表。

邓小军先生在《儒家思想与民主思想的逻辑结合》一书中，分别系统地梳理了西方近代民主思想的核心逻辑和儒家人性思想与政治思想的核心逻辑，最后得出的结论就是："儒家思想的核心逻辑与民主思想的核心逻辑具有一致性，因此之故，儒家思想与民主思想可以——而且应当——合乎逻辑地相结合。"[①]而且，在该书中，作者对孙中山先生的民主思想特别给予了高度评价，认为："儒家思想和中国文化，是孙中山民主思想的重要资源之一。中山先生是把儒家思想与民主思想相结合的第一人。自中山先生之后，任何研究儒家思想与民主的人，都不能不正面面对——而不可能回避或绕过——孙中山民主思想这一思想高峰。"[②]

但是，当代大陆新儒家的代表人物蒋庆先生却完全不能赞同邓先生关于儒家思想可以并应该与西方民主思想逻辑地相结合的观点和看法，并撰写了一篇长篇书评，针对其内在理路和核心逻辑给以强有力的批评与反驳[③]。蒋庆先生力辩儒家的天道思想、道德心性、所谓道德与西方所谓自然法的实质内涵之异，反对"从普遍的人性观念逻辑地推出政治结论"[④]，认为政治具有经验性、独特性、传统性、超越性和实践性，而"建立在普遍人性观念上的抽象政治原则和逻辑推理不足以解决人类现实生活中复杂多变的政治问题"[⑤]。在所有这些论辩

① 邓小军：《儒家思想与民主思想的逻辑结合》，四川人民出版社1995年版，导言，第2页。

② 邓小军：《儒家思想与民主思想的逻辑结合》，四川人民出版社1995年版，第372页。

③ 参见蒋庆：《政治儒学：当代儒学的转向、特质与发展》，生活·读书·新知三联书店2003年版，第三章第一节"超越西方民主回归儒家本源"。

④ 蒋庆：《政治儒学：当代儒学的转向、特质与发展》，生活·读书·新知三联书店2003年版，第269页。

⑤ 蒋庆：《政治儒学：当代儒学的转向、特质与发展》，生活·读书·新知三联书店2003年版，第281页。

中无不贯注着蒋先生个人的独到之见，正是在辨析儒西思想之绝异的基础上，蒋先生发现邓的逻辑结合之说首先是在“当不当”的问题上就没有解决好，故而才会在“能不能”的问题上出现了偏差，也就是说，邓的逻辑结合之说在“当不当”的问题上并“没有进行深刻全面的反省与检讨”，“而是把‘当’（儒家思想当与民主思想结合）看作不证自明的逻辑预设，从而不自觉地把属于西方文化的政治思想看作属于全人类的政治思想，在逻辑上犯了‘以西方特色作人类共法’的错误”①。依蒋先生之见，邓的逻辑结合之说乃是不言自明地将西方民主思想作为全人类政治理想的当然标准或最高标准，即认为“西方民主思想在价值上具有不可置疑的可欲性，在效用上具有放之四海而皆准的普世性，在逻辑上具有自足绝对的真理性，在文化上具有超越民族的人类性”②。但是，与之恰恰相反，在蒋先生看来，

> 民主思想不像科学技术，不是人类共法，而是西方历史文化传统的产物，深深打上了西方文化的烙印，不具有普世的真理性，只是世界上各种文化思想中的一种文化思想而已。……因此，民主思想只能是西方的，而非全人类的；只能是属于某一特定文化的，而非中国的。世界上只有西方的民主思想，而不可能有人类的民主思想或中国的民主思想。……当代儒学面临的重大课题非如《儒》书（指邓著《儒家思想与民主思想的逻辑结合》一书——引者注）所言是“中国文化与现代化在根本上结合”的问题，亦即不是“儒家思想与民主思想逻辑结合”的问题，而是如何确立儒学自性、寻回中国文化自我的问题。这一问题的内容要求不是“合”而是“分”，即不是去寻找中西文化的同质而是去厘清中西文化的特质。由于近百年来西方文化的强烈辐射与大举

---

① 蒋庆：《政治儒学：当代儒学的转向、特质与发展》，生活·读书·新知三联书店2003年版，第283页。

② 蒋庆：《政治儒学：当代儒学的转向、特质与发展》，生活·读书·新知三联书店2003年版，第283页。

侵入，中国的文化自我已渗杂了许多异质的成分而迷失了自性不知为何物了，在这种情况下所要做的工作就是"剥离"其异质的成分，"还原"其真实的自我，使中国文化能以一独立的身份面向未来、面向世界。因此，当代儒学面临的任务就不是与西方文化结合，而是与西方文化分离。[①]

当代新儒家在政治发展与文化方向上无条件地向西方政治思想与文化形态认同靠拢，使儒学丧失其自性，从而使中国文化不能按照其文化自我的内在要求开出具有中国特色的政治制度。这一问题非同小可，乃直接关联到儒学在现代的发展与中国政治文化在当代的重建。当代新儒家以西方的民主为儒学的发展方向与重建标准，其动机虽然是欲回应西方文化的现代挑战，但很可能在这一回应中使儒学丧失其自性而成为西方文化的附庸。若儒学果能同民主思想结合开出西方民主，则儒学将不再具有独特之文化自我而不成其为儒学矣！因此，当代儒学面临的问题首先不是西方民主及其思想是否可欲与可能的问题，而是中国儒学在西方文化的猛烈冲击下如何保住其自性特质与文化自我的问题。即使西方民主及其思想是可欲的与可能的，但出于保守中国文化特性的立场，西方民主及其思想也不是当有的与必须的；何况西方民主及其思想发展到今天已经出现了许多问题，带来了许多负面的影响，其与非西方文化的差异性与不相容性已被世人逐渐认识，"以西方文化作人类共法"的"西方中心论"或"文化普世主义"也不再有市场。在这种背景下西方民主及其思想的可欲性与可能性要打许多折扣，已不能像"五四"时期那样天真地完全拥抱"德赛"两先生了。故依笔者之见，儒家思想在现代发展中必须保住其自性与文化自我，而

① 蒋庆：《政治儒学：当代儒学的转向、特质与发展》，生活·读书·新知三联书店2003年版，第284—285页。

"不当"与西方文化结合，具体说来"不当"与民主思想结合。中国就是中国，西方就是西方；儒家就是儒家，民主就是民主；二者各为人类文化大花园中的一枝奇葩，各自散发出独特的芬芳异彩，同为人类文化大花园增添了丰富多姿的景致，故二者没有必要结合亦不可结合。①

在对待西方文化以及西方民主思想与制度的问题上，只能采取实用的态度，即只要此物好，就拿来、就运用、就受益，没有必要在中国文化中去寻找与此物的逻辑一致性，更没有必要在此抽象的逻辑一致性上去推出与中国文化特质不相应的属于西方文化的思想与制度。也就是说，在对待西方文化的态度上应采取多元、辩证、经验、实务的态度，而不应采取一元、抽象、理论、逻辑的体用论形上学态度，即不能如当代新儒家那样去汲汲建构理论的形上学，在抽象的观念上来"会通"、"融合"中西文化；更不能如牟宗三先生那样用西方哲学（康德哲学）作为"钢骨"来"支撑"中国文化，使中国文化丧失自身的生命活力变为不能自立的瘫儿。②

为了在下面的分析和论评中不至于曲解和误读蒋先生立场和观点的原意，故此特将其文详引如上，以便于参照查勘。

蒋先生在辩驳邓的逻辑结合之说而力主"儒家思想不当与西方民主思想结合"③的同时，正面提出了一个关乎中国文化和当代儒学之发展方向的大问题，并怀抱着一种担心中国文化和儒学丧失其文化自我和自性特质的深切忧患意识，这不仅使他对于"以西方文化作人类共法"的"西方中心论"或"文化普世

① 蒋庆：《政治儒学：当代儒学的转向、特质与发展》，生活·读书·新知三联书店2003年版，第287—288页。

② 蒋庆：《政治儒学：当代儒学的转向、特质与发展》，生活·读书·新知三联书店2003年版，第290页。

③ 蒋庆：《政治儒学：当代儒学的转向、特质与发展》，生活·读书·新知三联书店2003年版，第289页。

主义”提出深切反省，对“五四”时期天真地完全拥抱“德赛”两先生产生强烈质疑，而且更引发了他对当代新儒学试图从学理上“会通”“融合”中西文化，乃至“在政治发展与文化方向上无条件地向西方政治思想与文化形态认同靠拢，使儒学丧失其自性”展开全面检讨，故而蒋先生采取了一种与上述文化立场和思想取向完全对立相反的文化相对主义的立场，以及“剥离”其异质成分、“还原”其真正自我的中西文化相“分离”的取向。正所谓“中国就是中国，西方就是西方；儒家就是儒家，民主就是民主”，认为不如此不足以维护中国文化和儒学的文化自我与自性特质，认为只有根据儒家特有的礼的精神而不是仁的理念，才能按照中国文化的文化自我的内在要求，真正开出或创建一种具有中国特色的政治制度，而对于西方文化以及西方民主思想与制度，只能采取实用的、拿来的立场和态度。为此，他提出了自己“王道政治”及其三重合法性的主张和中国式的政治制度即三院制的构想，具体而言，“王道政治，是‘为民而王’的政治；‘为民而王’，不是由民作主，亦不是以民为本，而是为民众的利益而平治家国天下”①，而且，王道政治的外王理想“以‘天下归往的为民思想’来确立政治秩序合法性的民意基础、以‘法天而王的天人思想’来确立政治秩序合法性的超越基础、以‘大一统的尊王思想’来确立政治秩序合法性的文化基础”，认为“无论古今中外，凡政治秩序欲合法，必同时具有此三重合法性的基础，即必同时具有民意（世俗）、超越（神圣）、文化（传统）的合法性基础，缺一必不能合法”②，而在制度架构上，这三重合法性被安排分别由“庶民院”“通儒院”和“国体院”来代表。这就是蒋庆先生区别于当代新儒家的“心性儒学”而提出的“政治儒学”的基本文化理念，以及颇具《春秋》公羊古义的、超越西方民主的中国式的政治主张与制度构想——既非“由民作主”，亦非“以民为本”，而

---

① 蒋庆：《政治儒学：当代儒学的转向、特质与发展》，生活·读书·新知三联书店2003年版，第203页。

② 蒋庆：《政治儒学：当代儒学的转向、特质与发展》，生活·读书·新知三联书店2003年版，第210页。

是“为民而王”的王道政治。

三、进一步的思考与评析

以上所述，已足以让我们明白，自“五四”以来，“关于民本思想是不是民主思想的争论”，确乎如张分田先生所说，一直是一个最令中国现当代学者倍感纠结和困扰的瓶颈式难题。[①] 时至今日，我们仍然不得不围绕着这一问题进行探讨和论辩，展开文化争论甚至“文化战争”。综观上述学者的观点可知，关于民本 / 民主的问题，既有将二者简单等同看待的观点，亦有将二者完全对立起来的看法；既有强调二者“虽可通但非一物”者，亦有强调二者虽非一物但可通者；既有认为民主政道转出后儒家民本德化的治道能够被更好地落实而发挥其作用者，亦有认为儒家的民本德化主张与君主专制体制密不可分而无法剥离者；既有主张民本思想总体上属于专制主义范畴而只包含有部分的普适性政治价值者，亦有主张民本思想虽然在历史上曾经与君主制和三纲之说结合在一起但仍然能够走向民主者；既有从内在理路和核心逻辑上论证儒家思想应当与西方民主思想进行逻辑结合者，亦有从内在理路和核心逻辑上反证儒家思想不当与西方民主思想进行逻辑结合者；等等，不一而足，各有理据而莫衷一是。那么，在民本与民主之间，我们究竟应何去何从、作何选择呢？要想圆满地回答这一问题绝非易事，但又不得不回答，为此，有必要对民本 / 民主的问题重新加以反思与评估。

在民本与民主之间进行比较论述，我认为这是中国学人在面对西方民主思潮的冲击和挑战时所作出的再自然不过的意识反应了，这本身其实是无可厚非的。然而，当学者们只是纠缠于民本与民主字面上的含义时，如金耀基先生所言，也许会陷入“失之皮相”的话语误区。不管怎样，我们要想认清问题的实质，必须具备历史学家洞察时变的历史分析眼光和文化学家宽广宏阔的文化比

① 参见张分田：《民本思想与中国古代统治思想》（上），南开大学出版社 2009 年版，第 13 页。

较视野，以及政治哲学家系统深刻的政治阐释方法。但由于笔者学有未逮，故只能略陈一管之见，希望对促进相关问题的思考解决有所裨益。

民主、民治、民权都是近代从西方传入的舶来品，这是毋庸讳言的。直面正视乃至批评反省中国自古以来的政治论及其思维方式的根本缺点、缺失和缺陷，只要不是全盘否定自我固有的思想文化传统，就并不意味着中国人文化自信心的丧失，恰恰相反，也许正是健全、开放而理性的文化心态的一种体现。即使是陈独秀等五四新文化运动的领袖们激烈反传统的崇西批儒的文化立场，也并非对中国固有的一切历史文化和道德传统持一概蔑弃和全盘否定的态度，譬如，对于守旧派人物所标榜的中国固有的一些美德，如温、良、恭、俭、让、信、义、廉、耻诸德，陈氏并不否定其为美德，不仅不否定和蔑弃，甚至还认为勤、俭、廉、洁、诚、信“之数德者，固老生之常谈，实救国之要道”[①]。当然，陈氏亦强调指出：“若夫温良恭俭让信义廉耻诸德，乃为世界实践道德家所同遵，未可自矜特异，独标一宗者也。”[②] 胡适对此亦持有与陈氏基本相同的观点和看法，如他评价孙中山提倡中国旧道德说：“老辈之中，一位最伟大的孙中山先生，在他的通俗讲演里，也不免要敷衍一般夸大狂的中国人，说：‘中国先前的忠孝仁爱信义种种的旧道德’都是‘驾乎外国人’之上。”但，事实上，“他所颂扬的旧道德都只是几个人类共有的理想，并不是我们这个民族实行最力的道德。例如他说的‘忠孝仁爱信义和平’，那一件不是东西哲人共同提倡的理想？除了割股治病，卧冰求鲤，一类不近人情的行动之外，那一件不是世界文明人类公有的理想？”[③] 可见，他们并不认为我们的旧道德可以让我们“自矜特异，

① 陈独秀：《我之爱国主义》（1916年10月1日《新青年》第二卷第二号），见吴晓明编选：《德赛二先生与社会主义——陈独秀文选》，上海远东出版社1994年版，第45页。

② 陈独秀：《宪法与孔教》（1916年11月1日《新青年》第二卷第三号），见吴晓明编选：《德赛二先生与社会主义——陈独秀文选》，上海远东出版社1994年版，第54页。

③ 胡适：《再论信心与反省》（1934年6月17日《独立评论》第105号），见姜义华主编：《胡适学术文集·哲学与文化》，中华书局2001年版，第273—274页。

独标一宗"，它既不"驾乎外国人"之上，也并非我们民族"实行最力"的，而就其本意来讲，他们之所以"不满意于旧道德"，主要是因为传统"爱有等差，施及亲始"的孝悌的范围太偏狭了，而现代道德的理想却是"要把家庭的孝弟扩充到全社会的友爱"①，扩充孝悌的范围而非意在蔑弃才是陈氏的真实主张，其实孔孟亦是主张扩充孝悌的范围而"泛爱众"（《论语·学而》），或者是"老吾老以及人之老，幼吾幼以及人之幼"（《孟子·梁惠王上》）的，陈氏的批评只适用于一般流俗的孝悌道德观念，但也并非反对孝悌之德本身。另外，陈氏在论述实行民治的问题时也曾说过："中国社会史上的现象"的与众不同之处就在于，"上面是极专制的政府，下面是极放任的人民；除了诉讼和纳税以外，政府和人民几乎不生关系；这种极放任不和政府生关系的人民，自己却有种种类乎自治团体的联合：乡村有宗祠，有神社，有团练；都会有会馆，有各种善堂（育婴、养老、施诊、施药、积谷、救火之类），有义学，有各种工商业的公所；像这些各种联合，虽然和我们理想的民治隔得还远，却不能说中国人的民治制度，没有历史上的基础。……而且自古以来，就有许行的'并耕'，孔子的'均无贫'种种高远理想；'限田'的讨论，是我们历史上很热闹的问题；'自食其力'，是无人不知道的格言；因此可以证明我们的国民性里面，确实含着许多社会经济的民治主义的成分。我因为有这些理由，我相信政治的民治主义和社会经济的民治主义，将来都可以在中国大大的发展，所以我不灰心短气，所以我不抱悲观"②。一方面激烈反传统，一方面又并不一概否定和蔑弃中国旧道德和旧传统。就前一方面讲，这意味着必须坚持根本性质上的中西之异，并通过西化（欧化）的方式来变革中国的旧文化旧传统，以实现彻底的古今之变，故而陈氏主张民本与民主"绝非一物"，亦"绝无融合会通之余地"；但从后一方面

---

① 陈独秀：《新文化运动是什么？》（1920年4月1日《新青年》第七卷第五号），见吴晓明编选：《德赛二先生与社会主义——陈独秀文选》，上海远东出版社1994年版，第138页。

② 陈独秀：《实行民治的基础》（1912年12月1日《新青年》第七卷第一号），见吴晓明编选：《德赛二先生与社会主义——陈独秀文选》，上海远东出版社1994年版，第107页。

看，陈氏的观点似乎也并非绝对前后一致或始终一贯，如果说我们学习西方而实行理想的民治制度都有其历史上的基础的话，那么，为什么我们不能将历史上的民本看作学习西方而实行理想的民主政治的历史基础或文化资源？我认为，现代新儒家尝试融合会通中西文化，或者以西释中即以自由平等民主之义阐释孔子经典教义，或者力主民主政道之转出并极力阐扬儒家民本德化思想的价值和意义的思路，正是在“五四”激烈反传统的文化立场的刺激下，基于对上面这一问题的逼问而作出的正面回应。而且，对他们来讲，绝不仅仅因为民主是西方的，所以他们才要讲民主政道的转出或民主建国的问题，而是因为民主政治是“人类政治发展的正轨和坦途”，也就是说，民主政治并不因为发源于西方才是可欲的，而是因为它代表着一种人类政治发展所追求的具有普世意义的未来方向和正确目标才是可欲的。值得一提的是，孙中山先生汇贯糅合古今中西、将西方民主与中国民本冶为一炉而自创三民主义之新说所提供的先例，事实上为现代新儒家融合会通中西文化的努力树立了一种方向性的精神路标，如牟宗三先生对政道与治道问题的辨析论述即深受孙中山权能区分的启发。不过，由于现代新儒家具有强烈而鲜明的继承和弘扬儒家道统的意识色彩，因此，他们学术思想的重心主要在于阐扬孔孟古典儒家的民本德化思想的价值与意义，而对于整个中国民本思想的发展演进历史并未作系统的学术梳理，总体上亦缺乏对历史上儒家思想客观理性的批评反省。

在系统的学术梳理和客观理性的批评反省方面，研究中国政治思想史的学者可以说作出了更加卓越而杰出的贡献，而且，他们将一种中西思想比较的视野和历史学家所特具的历史眼光以及更加客观理性的学术观点，带入了民本/民主的问题论域。但是，进行中西政治思想的比较并能做到客观理性，却绝非易事，另外，即使是运用同一种历史眼光，也可能得出极为不同的结论。在进行中西政治思想比较时，既能认识到民本思想为中国政治思想的一大特色，具有其独特的价值和意义，而同时又能清醒地意识到无参政权为中国民本主义的最大缺点，这无疑体现了梁启超先生独具慧眼的真知灼见，萧公权、谢扶雅和金耀基诸先生继续对此多有精到的阐发与论述。另如金耀基先生所言：

中国的民本思想，到了黄梨洲手上，可说已经发挥到了极致。但是民本思想毕竟只是一种理论，而非一种制度。因此讲民本思想，必须与德治主义配合，必须祈求圣君贤相当位，那样民本思想才能在实际政治上落实。以此儒家的政治哲学，一方面是德治主义，一方面又是民本主义。当德治主义与民本主义相涵相摄时，必是开明的政治；当德治主义与民本主义分途殊辙时，则必是不开明的政治。此所以中国数千年的政治，总是逃不了一治一乱的循环的悲剧性的历史命运也。吾人以为欲解开这个历史的死结，必须将古有的民本思想向前推进一步，而创设以民为本的制度，亦即将古有的民本思想涵摄了西方的民治观念，以实行民主政治耳。①

显然，依金先生之见，当以中国古有的民本思想为根基来涵摄西方的民治观念，换言之，即必须将古有的民本思想向前推进一步，创设以民为本的制度，以实行民主政治，唯有如此，我们才能从根本上摆脱数千年政治在一治一乱中循环的悲剧性历史命运。对金先生而言，涵摄意味着民本与民治是可以相互融通的，但虽然可以融通，二者却并非一物，不可混同。

与梁、金等先生的观点不同，另一派研究中国政治思想史和民本思想的学者则强调，既然民本与民主在民治这一根本点上存在着性质的差别，就说明二者绝非一物，具有实质的不同，也就是说，民本只是君主制时代的产物，属于专制主义范畴，而我们现在所追求实现的目标是实行现代民主政治，这需要传统的民本思想进行彻底的自我否定和蜕变，直接从民本转化开出民主乃是一条死胡同。总而言之，民本在本质属性上不同于民主，当然，民本思想中的那些具有普适性的政治价值或具有超越时空的价值的思想因素也会被留传下来，但它

① 金耀基：《中国民本思想史》，法律出版社2008年版，第21—22页。

们在今天只能作为一种历史遗产，或只有依附于民主体制，作为民主的补充物，才具有其价值和意义。

上述两派政治思想史学者的观点，表面看上去虽然相反对立，但在我看来，却并无实质性的根本差异，只是强调的侧重点不同而已，前者给予民本思想更多的同情的理解，认为民木思想在历史上主要起到了缓和和减杀专制毒害的重要作用，虽然认为民本和民主可以融通，但也明确指出二者并非一物；而后者则更多的是站在现代民主的立场上来审视和批评反省民本思想的缺陷，认为民本思想在历史上主要起到了维护和支撑专制统治的作用，虽然认为民本和民主无法融通转化，但也承认民本思想中包含着许多具有普适性的政治价值或具有一些超越时空的价值，可以成为民主体制、民主政治的价值补充。因为他们都是具有历史眼光的学者，前者并未将民本与民主简单混同起来，后者也并未完全否定中国古有的民本思想或专制主义理论体系中有价值的成分与因素。① 依笔者之见，我们应当综合上述两派学者的观点，以便能够更加全面、完整地认清历史的真相与全貌，认清民本思想在历史上所发挥的真实作用及其在当今民主时代仍然可有的价值与意义。因此，虽然民本思想产生于君主制的时代，并与之紧密结合在一起，但笔者仍然倾向于认为民本思想本身具有相对独立的价

---

① 如张分田先生说：就民本思想而言，“作为一种理论体系，它根本不属于民主范畴，也不具有反专制的功能，许多成分只适用于古代社会，不应该也不可能作为文化传统而留存于现代社会。但是，作为对执政规律和执政艺术的深刻认识，民本思想的许多思路和主张具有普适性，在任何时代、任何政治制度下，这类思想因素都会有重要的现实意义。中国古代的‘天下为公’思想、‘以德治国’思想、‘以法治国’思想、‘兼听博纳’思想、‘吏为民役’思想等，也都具有同样的本质特征、历史价值和现代意义。在这个意义上，中国古代专制主义政治理论体系的许多政治智慧和政治理念具有毋庸置疑的现代价值。就连中华帝制的某些原理、机制、制度、做法也会在一定程度上具有现代价值。诸如现代文官制度就借鉴了科举制度的许多做法。简言之，中国古代专制主义政治理论和政治制度中一切具有普适性的因素都是构建中国现代政治文明的宝贵文化资源”（《民本思想与中国古代统治思想》下册，南开大学出版社 2009 年版，第 749 页）。

值与意义，当然，民本思想要想在今天仍然能够发挥其应有的价值和作用，必须经过一番价值剥离和创造转化的工作，必须使之与君主专制的旧传统相剥离，必须创造性地转化而使之能够发挥更有利于促进而不是阻碍民主政治的实行的作用，唯有如此，才能使民本思想真正发扬光大。

在回顾和思考上述学者有关民本与民主的观点和看法时，笔者很自然地产生了一个特别的想法，我们或许可以暂时抛开一切理论上的难题，扪心自问一下，譬如，就拿民有、民治、民享的说法来讲，既然“与民主的‘民有、民治、民享’的含义相比，民本思想含有民有、民享二义，已是三分天下有其二了”[①]，那么，我们究竟是应当因缺其一便连已有的其二也自卑地否定掉，还是应当因已有其二而可以自信地融通涵摄所缺其一而将其化为已有呢？还有，在二三千年的时间里，中国的先哲先贤虽然一直生活在君主制或帝制中国的时代，虽然他们“没有在君主体制之外进行其他政治制度的设计”[②]，但他们中的绝大多数人始终一贯地坚持和弘扬贵民、重民的民本思想，反之，民主政制虽然起源发端于古希腊，但它只是在近现代才发展形成了其目前相对完备和成熟的西方式的制度形态，并只是“在非常晚近的时期内”，才真正在世界范围内得以尽可能地扩大其影响力，“开始主导了整个世界的政治想象”，但它在各种政体类型中，“只不过是一种特殊的政府形式罢了”，而且，在使用“民主”一词的绝大多数人的评价性判断中，“在其作为词语的差不多两千年的历史中”，却是一个“已经证明在理论上它完全没有什么正当性，而在实践中处处都带来灾祸”[③]的词语。两相比较，那么，我们究竟是该为我们的古人讲“贵民”“重民”“民本”

① 卢向国：《温情政治的乌托邦——中国古代民本思想的机理研究》，天津人民出版社 2008 年版，第 25 页。

②［德］罗哲海：《轴心时期的儒家伦理》，陈咏明、瞿德瑜译，大象出版社 2009 年版，第 353 页。

③［英］约翰·邓恩：《让人民自由：民主的历史》，尹钛译，新星出版社 2010 年版，第 1、3、4 页。

而感到羞耻，还是感到光荣？这也许并不是一个很难回答的问题，甚至在我看来答案是不言而喻的，倘若借用梁漱溟先生的说法讲，这或许正说明了中国人在政治理念或政治智慧方面的“文化早熟”与“理性早启”。然而，当我们拿民本和民主来比较的时候，何以会如此地令许多中国学者倍感纠结和难堪呢？换言之，民本/民主的问题何以竟会成为一个令许多中国学者倍感纠结和难堪的问题呢？说到底，不过就是因为我们没有从民本发展出民主来，而民主在今天却“已成为整个世界上头等重要的政治目标”①，这是一种无法否认的客观的历史事实。但是，如果说牟宗三先生所谓民主政道的转出与建立，依然是我们今天所面临的一个时代性的重大政治问题的话，那么人们就仍然难免会围绕着民本与民主的问题而进行学术的辩论，展开文化论争甚至是文化战争。不过，我们在围绕着民本是不是民主这一问题而展开学术辩论和文化论争时，为了避免陷入无谓纷争的死结，却十分有必要作进一步的思考，我们究竟是在什么意义上来对民本与民主进行两相比较的，易言之，我们必须也只有真正搞清楚我们究竟是在什么意义上来进行比较的，才能作出更加客观理性的评判，乃至作出更加合理有益的选择和取舍。

依笔者之见，关于民本是不是民主的问题，我们应当明确区分和辨析两个层面的问题，一个是政治价值层面，一个是政府形式层面。因为“民主既是一种政府形式，也是一种政治价值”②，或者说既是一种制度架构，又是一种价值信念，而民本自始所表达的便主要是一种政治价值，或主要是一种观念形态的价值信念，而其本身在历史上从来就没有被转换成或落实为一种可以真正被称为“以民为本”的政府形式，与之相对应的始终是君主统治的政治体制，或者民本的价值信念在历史上只是体现在君主制的政府形式上。因此之故，在我看来，只有区分制度与价值两个层面的问题，并据此来看待和理解民本与民主的可比

①[美]科恩：《论民主》，聂崇信、朱秀贤译，商务印书馆1988年版，序，第1页。

②[英]约翰·邓恩：《让人民自由：民主的历史》，尹钛译，新星出版社2010年版，第5页。

性问题，这样的比较论析才是更能说明问题实质所在而富有意义的。记住黑格尔关于比较辨析事物异同问题的下述观点和看法，应该对我们是非常有教益的，他说："假如一个人能看出当前即显而易见的差别，譬如，能区别一枝笔与一头骆驼，我们不会说这人有了不起的聪明。同样，另一方面，一个人能比较两个近似的东西，如橡树与槐树，或寺院与教堂，而知其相似，我们也不能说他有很高的比较能力。我们所要求的，是要能看出异中之同和同中之异。"①

根据黑格尔的教诲，具体就民本与民主的比较而言，我认为首先需要明确的一点就是，无论是西方的民主，还是中国的民本，它们都是在理想与现实充满张力的生存境况下产生和发展出来的一种非常错综复杂的历史现象。比较二者的意义，并不在于指出人们一眼就能看出的它们之间所存在的显而易见的本质差别，也不在于仅仅在某些方面知其相似而已，更重要的是能够辨析看出二者的异中之同和同中之异。

具体而言，无论是作为一种制度形态的政府形式，还是作为一种观念形态的价值信念，民主之为民主，在其理想的含义上，无疑都是以"民治"即人民的自治或自我统治为核心或根基的，如美国学者科恩所说："民主即民治。……民主是一种人民自治的制度。"②而这一制度的核心价值亦可以说就是民治或主权在民的价值理念。然而，从历史的形式变迁和现实的落实形态上讲，民主之为民主却可能是千差万别的，不存在古今绝对一致的民主政府形式，如英国学者邓恩所说，"现在的代议制民主已经改变了民主的观念，变得几乎使人认不出来了"，而且，正是"通过这种改变，它让自己从一个历史上毫无指望的失败者变成了更为持久的胜利者"③；与此同时，也正像法国思想家托克维尔所说，并非只有欧美人或西方人所发现的统治形式才是"民主可能提供的唯一形式"④。

①［德］黑格尔：《小逻辑》，贺麟译，商务印书馆1980年版，第253页。

②［美］科恩：《论民主》，聂崇信、朱秀贤译，商务印书馆1988年版，第6页。

③［英］约翰·邓恩：《让人民自由：民主的历史》，尹钛译，新星出版社2010年版，第8页。

④［法］托克维尔：《论美国的民主》上卷，董果良译，商务印书馆1988年版，第16页。

再者，如美国学者萨托利所分析，首先，林肯所谓“government of the people”（民有）实际上可以用来指称以下各种设想：自治的人民，即直接民主；相反，人民是统治的对象，人民是被统治者；从统治的合法性来自人民的同意这个意义上说，统治源于人民；统治是经人民选择的；统治受人民的指导。也就是说，这“涵盖了或能够涵盖政治的全部范围；它不但可以指所有能够想象到的民主形式，而且可以指同民主毫不相干的对人民的统治”。其次，“government by the people”（民治），“则有着相反的缺陷，它过于笼统，以至不允许作具体的设想”。最后，只有“government for the people”（民享）是不含糊的，它“明确地是指为了他们的好处，他们的利益，他们的福祉”，但是，“过去有许多政权从不自称民主制度，却宣布自己是‘民享’的政府”。因此，事实上，仅仅“从字面上使用‘民主’一词将招致一种任意规定的论说”。[①] 另如另一位美国学者科恩所说，民主作为“一种社会管理体制”，即“在该体制中社会成员大体上能直接或间接地参与或可以参与影响全体成员的决策”，其实行的成败将取决于各种各样的条件，如物质、法制、智力、心理和防卫等方面的条件，也就是说，尽管“民主现在激起了世界人民的想像，鼓舞了他们的希望”，但民主并没有什么“神奇的力量”，“它不能超越社会成员的物质与智慧能力为社会有所作为”，当然，对于作为“一种公正的政体”的民主，我们“珍视它、捍卫它”也是“正确的”[②]。

与民主一样，民本的含义也是复杂多义甚至是充满歧义的，譬如，一般学者认为，民本思想兼具民有、民享二义，但在谢扶雅先生看来，不同于民有、民治、民享的说法，只有与之“相似”而“决不是相同”的平和的精神、平等的观念和平均的政策才是中国民学的三大条目或要义；金耀基先生根据“民”的观点，将中国政治思想区分为民本（儒家）、非民本（老庄杨朱）及反民本（申韩、李斯）三派，而有的学者则认为将民本思想局限于儒家一派，可能在对民本思想

①［美］乔·萨托利：《民主新论》，冯克利、阎克文译，东方出版社1998年版，第38—39页。

②［美］科恩：《论民主》，聂崇信、朱秀贤译，商务印书馆1988年版，第10、292页。

的含义与范围的理解上过于狭窄了；卢向国先生将民本思想划分为价值民本和工具民本两大系统，而有的学者则认为历史上的思想家和统治者从未真正地把民看作价值性或“目的性”之本，而只是把民看作“工具性”之本；另外，刘泽华和张分田先生还对民本思想能否被称为民本主义提出了质疑，等等。果如上言，则我们在民本与民主之间作任何一种简单的比论都有可能让我们陷入难堪或误入歧途。因此，为了在民本与民主之间作出一种更富有意义的比较论析，我们必须对论述的范围作出一种明确的限定。为此，我认为有必要将笔者自己有关民本问题的具体观点和看法首先简要阐明论列如下，即依笔者之见：

（一）许多学者所认为的民本思想中兼含民有、民享二义大体是不错的，但其含义仍然需要作更进一步的具体说明和阐释，即它们的具体所指究竟是什么意思，而在对其含义作具体阐释时，谢先生的说法亦对于我们具有重要的启示意义。

（二）金先生将各种“民”的观点区分为民本、非民本、反民本三派的看法亦是有一定道理的，我们不能一看到某些思想家讲到有关“民”的“一个美好的语词”，“就认为它必然与一个美好的事物相符”①，譬如，在一些思想家的著作中一看到“爱民”“利民”这些关于“民”的字眼，就以为它必然就是一种民本思想，事实上，我们需要综合考量一个思想家或一部著作的基本政治立场及其整体思想的性质。

具体来说，如商鞅、韩非之流虽然也讲“爱民”“利民”②，但综合其“弱

①[美]欧文·白璧德：《民主与领袖》，张源、张沛译，北京大学出版社2011年版，第170页。

②如《商君书·更法》曰：“法者所以爱民也，礼者所以便事也。是以圣人苟可以强国，不法其故；苟可以利民，不循其礼。”《韩非子·奸劫弑臣》有言：“圣人者，审于是非之实，察于治乱之情也。故其治国也，正明法，陈严刑，将以救群生之乱，去天下之祸，使强不陵弱，众不暴寡，耆老得遂，幼孤得长，边境不侵，君臣相亲，父子相保，而无死亡系虏之患，此亦功之至厚者也。”另外，《韩非子·问田》亦曰：“窃以为立法术，设度数，所以利民萌便众庶之道也。”

民”“胜民”和“愚民”之论，至少在笔者看来，我们很难将他们的政治思想简单地定性为是“民本思想”，也许我们可以说他们的思想中包含有某些民本思想的个别观念如“爱民”和“利民”，但说到底他们是以富国强兵为目标的国家本位论者或君利中心主义的君本位论者，诚如郭沫若先生所说：“商君以国家的富强为本位，而韩非是以君主的利害为本位。”[①] 冯友兰先生亦尝言：“儒墨及老庄皆有其政治思想。此数家之政治思想，虽不相同，然皆从人民之观点，以论政治。其专从君主或国家之观点，以论政治者，当时称为法术之士，汉人谓之为法家。”[②] 不过，即使是“皆从人民之观点，以论政治”，我们仍需辨析其“人民之观点”在其整个政治思想理论中究竟处于何种地位以及具有什么样的具体意义，如道家基于“爱民治国”“民利百倍”（《老子》第10、19章）的理由而在政治上极力主张绝圣弃智、无为而治和自由放任的不干涉主义，认为“圣人常无心”，当“以百姓心为心”（《老子》第49章），或者“卑而不可不因者，民也”（《庄子·在宥》），无疑是富有民本色彩的，但其思想的宗旨最终归本于自然主义，既意图弱化和消解统治者的权力意志，亦同样希望人民只过一种无知无欲的自然淳朴生活，甚至是回归自然而“同与禽兽居，族与万物并”（《庄子·马蹄》），果真如此，则其政治思想的实质说到底不过是一种无须有人过问人类公共事务（民生民事）的非政治甚至反政治的立场和观点，据此以言，金先生认为老庄杨朱所持是一种非民本的思想观点亦非无据，当然，我们也可以说道家的自然主义政治思想中包含着一些民本思想的观念或因素。至如墨子，他不仅尊天事鬼，深怀一种超政治的宗教信仰，而且，具有更加强烈的积极入世、救济苍生的民本情怀，较之儒家甚至有过之而无不及，因此，墨子关切民生民利，以为天下兴利除害为己任，并站在国家百姓人民之利的政治立场上提出非攻、兼爱、

① 郭沫若：《十批判书》，东方出版社1996年版，第366页。

② 冯友兰：《中国哲学史》上册，中华书局1961年版，第383页。

尚贤、节用等一系列思想主张，但他把政治看作纯粹“圣贤们的事业”①，力主“上之所是必亦是之，上之所非必亦非之”（《墨子·尚同中》），希望单纯依靠刑政和政长的力量并以尚同一义的集权主义方式来重建和维持天下的秩序，因此，我们可以说，墨子的政治思维具有一种典型的“以政长为本—以民为本”的阴阳组合结构的特点，而且是以前者为主，后者为辅。

（三）即使就儒家的民本思想来论，我们也需要作具体分析。历史上的儒家并非一概都是民本论者，同样是主张民为邦本或以民为本，有的可能偏于人民的立场和观点，而有的则可能偏于尊君的立场和观点，或者是在民本与尊君之间持一种相对比较均衡的立场和观点。譬如，孔子和荀子的政治立场和观点应该属于相对比较均衡的民本—尊君论，孟子则更偏于人民本位的立场和观点，而后世儒者一般属于君本为主、民本为辅论者，如汉儒贾谊便是一范例，他一方面将儒家民本论提升到一种无以复加的地步，如《新书·大政上》曰：

> 闻之于政也，民无不为本也。国以为本，君以为本，吏以为本。故国以民为安危，君以民为威侮（荣辱），吏以民为贵贱。此之谓民无不为本也。闻之于政也，民无不为命也。国以为命，君以为命，吏以为命，故国以民为存亡，君以民为盲明，吏以民为贤不肖。此之谓民无不为命也。闻之于政也，民无不为功也。故国以为功，君以为功，吏以为功。国以民为兴坏，君以民为强弱，吏以民为能不能。此之谓民无不为功也。闻之于政也，民无不为力也。故国以为力，君以为力，吏以为力。……故夫灾与福也，非粹在天也，又在士民也。呜呼，戒之！戒之！夫士民之志，不可不要（察）也。呜呼，戒之！戒之！
>
> 故夫民者，至贱而不可简也，至愚而不可欺也。故自古至于今，与民为仇者，有迟有速，而民必胜之。

① 详见林存光主编：《中国古典和谐政治理念与治国方略研究》，中国社会科学出版社2013年版，第156—162页。

> 夫民者，万世之本也，不可欺。……故夫民者，大族也，民不可不畏也。故夫民者，多力而不可适（“适”，假借为“敌”）也。呜呼，戒之哉！戒之哉！与民为敌者，民必胜之。

另外，贾谊还提出了一个极富远见卓识的“察吏于民”的任贤选吏的办法，其言道：

> 夫民者虽愚也，明上选吏焉，必使民与焉。故士民誉之，则明上察之，见归而举之；故士民苦之，则明上察之，见非而去之。故王者取吏不妄，必使民唱，然后和之。故夫民者，吏之程也。察吏于民，然后随之。夫民至卑也，使之取吏焉，必取其爱焉。故十人爱之有归，则十人之吏也；百人爱之有归，则百人之吏也；千人爱之有归，则千人之吏也；万人爱之有归，则万人之吏也。故万人之吏，选卿相焉。（《新书·大政下》）

但另一方面，贾谊又是一个绝对的君本论者，因为在他看来，“夫民者，唯君者有之，为人臣者助君理之”（《新书·大政上》），而且，君之所以为君，不仅在于他拥有“制天下之命”（《新书·淮难》）的“权势法制”（《新书·制不定》），更在于他是道之所由出，正所谓：“治国家者，行道之谓，国家必宁；信道而以伪，国家必空。……道不可离也。”“君之为言也，道也。故君也者，道之所出也。”（《新书·大政下》）可见，贾谊的政治思维方式乃是典型的君本—民本的阴阳组合结构，在这一君本—民本的组合关系中，又始终是以君本为主、以民本为辅的，这是由君和民相应的政治地位所决定的，即君主作为统治者，始终处于主导和主体的地位，故君主亦可被称为“民主”（《新书·连语》），这是君主的古称，君主既然是民之主，而民作为君统治的对象，不论在重要性上被抬到多么高的地位，都始终处于被动和依附（辅）的地位，故曰：“夫民之为言也，瞑也；萌之为言也，盲也。故惟上之所扶而以之，民无不化也，故曰民萌。民萌哉，直言其意而为之名也。”（《新书·大政下》）唐代大儒韩愈更有言曰："君者，出令者也；臣者，行君之令而致之民者也；民者，出粟米麻丝、作器皿、通货财以事其上者也。君不出令，则失其所以为君；臣不行君之令而致之民，则失其所以为臣；民不出粟米麻丝、作器皿、通货财以事其上，则诛。"（《原道》）这样一种有关君、臣与民的关系理论，显然属于典型的君主本位论，而绝不是什么民本论。难怪严复要汲汲于"辟韩"了，以为"斯民也，固斯天下之真主也"，而"君臣之伦，盖出于不得已也！唯其不得已，故不足以为道之原"[①]。

（四）我们不能僵化刻板地看待民本思想与君主制在历史上一直结合在一起的问题，而应以历史的发展的眼光来看待这一问题。中国的民本思想源远流长，形成了一种古老而持久的思想文化传统。它在历史上一直与君主制结合在一起，这也是毋庸讳言的。但是，下述历史事实和思想现象，也是不容我们轻忽的，即在历史上，君主制并不是一成不变的，它随时而变，处在不断发展演化的历史过程中，在不同的时代既有其不同的具体形态与制度架构，亦有其不同的思想文化背景与价值信仰根基，而且，在特殊的历史时期，譬如诸子百家思想争鸣的时代，它在理论上亦具有极为不同的理想形制与思想意涵。如果我们能够认真看待并深入反思这一历史事实与思想现象，便不难发现，民本思想实可以与各种不同的现实和理论形态的君主制结合在一起，民本思想的个别观念如"爱民""利民"甚至可以被吸纳进法家的那种极端的国家或君主本位的思想体系中。在夏商周时代，民本思想可以与建立在天命神权信仰基础上的君主制或立基于封建贵族分权体制之上的君主制结合在一起，而在秦汉以后，民本思想亦可以与建立在郡县官僚制度和中央集权体制之上的君主专制制度结合在一起；在儒家那里，民本思想是与以教民养民为职责的君主制类型结合在一起的，在墨子那里，民本思想则是与以尚同一义为职能的君主制类型结合在一起的，

① 严复：《辟韩》（1895年3月13—14日天津《直报》），见丁守和主编：《中国近代启蒙思潮》上卷，社会科学文献出版社1999年版，第252、251页。

在道家和法家那里，民本思想的一些观念因素可以说是分别与无为型和法治型君主制结合在一起的。那么，既然如此，我们或许可以得出这样一个更有意义的结论，而不必纠结于它与君主制的结合问题，即民本思想具有广泛而普遍的政治适用性。无疑，历史地讲，民本思想乃是君主制时代的产物，但是，依笔者之见，民本思想的普遍适用性却并不在于它是君主制时代的产物，相反，而是取决于它本身蕴含着某种超越君主制的价值信念，如天下非一人之天下，“天地之性人为贵”（《孝经·圣治章》），人人皆具良心善性，在自然人性或天赋的道德性意义上每个人都是平等的，也都具有同样的人格尊严，任何人都应受到公平的对待和仁心关爱、获得其应有的基本物质生活条件和道德上的教养。由此我们也许可以作出更进一步的推论，既然民本思想及其普遍适用的价值信念可以在历史上与君主制结合在一起，那么它在今天也理当可以与民主制结合在一起。当然，这还需要我们在下文作更进一步深入的论证，不过，在此首先要指出的是，如果我们果真能够从历史的发展的眼光来看待问题的话，只是因为民本思想在历史上曾经与君主制结合在一起，便轻率地否定民本思想本身及其所蕴含的普遍适用的价值信念的意义，显然是不适当的，是将问题过于简单化了。因此，笔者并不赞同这样一种观点，即认为民本只是一种“伦理范畴”或“伦理要求”，“只能以道德的形式存在”，而“无法具体化为制度和程序”，或者“决无可能以制度的形态存在”[①]。事实上，民本的思想观念和价值信念虽然在历史上只是一种理论，且在历史上与君主制结合在一起，而只能具体化地体现在君主制的政治形式或制度形态上，但是，当与君主制实现了剥离之后，它也是可以与民主制结合在一起，并具体化为民主制的政治形式与制度形态的，如上文所引金耀基先生的观点所认为的那样，如果我们能够将古有的民本思想向前推进一步，涵摄西方的民治观念，是可以创设以民为本的制度而实行民主政治

① 卢向国：《温情政治的乌托邦——中国古代民本思想的机理研究》，天津人民出版社 2008 年版，第 277 页。

的，甚至可以说，“阐扬中国之民本思想，涵摄西方之民治观念，俾中国的民本思想得新精神而寻出一条出路，使民主制度在中国大地生根结实，正中国现代学人所当努力之大方向，大题目”[①]。当然，当我们不再将文明与道德的共同体的延续等同于帝制中国的维持时，我们也就站在了一个关键性的历史转折点上了！

（五）在价值民本与工具民本、民惟邦本与以民为本之间作出明确区分是有一定意义的，但无论是思想本身的含义还是现实中的具体运用，实际的情况要错综复杂得多，简单地将二者截然二分，并对立割裂开来理解，也会导致片面误解。

任何一种美好的目的性价值都有可能被统治者歪曲利用，以便维护其自身的特殊利益与政治统治，不仅传统的民本如此，即使是现代的自由、平等和民主等也不例外。反之，某种工具性的价值，通过一种切实的践行、持久的落实或具体的贯彻也有可能慢慢形成一种惯常的行为模式或文化习性，甚至变成一种真诚的目的性信念。最重要的是，我们应秉持一种客观理性的历史态度，应依据具体问题具体分析的方法来看待和分析问题，不可一概而论，譬如，帝制中国的专制帝王也许更多的是出于维护自身特殊利益和稳固自身政治统治的目的来强调和倡言以民为本，但我们很难说那些在地方上勤政爱民的循吏良吏[②]，其“凡有利于民者，为之无不力”（《清史稿·循吏列传》）的所作所为也完全是出自毫无诚意的虚伪矫饰，因此，断言民本思想在历史上只具有一种工具性的价值和意义，或者以为民本思想就是一种纯粹的目的性价值信念，都显然将问题过于简单化了。

另外，特别值得一辩的是，夏勇先生在“民惟邦本”与“以民为本”两者的含义之间所作的明确区分。夏先生说：

---

① 金耀基：《中国民本思想史》，法律出版社2008年版，第199页。

② 参见拙文：《儒家的仁爱政治观与循吏文化》，《孔子研究》2008年第5期。

> “本”者，根基、主体也。……《尚书》里讲“民惟邦本”，不仅是讲民为国之根基、源泉或凭持，而且是讲民为国之主体。此乃民本思想的原初含义。民本的主体不是君主，不是君主以民为本，而是以民为主体，民为本，君为末。从“民惟邦本”一语里，我们读不出“君惟邦本”或“朕即国家”的意思，当然也就读不出“民惟君本”的意思。后世的统治者们讲“以民为本”，实质上讲的是君之本，讲的是统治术，其中，一是固本论，从正面讲得民即得天下；一为失本论，从反面讲失民即失天下。总的一条，是民为君之本，或者说，统治者要以民为本，犹如舟与水的关系。这样的讲法，乃是对“民惟邦本”的篡改，是有意无意地把民本的经念歪了。[①]

这样一种区分无疑可以帮助我们更好地来理解“民惟邦本”的原初或本来含义，这一说法以“民”为主语，它直接强调的是民为邦国的根基、根本，甚至可以说是国之主体，而“以民为本”的说法的确有一个“谁”以民为本的问题，从狭义上讲，显然这个“谁”主要指的就是作为统治者的君主。这两种讲法之间的细微差别的确值得我们注意和重视，它们的侧重点是不同的，也许我们可以由此朝着不同的价值取向引申或推论出极为不同的结论，乃至“以民为本”便成了“民惟邦本”的一种完全被篡改歪曲的说法。然而，若细加深究的话，上述区分和理解恐怕有断章取义和过度诠释之嫌。依笔者之见，把“民惟邦本”理解为“民为本，君为末”的意思似乎太宽太近代化了，君末民本的观点出自谭嗣同，而如果我们真把“民惟邦本”放在它原初的语境或意义脉络中来加以考察和理解的话，那么它的原初或本来的含义恐怕仍然是与君本的观念密不可分的，因为“民惟邦本”的说法恰恰出自夏之皇祖圣王大禹之训，依此语境，在思维方式上，“民惟邦本”更有可能与“君为民主”构成一种阴阳组合结构，不仅与谭嗣同站在激烈反对纲常名教的政治立场上提出的民本君末论相去甚远，恐

① 夏勇：《中国民权哲学》，生活·读书·新知三联书店2004年版，第7—8页。

怕亦与孟子“民贵君轻”的观点存在一定的距离。与之相应地，将“以民为本”仅仅理解为一种君主的统治术在含义上又嫌太狭了，如汉儒贾谊所言，以民为本的主体并不局限于君主，国和吏亦皆应以民为本，再广而言之，其实最切切于以民为本者，是志在“为生民立命”的儒生士人，如狄百瑞所言，“儒家最为关注‘民’。我们也非常有理由相信，人民的福祉和苦难是压在儒家良知上的重担”[①]，或者如夏先生本人所言，甚至可以说“民本精神不仅是为天下人着想的精神，而且是由天下人为天下着想的精神”，果如是言，则将“以民为本”的主体仅仅限定在“君主”身上，似乎也存在有意无意地把民本的经念歪了的嫌疑。如若不然，依据夏先生的二分法，即在“民惟邦本”的原初含义与“以民为本”的后来含义之间所作的区分，那么我们又怎么来理解夏先生本人的下述卓见呢？如夏先生说：

> 古代的专制体制是一种无奈的历史选择。我们应当更多地从经济体制和社会结构的角度去寻找原因。民本的价值法则和政治法则不仅不是专制制度的原因，而且还发挥了缓和专制政治、促进政治开明的历史作用。可以说，民本文化乃是真正的国粹。民本精神不仅是为天下人着想的精神，而且是由天下人为天下着想的精神。正是伟大的民本精神，塑造了中华文化的特殊性质，支撑了中华民族的传统文明。[②]

笔者的疑问是，夏先生的上述说法究竟是仅仅适用于上古“民惟邦本”的原初含义呢，还是针对帝制中国时代“以民为本”的后来已被念歪了的曲解之义来讲的呢？显然，夏先生的二分法及上述观点和看法不仅没有厘清问题，反而把问题变得更加错综复杂化了。至少夏先生的二分法并没有为我们指明一条全面理解民本思想之含义的正确的思维方向。

依笔者之见，以民为主语的“民惟邦本”的说法，意在直接凸显或强调民为

①［美］狄百瑞：《儒家的困境》，黄水婴译，北京大学出版社2009年版，第22页。

②夏勇：《中国民权哲学》，生活·读书·新知三联书店2004年版，第20页。

邦国的根基、根本，甚至把民视作国之主体，这对我们理解民本思想的原初或本来的含义的确很重要，笔者之所以采用“民惟邦本”的说法作为本文的题目，其意亦在此，尽管它在思维方式上实际是与“君为民主”的命题或隐或显地结合在一起而密不可分的。但是，对于我们如何来更好地理解和诠释民本思想的理论价值与历史意义来讲，问题的关键并不在于必须在“民惟邦本”的原初含义与“以民为本”的后来含义之间画一条泾渭分明而不容混淆的分界线，而在于“民惟邦本”的原初含义是如何在后来思想家的思想中和政治家的实践中来加以体现、阐发和落实的。问题的实质并不像夏先生的二分法那样简单，事实上，民本思想在后来的思想发展和政治实践中，既有被念歪或作工具化的歪曲利用的情况，亦有在理论内涵上得到充实和深化的情况，而且，诚如金耀基先生所说，我们讲民本思想，大可不必仅从字面上去把捉、理解其含义，而应深入其思想的内部意涵和实质来理解、揭示和阐述民本思想的要旨和大义，否则将不可避免地失之于皮相之谈，反而把问题又搞复杂了。

（六）依笔者之见，尽管民本与民主在政制形式或制度架构上存在着本质性的差别，而且在观念上民本思想中也的确缺乏民治或人民主权这一核心价值理念，但是，这并不意味着民本思想所强调的人民是国家之根基、根本或主体，民意是政治合法性的基础以及人民才是政治的根本目的所在的政治观念和价值信念本身就是错的。如果仅仅在制度层面上拿民本与民主相比的话，与民本相对应的是君主制，以民为本的君主制毫无疑问根本不同于人民自治的民主制，这恐怕是二者之间再显而易见不过的差别了，但正像黑格尔所说的，在今天再作这样的比较已无多大意义，更有意义的是比较辨析其异中之同和同中之异。因此，正如许多学者所指出的那样，尽管民本思想在历史上是与君主制结合在一起的，但它本身所蕴含着的许多超越君主制也超越时代性的普适性的政治价值，在今天依然具有适用于现时代的价值和意义，甚至可与民主制相融通而结合在一起发挥其作用，或者如金耀基先生所言，虽然我们不能简单地将民本与民主混同起来，但在今天，涵摄民治的观念，将古有的民本思想向前推进一步，创设以民为本的制度而实行民主政治，应该说是我们所面临的一项时代性的重大课题，是我们在政治上应努力促进和完成的大题目、大事业。当然，笔者并不认为实行民主政治就能解决我们所面临的一切问题，但作为一种迄今为止人类所能发现的较其他而言更为公正的政体，上述努力的大方向应该说是没有错的。当然，我们有必要在民主政治的根本原则与具体的制度形式之间有所辨别区分。总的来说，我不认为实行民主政治就必须要以蔑弃古有的民本思想资源为代价，反之，像托克维尔所说，我也绝不认为，西方人或美国人所发现的统治形式就是“民主可能提供的唯一形式”①。而当我们全面了解并真正认清了民主政治的可能缺陷和真正好处之后，我们也许能够给予古有的民本思想更多的同情理解，而对于实行民主怀有更加坚定的信心，当然，我们仍然需要谨记托克维尔的下述教导，防止以下两类人不良的政治倾向误导了我们当下努力的方向，即“有些人在民主尚在成长的时候，便急于攻击民主，说它是一种敌对的力量；而另一些人，则已把它作为无中生有的新神而加以崇拜”②。

值得我们注意和警惕的是，在民本 / 民主的融通结合的问题上，已出现一股极具挑战性的不良政治倾向和政治思潮，它不仅打着儒家的旗号和名义攻击西方的自由民主，甚至对于中国古有的民本思想也以轻蔑的眼光视之，甚至不屑言之，这就是蒋庆所倡导和主张的回归儒家“王道政治”的“政治儒学”的政治理念。因为这一政治理念既反对“由民作主”，也反对“以民为本”，而仅仅讲“为民而王”，故而在观念上对民主也对民本构成了极大的挑战，而且，它还不仅仅是一种政治理念，更体现了一种文化思潮的动向，值得在此多花费一些笔墨辨析评述一二。

从上文所引述可知，极力阐扬和维护中国文化的文化自我和儒学的自性特

①［法］托克维尔：《论美国的民主》上卷，董果良译，商务印书馆 1988 年版，第 16 页。

②［法］托克维尔：《论美国的民主》上卷，董果良译，商务印书馆 1988 年版，第 280 页。

质，可以说是蒋先生中国文化论说或政治儒学思想的根本出发点和归宿点，这样一种论说和思想，对于在当下正刻意突出和彰显中国文化的主体性、积极探索中国式发展道路与模式的国人来说，应该说是极富蛊惑和煽动性的。但是，在笔者看来，他的回归即超越（回归儒家本源即是对西方民主的超越）的整个论述逻辑存在着难以令人信服的内在悖论，让人不得不产生各种各样的疑问。首先，从文化心态上讲，与“五四”时期陈独秀等人崇西反中批儒的态度和立场恰好相反，蒋先生力主崇儒反马贬西，这究竟是出于一种非理性的逆反心理，还是出于一种理性的超越情怀？如果说陈氏等人的激烈反传统立场与态度易于产生“尽弃自家无尽藏，沿门托钵效贫儿”的“理性缺失”的激进流弊的话，那么，严守中西之大防的分离主义的保守主义则极易产生只知“自美其美”而不懂“美人之美，美美与共”的“理性缺失”的激进流弊。笔者这样讲，也许蒋先生会立即反驳道，我不是说过“中国就是中国，西方就是西方；儒家就是儒家，民主就是民主；二者各为人类文化大花园中的一枝奇葩，各自散发出独特的芬芳异彩，同为人类文化大花园增添了丰富多姿的景致”吗？是的，这话听上去很美好动人，似乎体现了一种“各美其美，美人之美，美美与共”的文化相对主义的博大宽容美德，然而，当蒋先生说我们对于西方文化及西方民主思想与制度只需采取实用的拿来的立场和态度，并一再贬斥西方文化只是一种小人文化或西方近代的文化只是一种强盗文化，而盛赞中国文化、“儒教”文化是一种君子文化时，姑且不论蒋先生所言是对是错、是真是假、是全面还是偏至，但肯定不是在“美人之美”。总之，文化相对主义的立场与分离中西、崇儒贬西的态度在蒋先生那里是极不协调的，仅就后者而言，在笔者看来颇有一种恍若世纪轮回的感觉，我们似乎又重新回到了百年前以深闭固拒的保守态度来回应西方文化的冲击与挑战的起点。其次，从文化立场上讲，蒋先生一心一意地要维护和捍卫中国文化的文化自我和儒学的自性特质，然而，究竟什么是中国文化的文化自我和儒学的自性特质？这种所谓文化自我和自性特质，在历史上究竟是如何形成和塑造出来的？它的内涵和形式在历史上究竟有无什么变迁与偏移、衰落与式微、丰富与发展？它究竟是一种僵固不变、抱残守缺的死的旧物，还是刚健进取、日新其德的活的精神？谁才有真正的资格来界定中国文化的文化自我，确立儒学的自性特质呢？对所有这些问题，蒋先生一向都是语焉不详的，或者对蒋先生而言，这一切都是不言而喻的，即除了蒋先生所谓政治儒学或为民而王的王道政治，不可能还有其他什么东西能够作为中国文化的文化自我和儒学的自性特质的纯粹表现形式。然而，蒋先生所谓政治儒学或为民而王的王道政治，真的非常纯粹地体现了中国文化一脉相承的文化自我和儒学不可改变的自性特质吗？我们需要进行多少次的历史的“分离”工作、“剥离”出多少西方的、佛教的、诸子百家的异质的成分，才能真正恢复和还原这一真正的、纯粹的文化自我、自性特质的旧物呢？再次，从政治理念上讲，假如我们真的完全恢复和还原了中国文化的文化自我和儒学的自性特质，尤其在政治上完全奉行“为民而王”的王道政治，那么，这究竟是对西方民主的一种真正创造性的“超越”，还是对中国传统的“王道政治”理念的一种保守性的“回归”？据蒋先生自己讲，所谓“王道政治”，既“不是由民作主”，亦“不是以民为本”，而只是“为民而王”，说白了就是“为民而作主”，显然，这一“为民而王”的政治理念只有在既抛弃了中国(儒家)的民本而又否定了西方的民主之后才能成立，因为它是一种既非民本也非民主的、纯粹的为民而作主的王道政治，果如是言，则这种所谓“为民而王”的王道政治，在我看来，既不是对西方民主的“超越”，也不是对更能作为儒家本源的孟子民本论的“王道政治”的“回归”，毋宁说只是对汉儒董仲舒公羊学的“儒表法里”性质的威权主义的极端尊王论的“王道政治”的“回归”。尤其是，蒋先生对于三院制的制度设想以及相应的对于政治权力的三重合法性及其并存制衡的全面论说，乍看上去似乎很完美，但问题是依据蒋先生“为民而王的王道政治”理念，如果此王道政治既不“以民为本”，也不“由民作主”的话，那么所谓三重合法性也就可以成为统治者完全由自己作主、僭妄而任意地进行自我统治合法化的符号资源，或者必然会被统治者利用来为自己装扮上世俗民意的、神圣超越的和文化传统的虚假的合法性外衣，如此，合法性之为合法性不再是自下而上的“评价性的”[1]，而仅仅是自上而下的自作主张的代表性的，而不需要人民的“同意”。多么完美的王道政治呀，既全心全意地“为民而王”，而又兼具无须他人评价和同意的“三重合法性”，在蒋先生本人或有些人看来，这或许真的是对“民意合法性一重独大”的西方民主的一种“超越”，而且可以美其名曰“儒家宪政”，但在我看来，所谓“儒家宪政”不过就是政治的儒家化，所谓三院制与三重合法性不过就是一种全能型儒家政治的乌托邦设计与构想，这与其说是对西方民主的“超越”，毋宁说是“政治万能论在中国行将破产”[2]之际儒家政治万能论的一种回光返照。不过，蒋先生所谓“儒家”是大可质疑的，它似乎并没有回归到经典儒家的真正本源，而只是回归到汉代公羊学那里便停止了，这一回归与其说是一种“儒家原教旨主义”的回归，毋宁说是一种“在自家书斋中杜撰”出来的“政治儒学”[3]的奇怪混合物，既带着一些鲜明的仅仅“为民而王”的旧君主制政治理念的观念色彩，更体现了一种强烈的意欲集一切合法性于一身的现代威权主义政治理念的意识形态特征，但又声言要通过回归儒家本源的方式来超越西方的民主。尽管蒋庆先生本人也说：“‘儒家思想不当与西方民主思想结合’只是一价值立场而非逻辑推理，其目的只在保住儒学自性及其文化自我而不在推出排他的文化结论，故从这一价值立场出发并不能推出否定西方文化的论断。亦即是说，这一价值立场的含义是指儒学不是亦不当是西方民主思想，而不是指儒家完全排斥或反对西方民主

---

①[美]西摩·马丁·李普塞特：《政治人——政治的社会基础》，张绍宗译，上海人民出版社1997年版，第55页。

② 蒋庆：《政治儒学：当代儒学的转向、特质与发展》，生活·读书·新知三联书店2003年版，第311页。

③ 杜维明：《青年王阳明（1472—1509）：行动中的儒家思想》，朱志方译，生活·读书·新知三联书店2013年版，“杜维明作品系列”序言，第16页。

思想。”[①] 但是，蒋先生站在儒家“君子文化”和“圣贤政治”的立场上阐述他的价值立场时，却又处处张扬着一种将西方仅仅看作一种“小人文化”意义上的文化他者、将西方民主仅仅看作一种“民意合法性一重独大”的“小人政治”而力加否定和排斥的高姿态，而且，无须进行任何的逻辑推理和思想论辩，只此价值立场的宣示已足以向我们传达出这样一种陈独秀式的观念信息，即“为民而王的王道政治”与“由民作主”的民主政治和“以民为本”的民本政治是“绝无融合会通之余地”的。然而，颇为吊诡的是，蒋先生又认为并主张将西方有用的东西实用地拿来，难道怀抱强烈的文化相对主义立场和态度的蒋先生，在主张实用地拿来时已经完全丧失掉了对于中西文化相对性与殊异性的敏感了吗？竟然对于仅仅采用实用主义的态度拿来“文化他者”的异质因素丝毫感觉不到存在任何的困难，那么，一旦拿来之后消化、适应不良而致圆凿方枘之钮铻，难道不更容易伤害自身文化的文化自我或自性特质吗？如果蒋先生不能圆满地回答这一问题的话，那么，在我看来，蒋先生欲以“为民而王的王道政治”超越西方民主的政治主张与文化论说，就不仅是不可取的，也是根本不能成立的。依笔者之见，更为可取的是，回归经典儒家民本思想的真正本源，进而涵摄融通民治民主的观念，才是我们政治上努力的正确方向。当然，这只是就政治问题而言，至于中西文化的比较和取舍问题，比此一问题更要复杂繁难得多，自当另作别论。

四、返归儒家本源，重思民本真义

（一）正本清源：作为一种智慧传统的儒学

在上文中我们已经指出，蒋庆先生虽然声言要回归儒家本源、超越西方民主，但他只是回到了西汉公羊学的儒家源头便止步不前了，即没有真正回归到

① 蒋庆：《政治儒学：当代儒学的转向、特质与发展》，生活·读书·新知三联书店2003年版，第289页。

经典儒家的古典本源，其所主张的“为民而王”而又兼具三重合法性的王道政治也不可能是对西方民主的真正超越。康晓光先生似乎比蒋先生更进一步，向前回溯到了孟子的仁政主张，但康先生也绝不是真心实意地要回归到经典儒家的古典本源，而只是以“孟子注我”的方式来言说自己“现代仁政”的个人主张，对此康先生亦自有其清醒明白的自我意识，他充分认识到“权威主义当道”的政治现实，姑且不论这一认识和判断是否符合我们国家一直努力在建立健全社会主义民主与法治的政治现实或时宜，但正是据此认识和判断，他认为这样一种政治现实似乎宿命般地决定了我们已别无选择，而只能对这一现实作纯粹顺应性的反应，因此，康先生明确地告诉我们说，他所阐述的儒家仁政学说“并不是它的原始面貌，而是根据现代条件经过取舍的儒家仁政学说，更确切地说是‘在现代条件下能够为中国的权威主义提供合法性的儒家仁政学说’”[①]，也就是说，康先生所主张的“仁政”已非孟子和儒家原始意义上的“仁政”，而只是一种打着儒家旗号而为中国的权威主义提供合法性的“现代仁政”。据康先生说：

> 儒家反对“主权在民”原则，主张政治精英垄断政治权力。在现代条件下，儒家所支持的政治形态显然是权威主义政治。
>
> 儒家是一种诚实的学说。它不像自由民主主义那样虚伪地宣称人人平等、主权在民。它直截了当地宣告人与人是不平等的，政治是属于精英的事业，精英实行统治，大众接受统治。
>
> “现代仁政”是一个“全心全意为人民服务的权威主义政府”。
>
> 儒家又主张权力自治，拒绝通过竞争性选举和平转移权力。[②]

显然，康先生所谓“儒家”、所谓“仁政”，也可以说是经过了现代语义的根

---

① 康晓光：《仁政：权威主义国家的合法性理论》，《战略与管理》2004年第2期，第109、110页。

② 康晓光：《仁政：权威主义国家的合法性理论》，《战略与管理》2004年第2期，第110—112页。

本转换之后被赋予了一种强烈的权威主义的现代“专政”色彩。方克立先生曾一针见血地批评道：

> 他（指康晓光——引者注）说：“在仁政里，由谁来执掌政权呢？儒家主张贤人治国。那么，谁是贤人呢？贤与不贤的标准是什么呢？贤人就是信仰并践行儒家理念的人。贤与不贤的标准就是是否信仰并践行儒家理念。这是因为，仁政是最好的政治，而儒士是实践仁政的人。说白了，仁政就是儒士共同体专政。”他并不讳言“仁政”属于权威主义范畴，也是一种“专政”。什么人专什么人的政呢？他认为是贤人专不贤之人的政，有贤德的仁者、“儒士”专“儒士共同体之外的人”的政。他说：“在现实中，儒家认为人和人是不平等的，人和人之间有贤与不贤之分。儒家认为，大德应该统治小德，大贤应该统治小贤。也就是说，只有贤人才配有统治权。孟子说‘惟仁者宜在高位’。儒士就是有仁德的贤者，所以统治者只能由儒士共同体推举，而无需全体国民选举。”“尽管儒家主张儒士共同体之外的人没有统治的权利，但他们有获得良好统治的权利。”在现代民主社会里，这样露骨地鼓吹统治者与被统治者的天然不平等，“儒士”、贤人有“天赋治权”的专制主义、蒙昧主义理论已很罕见。①

事实上，无论是蒋庆先生的“王道政治”观，还是康晓光先生的“现代仁政”论，都带有一种鲜明的政治宿命论的味道，即人民大众只能消极地听任或顺从权威主义政权的统治或圣贤式的儒士的专政，只能在其统治或专政下求生存，而且还必须承认其拥有无与伦比的合法性。喜谈政治合法性，是他们的共同特点，然而，合法性问题在他们那里完全成了一个被滥用来为权威主义政权统治人民作正当论证的一种理所当然的文饰或口实。的确，儒家在历史上没有在政

① 方克立：《大陆新儒学的马克思主义分析》，见《中国文化的综合创新之路》，中国社会科学出版社2012年版，第452页。

治上提出“人民主权”的原则，也没有主张过通过竞争性选举和平转移政权，但这并不意味着儒家就注定“反对”“人民主权”的原则，或完全“拒绝”“通过竞争性选举和平转移政权”，这不过是康先生个人的一己之见而已。在历史上，儒家不是主张“政治精英垄断政治权力”，而是主张政治权力应向来自不同社会阶层、具有不同社会身份背景的文士精英充分开放，主张通过竞争性的考试制度来选拔政治人才参与国家的治理，儒家“天下为公，选贤与（举）能”的政治理念也正是现代新儒家愿意并能够接受和认同“通过竞争性选举和平转移政权”的现代民主政道的主要支撑性的观念资源。相对而言，较之蒋庆先生宣称要“回归儒家本源”以及只讲“为民而王”而不主张“以民为本”，康晓光先生要更为“诚实”和“民本”化一些，他明言自己所阐述的是一种现代意义的“仁政”主张，而且，认可“孟子把孔子的思想发展为完整的仁政学说，其核心可以概括为民本主义”。[①] 然而，这不过是大同小异，他们对于儒家本源和经典儒家的古典思想的理解与阐述可以说充满了各种曲解与谬说。因此，我们不得不花费许多的笔墨来正本清源，只有厘清了对于儒家本源及其政治学说的各种曲解或谬说，我们才能真正重返儒家本源，更好地来理解和阐释古典儒家民本思想的本真意义与合理价值。

如所周知，孔子所创立的儒家学派及其思想学说，不仅在诸子百家的时代就饱受攻击和争议，而且自晚清以来，面对西方强势文明和各种外来文化思潮的冲击和挑战，作为汉代以后一直占据着统治思想或主流意识形态地位的传统儒学及其伦理政治观念，更是受到日趋激烈的学术和思想的批判与蔑弃。然而，面对各种各样的批评、质疑和非难，现代的一些学者也一直试图重新发现并激活这一思想传统及其所蕴含的合理的文化价值与意义，以便使其重新受到人们的重视，并期望它能够对现实生活带来良性的影响。

---

① 康晓光：《仁政：权威主义国家的合法性理论》，《战略与管理》2004年第2期，第109—114页。

不过，我认为，蒋、康等大陆新儒家的种种颇成问题的儒学论说足以提醒我们，我们今天依然面临着这样一个主要问题，即在厘清各种误解或曲说的前提下，如何来更好地理解和阐释儒学，如何理解和认识儒家思想学说的合理价值与意义。为此，有必要在这里明确阐述一下笔者所持的看待儒家和儒学的基本立场与态度。依笔者之见，美国学者孟德卫的下述说法对我们是富有启示意义的，可作为我们理解儒学并作进一步思考和论述的恰切而适当的认识基点。孟德卫说，作为一种哲学思想的儒学，“最初是作为一门尊崇远古传统和圣贤教诲的学问”，事实上“代表了从古代传承下来的一种智慧传统”，如“孔子就自称只是在传递前人的智慧，并非创造智慧”，因此，“将那些与儒家传统有关的真理视为孔子的个人创造，会将这些真理沦为个人识见”①。信如斯言，则我们理应将儒学看作一种圣贤相传的智慧传统。

依笔者之见，就作为一种智慧传统的儒学而言，我们要想对它作一种更好的理解和阐释，必须深入其中，透彻地领悟它所深深地植根于其中的文化传统和圣贤教诲的整体脉络和意义语境，不应像蒋、康等人那样仅仅借儒家的名义而只是主观随意地表达一种自己关于儒学的个人识见或片面的看法，并基于这一个人识见或片面的看法而强人从己地极力主张立“儒教”为“国教”。当然，包括孔子本人以至于今天的我们在内，每一代的学者在阐述这一智慧传统的时候，也都会不可避免地赋予其各种不同的时代内涵和意义，乃至为丰富和发展这一智慧传统作出各自不同的贡献，其中也不可避免地会导致这一智慧传统发生各种各样的时代变迁乃至腐化败坏，这也是毋庸讳言的。另外，需要说明的是，我并不认为儒家是唯一能够代表中国智慧传统的一个学派，无论是在诸子百家的时代作为其中一家的儒家，还是后来占据了统治思想地位的儒家，都是如此，而在今天，我们生活在一个思想和文化日趋多元化的时代，我们必须在

①［美］孟德卫：《1500—1800：中西方的伟大相遇》，江文君、姚霏译，新星出版社2007年版，第137、68、69页。

多元文化的生存环境下为儒家思想以及儒学这一智慧传统的合理价值与意义作辩护，而不能自欺欺人或一厢情愿地认为它理所当然地就是一种唯一合理的完备性的“全能教义”，复兴它就可以应对和化解我们今天所面临的各种各样的生存难题。

在上述限定的意义上阐明了笔者的基本立场和态度之后，再来讨论儒学的智慧传统，也许可以避免许多的误解。那么，作为一种智慧传统，儒学之为儒学，究竟是一种什么性质的思想学问呢？质言之，儒学可以说是一种既关注个人修身而又强调善待他人的群己人我一体相关的人生学问或生活伦理，也是一种既强调血缘亲情和家庭伦理而又主张治国安邦和修己安人的家国内外一脉相通的社会政治学说。然而，儒学之为儒学，也绝非无源之水、无根之木，而是有着深厚的传统根基和古老的历史本源。如所周知，儒家自孔子始便自觉地致力于系统反思上古三代的政治文化传统，全面总结并吸取其治乱兴衰的历史规律和经验教训，作为提出自己思想主张的传统根基与历史依据。在儒家的历史记忆和想象中，尧舜圣王的时代乃是人类历史上的黄金时代，夏商周三代礼乐文明不断损益、演进而趋于完善的历史进程，为审视和重建人类社会的良序善治提供了一种根基深厚的历史依据。那么，从对历史的反思和总结中，孔子和儒家究竟汲取到了什么样的经验教训和政治智慧呢？扼要而言，主要体现在以下几个方面：

1. 则天为治，功德广大

孔子曾盛赞尧、舜、禹之为君曰：“大哉尧之为君也！巍巍乎！唯天为大，唯尧则之。荡荡乎！民无能名焉。巍巍乎！其有成功也。焕乎！其有文章。”“巍巍乎！舜、禹之有天下也，而不与焉。”“禹，吾无间然矣。菲饮食而致孝乎鬼神，恶衣服而致美乎黻冕，卑宫室而尽力乎沟洫。禹，吾无间然矣。”（《论语·泰伯》）大意是说：唯独尧之为君能像天一样高明伟大；他则天而治，对其广大博厚的恩德，人们难以用语言来形容；他的功业成就伟大卓著，他的礼乐法度焕然生辉。舜、禹同样伟大，他们身为天子，治理天下，任贤使能而不专己宰制天下，薄于自奉而尽心竭力于民事。总之，在孔子看来，尧、舜、禹乃是历史上能够“克明俊德”、则天为治、功德广大的圣君，而上古圣君之所以能够则天为治，正在于他们拥有如天地一般或可与天地相参的博大无私之德，不仅上古圣君如此，三代之王亦复如是，故子夏问孔子曰：“三王之德参于天地。敢问何如斯可谓参于天地矣？”孔子回答道：“奉三无私以劳天下。”并进一步解释说，“天无私覆，地无私载，日月无私照。奉斯三者以劳天下，此之谓三无私。”（《礼记·孔子闲居》）更进而言之，人君圣否，能否则天任贤，实直接关乎天下国家的治乱兴衰，君圣臣贤则天下国家便可得以治平，否则必然走向衰乱，故孟子曰：“天下之生久矣，一治一乱。当尧之时，水逆行，泛滥于中国，蛇龙居之，民无所定；下者为巢，上者为营窟。……使禹治之。禹掘地而注之海，驱蛇龙而放之菹；水由地中行，江、淮、河、汉是也。险阻既远，鸟兽之害人者消，然后人得平土而居之。尧舜既没，圣人之道衰，暴君代作，坏宫室以为污池，民无所安息；弃田以为园囿，使民不得衣食。邪说暴行又作，园囿、污池、沛泽多而禽兽至。及纣之身，天下又大乱。周公相武王诛纣，伐奄三年讨其君，驱飞廉于海隅而戮之，灭国者五十，驱虎、豹、犀、象而远之，天下大悦。”（《孟子·滕文公下》）以上可谓孔孟儒家对于天下国家治乱兴衰的历史通识，决定了他们在天人古今的意识框架下进一步思考天下国家治乱兴衰问题的基本致思路径。

2. 君位让贤，盛德之至

在孔子和儒家看来，尧、舜、禹等古之圣君的伟大，乃在于其为君能选贤任能而治天下，如子夏曰：“富哉言乎！舜有天下，选于众，举皋陶，不仁者远矣。汤有天下，选于众，举伊尹，不仁者远矣。”（《论语·颜渊》）不仅如此，更重要的还在于他们能够“选贤与（举）能”而禅位让贤，正所谓“大道之行也，天下为公，选贤与能”（《礼记·礼运》），郭店楚墓竹简《唐虞之道》亦曰：“唐虞之道，禅而不传（或读作‘专’）。尧舜之王，利天下而弗利也。禅而不传，圣之盛也。利天下而弗利也，仁之至也。”“禅也者，上德授贤之谓也。”《论语·尧曰》则载有尧、舜、禹禅位让贤之际的授受之辞曰：“尧曰：‘咨！尔舜！天之历数在尔躬，允执其中。四海困穷，天禄永终。’舜亦以命禹。”显然，孔子及其后的一些儒者对于禅位让贤这种君主权位和平转移的方式是持肯定和赞赏态度的，故而对于历史上能辞位让贤者的盛德推崇备至，如孔子曰：“泰伯，其可谓至德也已矣！三以天下让，民无得而称焉。”（《论语·泰伯》）

3. 孝悌为本，亲亲仁民

中华文明的衍生和发展有一特殊之处，即始终未脱离以血缘亲戚关系为本位的社会伦理根基，故而亲亲、孝悌之道构成了中国社会生活的重要价值原则与道德支柱。杨向奎先生尝论宗周文明说：“宗周正统思潮影响到后世最大的是有关孝道的提出”，“这种思想变为儒家伦理学的中心内容”①。孔子心仪周公，以兴复周文之道为职志，对孝亲之道格外重视和推崇，不仅教弟子“入则孝，出则悌”（《论语·学而》），而且言孝重在遵礼“敬”事父母，正所谓：“生，事之以礼；死，葬之以礼，祭之以礼”，“今之孝者，是谓能养。至于犬马，皆能有养；不敬，何以别乎？”（《论语·为政》）孔子甚至还认为施行孝友之道具有重要的政治意义，其影响施及于政治即是对政治本身的参与②。更为重要的是，孔子还进一步将传统的孝悌亲亲之道作了创造性的提升和转化，使之升华为“泛爱众”的仁爱之德，故曰：“弟子入则孝，出则悌，谨而信，泛爱众，而亲仁。”（《论语·学而》）又曰：“君子笃于亲，则民兴于仁。”（《论语·泰伯》）孔子弟子有子曰：“其为人也孝弟，而好犯上者，鲜矣；不好犯上，而好作乱者，未之有也。君子务本，本立而道生。孝弟也者，其为仁之本与！”（《论语·学

① 杨向奎：《宗周社会与礼乐文明》，人民出版社1992年版，第214、215页。

② 据《论语·为政》载，或谓孔子曰：“子奚不为政？”子曰：“《书》云：‘孝乎惟孝，友于兄弟，施于有政。’是亦为政，奚其为为政？”

而》）孔子师徒以孝悌作为仁德仁道的根基，并非要人们局限于将孝悌之德仅仅施及于父母兄弟的狭隘家庭范围，而是以孝悌作为培养仁爱之德的根基或本源，并希望人们能够将孝悌之德行扩而充之，善待他人，敬长尊上，为政治国者则当推亲亲之恩而施仁政于人民大众，故孟子曰："老吾老，以及人之老；幼吾幼，以及人之幼。"（《孟子·梁惠王上》）又曰："君子之于物也，爱之而弗仁；于民也，仁之而弗亲。亲亲而仁民，仁民而爱物。"（《孟子·尽心上》）

4. 礼乐为教，明德慎罚

作为一种有着五千多年历史的古老文明，中国之为中国历来便被称为或看作"礼义之邦"，因为其文明生活的核心构成要素不是别的，正是礼仪、礼义或礼乐，亦即中华文明的主要特质就在于用礼仪、礼义或礼乐来维系人类社群的文明生活及其合理秩序。事实上，正是自孔子始，对于中华礼仪、礼乐文明的演进历史及其基本特质，才可以说有了真正自觉的系统反思和全面总结，而且，依孔子之见，中华礼乐文明至西周已臻完备，故而极力主张"从周"。孔子曰："殷因于夏礼，所损益，可知也；周因于殷礼，所损益，可知也。其或继周者，虽百世可知也。"（《论语·为政》）又曰："周监于二代，郁郁乎文哉！吾从周。"（《论语·八佾》）而在西周礼乐文明的形成和完善过程中，周初的大思想家和政治家周公旦发挥了重要作用，作出了特殊贡献，乃至《礼记·明堂位》记载有周公"制礼作乐"的故事，不过，诚如杨向奎先生所言，"说礼乐出自某一位圣贤的制作，是不可能的；但谓周公对于传统的礼乐有过加工、改造，是没有疑问的"①。具体地讲，周公对于礼所作的第一次加工和改造，主要体现在"减轻了礼物的交易性质而增加了德与刑的内容；同时也添加了乐的成分"，后来，"春秋时代的孔子又有对于礼的第二次加工改造，去掉了礼的商业内容，而以仁和礼作为人类行为的准则，同时整顿了趋于紊乱的乐"②。尤其值得我

① 杨向奎：《宗周社会与礼乐文明》，人民出版社1992年版，第352页。
② 杨向奎：《宗周社会与礼乐文明》，人民出版社1992年版，第244页。

们注意的是，根据《尚书·周诰》可知，以周公为代表的周初统治者主要是运用德刑两手的政策来维系其礼乐文明的统治秩序的[①]，也可以说，周初统治者在倡导礼乐为教的同时，又明确提出了“明德慎罚”的观念，如《尚书·康诰》曰：“惟乃丕显考文王，克明德慎罚，不敢侮鳏寡，庸庸，祗祗，威威，显民。”周代的这一礼乐为教、明德慎罚的政治观念和文化传统可以说被后来的孔子和儒家真正传承下来并发扬光大了，而且，如杨向奎先生所言，继周公之后，孔子更进一步“以仁代德”，以“仁”作为人类行为的“最高道德准则”，从而使周初“以‘德’为核心”的礼乐文明转向了“以仁为核心”，“‘仁’字内涵，乃‘德’与‘礼’的综合”，最可贵的是孔子所提出的“仁”的新命题，可以说“是中国哲学史中的伟大转折，这是古代世界中的‘人’的发现，‘仁’即人，处理人际关系即‘仁’”[②]。总的来讲，孔子和儒家继承和发扬周代礼乐为教、明德慎罚的政治文化传统，希望用礼仪来规范人的行为、节制人的欲望，用诗乐舞来陶冶人的性情、美化人生，用仁义道德来调节人际关系、引导社群生活，并认为相对于行政命令和刑罚的手段，道德的教化和礼义的规范才是更为根本和重要的治国化民的途径和方式，如孔子曰：“道之以政，齐之以刑，民免而无耻；道之以德，齐之以礼，有耻且格。”（《论语·为政》）

5. 天命有德，敬德保民

在西周政治文化传统留传后世的重要精神遗产中，对于孔子和儒家的政治哲学理念产生了深远影响的还有天命有德、敬德保民的观念。降至殷周之际，中国人尊事“上帝鬼神”的传统宗教信仰可以说发生了一场根本的变革。正如徐复观先生所言，周革殷命而代兴，并未使周人滋长“一般民族战胜后的趾高气扬的气象”，反而激发了其深切的政治“忧患”[③]意识，正是这一政治“忧患”

---

① 参见杨向奎：《宗周社会与礼乐文明》，人民出版社1992年版，第380、382页。

② 杨向奎：《宗周社会与礼乐文明》，人民出版社1992年版，第375、383、426页。

③ 徐复观：《中国人性论史·先秦篇》，上海三联书店2001年版，第18页。

意识促使以周公为核心的周初统治者认真反思和总结天命更革、朝代兴替的历史经验教训，他们从中得出的一个最具远见卓识的重要观念就是“惟命不于常”（《尚书・康诰》）或“天命靡常”（《诗经・大雅・文王》），也就是说，天命不再像过去认为的那样“是无条件地支持一个统治者”，而是“以人自身之德为依归”[①]，正所谓“皇天无亲，惟德是辅”（《尚书・蔡仲之命》）。总之，天命只支持有德的统治者，反之，暴虐无德的统治者将会失去其原有的天命，有德者可“恭行天之罚”（《尚书・甘誓》）而推翻其统治，夺取其政权，此即所谓“汤武革命”。正唯如此，“在忧患意识跃动之下，人的信心的根据，渐由神而转移向自己本身行为的谨慎与努力”，而“这种谨慎与努力，在周初是表现在‘敬’、‘敬德’、‘明德’等观念里面。尤其是一个敬字，实贯穿于周初人的一切生活之中，这是直承忧患意识的警惕性而来的精神敛抑、集中及对事的谨慎、认真的心理状态。这是人在时时反省自己的行为，规整自己的行为的心理状态”，因此，可以说，“周人建立了一个由‘敬’所贯注的‘敬德’、‘明德’的观念世界，来照察、指导自己的行为，对自己的行为负责，这正是中国人文精神最早的出现；而此种人文精神，是以‘敬’为其动力的，这便使其成为道德的性格”[②]。在周初，“天命靡常”的信念是与“敬”“敬德”的观念，又是与“民情”“民监”的观念密切相关的，如《尚书・康诰》曰：“敬哉！天畏棐忱，民情大可见，小人难保。”《尚书・酒诰》曰：“在昔殷先哲王迪畏天显小民”，“古人有言曰：‘人，无于水监，当于民监。’今惟殷坠厥命，我其可不大监抚于时？”由此可知，周初统治者已充分认识到，天命是通过民情显现出来的，只有通过民情才能把握天命，或者统治者当以民为镜，照察、反省和检视自己的行为，乃至敬德保民，或“用康保民”“若保赤子”（《尚书・康诰》），唯有如此才能“受天永命”，否则会导致天命的失坠。故《尚书・召诰》曰：“我不可不监于有夏，亦不可不

① 徐复观：《中国人性论史・先秦篇》，上海三联书店2001年版，第23页。

② 徐复观：《中国人性论史・先秦篇》，上海三联书店2001年版，第20—21页。

监于有殷。……惟不敬厥德，乃早坠厥命。”又曰，“欲王以小民受天永命。”可见，在周初，天命、敬德与保民的观念是一体相关的，其中最为可贵的是，“这是开始由道德地人文精神之光，照出了人民存在的价值”[①]，或如王国维先生所言，周初统治者“深知夫一姓之福祚与万姓之福祚是一非二，又知一姓万姓之福祚与其道德是一非二，故其所以祈天永命者，乃在德与民二字”[②]。并说：“殷周之兴亡，乃有德与无德之兴亡；故克殷之后，尤兢兢以德治为务。”[③]上述周人所发展出的一系列政治文化观念，诸如以统治者之德来诠释天下的治乱、政权的兴替，由天下国家的治乱兴亡而激发的政治忧患意识与“敬”的观念，以民情来把握天命，以及敬德保民的德治思想等，皆受到后来孔孟儒家的高度重视，他们涵泳于其中，引之为修齐治平的重要观念资源和意识支持，如孔子言君子当“修己以敬”（《论语·宪问》），并说：“德之不修，学之不讲，闻义不能徙，不善不能改，是吾忧也。”（《论语·述而》）由此而通过讲学论道，将周代以来的道德人文精神作了更进一步的阐发与弘扬。《大学》引述《尚书·康诰》之言“惟命不于常”而评之曰：“道善则得之，不善则失之矣。”孟子更征引《太誓》（《尚书·泰誓》）之言“天视自我民视，天听自我民听”，来论说尧舜禅让、权位和平转移必以“天与人归”为基础方始有其正当性与合法性，否则，所谓“禅让”，则只可能是一种纯粹出于个人私意的授受方式而已。

综上所述，作为一种智慧传统，孔孟儒家之学远有所承，或渊源有自，自有其深厚久远的传统根基与观念本源。然而，孔孟儒家之学亦绝不只是单纯地因循守旧，诚如冯友兰先生所言，孔子的“述而不作”，“非只‘述而不作’，实乃以述为作也。此种精神，此种倾向，传之于后来儒家，孟子荀子及所谓七十子后学，大家努力于以述为作，方构成儒家思想之整个系统”[④]。以今语言之，所

---

① 徐复观：《中国人性论史·先秦篇》，上海三联书店2001年版，第28页。

② 王国维：《殷周制度论》，《观堂集林》（卷十），中华书局1959年版，第476页。

③ 王国维：《殷周制度论》，《观堂集林》（卷十），中华书局1959年版，第479页。

④ 冯友兰：《中国哲学史》上册，中华书局1961年版，第92页。

谓以述为作，或述中有作，意即在传承中创新，反之，亦可说是作以述为据，或作中有述，意即在创新中传承，唯其如此，儒学之为儒学才不会被个人一己之私意私见或谬见瞽说所恣意歪曲和败坏。而且，在我看来，我们今天与其独断、教条地宣称儒学是我们这个时代唯一合理正确的、作为一种真理信念的意识形态选择，毋宁在一种思想多元、价值多样的时代生存境遇下重新阐述和发掘其合理价值与意义，后一种努力不仅更为可取，而且也更合乎生存在一个“道不同不相为谋”的时代背景下，致力于通过对话和辩难来维护自家思想的合理性与正确性的孔孟古典儒家的本真精神。我愿意将此称为一种儒家古典主义的立场和态度，以区别于那种抱持着强烈排他性的文化价值一元论心态的所谓“儒家原教旨主义”。所谓“回归儒家本源”，必须是回归古典主义的儒家本源，即经典儒家的古典教义或作为一种智慧传统的圣贤教诲，而不是回归“儒家原教旨主义”的“王道政治”的“公羊学”本源。依笔者之见，与其说已被扭曲变形了的权威主义的“现代仁政”更适合现时代的需要，毋宁说古典儒家民本主义的仁政学说对我们来讲更加富有价值和教益。兹从政治哲学的视角对这一论点作进一步的申论和阐述。

（二）古典儒家政治哲学的主题与宗旨

古今中外的政治哲人始终困惑并致力于思考和探索国家生活的性质或政治事物的本性，总的来讲，政治哲学的探索意在引领人们特别是政治家去热爱政治智慧、追求公平和正义、实现社会的良序或善治，但是，由于时代和文化的差异，由于所关切的核心主题和论述方式的不同，在古今中外的历史上形成和发展出各不相同的政治哲学的思维理路乃是不可避免的。仅就中国政治哲学而言，它所关切的核心主题和论述方式无疑是与中国哲学的思维特征密不可分的。根据冯友兰先生的说法，中国哲学所讲的是“内圣外王之道”，或者说中国哲学的主题是“内圣外王之道”，因此，“哲学必定与政治思想不能分开”[①]。正唯中

① 冯友兰：《中国哲学简史》，涂又光译，北京大学出版社1985年版，第13—14页。

国哲学必定与政治思想不能分开，我们甚至可以将中国哲学径直称为中国政治哲学，而中国政治哲学的主题亦不外是“内圣外王之道”。一般而言，内圣是指个人的德性修养，而外王是指治国平天下的政治事业，这不仅适用于儒、墨、道诸家，即使是法家，在一定意义上，亦不例外，譬如，《韩非子·解老》言“夫能有其国、保其身者，必且体道。体道，则其智深；其智深，则其会远；其会远，众人莫能见其所极”，以及《韩非子·十过》论人君有可能在十个方面所犯的过失，皆是从君主个人的智慧与品行方面来讲的，亦可以说在韩非等法家者流的心目中，一个理想的君主必须像道家的圣人那样具备体道的灵智，同时在个人品行、自我克制方面亦必须有超凡过人之处。

中国政治哲学之所以关注“内圣外王之道”这一共同的主题，绝非空穴来风，而是以久远古老的政治文化传统作为其深厚的根基和本源的。不过，诸子各家之间关于内圣的个人信念与外王的政治理念亦必有其分别而不容轻易混同而视之。依笔者之见，我们唯有能够深入透彻地辨析诸子各家之间的思想异同，尤其是其间的差异，才能真正把握他们各自不同的思想宗旨及其实质意义，正如徐复观先生所言：“只有在比较的观点中，才能把握到一种思想得以存在的特性。”[①] 综合以言，故如《庄子·天下》曰：

> 以天为宗，以德为本，以道为门，兆于变化，谓之圣人；以仁为恩，以义为理，以礼为行，以乐为和，薰然慈仁，谓之君子；以法为分，以名为表，以参为验，以稽为决，其数一二三四是也，百官以此相齿；以事为常，以衣食为主，蕃息畜藏，老弱孤寡为意，皆有以养，民之理也。古之人其备乎！
>
> 天下大乱，贤圣不明，道德不一。天下多得一察焉以自好。……判天地之美，析万物之理，察古人之全。寡能备于天地之美，称神明之容。是故内圣外王之道，暗而不明，郁而不发，天下之人各为其所

---

① 徐复观：《两汉思想史》第二卷，华东师范大学出版社2001年版，自序，第2页。

欲焉以自为方。悲夫！百家往而不反，必不合矣！后世之学者，不幸不见天地之纯，古人之大体。道术将为天下裂。

显然，《庄子·天下》的作者对于“古人之大体”，亦即由来已久的中国“内圣外王”之道的完备全美倍极称扬，其中不免掺杂了太多过于理想化的理论想象成分，然而，他却明确向我们揭示了一个基本可信的历史事实，即诸子各家之学的勃然兴起虽然有其特殊的历史机缘，但绝非空穴来风的无根造作，而且，道术的分裂决定了诸子各家的思想歧异，我们欲把握其各自不同的思想实质与理论宗旨，务必要深入了解其道术的差异。

以上是我们在系统反思和深入探究古典儒家政治哲学的主题与宗旨之前所必须首先指出和阐明的。

那么，古典儒家政治哲学的主题与宗旨究竟是什么呢？在最一般的意义上，我们当然也可以说古典儒家所思考和关切的政治哲学的主题不外是内圣外王之道，这是因为不仅孔子有“修己以安人”“修己以安百姓”（《论语·宪问》）的说法，孟子亦有“穷则独善其身，达则兼善天下”（《孟子·尽心上》）的名言，《大学》更有格、致、诚、正、修、齐、治、平的经典表述。然而，要切实把握和阐述清楚这一主题的真实含义，却需要在辨析诸子各家相关思想论题及其含义异同的基础上才能做到。

推崇圣人或圣王之治，乃是诸子各家共同的政治理想，而且，皆以博大无私的天地之道来形容圣人、圣王之治的理想境界，如孔子言“三王之德参于天地”，而“天无私覆，地无私载，日月无私照”（《礼记·孔子闲居》）。《中庸》对天地之道的博大无私更言之极为深切著明，其言曰：“天地之道：博也，厚也，高也，明也，悠也，久也”“博厚，所以载物也；高明，所以覆物也；悠久，所以成物也”，“天地之所以为大也”正在于“天地之无不持载，无不覆帱”，而“大哉圣人之道！洋洋乎！发育万物，峻极于天”。墨家亦认为：“天之行广而无私，其施厚而不德，其明久而不衰，故圣王法之。”（《墨子·法仪》）或者，“圣人之德，章明博大，埴固，以修久也。故圣人之德盖总乎天地者也。”（《墨子·尚贤中》）道家也反复申论和强调“天无不覆，地无不载”（《庄子·德充符》）或“天无私覆，地无私载”（《庄子·大宗师》）的观念，并认为统治者“游心于淡，合气于漠，顺物自然而无容私焉，而天下治矣”（《庄子·应帝王》）或者“圣人若天然，无私覆也；若地然，无私载也。私者，乱天下者也”（《管子·心术下》）。法家也不例外，如《管子·形势解》曰：“天公平而无私，故美恶莫不覆；地公平而无私，故小大莫不载。无弃之言，公平而无私，故贤不肖莫不用。故无弃之言者，参伍于天地之无私也。”《管子·版法解》亦曰：“凡人君者，覆载万民而兼有之，烛临万族而事使之。是故以天地、日月、四时为主、为质，以治天下。天覆而无外也，其德无所不在；地载而无弃也，安固而不动，故莫不生殖。圣人法之以覆载万民，故莫不得其职姓，得其职姓，则莫不为用。故曰：‘法天合德，象地无亲。’”另如杂家，《尸子·治天下》曰：“天无私于物，地无私于物，袭此行者谓之天子。”《吕氏春秋·去私》曰：“天无私覆也，地无私载也，日月无私烛也，四时无私行也，行其德而万物得遂长焉。”《吕氏春秋·贵公》亦曰：“昔先圣王之治天下也，必先公，公则天下平矣。……阴阳之和，不长一类；甘露时雨，不私一物；万民之主，不阿一人。……天地大矣，生而弗子，成而弗有，万物皆被其泽、得其利，而莫知其所由始，此三皇五帝之德也。”

由上可见，尽管诸子各家对于天地精神的具体意涵与特性的认识和理解存有差异而不尽一致，但在人生和政治问题上对于法天合德、与天为一的最高精神境界和终极治理目标的追求却是别无二致的。换言之，不管先秦诸子所说的天地究竟是具有主宰意志的神性之物，还是作为纯粹客观性的物质存在，不管是具有道德义理性的意涵，还是富有超越道德性的自然特质，他们都是从对“天无私覆，地无私载”的精神领悟和信念体认中，来思考圣人、圣王之治的问题，并阐发其治国理政或君主统治的政治理念的，乃至廓然大公的天地精神不仅为圣王明君树立了一种法天合德、随天体道或天人合一的最高精神境界与终极人生目标，同时也为圣王明君确立了一种治国理政、平治天下的根本治道依据。

然而，毫无疑问，诸子各家所论圣人、圣王之治的方式方法及其宗旨和目的却是大为不同的。如老庄道家论圣人之治与修德之重要性曰：

圣人处无为之事，行不言之教；万物作而不为始，生而不有，为而不恃，功成而弗居。（《老子·第2章》）

修之于身，其德乃真；修之于家，其德乃余；修之于乡，其德乃长；修之于邦，其德乃丰；修之于天下，其德乃普。故以身观身，以家观家，以乡观乡，以邦观邦，以天下观天下。（《老子·第54章》）

圣人之心静乎！天地之鉴也，万物之镜也。夫虚静恬淡寂漠无为者，天地之平而道德之至也。故帝王圣人休焉。……静而圣，动而王，无为也而尊，朴素而天下莫能与之争美。……夫帝王之德，以天地为宗，以道德为主，以无为为常。……故曰：帝王之德配天地。（《庄子·天道》）

道之真以治身，其绪余以为国家，其土苴以治天下。由此观之，帝王之功，圣人之余事也，非所以完身养生也。今世俗之君子，多危身弃生以殉物，岂不悲哉！凡圣人之动作也，必察其所以之与其所以为。（《庄子·让王》）

显然，老庄道家主张圣人之治应效法天地自然无为之道，“万物兴起而不加干涉；生养万物而不据为己有；作育万物而不自恃己能；功业成就而不自我夸耀”①。同时，他们亦认为，“‘修身’犹如巩固根基，是建立自我与处人治世的基点”②，然而，无论是治身修德的个人目标，还是治世为国的政治理想，他们都希望通过虚静恬淡、消极无为的方式来实现和达到。他们所谓“虚静恬淡寂漠无为”之“道”，其精义要旨主要是用来养心修德、“完身养生”的，“静而圣”

① 陈鼓应注译：《老子今注今译》（参照简帛本最新修订版），商务印书馆2003年版，第84页。

② 陈鼓应注译：《老子今注今译》（参照简帛本最新修订版），商务印书馆2003年版，第273页。

是“动而王”的必然前提，“动而王”是“静而圣”的自然结果，但是，为国治天下的“帝王之功”只不过是“圣人之余事”而已。相对而言，世俗之君子汲汲于追逐权势名利，甚至像孔孟那样，追求杀身成仁、舍生取义的道德理想，都不过是“危身弃生以殉物”的造作妄为而已。

与之相反，墨子论士君子之修身与圣人之职事曰：

> 士虽有学，而行为本焉。……君子之道也，贫则见廉，富则见义，生则见爱，死则见哀，四行者不可虚假，反之身者也。藏于心者，无以竭爱；动于身者，无以竭恭；出于口者，无以竭驯（通“训”）。畅之四支，接之肌肤，华发隳（同“堕”）颠，而犹弗舍者，其唯圣人乎！（《墨子·修身》）
>
> 圣人以治天下为事者也。（《墨子·兼爱上》）

墨子论士君子反身正行的修身观无疑深受孔子儒家的影响[①]，但综合他的天志鬼神信仰来讲，墨子显然并不认为人们的德行是完全可以单纯靠个人修身的努力便能成就的。对墨子而言，天鬼的信仰以及天鬼拥有赏罚的无限权能，构成了强制人们行善去恶的最为有效的奖惩制裁机制。但是，事实上，天鬼的赏罚权能唯有落实在人间的统治者身上才有其实际的意义，故如冯友兰先生所言：“墨子虽谓人皆须从天志，然依‘尚同’之等级，则惟天子可上同于天。天子代天发号施令，人民只可服从天子。故依墨子之意，不但除政治的制裁外无有社会的制裁，即宗教的制裁，亦必为政治的制裁之附庸。……依墨子天子上同于天之说，则上帝及主权者之意志，相合为一，无复冲突；盖其所说之天子，已君主而兼教皇矣。”[②] 也就是说，借由天鬼赏罚权能的宗教制裁落实在人间则完全

---

① 据孙以楷、甄长松语：“梁启超认为‘《亲士》、《修身》、《所染》三篇，非墨家言，纯出伪托’，也有人认为上述几篇观点与儒家不同，当是墨家后学作品。实际上，前两篇带有一定儒家思想色彩，正是墨子学于儒家的印记。而其基本观点又不同于儒家，正是墨子脱离儒家后自成学派的最早作品。《亲士》、《修身》无‘子墨子言曰’，亦为墨子自著之佐证。”（孙以楷、甄长松译注：《墨子全译》，巴蜀书社 2000 年版，前言，第 2 页）

② 冯友兰：《中国哲学史》上册，中华书局 1961 年版，第 135—136 页。

被操于天子之手而变成了一种政治的制裁，而人间的道德与社会的秩序唯有靠“尚同一义”的政治制裁才能维持。依墨子的理想，天子当选天下最贤良圣知辩慧之人来担任，其职在奉行天志仪法，以尚同一义、尚贤使能为政，以治天下为事，由是各级政长皆由贤者担任，且“富贵以道其前，明罚以率其后”（《墨子·尚同下》），则天下之人“皆竞为义”（《墨子·尚贤上》），或者“民皆劝其赏，畏其罚，相率而为贤”（《墨子·尚贤中》），而“为贤之道”即为：“有力者疾以助人，有财者勉以分人，有道者劝以教人。若此，则饥者得食，寒者得衣，乱者得治。”（《墨子·尚贤下》）由此可见，墨子以天志为仪法的宗教政治观与老庄道家以自然为法则的无为政治观是截然相反的，道家主张因循自然而不干涉，而墨子则力主通过劝之以赏、畏之以罚的手段和办法来强使人“相率而为贤”或相竞而为义；其单纯依靠政治的制裁来维持人间道德和社会秩序的观念，不仅与孔子既“注重个人性情之自由”而又“注重社会规范对于个人之制裁”[1]的观点有异，更与孟子性善之论及其良知良能之说相去甚远。

法家虽然总是强调君主个人之智能有限，不可恃之以治国理民，甚至以“中君”“庸主”称之，但他们在政治上同样怀抱着强烈的推崇圣人之治的理想与期望，其论圣人之治曰：

> 圣人知必然之理，必为之时势，故为必治之政，战必勇之民，行必听之令。是以兵出而无敌，令行而天下服从。（《商君书·画策》）
>
> 人主诚明于圣人之术，而不苟（“苟”当作“徇”）于世俗之言，循名实而定是非，因参验而审言辞。（《韩非子·奸劫弑臣》）
>
> 夫圣人之治国，不恃人之为吾善也，而用其不得为非也。恃人之为吾善也，境内不什数；用人不得为非，一国可使齐。为治者用众而舍寡，故不务德而务法。（《韩非子·显学》）

① 冯友兰：《中国哲学史》上册，中华书局1961年版，第96页。

法家力主统一刑赏和法制来实现整齐划一之治，并强调单纯依靠刑赏法术的手段和政治制裁的办法来维持国家的统治和社会的秩序，在这一点上与在政治上主张“尚同一义”和用赏罚为治的墨子可谓同道，但他们完全抛弃了墨子对天志仪法的宗教信仰，而是认同和接受甚至可以说是盗用了道家“道法自然”的观念，如慎到、韩非曰：“古之全大体者，望天地，观江海，因山谷。日月所照，四时所行，云布风动，不以智累心，不以私累己。寄治乱于法术，托是非于赏罚，属轻重于权衡。不逆天理，不伤情性。……守成理，因自然。祸福生乎道法，而不出乎爱恶。”（《慎子·逸文》《韩非子·大体》）将“寄治乱于法术，托是非于赏罚”的治道理念与“守成理，因自然”的哲学信念结合起来，乃体现了法家政治哲学的根本旨趣所在，他们主张任法术、用赏罚为治，主张鼓励耕战、利出一孔以实现国家的富强、维护君主的利益，诚如吕思勉先生所说：“法家的政策如此，至其所以行之之道，则尽于‘法自然’三字。法自然含有两种意义。其一自然是冷酷的，没有丝毫感情搀杂进去，所以法家最戒释法而任情。其二自然是必然的，没有差忒的，所以要信赏必罚。”[①]信如是言，则法家所谓“法自然”，其宗旨主要是用来支持以法术、强权和刑赏的统治手段来推行鼓励耕战和利出一孔的干涉主义与扩张主义的基本政策，主要服务于实现和维护国家富强与君主利益的政治目的，乃至于法家申（不害）、韩（非）所谓“无为”亦已完全变成君主驾驭、控制、操纵臣下的一种阴谋权术。此不仅已非道家意义上的“法自然”，更与孔孟儒家所谓诚信仁爱忠恕之德及修己安人、内圣外王之道相去何啻千万里。故商（鞅）、韩（非）讥刺儒家仁义之说为无用之术、有害之戏论[②]，反之，儒家孟子则力辟法家为人君世主“辟土地，充府库”的霸术不过

① 吕思勉：《中国政治思想史》，中华书局2012年版，第48页。

②《商君书·画策》曰：“仁者能仁于人，而不能使人仁；义者能爱于人，而不能使人爱；是以知仁义之不足以治天下也。”《韩非子·外储说左上》曰：“夫称上古之传颂，辩而不悫，道先王仁义而不能正国者，此亦可以戏而不可以为治也。”

是助纣为虐的贼民之道[1]。

那么，与道、墨、法三家看待和论述德性修养与圣人、圣王之治的方式及其宗旨与目的不同，儒家又究竟是如何来论述和阐扬其修己安人、修身治国、平治天下的内圣外王之道的呢？

儒家论德性修养在方法和理念上与道家迥然不同，有必要在此通过比较的方法更好地申论阐明之。两家的差别，借用《老子·第48章》的说法讲就是，“为学日益，为道日损”。道家论为道修身之术，重在收敛涵养，减损人之欲望，愈损愈能体道治身、静心修德，故曰：“治人事天，莫若啬”（《老子·第59章》），“见素抱朴，少私寡欲”（《老子·第19章》），“罪莫厚乎甚欲，咎莫憯乎欲得，祸莫大乎不知足。知足之为足，此恒足矣”[2]，“五色令人目盲；五音令人耳聋；五味令人口爽；驰骋畋猎，令人心发狂；难得之货，令人行妨。是以圣人为腹不为目，故去彼取此”（《老子·第12章》）。在老子看来，体道修德的“圣人”必须是知足无欲的，他应摒弃物欲的诱惑，不应追逐声色耳目之娱，他应顺乎自然而保持一种衣食为足、安然自适的生活态度，应以无为无事的方式治国取天下，以好静无欲的方式化导人民也过一种无知无欲、自然淳朴的生活。庄子则曰：“其耆欲深者，其天机浅。”（《庄子·大宗师》）依庄子之见，人类心知的外驰及其好名逐利、贪求权势、矫饰仁义的行为，只会破坏其天真淳朴、无知无欲的自然本性，导致人们之间相互的争斗和残害，故曰：“德荡乎名，知出乎争。名也者，相轧也；知也者，争之器也。二者凶器，非所以尽行也。”（《庄子·人间世》）“屈折礼乐以匡天下之形，县跂仁义以慰天下之心，

---

① 孟子曰：“今之事君者皆曰：‘我能为君辟土地，充府库。’今之所谓良臣，古之所谓民贼也。君不乡道，不志于仁，而求富之，是富桀也。‘我能为君约与国，战必克。’今之所谓良臣，古之所谓民贼也。君不乡道，不志于仁，而求为之强战，是辅桀也。由今之道，无变今之俗，虽与之天下，不能一朝居也。”（《孟子·告子下》）

② 语出郭店楚简本《老子》，优于今本《老子·第46章》文句，见郭沂：《郭店竹简与先秦学术思想》，上海教育出版社2001年版，第71页。

而民乃始踶跂好知，争归于利，不可止也。”（《庄子·马蹄》）“举贤则民相轧，任知则民相盗。之数物者，不足以厚民。”（《庄子·庚桑楚》）可见，老庄道家对于人类的心知、物欲及其追求权势、名利、仁义的行为充满了一种天然的怀疑和排斥的态度。

儒家论为学修身之道，重在好学修德以美其身，而且为学日益，当日切磋而不舍，故孔子曰：“德之不修，学之不讲，闻义不能徙，不善不能改，是吾忧也。”（《论语·述而》）“君子食无求饱，居无求安，敏于事而慎于言，就有道而正焉，可谓好学也已。”（《论语·学而》）“好仁不好学，其蔽也愚；好知不好学，其蔽也荡；好信不好学，其蔽也贼；好直不好学，其蔽也绞；好勇不好学，其蔽也乱；好刚不好学，其蔽也狂。”（《论语·阳货》）除了好学之外，孔子还格外强调和重视内省改过和遵礼志仁对于一个人修身正行或德性修养的重要。对孔子而言，修身既需要个人内在主体的自觉努力，亦需要遵守外在行为的礼仪规范；修身不是单纯为了“完身养生”，更不是为了从人世间抽身而退，同时亦不是为了入仕做官、成就外在的事功[①]，而是为了成就个人的德性与品格，而德性与品格关乎人之为人的本质特征。正唯如此，就修身来讲，首先树立一种坚定而正确的人生志向与道德目标是至关重要的，故孔子曰：“苟志于仁矣，无恶也。”（《论语·里仁》）《中庸》亦曰：“修身以道，修道以仁。”而荀子则尤其强调以礼修身正行、治气养心的重要性，故曰：“学不可以已。……学至乎礼而止矣。夫是之谓道德之极。……君子之学也，以美其身。”（《荀子·劝学》）“凡治气养心之术，莫径由礼，莫要得师，莫神一好。”（《荀子·修身》）

显然，儒家并不排斥人类求知好学的行为，而是认为只要是“为己”而学，即为了不断修养和成就、完善和提升自己的道德品格而学，那么，好学本身便是最值得人们称赞和激赏的行为。儒家甚至也不排斥人们对于名和利的欲求及

① 子夏曰：“仕而优则学，学而优则仕。”（《论语·子张》）然而，学与仕毕竟是不能简单混同视之的，依儒家的理念，学的目的并不是仕，而仕者却应当学，故荀子曰：“学者非必为仕，而仕者必如学。”（《荀子·大略》）

其满足，只要是通过正当而合乎仁道的方式和途径，故孔子曰："富与贵，是人之所欲也；不以其道得之，不处也。贫与贱，是人之所恶也；不以其道得之，不去也。君子去仁，恶乎成名？君子无终食之间违仁，造次必于是，颠沛必于是。"（《论语·里仁》）当然，在孔子看来，在义与利之间、"欲仁而得仁"与"放于利而行"之间作出明确的区分还是十分必要的，正所谓"君子喻于义，小人喻于利"（《论语·里仁》），"欲仁而得仁"则"欲而不贪"（《论语·尧曰》），反之，"放于利而行"则"多怨"（《论语·里仁》），前者属于君子的行为，后者乃是小人的行为，但这并不意味着两者之间是一种善恶二分、绝对对立的关系，不过，由君子来教化和引导小人，才能使人们对利欲的追求得到正当的节制与合理的满足。因此，就君子个人的修身来讲，一个人的行止出处是否合乎仁义正道，是至关重要的，故《大学》论修身特别强调正心诚意，孟子在论述存心养性时也格外重视"寡欲"的问题，正所谓"养心莫善于寡欲。其为人也寡欲，虽有不存焉者，寡矣；其为人也多欲，虽有存焉者，寡矣"（《孟子·尽心下》）。

然而，就人类社群共同生活的维持和治理来讲，是不可能完全摒弃和排斥人类对物质利益的欲求的，因为人天生就有一种好恶之性，好富贵而恶贫贱，尽管孟子和荀子在人类本性问题上存在着性善性恶的观点分歧，但他们都承认好声色、财货、荣利、暖饱和安逸乃是人天生固有的自然欲望，不可放纵，亦不可去除，而只能加以节制和适当的满足。对此，孟子主要是从转化和提升统治者好货好色的欲念而使之发政施仁以"与百姓同之"的角度来论述问题的，也就是说，既然人们都是好货好色的，统治者如此，老百姓也不例外，那么，最好的安人保民之道便是能够"与百姓同之"，即使老百姓都能满足其好货好色之需要和欲求（参见《孟子·梁惠王下》）。荀子论之亦深切著明，其言道：

凡语治而待去欲者，无以道欲而困于有欲者也。凡语治而待寡欲者，无以节欲而困于多欲者也。有欲无欲，异类也，性之具也，非治乱也。欲之多寡，异类也，情之数也，非治乱也。欲不待可得，而求者从所可。欲不待可得，所受乎天也；求者从所可，受乎心也。……心之所可中理，则欲虽多，奚伤于治！欲不及而动过之，心使之也。心之所可失理，则欲虽寡，奚止于乱！故治乱在于心之所可，亡于情之所欲。……性者，天之就也；情者，性之质也；欲者，情之应也。以所欲为可得而求之，情之所必不免也；以为可而道之，知所必出也。故虽为守门，欲不可去，性之具也。虽为天子，欲不可尽。欲虽不可尽，可以近尽也；欲虽不可去，求可节也。所欲虽不可尽，求者犹近尽；欲虽不可去，所求不得，虑者欲节求也。”（《荀子·正名》）

依荀子之见，欲之有无和多寡无关乎治乱，治乱的关键在心所以为可者是否合乎道、理，因此，为治者不在于去欲和寡欲，而在于以心之所可节制、化导人之情欲。而说到底，所谓“心之所可”，也就是以礼来确立划定一种恰当而合理的“度量分界”，以便使人们的欲求得到普遍而适宜的满足，从而消除人们之间的争斗和纷乱。故荀子论礼之起源和功能曰：“礼起于何也？曰：人生而有欲，欲而不得，则不能无求；求而无度量分界，则不能不争；争则乱，乱则穷。先王恶其乱也，故制礼义以分之，以养人之欲，给人之求，使欲必不穷乎物，物必不屈于欲，两者相持而长，是礼之所起也。故礼者，养也。”（《荀子·礼论》）

由上所述，我们已大体可以了解古典儒家关于修己安人、修身治国、安百姓平天下的基本理念及其思想要义。然尚需进一步阐明的是：关于内圣外王的政治哲学理念，古典儒家与其他各家究竟有什么不同？显然，儒家既不像道家那样认为，人类的自然欲求是简单、有限而易于满足和实现的，就如“鹪鹩巢于深林，不过一枝；偃鼠饮河，不过满腹”（《庄子·逍遥游》）一样，反之，与人的自然本性相背离，人的心知活动及其对知识、权势、名利的追求却是复杂、无限而难以满足和实现的，因此，只有摒弃和排斥后者，才能恢复人类的自然本性，只有回归到合乎自然大道、恢复民之“常性”的生存状态，才能实现“至德之世”的社会理想[①]；也不像墨子那样认为，只要由圣贤人物担任政长，垄断政治权力，推行尚同一义之政，便可以使人们奉行天志仪法，彼此以“兼相爱、交相利之法”（《墨子·兼爱中》）平等相待、和平共处；更不像法家那样认为，单纯依靠统一的刑赏与法制、奉行利出一孔的耕战政策就可以致国家富强、实现君主的霸王之大利。事实上，对儒家而言，我们必须客观地面对和理性地看待人类“性相近也，习相远也”（《论语·阳货》）的基本特性、性善性恶的天然本性，以及政教殊俗、职业分途、同欲异求、同求异道乃至“道不同，不相为谋”（《论语·卫灵公》）等复杂多样的生存境况，简单地期望人们无知无欲、回归自然，或者希望将自爱自利的人完全改造为兼相爱交相利的人，又或者试图通过严刑峻法、以刑去刑的方式全面支配和彻底制服臣民，不是不现实，便是不可能，甚者则戕害人性、贻祸斯民而无穷。

尽管孔孟向往他们认为历史上曾经存在过的圣王统治的理想时代，但他们毕竟要面对现实，因而也明确地意识到自己不得不处身于圣人“不得而见之”（《论语·述而》）、圣人虽有其德却不得其位（参见《孟子·万章上》），或“世衰道微”“圣王不作，诸侯放恣，处士横议”（《孟子·滕文公下》）的时代生存境况之中，故此以士人的身份自期以担当道义、拯斯民于水火与倒悬的道德君子，汲汲然以仁立教，仁以为己任，志尚仁义，奋然兴作[②]，而且致力于通过私学教育来培养士人君子，通过士人君子求知修德的努力来引领人民大众，致力于通过礼义来规范人们的行为，节制人们的欲望，通过仁爱忠恕之道来引导人们彼此善待、和睦相处。他们所作努力的根本意义，依牟宗三先生所言，即在

①《庄子·马蹄》曰：“彼民有常性，织而衣，耕而食，是谓同德。一而不党，命曰天放。故至德之世，其行填填，其视颠颠。当是时也，山无蹊隧，泽无舟梁；万物群生，连属其乡；禽兽成群，草木遂长。是故禽兽可系羁而游，乌鹊之巢可攀援而窥。夫至德之世，同与禽兽居，族与万物并。恶乎知君子小人哉！同乎无知，其德不离；同乎无欲，是谓素朴。素朴而民性得矣。”

② 孟子曰：“待文王而后兴者，凡民也。若夫豪杰之士，虽无文王犹兴。”（《孟子·尽心上》）

于“开辟价值之源，挺立道德主体”[①]，易言之，即为士人君子开辟出了一个“为仁由己”（《论语·颜渊》）的道德自主的价值活动领域。正是以对此的充分自觉意识为根基，他们于穷达进退之际才能具备这样一种坚定的人生信念，既“笃信好学，守死善道”（《论语·泰伯》）而又志在使“老者安之，朋友信之，少者怀之”（《论语·公冶长》），或者“穷不失义，达不离道”“得志，泽加于民；不得志，修身见于世”“穷则独善其身，达则兼善天下”（《孟子·尽心上》）。他们的这样一种人生信念本身，可以说也正是他们关于内圣外王之道的最独特而真切的现身说法。对孔孟来讲，所谓内圣外王之道，也就是一种“修己以安人”“修己以安百姓”而“尧舜其犹病诸”（《论语·宪问》）的君子理想。

因此，孔孟儒家的内圣外王之道并非单纯就在其位而专以治天下为事的有权有势的统治者来讲的，他们当然希望执政当权的统治者能够正己正人、以德化民，但他们深知这是可期而不可必的，人君不仁、君心非而不正、“斗筲之人”身居从政之位而把持政权等等，皆是当时政治之现实，故孔子虽然“事君尽礼”（《论语·八佾》），但也不惮乎直斥“卫灵公之无道”（《论语·宪问》），孟子更栖栖然以“格君心之非”（《孟子·离娄上》）为大人之能事，并言“君子之事君也，务引其君以当道，志于仁而已”（《孟子·告子下》）。故面对“滔滔者天下皆是”（《论语·微子》），乃至“民之憔悴于虐政，未有甚于此时”（《孟子·公孙丑上》）的时代状况，孔孟除了劝导和警示统治者应以德化民、施行仁政之外，他们更乐于以兴起斯文、道义担当的仁人君子自命，更希望士人君子能够以德致位、南面而治。而士人君子以德致位、南面而治的根本目的便是济世安民、“造福人群”[②]，诚如美国著名汉学家狄百瑞所言，“儒家最为关

① 牟宗三：《中国哲学十九讲》，上海古籍出版社1997年版，第59页。

② 如钱穆先生所说：“中国的读书人，无有不乐于从政的。做官便譬如他底宗教。因为做官可以造福人群，可以发展他的抱负与理想。”［钱穆：《中国文化史导论》（修订本），商务印书馆1994年版，第127页］

注‘民’”，“人民的福祉和苦难是压在儒家良知上的重担”，而《论语》正是一本“以君子及其领袖责任作为要义”的著作，“《论语》中一共有52处提及‘民’（一种最普通的表示‘人’的说法）。‘民’的意思是普通人、普通大众。……凡是提及‘民’的地方大多会涉及百姓与统治者的关系。其中的要点在于强调统治者和君子有责任领导和关心百姓。”一般来讲，“孔子对百姓的态度基本上是同情，对统治者的态度基本上是告诫”，尽管在《论语》中“民”“一般被说成依赖于当权者行径的普通人”，尽管“受过教育的领袖精英与未受过教育的百姓之间存在着基本的差别”，但是，君子理应“承担起领导或指导百姓的责任”，“这是因为，无论教育或者社会地位上存在什么差异，百姓和领袖一样拥有最基本的道德情感和人性需求”，因此，“《论语》中从未出现孔子告诫、挑战、斥责或者谴责过百姓的内容。即使天下大乱，也不该归罪于百姓。相反，应当同情、体谅、关爱和保护百姓”。[①] 信如斯言，故对孔孟而言，无论是处身于有德无位的穷困之地，还是涉身于入仕从政的通达之位，具有道德理想的士人君子都必然或理应具有一种深切的“为生民立命”的民本情怀，都应致力于维护人民的利益，改善人民的生活，提升人民的道德品格与文明教养，正所谓“因民之所利而利之”（《论语·尧曰》），“民之所好好之，民之所恶恶之”（《大学》），“所欲与之聚之，所恶勿施，尔也”（《孟子·离娄上》）。

相对于孔孟而言，荀子似乎更为强调“圣人最宜于作王”的理想，并认为非圣人作王而不能平治天下。依荀子之见，“天子唯其人”，而最适合于作为统一和平治天下的天子或王的人选，只能是集所有美德、道义和智慧于一身的、“备道全美”的圣人，所以，荀子说：“天下者，至重也，非至强莫之能任；至大也，非至辨莫之能分；至众也，非至明莫之能和。此三至者，非圣人莫之能尽，故非圣人莫之能王。圣人，备道全美者也，是县天下之权称也。”（《荀子·正论》）然而，对荀子而言，现实的问题也正如对孔孟而言一样，正如其弟子所说，尽

①［美］狄百瑞：《儒家的困境》，黄水婴译，北京大学出版社2009年版，第22—25页。

管荀子本人之贤“宜为帝王”，但他生不逢时，“迫于乱世”而“上无贤主，下遇暴秦”，所以“礼义不行，教化不成”（《荀子·尧问》）。因此，“圣人最宜于作王”所表达的实际不过只是一种理想而已，现世中的君王离他心目中“备道全美”的理想圣人实在相差太远。职是之故，荀子的整个思想论说，仍然为儒家为学修身的士人君子之学留下了足够的相对独立的道德自主的活动空间，故曰：“志意修则骄富贵，道义重则轻王公，内省而外物轻矣。”（《荀子·修身》）

综上，笔者更愿意从士人君子之学的意义上来理解和把握古典儒家内圣外王之道的独特含义，儒家的士人君子之学，既不同于墨子的那种圣贤与政长完全一体化的政治构想，也不同于道家的那种单纯依靠体道的圣人通过清静无为的方式来化导民众返璞归真的政治理想，更不同于法家的那种“以法为教”“以吏为师”（《韩非子·五蠹》）的政教合一论及其“以现实君主为本位的圣人观”[①]或一心圣化现实君主并极力强化君主专制权力的“君本位”政治理念。儒家的士人君子之学具有一种不容混同、化简为一种利禄仕途之学的特有的道德自主的理想含义和独特的人格魅力，而且，儒家的士人君子之学，既体现了他们关于士人君子的道德理想、政治情怀与思想宗旨，同时亦即是他们自己的一种自我要求与期许。据此，他们虽关心政治，但并“不拘执于必仕必隐”[②]；他们虽带有鲜明的“学而优则仕”的士人精英的政治意识色彩，但同时亦富有强烈的道义自我担当的责任意识和民本情怀；他们虽希望通过入仕参政的方式而在现实的政治权力结构中展现他们的道德关怀，并实现其济世安民的政治抱负与民本理想，但同时更为看重自身独立自主的道德人格的价值与意义，而并不认为

① 刘泽华主编：《中国政治思想史》（先秦卷），浙江人民出版社1996年版，第630页。

② 如萧公权先生所说：“孔子不拘执于必仕必隐，而一以能‘行道’与否为出处之标准。出处既以行道为标准，是个人对于君国之本身无绝对之义务……观其对避世高蹈之流多加称许，而对不义之仕绝无恕辞，则可知孔子真意之所在。不仅此也。孔子谓臣下不受君主之乱命，是否认绝对服从之义务也……后人以专制天下之眼光论封建天下之孔子，宜其张冠李戴，厚诬古人矣。”（《中国政治思想史》，新星出版社2005年版，第49页）

入仕参政便是实现人生价值与政治抱负和理想的唯一途径，如孟子曰“君子有三乐”，即“父母俱存，兄弟无故”“仰不愧于天，俯不怍于人”和“得天下英才而教育之”，而“王天下不与存焉”（《孟子·尽心上》）。其中，最值得我们在此特别强调指出的就是最后一点，他们深切期望士人君子也要求自身必须保持和拥有一种“三军可夺帅也，匹夫不可夺志也”（《论语·子罕》）的独立人格意志，保持和拥有一种“富贵不能淫，贫贱不能移，威武不能屈”（《孟子·滕文公下》）的大丈夫气概，保持和拥有一种“上不循于乱世之君，下不俗于乱世之民；仁之所在无贫穷，仁之所亡无富贵；天下知之，则欲与天下同苦乐之；天下不知之，则傀然独立天地之间而不畏”（《荀子·性恶》）的道德勇气和“权利不能倾也，群众不能移也，天下不能荡也”“生乎由是，死乎由是”（《荀子·劝学》）的道德情操。唯有如此，士人君子才能够真正做到行止出处皆以道义为标准，真正能够通过修身养性来挺立自身独立自主的道德品格与意志，从而能够不为威势所屈服，不为利禄所诱引，不为权力所异化，上可以以道引君，下可以以德化民，乃至于入仕参政真正能够以民生的需求和民意的诉求作为自己的根本关切，从而真心实意地对人民的利益需要和意愿诉求作出积极而负责任的回应。总之，根据儒家士人君子之学的根本要义和思想宗旨，君与师、圣与王、德与位、道与势、学与仕、政与教并不完全是一回事，其间的分际不容轻易抹杀和简单混同，这可以说是儒家士人君子之学中最富有深远历史意义的一点，不明白这一点，我们便不能真正理解，在儒家思想被帝制中国的国家政权尊奉为正统思想而享有长达两千多年之久的建制化的文化—意识形态霸权的历史上，儒家之学何以没有被官方体制完全腐蚀和吞没而能够始终保持其相对的独立性。

基于对儒家士人君子之学更富有意义的上述理解，我认为我们能够更好地来厘清对于儒家内圣外王之道的一种误解。如所周知，《大学》曾经就儒家的内圣外王之道作过如下最系统精粹的阐述：

> 古之欲明明德于天下者先治其国，欲治其国者先齐其家，欲齐其家者先修其身，欲修其身者先正其心，欲正其心者先诚其意，欲诚其意者先致其知，致知在格物。物格而后知至，知至而后意诚，意诚而后心正，心正而后身修，身修而后家齐，家齐而后国治，国治而后天下平。

上述观念如果仅仅被看作单纯就统治者个人而言的一种由内圣而外王的一条线式的思想展开逻辑，必然会产生这样的疑惑，如陈鼓应先生所说："《大学》由修身到齐家之后，便由齐家急速推广到治国。然而'家'与'国'不仅性质、领域不同，所处理的事也各异，能齐家的未必能治国。"[①] 其实，谭嗣同早已指出过：

> 封建世，君臣上下，一以宗法统之。……宗法行而天下如一家。故必先齐其家，然后能治国平天下。自秦以来，封建久湮，宗法荡尽，国与家渺不相涉。家虽至齐，而国仍不治；家虽不齐，而国未尝不可治；而国之不治，则反能牵制其家，使不得齐。于是言治国者，转欲先平天下；言齐家者，亦必先治国矣。大抵经传所有，皆封建世之治，与今日事势，往往相反，明者决知其必不可行。（《仁学》四十七）

显然，谭氏将封建世与秦以后区分开来的论点别具一种历史的眼光，在他看来，适用于封建世的齐家治国平天下之说并不适用于秦以后的时代，这当然是有一定道理的。不过，《大学》修齐治平的观念似乎并不仅仅是针对某一特定的时代而言的，在诸侯力征、战乱不已、"民之憔悴于虐政，未有甚于此时"的战国之世倡言修齐治平的儒者，岂不知家、国之不同而"家虽至齐，而国仍不治"以及"国之不治，则反能牵制其家"的道理，这道理并不需要等到秦以后才能了解明白，问题在于，《大学》所言修齐治平并非单纯就某一个人或纯粹站在统治者个人的立场和角度而言的，而是从人人皆所当为的普遍立场而立论的，

① 陈鼓应注译：《老子今注今译》（参照简帛本最新修订版），商务印书馆2003年版，第273页。

故言“自天子以至于庶人，壹是皆以修身为本”，这句话是绝不可看轻而忽视的，也就是说，《大学》所谓修齐治平的立足点在人人皆以修身为本，人人皆以修身为本，故人人皆能知其所止，唯人人修其身、齐其家，唯人人皆能知其所止，则国之为国才能得治，而天下之大才能得平。其中，家、国之间虽有性质、领域的不同，而且“所处理的事也各异”，但从儒家的立场和视角来看，家庭、社会、国家、天下的根本问题所在说到底不过是人与人的关系而已，从人与人的关系角度来看待和理解修齐治平的问题，自有其一以贯之之道，此一贯之道便是修己安人、内圣外王之道，此一贯之道的根本宗旨在期望人人内修己德、善待他人，人人知其当止、行所当为，则国治天下平，这在逻辑上自然是可以成立的。故《大学》曰：

> 《诗》云：“邦畿千里，惟民所止。”《诗》云：“缗蛮黄鸟，止于丘隅。”子曰：“于止，知其所止，可以人而不如鸟乎！”《诗》云：“穆穆文王，於缉熙敬止！”为人君止于仁，为人臣止于敬，为人子止于孝，为人父止于慈，与国人交止于信。

《中庸》曰：

> 君子不可以不修身，思修身不可以不事亲，思事亲不可以不知人，思知人不可以不知天。天下之达道五，所以行之者三。曰君臣也，父子也，夫妇也，昆弟也，朋友之交也，五者天下之达道也。知、仁、勇三者，天下之达德也，所以行之者一也。或生而知之，或学而知之，或困而知之，及其知之，一也。或安而行之，或利而行之，或勉强而行之，及其成功，一也。
>
> 子曰：“好学近乎知，力行近乎仁，知耻近乎勇。知斯三者，则知所以修身；知所以修身，则知所以治人；知所以治人，则知所以治天下国家矣。”

孟子亦曰：

> 人有恒言，皆曰“天下国家”。天下之本在国，国之本在家，家之

本在身。（《孟子·离娄上》）

道在迩而求诸远，事在易而求诸难。人人亲其亲、长其长，而天下平。（《孟子·离娄上》）

上述引文所言宗旨是一脉相承的，不过，《大学》以人人应"知其所止"立言，特别是所引《诗》中"邦畿千里，惟民所止"一语最值得我们玩味，结合下文所言为人君、为人臣、为人父、为人子以及与国人交皆当知所当止可知，其意不外是要强调，不管一个人是什么身份，说到底都不过是邦之一民，人人"知其所止"即所谓"惟民所止"。《中庸》将修身、事亲、知人、知天和修身、治人、治天下国家视作一贯之道，其所谓"天下之达道"与"天下之达德"，更强调了人与人之际的五种伦理关系及其相交相处的道德行为具有一种普适性的意义。孟子亦强调治国平天下的根本在修身，在人人能够亲其亲、长其长。由此而言，则儒家的修己安人、修身治国、内圣外王之道虽然是在封建世和君主政制的背景下提出来的，虽然也强调以君子、圣贤为治体，但其根本宗旨在以人人修身成德为根本，当然，这并不意味着他们就一定忽视家、国之性质和领域不同，事务亦各异的问题，如孟子论家庭伦理以孝悌为本，而论国事则曰："不信仁贤，则国空虚；无礼义，则上下乱；无政事，则财用不足。"（《孟子·尽心下》）尤其是，孟子论"徒善不足以为政"（《孟子·离娄上》）和"民事不可缓"（《孟子·滕文公上》）的问题，认为唯有"以不忍人之心，行不忍人之政"（《孟子·公孙丑上》）即施行仁政以"制民之产"，使人民皆有"恒产"方能维系其"恒心"（《孟子·梁惠王上》），此中实蕴含着孟子从民本的立场对于政治本质或政治事务的根本特性的深刻理解，这一理解不同于那种视权力为暴力、视政治为充满阴谋诡计的权力斗争的说法和观点，而是将政治看作"人类试图改善生活并创造美好社会的活动"[①]，看作一项实现人民的真正意愿和保障民生需

①[英]安德鲁·海伍德：《政治学》（第二版），张立鹏译，中国人民大学出版社2006年版，第3页。

要的人类事业。

（三）孟子的民本学与王道仁政说

如上所言，儒家的内圣外王之道，期之于人人修身成德而家齐国治、天下太平，确乎给人一种太过于理想和乐观的印象，似乎对于人性的幽暗面缺乏深刻的认识，即使是极言人性之恶的荀子，对于劝学修身、化性起伪亦满怀着无限的信心。然而，儒家的乐观与信心并不是毫无根据的，他们对于人性、社会和政治有着深刻的思考，与上述乐观和信心相伴而生的还有一种强烈的忧患意识，故孔子曰："人无远虑，必有近忧。"（《论语·卫灵公》）孟子更有言："入则无法家拂士，出则无敌国外患者，国恒亡。然后知生于忧患而死于安乐也。"（《孟子·告子下》）"人之有德慧术知者，恒存乎疢疾。独孤臣孽子，其操心也危，其虑患也深，故达。"（《孟子·尽心上》）因此，如杜维明先生所说，儒家的思想中"确实有乐观的一面"，但孔孟的哲学"是对人生认识得非常深刻的哲学，并不是一个浮浅的快乐主义的哲学"[①]。同样，我们可以说，儒家的内圣外王之道确实有过于理想的一面，但基于他们对人性和社会、政治问题的独到理解和思考，此道亦内含着深刻的政治哲学意旨，并不是一般浮浅的游谈无根的理想主义。其中，最值得我们重点关注和详加阐释的便是孟子的民本主义与王道仁政学说，孟子不仅向内深入探求人类的心性本源，论政更是大倡民贵君轻、王道仁政、与民同乐之说，由于其思想一切从"为民"或民本的立场和角度倡言立论[②]，故可以说他从民本的立场和角度对儒家的内圣外王之道作了最淋漓尽致的精彩阐发，换言之，在孟子那里，儒家的外王之道，实即是民本之学，而绝非帝王之术。也就是说，所谓民本，并非单纯指站在维护君主统治之合法性的

---

① 杜维明：《儒学第三期发展的前景问题：大陆讲学、答疑和讨论》，生活·读书·新知三联书店2013年版，第237—238页。

② 如冯友兰先生所说："依孟子之观点，则一切皆为民设。此一切皆为民设之观点，乃孟子政治及社会哲学之根本意思。""孟子以一切政治的经济的制度皆为民设，所谓君亦为民设。"（《中国哲学史》上册，中华书局1961年版，第145、146页）

立场而强调君主应以民为本或为民而王的那样一种观点，而是儒家思想及其外王学本身的根本宗旨所在，而君主的统治也必须服从这一宗旨，这样一种思想宗旨是非常富有教益也是能够带给我们更多启示的，值得我们认真对待。兹从如下几方面稍作阐释与申论。

1. 人性与人类社会及政治秩序的起源

先秦诸子各家提出了各种各样的人性论观点，他们所持有的人性论观点与其对人类社会及政治秩序的理解是密不可分的，儒家也不例外。

墨子认为，在人类产生之初，曾经生活在一种没有刑政和政长的“原初状态”之中，这种状态是以一人一义或各持异义而只知自爱自利，彼此交相非、交相害为根本特征的。墨子是这样描述的：

> 古者民始生，未有刑政之时，盖其语人异义。是以一人则一义，二人则二义，十人则十义，其人兹众，其所谓义者亦兹众。是以人是其义，以非人之义，故交相非也。是以内者父子兄弟作怨恶，离散不能相和合，天下之百姓，皆以水火毒药相亏害，至有余力不能以相劳，腐朽余财不以相分，隐匿良道不以相教，天下之乱，若禽兽然。（《墨子·尚同上》）

可见，在墨子那里，“原初状态”只不过是一种前政治的混乱无序状态或如禽兽一般的无政府状态，生活在这种状态下的人们皆从自爱自利或是己而非人的立场与态度出发而各持异义，彼此之间交相怨恶贼害。那么，人们怎样才能从这种混乱无序的“原初状态”中走出来呢？墨子以为，只要“选择天下贤良圣知辩慧之人，立以为天子，使从事乎一同天下之义”（《墨子·尚同中》），便可以结束混乱，使人们在一种统一的政治秩序下过上一种和平有序的社会生活。因此，在墨子看来，建立一套完善的“刑政”制度和由圣贤人物掌握权力的“政长”系统是人类由乱而治的关键。不可否认，墨子有着与儒家一样强烈而鲜明的民本情怀，不仅主张人们应以“兼相爱、交相利之法”（《墨子·兼爱中》）彼此对待，而且将“国家百姓人民之利”作为“估定一切价值之标准”，即“凡事物必中国家百姓人民之利，方有价值。国家百姓人民之利，即是人民之‘富’与‘庶’。凡能使人民富庶之事物，皆为有用，否者皆为无益或有害；一切价值，皆依此估定”①。然而，人们要想享受和平安定、富庶有序的社会生活，却必须要在以尚同一义为政的圣贤式政长的统治下过一种受赏罚手段所操控的政治生活，正所谓：“凡使民尚同者……必疾爱而使之，致信而持之，富贵以道其前，明罚以率其后。为政若此，唯欲毋与我同，将不可得也。”（《墨子·尚同下》）

墨子欲通过刑政制度的强制、圣贤式政长的统治以及运用赏罚和尚同一义等政治手段和策略来将本来自爱自利的原初人类改造成兼相爱交相利之人，与之不同，法家认为人性是好名好利、趋利避害的，然而，这是不必或无须加以改造的，只要利用好人的好利性，运用赏罚和严刑峻法的手段，强制实行利出一孔和鼓励耕战的政策，就可以实现国家富强的政治目标。可见，在强调运用赏罚的手段以及尚同一义或一刑一赏一教方面，墨、法之间实有相通的方面，还有一个重要的相通的方面就是，法家也认为，唯有在政长（君臣）的统治和刑政制度的统一强制下，人类才能过上一种有秩序的生活，如《商君书·君臣》曰：“古者未有君臣上下之时，民乱而不治。是以圣人列贵贱，制爵位，立名号，以别君臣上下之义。地广，民众，万物多，故分五官而守之。民众而奸邪生，故立法制、为度量以禁之。是故有君臣之义、五官之分、法制之禁，不可不慎也。”《管子·君臣下》亦有言：“古者未有君臣上下之别，未有夫妇妃匹之合，兽处群居，以力相征。于是智者诈愚，强者凌弱，老幼孤独不得其所。故智者假众力以禁强虐，而暴人止。为民兴利除害，正民之德，而民师之。是故道术德行出于贤人。……是故国之所以为国者，民体以为国。君之所以为君者，赏罚以为君。”法家的这一历史叙事将君臣上下关系的产生与创立置于人类社会生活秩序的开端，无疑为官僚君主制的产生及其法制统治的历史必然性与天然合理

① 冯友兰：《中国哲学史》上册，中华书局1961年版，第117、119页。

性提供了一种最为强有力的论证。也就是说，像墨子论证政长与刑政的产生和起源一样，法家也主要是通过一种历史叙事的方式来论证或赋予官僚君主制以一种历史必然性和天然合理性。不仅如此，法家更进一步将官僚君主制置于对社会秩序和国家治理来说具有绝对决定性意义的核心或枢纽的地位，墨子之政长尚需奉行天志仪法，而法家之君主则不仅处于政治上至尊至贵的地位，更是道术德行之所出的终极权源，如《管子・君臣上》所言："刑罚不颇，则下无怨心。名正分明，则民不惑于道。道也者，上之所以导民也。是故道德出于君。""是以为人君者，坐万物之原，而官诸生之职者也。"《商君书・勒令》则曰："圣君知物之要，故其治民有至要。故执赏罚以壹辅仁者，心之续也。圣君之治人也，必得其心，故能用力。力生强，强生威，威生德，德生于力。圣君独有之，故能述仁义于天下。"正因为如此，在法家看来，国家之治乱完全系于君上之人，即治在于君上，乱亦在于君上，故慎到曰："民之治乱在于上，国之安危在于政。"（《慎子・逸文》）《管子・君臣上》亦曰："治乱在主而已矣。""主身者，正德之本也。官治者，耳目之制也。身立而民化，德正而官治。治官化民，其要在上。"

与墨、法两家相反，道家老庄基于其对于纯粹自然法则或自然无为之道的形上领悟，而对人类自身积极有为的行动能力和构建人类文明生活秩序抱持一种深刻的怀疑态度。在道家老庄看来，人类的知识能力和欲望需求的满足以及由此而衍生出的各种技术手段、制度建制、世俗的伦理道德和人文价值信念，不仅没有成为构筑人类文明生活的动力机制和牢固根基，反而使人类日益走向背离自然之道的生活道路，是造成人类文明生活腐化败坏和束缚人类自然本性的终极原因和祸患根源。如《老子・第38章》曰："失道而后德，失德而后仁，失仁而后义，失义而后礼。夫礼者，忠信之薄，而乱之首。"人类生活的日趋文明化，不仅意味着人类心知和欲望的放纵，而且意味着使人类的自然本性日益受到仁爱、孝悌、是非、名利、礼义、权势、刑法等伦理道德、价值信念和强制性刑政制度的败坏、桎梏和束缚。正因为如此，所以老子希望人类能够顺应效法自然之道，返道归朴而重新过一种无知无欲、小国寡民的生活。而庄子更站在天人相分对立的自然主义立场上而对人类文明生活进行了全面、深刻的批评反思[①]，呼吁人们“法天贵真”、顺应自己本真淳朴的自然本性，回归自然而重新过一种衣食为足、自由自在、完全与天地万物融为一体、“同与禽兽居，族与万物并”（《庄子・马蹄》）的自然天放生活。道家老庄的自然之道犹如一面虚静空明的心灵的镜子，确乎能够帮助我们反观、照察和审视存在于我们人类自己身上的自私、贪婪和欲望，以及人类中心主义的僭妄和由此而引发的人类文明逆天（违背自然）而行的各种弊端和病症问题，但是他们那反人文、反文明的形上智慧和消极无为的政治哲学信念却并没有为人类的社群生活提供任何积极的建设性的政治纲领与方案。

比较而言，儒家对于人性的看法，既不像墨子那样认为可以通过政治的手段将自爱自利的原初之人完全改造成兼相爱交相利的文明之人，也不像法家那样认为人是纯粹好名好利和趋利避害而无须加以改造的，与道家人性自然而只需因循顺应人之自然本性的观点也大为不同。无论是孔子言性近习远，还是孟子道性善，乃至荀子主性恶，可以说都是持一种介乎绝对或纯粹的至善与极恶之间的观点，在上知与下愚[②]、至善与极恶之间，人之为人实具有两面性，即既有可学而为善、教养以成德的一面，亦具有弃学而为恶、失教则妄为的一面。孔子曰：“性相近也，习相远也。”（《论语・阳货》）正因为性相近，故人与人可以相互了解和沟通，正因为习相远，故人与人彼此行各有异、谋道不同，这既是人类相互冲突的根源，亦充分说明了人类具有一定的可塑性，故孔子力主以道德教化、礼义引导的方式来化解人际的冲突和斗争而实现人类社群的和谐与

① 详见林存光主编：《中国古典和谐政治理念与治国方略研究》，中国社会科学出版社 2013 年版，第 214—222 页。

② 孔子曰：“唯上知与下愚不移。”（《论语・阳货》）

繁荣。孟子虽然道性善，但他又认为人类天赋的良心善性是容易迷失而陷溺的，故需持存和养护。荀子主性恶之论，但他又认为人类自然生就的本性、情欲虽然不可改变和去除，却是可以加以节制和转化的。因此，就人类的本性而言，儒家无疑也持这样一种观点，即人之为人，既不是神，也不是野兽，而是介乎二者之间，“人类不仅把自己组成家庭和部落，而且还组成更高级的群体；他们具有让这样的群体存在下去所必须的道德美德”[①]。下面，我将主要就孟子的人性观点来作进一步更加深入的阐释。

就孟子而言，在他那个时代最为流行而需要作出回应的人性观点与政治学说，主要有：“性可以为善，可以为不善”说，“有性善，有性不善”说，告子的“性无善无不善”（《孟子 · 告子上》）说，墨子的“兼爱”论，道家杨朱的“为我”（《孟子 · 滕文公下》）说，纵横家的合从连衡之策，法家的鼓励耕战、致力于富国强兵以实现军事扩张和国家霸权的主张，以及农家许行“贤者与民并耕而食，饔飧而治”（《孟子 · 滕文公上》）的理想等。

上述三种人性观，第一种观点强调的是人的本性的可塑性，即可以使它善良，也可以使它不善良，故在周文王武王那样的仁君圣王的统治下，人民就会好善，而在周幽王厉王那样的昏君暴王的统治下，人民就会好暴。第二种观点强调的是人的本性的差异性，即有的人本性生来就是善良的，而有的人本性生来就是不善良的，而且，这种本性的差异是不可改变的，因此，尧为圣君，而在其治下仍会出现象那样的不良之民；瞽瞍为不慈之父，而在其家中仍会出现舜那样的孝子；纣为暴君，而在其朝中仍会出现微子启、王子比干那样的仁人义士。第三种观点强调的是人的本性的自然性，亦即人的本性是无善无不善的，故曰“生之谓性”或“食色，性也”（《孟子 · 告子上》），这是告子提出的人性观点。这些人性观点无疑引起了孟子的高度关注和深入思考，特别是告子“无

①[美]弗朗西斯 · 福山：《大分裂：人类本性与社会秩序的重建》，刘榜离等译，中国社会科学出版社 2002 年版，第 212—213 页。

分于善不善”的自然人性观引发了孟子与告子之间一场有关人性问题的激烈的哲学论辩。正是在与告子的激烈论辩中，孟子既对告子的人性观点给予了严厉的批评，同时也明确地阐发了自己的人性观点。据《孟子·告子上》：

告子曰：“性，犹杞柳也；义，犹桮棬也。以人性为仁义，犹以杞柳为桮棬。”孟子曰：“子能顺杞柳之性而以为桮棬乎？将戕贼杞柳而后以为桮棬也？如将戕贼杞柳而以为桮棬，则亦将戕贼人以为仁义与？率天下之人而祸仁义者，必子之言夫！”

告子曰：“性犹湍水也，决诸东方则东流，决诸西方则西流。人性之无分于善不善也，犹水之无分于东西也。”孟子曰：“水信无分于东西，无分于上下乎？人性之善也，犹水之就下也。人无有不善，水无有不下。今夫水，搏而跃之，可使过颡；激而行之，可使在山。是岂水之性哉？其势则然也。人之可使为不善，其性亦犹是也。”

孟子批评告子“以人性为仁义，犹以杞柳为桮棬”的观点将“率天下之人而祸仁义”，并质疑其“生之谓性”和“仁内义外”的观点，那么，告子的观点何以会激起孟子如此强烈的反应呢？那是因为孟子意识到了告子以“义”为外在的观点将会引导人们去逆其性而为，甚至会因为人性“本无定体，而可以无所不为”（朱熹《四书章句集注》），以至于结果只会导致对人性的戕害。而当告子以水喻性时，他所举的例子的确更适合于阐明孟子的人性观点，故而为孟子顺势借用以阐发自己“人无有不善”的人性观点，即人性本来只是善的，只要顺性而为，则人无有不善，而人之不善并非出于人性本身，只不过是人们逆性而为的结果而已。总而言之，在孟子看来，人性是无有不善的，人之不善与人的本性无关，而是人受到外界事物或人为之势的不良影响以致陷溺丧失了自己本然的人心善性的结果，正如王充所言，孟子“以为人性皆善，及其不善，物乱之也”（《论衡·本性篇》）。

那么，孟子道性善的真实用心究竟何在呢？我想主要有两个方面，一个方面是要揭示和告诉人们人类道德行为的内在心性根源，故曰："君子所性，仁义礼智根于心。"（《孟子·尽心上》）"恻隐之心，人皆有之；羞恶之心，人皆有之；恭敬之心，人皆有之；是非之心，人皆有之。恻隐之心，仁也；羞恶之心，义也；恭敬之心，礼也；是非之心，智也。仁义礼智，非由外铄我也，我固有之也，弗思耳矣。故曰：'求则得之，舍则失之。'"（《孟子·告子上》）另一方面是要强调和指出每个人都拥有天赋的道德尊严，故孟子曰："有天爵者，有人爵者。仁义忠信，乐善不倦，此天爵也；公卿大夫，此人爵也。古之人修其天爵，而人爵从之。今之人修其天爵，以要人爵；既得人爵，而弃其天爵，则惑之甚者也，终亦必亡而已矣。"又曰，"欲贵者，人之同心也。人人有贵于己者，弗思耳矣。人之所贵者，非良贵也。赵孟之所贵，赵孟能贱之。"（《孟子·告子上》）这是说人天赋的良心善性或乐善好德之心乃是人所拥有的最可贵的尊爵，而人后天获得的权势富贵则只不过是一种既能被他人所给予亦能被他人所剥夺的"人爵"而已，前者才是最能体现人的完全独立自足的生命价值与意义的"大体"或"良贵"之物。然而，这并不意味着人不需要做任何的努力便可以自然而然地保持住其良心善性并成就其仁义道德的行为，恰恰相反，人们必须反思以求，加以持续的存养和不断的扩充，否则，人天赋的良心善性是易于陷溺和迷失的，故孟子曰："凡有四端于我者，知皆扩而充之矣，若火之始然，泉之始达。苟能充之，足以保四海；苟不充之，不足以事父母。"（《孟子·公孙丑上》）"存其心，养其性，所以事天也。"（《孟子·尽心上》）"仁，人心也；义，人路也。舍其路而弗由，放其心而不知求，哀哉！人有鸡犬放，则知求之；有放心而不知求。学问之道无他，求其放心而已矣。"（《孟子·告子上》）因此，依孟子的性善之论，每个人都应拥有其天赋的道德自主与人格尊严，这完全取决于个人的自我反思与努力，人与人的差异就在于有的人存养其心性之"大体"或"贵体"，有的人陷溺于其感官欲望之"小体"或"贱体"，前者为大人，后者则沦为小人。然而，从普遍人性及其道德成就的潜在可能性的角度讲，人与人却是没有任何差别而自然平等的，即使圣人也是“与我同类者”（《孟子·告子上》），而且人人皆可以成为尧舜那样的圣人，因为尧舜式的圣人不过是“先得我心之所同然”（《孟子·告子上》）并能充分实现自身人性价值的人而已。

上述孟子性善论的人性观点，并不像其字面含义初看上去那样而容易被人误解为是一种浮浅的乐观主义，也没有导致一种对于人类关系图景的过于理想化的简单描述。事实上，在孟子的思想中，人们必须面对各种各样不同因素所构成的张力关系问题，如大体与小体、天爵（仁义忠信，乐善不倦）与人爵（公卿大夫，权势地位）、心性与外物、仁义与利欲等等。而孟子之所以要汲汲于“道性善”，有两个方面的重要意涵仍有待于我们作深入的认识和辨析。

首先，孟子探究和揭示人类道德行为的内在心性根源，意在揭示人类社会秩序的人性本源。孟子时代的思想家之所以热衷于讨论人性问题，不仅源于对人类行为的善恶与人类本性之关系问题的关切与思考，更主要的是由于当时特殊的时代环境——持续的政治动荡、残酷的军事战争和严重的社会失序状态激发了思想家对于重建社会政治秩序的热望，同时也促使他们不能不反省人类自身的本性问题，不同的人性观点为社会政治秩序的重建提供了不同的思路。那么，究竟哪一种人性观点更为可信、更适用于理解和解释人类社会秩序的根源呢？从人的本性来讲，人究竟是可以由外在的政治环境所任意塑造的，还是其善恶完全是由其天性所决定的，又抑或与无善无恶的本性是毫不相干的？依孟子性善论的观点，显然，人并不是可以由外在的政治环境任意塑造的，其善恶既不是完全由其天性所决定的，也不是与本性毫不相干的，相反，是人的本性决定了人的善良，人的恶行则是人的小体受外物的诱引而导致本性的迷失的结果，说到底，人类的社会秩序源自人类天赋的良心善性或良知良能，故孟子曰：“人之所不学而能者，其良能也；所不虑而知者，其良知也。孩提之童无不知爱其亲者，及其长也，无不知敬其兄也。亲亲，仁也；敬长，义也。无他，达之天下也。”（《孟子·尽心上》）果如是言，则人类在历史上不可能像墨子和法家所描述的那样曾经生活在一种完全混乱无序的原初生存状态中，真实的情况也许正像孟子所说的，"天下之生久矣，一治一乱"（《孟子·滕文公下》）。另如荀子所说，"人伦并处，同求而异道，同欲而异知，生（性）也。……离居不相待则穷，群而无分则争"（《荀子·富国》）。但不管是性善性恶，人无疑天生就是一种社会动物，人必须生活在人类社群之中，并必须遵守一定的社会规范，才能维持人类社群的人伦秩序，反之，良心善性的迷失或人类行为的失范，必然导致社会秩序的混乱，人类社会由此而有治有乱。然而，只要人的良心善性没有完全丧失（完全丧失是不可能的），那么，在乱世之中重建人类社会秩序就是有希望的，这便是孟子的性善论所告诉我们的。证之于今天我们对于人性的科学了解和全面认识，这绝不是一种浮浅的乐观主义，而是一种较为可信的人性观点。如美国学者福山所说，

> 我们人类生性就有为自己创立道德准则和社会秩序的本能。①
>
> 来自于生命科学研究的越来越多的证据表明……人生来就具有认知结构和别的习得能力，使我们能够很自然地步入社会。换言之，人性这东西的确是存在的。②
>
> 较为可信的假定应是：人类从没作为隔离的个体而存在；现代人类出现之前，社交和融入亲戚团体已成为人类行为的一部分。人类的社交性，不是因历史或文化而取得的，而是人类天生的。③

其次，除了天性或本能之外，"支撑社会秩序的第二种基础是人的理性，以及理性那种能以自发产生出解决社会合作问题办法的能力"，"但不论是天然的还是自发的秩序，它们自身都不足以产生出构成社会秩序的全部规则。在关键

①［美］弗朗西斯·福山：《大分裂：人类本性与社会秩序的重建》，刘榜离等译，中国社会科学出版社2002年版，第176页。

②［美］弗朗西斯·福山：《大分裂：人类本性与社会秩序的重建》，刘榜离等译，中国社会科学出版社2002年版，第199页。

③［美］弗朗西斯·福山：《政治秩序的起源：从前人类时代到法国大革命》，毛俊杰译，广西师范大学出版社2012年版，第34页。

时刻，它们都需要由等级制权威来进行必要的补充"[①]。对孔孟儒家来讲，等级制权威对于维持人类社会秩序也同样是必要的。但我们必须要结合孟子人性观点的第二个方面的含义，即对人类天赋的道德尊严的普遍强调，以此为前提来理解等级制权威的必要性问题。如果说每个人都普遍拥有一种天赋的道德尊严的话，那么，这样一种观点无疑对于人天生就不平等的、基于世袭特权基础上的僵固的身份等级制观念构成了极大的冲击和挑战，不先明确这一点，就草率而简单地宣称："儒家不承认人人平等的说法，它认为人与人是不同的。儒家认为人与人之间最基本的区别是'治人者'与'治于人者'的区别。""儒家是一种诚实的学说。……它直截了当地宣告人与人是不平等的，政治是属于精英的事业，精英实行统治，大众接受统治。"[②] 这样的说法无疑极易造成一种儒家只是一味简单地肯定人与人不平等甚至天生不平等的误解。毋庸讳言，儒家从不否认人与人之间存在着各种各样的差别，而且人们在贫富贵贱、尊卑等级、智力德行等方面的差别是不容易简单消除和一概抹平的，正所谓"夫物之不齐，物之情也"（《孟子·滕文公上》），然而，孟子之所以要极力申言人性本善的观点，其实正是要在这些各种各样的差别之下寻求一种人们能够更好地生活在一起的共同的人性基础，共同的人性基础使人们拥有了同样的天赋的道德尊严，同时也拥有了同样的经由后天努力而成圣成贤的"机会平等"，这体现了孟子人性观中的"大平等"的道德理性精神，只有明乎此，我们才能进一步对人与人的差别作出合理的反思和正当的评价。据此，天生不平等的世袭特权及与之相应的等级制的身份地位失去了其应有的合理性和正当性，代之而起的则是伴随基于人们的道德努力而形成的德行差别而来的另一种意义的社会等级制，这也就是美国学者孟旦所说的，"整个儒家体系隐蔽地承认了社会等级的必要性，那就是，一种包含特权等级的社会秩序"，不过，儒家强调"德行是获得特权唯一

①［美］弗朗西斯·福山：《大分裂：人类本性与社会秩序的重建》，刘榜离等译，中国社会科学出版社2002年版，第177、178页。

② 康晓光：《仁政：权威主义国家的合法性理论》，《战略与管理》2004年第2期，第110页。

标准”，而“它与社会等级的必要性相联合，产生出了儒家德行贵族制的观念”，即“儒家贵族”（士、仁人君子和圣人）获取政治上的地位、职务和特权靠的是功德或道德上的优秀而不是世袭身份[①]。如孟子曰：“天下有道，小德役大德，小贤役大贤；天下无道，小役大，弱役强。斯二者，天也。顺天者存，逆天者亡。”（《孟子·离娄上》）显然，孟子所向往的乃是一种基于人的德性修养和社会功绩而可以上下流动的“道德地位的等级制”[②]和“惟仁者宜在高位”（《孟子·离娄上》）的政治秩序。

毫无疑问，由人的后天努力所造成的道德人格的差异与品级分化，以及由此而形成的与之相应的“小德役大德，小贤役大贤”的政治秩序，体现了孟子基于儒家的道德理性而对人类社会秩序所作的一种理想化的理论构想，但孟子并不是一个完全无视现实条件和政治环境的实际限制的空想主义者，面对现实条件和政治环境的实际限制，孟子虽言“君仁，莫不仁；君义，莫不义；君正，莫不正。一正君而国定矣”，但他并不将希望完全寄托在君主本人修身正行的自我努力上，而是希望大人“能格君心之非”（《孟子·离娄上》），或者由志尚仁义的士人君子参政事君而“务引其君以当道，志于仁而已”（《孟子·告子下》）。当然，孟子有时亦不得不对现实有所让步和妥协，故曰：“为政不难，不得罪于巨室。巨室之所慕，一国慕之；一国之所慕，天下慕之；故沛然德教溢乎四海。”（《孟子·离娄上》）显然，这是希望为政者能够借助于世家大族的影响力来推行道德教化。

毋庸讳言，孔孟儒家“没有在君主体制之外进行其他政治制度的设计”[③]，

---

① 参见［美］孟旦：《早期中国“人”的观念》，丁栋、张兴东译，北京大学出版社2009年版，第122—126、156页。

②［美］孟旦：《早期中国“人”的观念》，丁栋、张兴东译，北京大学出版社2009年版，第28页。

③［德］罗哲海：《轴心时期的儒家伦理》，陈咏明、瞿德瑜译，大象出版社2009年版，第353页。

而且，认为一种基于等级制基础上的父亲和君主的道德权威对于维护家国天下的治理秩序来讲是不可或缺的，如孔子曰：“天下有道，则礼乐征伐自天子出；天下无道，则礼乐征伐自诸侯出。……天下有道，则政不在大夫。天下有道，则庶人不议。”（《论语·季氏》）孟子亦曰：“人莫大焉亡亲戚、君臣、上下。”（《孟子·尽心上》）故孔子痛斥乱臣贼子，而孟子亦力辟墨子、杨朱的“无父无君”之说为“禽兽”之道[①]，但他们也并不因此便认为君父拥有无可置疑的绝对专断权力，而臣子必须绝对地服从君父的这种权力，他们更看重的是父子之间的亲情和君臣之间的道义关系，故孔子曰：“君使臣以礼，臣事君以忠。”（《论语·八佾》）孟子更反复申言曰：“有官守者，不得其职则去；有言责者，不得其言则去”（《孟子·公孙丑下》）；或者是君子之仕，“言弗行”“礼貌衰”则“去之”（《孟子·告子下》）；又或者是“无罪而杀士，则大夫可以去；无罪而戮民，则士可以徙”（《孟子·离娄下》）；又或者是，身为贵戚之卿，“君有大过则谏，反覆之而不听，则易位”，身为异姓之卿，“君有过则谏，反覆之而不听，则去”（《孟子·万章下》）；更甚者，“君之视臣如手足，则臣视君如腹心；君之视臣如犬马，则臣视君如国人；君之视臣如土芥，则臣视君如寇仇”（《孟子·离娄下》）。反之，孟子对于那些缺乏道德操守而一味顺从迎合君主之意欲的纵横家公孙衍、张仪之流的所作所为，讥刺之为“以顺为正”的“妾妇之道”（《孟子·滕文公下》）；对于那些极力鼓吹实行扩张性政策和霸权、一味逢迎君主之恶行的执政当权的大夫和法家者流，更是直言痛斥之为时代的罪人和助纣为虐的“民贼”（《孟子·告子下》）。

事实上，无论是杨朱的“为我”和童子牧羊式的不干涉主义的政治理想[②]，

---

①《孟子·滕文公下》曰：“圣王不作，诸侯放恣，处士横议，杨朱、墨翟之言盈天下。天下之言不归杨，则归墨。杨氏为我，是无君也；墨氏兼爱，是无父也。无父无君，是禽兽也。”

② 据《说苑·政理》：“杨朱见梁王，言治天下如运诸掌然。梁王曰：‘先生有一妻一妾不能治，三亩之园不能芸，言治天下如运诸掌，何以？’杨朱曰：‘臣有之。君不见夫羊乎？百羊而群，使五尺童子荷杖而随之，欲东而东，欲西而西。君且使尧牵一羊，舜荷杖而随之，则乱之始也。’”

还是农家“无所事圣王”而“君臣并耕”（《汉书·艺文志》）的政治理念，无论是墨子的“兼爱”和“尚同一义”的政治主张，还是法家扩张性的耕战之策和刑治主义的政治信念，都不过是试图在某一种单一原则或简单的人性观点的基础上建立一种统一有序的政治秩序的理论构想，在孟子看来，它们都不过是一种“执一”性质或“举一而废百”意义上的“贼道”（《孟子·尽心上》）而已。一味地强调“为我”乃至“拔一毛而利天下，不为也”（《孟子·尽心上》），并在政治上主张完全放任而不干涉，则人人只顾一己之利而无视君主之存在，不可能形成一种人与人相互友爱亲善、上下有序的社会关系和政治秩序，甚者将导致杨朱本人那种“有一妻一妾不能治，三亩之园不能芸”的局面。单纯地强调“兼爱”乃至“摩顶放踵利天下，为之”（《孟子·尽心上》），用心虽善，但轻忽亲亲之深情厚谊，诚如《庄子·天下》所言：“墨子虽独能任，奈天下何！”故只有力主尚同而一义、强人而从己。法家的刑治主义尤其将此推向了实行君主专制之政的极端，因此，他们虽然认为人的好利本性是不可改变的，但同时强调人又是完全可以为等级制权威及由法术、权势、刑赏所营造的政治环境所任意塑造和操控的。期望君臣并耕、人人自食其力而无分于上下的社会生活，纵然是一种美好的理想，但缺乏职业分工和上下秩序的社会将是难以维持和不可治理的，故孟子曰：“无君子莫治野人，无野人莫养君子”“百工之事，固不可耕且为也”“有大人之事，有小人之事。……或劳心，或劳力；劳心者治人，劳力者治于人；治于人者食人，治人者食于人，天下之通义也”（《孟子·滕文公上》）。一味鼓吹奉行耕战政策和扩张性的国家霸权，必然会“争地以战，杀人盈野；争城以战，杀人盈城”，乃至于“率土地而食人肉”，孟子以为此“罪不容于死”（《孟子·离娄上》）。

与上述各家的人性观点及对政治秩序的构想不同，孟子从其性善论的人性观点并没有引申出一种在单一原则和视角的基础上构想和重建人类社会关系及政治秩序的理论主张，综合而言，孟子所持的乃是一种以性善论为基础的多元秩序观的立场与观点。具体讲，其一，人类天赋的良心善性或爱亲敬长的良知良能，体现了人类具有一种能够天然地融入亲戚团体的社会性本能，而亲戚团体或家庭构成了整个人类社会生活的根基，将在亲戚团体或家庭中基于伦理情谊而培养起来的亲亲关系不断扩充推广开来，便会形成一种优良的治理状况，孟子之所以汲汲于“道性善”，并“言必称尧舜”（《孟子・滕文公上》），其原因在此，因为“尧舜之道，孝弟而已矣”（《孟子・告子下》），将尧舜孝悌之道推而广之，达之天下，以使“人人亲其亲、长其长”，便可以实现平治天下的目标（参见《孟子・离娄上》）。故孟子以孝悌仁义为人之安宅和正路，非无由也，反之，唯有那些不可理喻、亦难以与有为的自暴自弃之人，才会“旷安宅而弗居，舍正路而不由”①。其二，孟子也充分认识到，“尧舜之道，不以仁政，不能平治天下”（《孟子・离娄上》），因此，通过等级制权威或君主政治来推行仁政，对于实现平治天下的目标同样是至关重要而不可或缺的，但基于上述第一点，他绝不会像墨、法两家那样认为政长或君主是维持天下治理秩序的唯一源泉，或者必须由政长或君主垄断政权或运用绝对的专断权力来实施强制性统治，建构一种单一或整齐划一的基于支配—服从关系的政治秩序。相反，孟子认为，君臣关系只不过是整个人伦关系和社会秩序中的一伦而已，它并不是全部，不同的人伦关系应受到不同的关系原则的规范和支配，如“父子有亲，君臣有义，夫妇有别，长幼有叙，朋友有信”（《孟子・滕文公上》），换言之，在不同的原则和规范的基础上可以形成不同的人伦关系秩序，在其中，一种优良的君臣关系必须受到道义性原则的规范和支配，道义决定着君臣关系的离合与民心的向背。其三，百工之事不可或缺，士、农、工、商的职业分途以及或劳心或劳力的政治分工，对于维持优良的社会生活和健全的国家治理来讲，是必要和正当的。

① 孟子曰：“自暴者，不可与有言也；自弃者，不可与有为也。言非礼义，谓之自暴也；吾身不能居仁由义，谓之自弃也。仁，人之安宅也；义，人之正路也。旷安宅而弗居，舍正路而不由，哀哉！”（《孟子・离娄上》）

对此，荀子论之亦深切著明，其言道："夫贵为天子，富有天下，是人情之所同欲也。然则从（纵）人之欲则埶（同'势'）不能容、物不能赡也。故先王案为之制礼义以分之，使有贵贱之等，长幼之差，知（智）愚、能不能之分，皆使人载（任）其事而各得其宜，然后使谷禄多少厚薄之称，是夫群居和一之道也。故仁人在上，则农以力尽田，贾以察尽财，百工以巧尽械器，士大夫以上至于公侯，莫不以仁厚知能尽官职，夫是之谓至平。"（《荀子・荣辱》）

2. 君主权力的来源及权力行使的合法性与正当性问题

如上所言，从人类社会关系秩序的起源来讲，孔孟儒家并不像墨子和法家那样认为君臣关系的产生与政治秩序的形成是一种具有决定性和开端意义的历史事件，当然，君臣关系的产生与政治秩序的形成亦有其自然正当性与必要性，根据《周易・序卦》的说法："有天地，然后万物生焉。……有天地然后有万物，有万物然后有男女。有男女然后有夫妇。有夫妇然后有父子。有父子然后有君臣，有君臣然后有上下。有上下然后礼义有所错。"这一说法可以说代表了古典儒家关于宇宙生成演化过程与人类社会关系图景的一般通识。它一方面说明了君臣上下关系产生的必然性与自然正当性，另一方面也明确告诉我们君臣上下关系是一种后生的政治关系，而且只是人类社会关系中的一部分，而不是全部，借用美国启蒙思想家托马斯・潘恩的说法就是："支配人际关系秩序大部分内容的不是政府的作用。它有着自身的来源，该来源在于社会的原则和人的自然构造之中。它先于政府而存在，即使政府形式被废除了，它依然存在。人与人之间的相互依赖和互惠利益以及文明社会相互依存的各个部分创造了将社会团结凝聚起来的伟大锁链。"[①] 毫无疑问，从孟子的性善论观点及其对于人类社会与政治秩序的起源问题所作的思考，也可以推论出这样一种结论性的看法。这一看法对于我们理解孟子问题意识中有关君主权力的来源及权力行使的合法性与正当性的观点具有关键性的决定意义。

①［美］托马斯・潘恩：《人的权利》，田飞龙译，中国法制出版社2011年版，第121页。

依潘恩之见，“正式的政府仅仅构成了文明生活的一小部分”，“政府的必要性不过在于提供若干种基本的服务，这些服务是社会与文明本身不便于胜任的”①。这对孟子而言，也肯定是一种政治的真理，如若不然，我们便无法理解孟子何以有理由说“君子有三乐，而王天下不与存焉”（《孟子·尽心上》）。显然，“父母俱存，兄弟无故”“仰不愧于天，俯不怍于人”“得天下英才而教育之”（《孟子·尽心上》），亦即家庭生活中父母兄弟之间的天伦之乐，俯仰无愧的良心自安，以及为天下育英才的教育事业，君子之所以将此看作人生之三乐，乃是因为正是它们真正构成人类社会关系与道德文明生活的最为重要的核心内容，如果没有它们作为根基与支柱，即使是称王天下也将变得毫无意义。反之，称王天下要成为一种富有意义的外王事业，必须以它们为根基与支柱，或者为它们提供服务和保障。孟子并不否定政府或君主政制存在的必要性，但我们必须从正、反两个方面去认识它的功能和作用，即在人类历史上，仁君圣王、明主良臣可以通过君主政制来实现其保民安民的目的，反之，独夫民贼、暴君污吏也可以假借君主政制来实施贼民害民的虐政暴行。孟子正是从这两个方面的作用和影响来反思君主政制的必要性以及君主权力的来源及权力行使的合法性与正当性问题的。

《尚书》中关于君主制产生的政治必要性及君主权力的来源的观念，是与当时统治者对“皇天上帝”的信仰密不可分的，如曰：“惟天生民有欲，无主乃乱，惟天生聪明时乂。”（《尚书·仲虺之诰》）“惟皇上帝，降衷于下民。若有恒性，克绥厥猷惟后。”（《尚书·汤诰》）“惟天地万物父母，惟人万物之灵。亶聪明，作元后，元后作民父母。”“天佑下民，作之君，作之师。惟其克相上帝，宠绥四方。”（《尚书·泰誓上》）很明显，这是一种君权神授的观念，即元后或君主的统治权力来源于主宰和支配一切的“上帝”或天命，而根据天命有德的观念，“皇天上帝”之所以将统治权授予人间的统治者，是因为他们有德，反之，

①[美]托马斯·潘恩：《人的权利》，田飞龙译，中国法制出版社2011年版，第122页。

无德的统治者必会失去天命，而革命者推翻暴君虐民的统治正是在恭行上天之罚。这样一种观念无疑对孔孟儒家的政治信念产生了深刻的影响，他们承认君主政制的必要性，深信君主的统治权力渊源有自，并对汤武"顺乎天而应乎人"而推翻暴君统治的"革命"行为赞赏有加[①]。不过，相对于之前的君权神授的观念以及汉以后天命信仰的重新恢复来讲，孔孟古典儒家政治信念中的神权因素无疑是相当淡化薄弱的，而且更加凸显了人或民的因素。虽然，他们有时也借用"天"的名义来诠释和说明君主权力的来源及权力行使的合法性问题，但他们所谓"天"并不具有人格神的主宰意义，如孔子所谓"四时行焉，百物生焉"的不"言"之"天"（《论语・阳货》）和"唯天为大，唯尧则之"的"天"（《论语・泰伯》），荀子所谓"治乱非天也"（《荀子・天论》）之"天"和"天之生民，非为君也；天之立君，以为民也"（《荀子・大略》）的"天"，皆是指化生宇宙万物和人类的自然之天。

至于孟子，在论及最高政治层级的天下统治权即天子权位的来源和转移的解释问题时，孟子主要是从"天与人归"的综合角度来阐述他的观点和看法的。不过，孟子所谓"天"的含义有其特定的含义，需要作具体的理解和阐释。首先，毋庸讳言，孟子所谓"天"具有一种特别的不可化约的神圣意味，如谓："以大事小者，乐天者也；以小事大者，畏天者也。乐天者保天下，畏天者保其国。《诗》云：'畏天之威，于时保之。'"（《孟子・梁惠王下》）文末所引诗句显然仍然暗示了天的威权与神圣，然而，孟子所用以论证和强化的却不过是诸侯交邻国的仁、智之道而已，正所谓"惟仁者为能以大事小""惟智者为能以小事大"（《孟子・梁惠王下》）。另如孟子曰："尽其心者，知其性也。知其性，则知天矣。存其心，养其性，所以事天也。"（《孟子・尽心上》）此所谓"天"，则完全是孟子本人思想意义上的内在心性之"天"。再者，如钱穆先生所言，就

①《周易・革卦・彖传》曰："天地革而四时成，汤武革命，顺乎天而应乎人。革之时大矣哉！"

人物与时代的关系讲，“人物有时扭转不过此时代，孔子亦叹‘道之不行而归之于天’，此处所谓‘天’，实即指当时之历史时代”[①]。孟子所谓“夫天未欲平治天下也”（《孟子·公孙丑下》）和“天将降大任于是人也”（《孟子·告子下》）之“天”，显然也可以说是“当时之历史时代”意义上的“天”。准此，在天子禅位让贤的问题上，亦即在解释天子权位和平转移方式的合法性与正当性问题时，孟子将之“归之于天”，此所谓“天”亦必有其特定的某种含义，而不能简单地从传统君权神授的意义上去理解。据《孟子·万章上》，当孟子将天子权位的转移归之于天时，其所谓“天”乃是在“非人之所能为”或“莫之为而为者”的意义上来讲的，而所谓“命”亦只是“莫之致而至者”意义上的“命”。在这样一种意义上，所谓“天”和“命”，实可说是指一种不以人的意志为转移的情势，亦是指行合事宜而势所必至的意思，正所谓“使之主祭，而百神享之，是天受之；使之主事，而事治，百姓安之，是民受之也”。所谓“天受之”，主要是从儒家所重视的祭礼的意义上来讲的，受举荐的天子候选人能够主持祭祀、行合礼仪，并非传统“天命有德”“君权神授”的意思，从孟子的整个论述来看，更重要的还是在于“民受之”，即“使之主事，而事治”乃至“百姓安之”、民心所归，最终决定了天子权位转移的合法性与正当性。因此，孟子所谓“天与人归”，事实上是在天子禅位让贤的问题上引入了一个更为重要的严格的规范性的限制条件，而反对那种认为禅让即是天子将权位私相授予他人的观点，这一观点极易在现实政治生活的权力斗争中演变为君位的个人私相授受或为个人私意的操纵所败坏，从而引发政治乱局，战国之世燕王哙“以国让于子之”（《史记·燕召公世家》）而引发燕国内乱的事件即是明证。正是有鉴于此，故孟子特别以“天与人归”来说明天子的权位是不能通过私相授受的方式来传递、转移和获取的，正所谓“天子不能以天下与人”，也就是说权位的转移不能由天子本人的个人意向来决定，虽然在位之天子可以将候选之贤者举荐于天，但不能使天将天子

① 钱穆：《中华文化十二讲》，九州出版社2012年版，第168页。

之位授予贤者，而且天的授予也不是通过直接的命令（言），而是通过“行与事”（《孟子·万章上》）来显示的。总之，依孟子之见，作为天下的最高统治者，天子统治权力的合法性及其权位的转移最终取决于“天与人归”，无论是传贤，还是传子，都取决于“天与”，正所谓“天与贤，则与贤；天与子，则与子”（《孟子·万章上》）。但，“虽由‘天与’，实赖‘人归’”[①]，人之所归亦即民心所向，故孟子曰“得乎丘民而为天子”（《孟子·尽心下》）。因此，在孟子看来，只要拥有“天与人归”的合法性，无论是禅让，还是世继，都是正当的权位转移方式，故曰：“唐虞禅，夏后殷周继，其义一也”（《孟子·万章上》）。康晓光先生说，“仁政学说不关心为政者的权力是如何获得的，只关心为政者如何运用权力”[②]，这显然只是康先生本人的一己之见，而不适用于热切关注和讨论“天与人归”之合法性以及禅让与世继之权力转让方式的孟子与其他儒家学者，更准确的说法应是，从仁政学说的角度来讲，孟子并不拘执于哪一种获取权力的方式更正当，但是，权力的获取与转移必须受到严格的限制，不能基于天子个人的意志而私相授受。当然，为政者如何运用权力亦是孟子最为关切的问题，权力的运用只有合乎仁义与民心民意，才具有其正当性，故孟子曰：“三代之得天下也以仁，其失天下也以不仁。国之所以废兴存亡者亦然。”又曰，“桀纣之失天下也，失其民也；失其民者，失其心也。得天下有道：得其民，斯得天下矣；得其民有道：得其心，斯得民矣；得其心有道：所欲与之聚之，所恶勿施，尔也。民之归仁也，犹水之就下、兽之走圹也。”（《孟子·离娄上》）

以上主要是孟子在最高政治层级的天子的统治权力的来源及其权力的行使与权位的转移问题上所持有的观点和看法，据此我们可以更好地来理解他就低一政治层级的诸侯国君的权力来源及其权力行使的正当性问题的观点与看法。显然，孟子对政治问题的思考仍然依托于封建制的背景，因此，他明确指出，

① 萧公权：《中国政治思想史》，新星出版社2005年版，第61页。

② 康晓光：《仁政：权威主义国家的合法性理论》，《战略与管理》2004年第2期，第109页。

诸侯国君的权力并不像天子的统治权力那样直接来源于“天与人归”或民心所向，而是来自天子的授予，而大夫的权力则又来自诸侯国君的授予，故曰：“得乎天子为诸侯，得乎诸侯为大夫。”（《孟子·尽心下》）因此，从天下、国家的政治分层的意义上讲，天子的最高统治权力自然是最为重要的，而支撑和决定天子最高统治权力之合法性的人民则是最具重要政治价值的，相对来讲，处于次一级的则是社稷国家和诸侯国君，由于社稷国家得自天子的分封，诸侯国君的权力来自天子的授予，而不是直接来自民心所归，其重要性自然要轻于人民了，因此，诸侯国君无道而一旦危及社稷，“则当更立贤君”，而“土谷之神不能为民御灾捍患”，则当“变置”或“更置”（朱熹《孟子集注》）社稷。故孟子曰：“民为贵，社稷次之，君为轻。是故得乎丘民而为天子，得乎天子为诸侯，得乎诸侯为大夫。诸侯危社稷，则变置。牺牲既成，粢盛既洁，祭祀以时，然而旱干水溢，则变置社稷。”（《孟子·尽心下》）与此同时，由于民心决定着天下的得失兴亡，“不仁而得天下”的现象在历史上是从未有过的，而在天子权威衰落式微、诸侯以力相征的时代，“不仁而得国”现象的发生乃是不可避免的，正所谓：“不仁而得国者，有之矣；不仁而得天下者，未之有也。”（《孟子·尽心下》）尽管如此，在统治权力的行使方式及其正当性问题上，天子和国君却并无实质性的不同，天下之所以得失，国家之所以废兴存亡的道理是一样的，而且诸侯国家的君臣理应以尧舜圣人为榜样来尽其政治人伦的职责，故孟子曰：“规矩，方员之至也；圣人，人伦之至也。欲为君，尽君道；欲为臣，尽臣道。二者皆法尧舜而已矣。不以舜之所以事尧事君，不敬其君者也；不以尧之所以治民治民，贼其民者也。孔子曰：‘道二：仁与不仁而已矣。’暴其民甚，则身弑国亡；不甚，则身危国削，名之曰‘幽’‘厉’，虽孝子慈孙，百世不能改也。《诗》云：‘殷鉴不远，在夏后之世。’此之谓也。”（《孟子·离娄上》）

3. 为民而王，政在保民——政治的民本含义

孟子对于人性、尧舜之道以及政治事务的所有思考，可以说最终都归宿于民本主义的思想宗旨，换言之，我们只有从民本的角度才能更好地理解孟子思想的深层意蕴和根本宗旨。具体来说，从民本的角度来理解，孟子性善之说及其言必称尧舜孝悌之道的意旨即在于强调人们的道德行为根源于人天赋的良知良能或内在的良心善性，由家庭所培植的父子兄弟之间的孝悌亲亲之情与伦理生活乃是整个人类社会生活与人伦秩序的核心内容与根基所在，说到底“人类生性就有为自己创立道德准则和社会秩序的本能”，相对于君臣上下之间政治秩序的起源与形成，根基于人天赋的良知良能或建立在家庭伦理情谊基础上的社会生活与人伦秩序具有一种逻辑在先和价值优先的根本重要性。因此，对于整个人类社会和人伦秩序的起源和形成来讲，等级制政治权威的外在强制作用便失去了其绝对的必要性，其必要性必须被置于整体的人类文明生活和人伦秩序中来加以考量、定位和估价，要之，民心所向以及人民的生活和民生的需要最终决定了天子权位的来源和转移以及天子和国君权力行使的合法性与正当性。孟子站在其自身理论立场而对权力合法性与正当性问题所作的思考，绝不同于统治者站在维护其自身威权统治的政治立场上，企图唤起并维持人民对服从或承认其统治权力的“合法性”的信仰，相反，孟子从性善论的观点出发，站在民本的立场上，企图唤起的是统治者对自身天赋良心善性的发现以及对于构成其统治权力的合法性与正当性之基础的民心民意的认可与尊重。不明白这一点，便滥用合法性概念而妄谈什么意在贬低“民意合法性”的所谓儒家“三重合法性理论”或者将“仁政”看作“权威主义国家的合法性理论”，实则不过是在厚诬古人和儒家。

也许有人会说，民本与民主有着性质的不同，的确，只强调尊重民意而人民缺乏参政权的民本理念只是一种关乎政治合法性的信念，而民主制是与君主制、贵族制不同的一种政体制度安排，或者如萧公权先生所言，“在孟子之思想

中民意仅能作被动之表现，治权专操于‘劳心’之阶级”①。但是，就孟子的民本信念所强调的民心为贵或人民支持与否决定着一个政权兴衰成败来讲，其意义正如美国政治哲学家汉娜·阿伦特所说：“人民的支持赋予国家制度以权力，这种支持不过是创造法律和使之开始运行的人民的同意的继续。在代议制政府的形式下，人民被认为是那些管理他们的人的统治者。所有政治制度都是权力的表现和具体化；一旦不再拥有人民的支持就会变成化石和臭肉。这正是麦迪逊所谓‘一切政府都建立在意见（opinion）之上’的意思，这话对于各种形式的君主制来说和对于民主制来说一样真实。”②果如是言，则我们大可不必为民本不是民主而纠结，我们真正应为之纠结的，借用法国著名思想家托克维尔的说法讲，就是如何在“遵循人民的真正意愿的政府”与“仅以人民的名义发号施令的政府”③之间作出明确区分。孟子之所以汲汲于在义与利、王道与霸道之间作出明辨区分，其意正在于此。

如所周知，《孟子》一书以孟子见梁惠王开篇，而开篇即开宗明义地将义利之辨的思想议题鲜明地揭橥了出来，其文如下：

> 孟子见梁惠王。王曰：“叟！不远千里而来，亦将有以利吾国乎？”孟子对曰：“王！何必曰利？亦有仁义而已矣。王曰：‘何以利吾国？’大夫曰：‘何以利吾家？’士庶人曰：‘何以利吾身？’上下交征利而国危矣。万乘之国，弑其君者，必千乘之家；千乘之国，弑其君者，必百乘之家。万取千焉，千取百焉，不为不多矣。苟为后义而先利，不夺不餍。未有仁而遗其亲者也，未有义而后其君者也。王亦曰仁义而已矣，何必曰利？”（《孟子·梁惠王上》）

另据《孟子·告子下》，宋钘欲“以利说秦、楚之王”而罢秦、楚之兵，孟子颇不

① 萧公权：《中国政治思想史》，新星出版社2005年版，第62—63页。

②［美］汉娜·阿伦特：《权力与暴力》，见贺照田编：《西方现代性的曲折与展开》，吉林人民出版社2002年版，第428—429页。

③［法］托克维尔：《论美国的民主》上卷，董果良译，商务印书馆1988年版，第252页。

以为然，而曰：

为人臣者怀利以事其君，为人子者怀利以事其父，为人弟者怀利以事其兄，是君臣、父子、兄弟终去仁义，怀利以相接，然而不亡者，未之有也。……为人臣者怀仁义以事其君，为人子者怀仁义以事其父，为人弟者怀仁义以事其兄，是君臣、父子、兄弟去利，怀仁义以相接也，然而不王者，未之有也。何必曰利？

除了上面义利之辨的问题外，孟子还明辨区分王道与霸道之间的分别说：

以力假仁者霸，霸必有大国；以德行仁者王，王不待大——汤以七十里，文王以百里。以力服人者，非心服也，力不赡也；以德服人者，中心悦而诚服也，如七十子之服孔子也。（《孟子·公孙丑上》）

在上述引文中，我们不能仅仅从字面上抽象地去理解，需要弄清其真实的含义。正如胡适先生所说，孟子虽然严分义利，但他“所攻击的‘利’字只是自私自利的利”，反之，“他所主张的‘仁义’，只是最大多数的最大乐利”[①]。明乎此，我们才能真正懂得孟子严分义利的真实用心所在。显然，孟子严分义利首先是针对掌握政权的统治者而言的，他明确地反对他们只是从个人私利的角度来考虑问题，如果一国之君只是从个人私利的角度来考虑问题，那么，上行下效，必然会导致“上下交征利而国危”的恶果，乃至发生篡弑之祸而直接危及统治者自身的生命安危，因此，即使是从维护自身安危及其统治的立场来讲，统治者也必须持一种先义而后利的政治和道德的立场与态度。在孟子看来，这对于君臣、父子和兄弟等各种人伦关系都同样是适用的，人人各怀私利私心以相交接，则必至亡国破家而不止，反之，人人各怀仁义以相交接，则必能家齐国治、称王天下。表面上看，孟子的主要关切似乎是如何来更好地维护统治者的统治，但是，如果说他所说的仁义“只是最大多数的最大乐利”的话，那么，孟子严分义利的真实用心，无疑只是要维护“最大多数的最大乐利”，尤其是希望

① 胡适：《中国哲学史大纲》卷上，东方出版社1996年版，第266—267页。

当时的人君世主能够行仁政王道而解民于倒悬，故曰："行仁政而王，莫之能御也。且王者之不作，未有疏于此时者也；民之憔悴于虐政，未有甚于此时者也。饥者易为食，渴者易为饮。孔子曰：'德之流行，速于置邮而传命。'当今之时，万乘之国行仁政，民之悦之，犹解倒悬也。"（《孟子·公孙丑上》）据此而言，则孟子论政所采取的可以说正是"人民的观点"或一切为民的民本位的立场，诚如萧公权先生所言："《尚书》有'民为邦本'之语，孟子殆最能阐发其旨。"[①]又说："盖孟子取人民之观点以言政，孔荀则倾向于君主之观点也。"[②]冯友兰先生亦曾说："儒墨及老庄皆有其政治思想。此数家之政治思想，虽不相同，然皆从人民之观点，以论政治。其专从君主或国家之观点，以论政治者，当时称为法术之士，汉人谓之为法家。"[③]并说："依孟子之观点，则一切皆为民设。此一切皆为民设之观点，乃孟子政治及社会哲学之根本意思。""孟子以一切政治的经济的制度皆为民设，所谓君亦为民设。"[④]可见，对诸子各家的看法乃至对孔荀的评价容或有不同，但就孟子的民本立场而言，则别无异议。

不过，关于孟子的民本或"为民"的政治立场，尚需作进一步的辨析，否则，仍有可能产生误解，这便需要通过明辨区分孟子所谓王道与霸道的问题，才能厘清相关的误解。依孟子的王霸之辨，王者"以德行仁"或"以德服人"，而霸者"以力假仁"或"以力服人"，这就是说，王者之德令人心悦而诚服，而且王之为王，凭借其道德威望而推行仁政，反之，霸者之治以强力或暴力强制人屈服，却又凭借其强力或暴力而假仁假义。可以说，前者行仁政乃是出于"遵循人民的真正意愿"，而后者假仁假义仅仅是意欲"以人民的名义发号施令"。前者正是孟子站在人民的观点和立场上所主张的"以民为本"的"为民而王"，而后者只是站在统治者的观点和立场上而言的"不是以民为本"的"为民而王"。

---

① 萧公权：《中国政治思想史》，新星出版社2005年版，第59页。

② 萧公权：《中国政治思想史》，新星出版社2005年版，第62页。

③ 冯友兰：《中国哲学史》上册，中华书局1961年版，第383页。

④ 冯友兰：《中国哲学史》上册，中华书局1961年版，第145、146页。

前者才是孟子所说的真正的“王道政治”，而后者却只不过是打着“为民”旗号的假王道、真霸道政治而已。不区分这两种观点和立场，则所谓回归儒家本源，适足以以紫乱朱，混淆视听，而所谓“复兴儒学”，亦适足以祸乱家邦而贻害儒学。萧公权先生尝批评宋明诸儒说：“宋明诸儒不知儒法二家同道尊君而其旨根本有别。大唱‘三纲’之教，自命承统于洙泗。实则暗张慎韩，‘认贼作父’。且又不能谨守家法，复以尊德贵民之微言与专制之说相混淆。于是下材凭势亦冒尧舜之美名以肆其倍蓰于桀纣之毒害。按其为弊，又不徒理论上之非驴非马已也。”[①] 这一批评也正适合于批评那种倡言既非“由民作主”、亦非“以民为本”而只是“为民而王”的“王道政治”的所谓“政治儒学”，以及作为“权威主义国家的合法性理论”的“现代仁政”观点。

孟子所说的王道仁政乃是以民为本的王道仁政，因此，人民的真正意愿或民生的真正需要决定了王道仁政的实质内涵，这不仅仅是民意合法性的理论而已，而且体现了一种从民本的观点和立场对于政治之为政治的本真含义的儒家理解，旨言之即为民而王，政在保民。当然，这样一种理解亦自有其传统的渊源，它前承自上古三代的民本思想传统。不过，中国传统的民本思想是与人们对于“天道福善祸淫”（《尚书·汤诰》）、天命有德以及有德者拥有“恭行天罚”（《尚书·泰誓下》）之权力等的信仰密不可分的，其中，天的意志又往往“托民意以见”，如“天聪明，自我民聪明；天明畏，自我民明威”（《尚书·皋陶谟》），“民之所欲，天必从之”和“天视自我民视，天听自我民听”（《左传·襄公三十一年》和孟子引《太誓》逸文）等，这也就是梁启超先生所说天治主义与民本主义的结合[②]。由这一结合不仅必然引申出“天生民而立之君”（《左传·襄公十四年》）的君主责任意识[③]，而且必然引申出君民相互依存以及人民拥有不

① 萧公权：《中国政治思想史》，新星出版社2005年版，第153页。

② 参见梁启超：《先秦政治思想史》，东方出版社2012年版，第42页。

③ 参见梁启超：《先秦政治思想史》，东方出版社2012年版，第43页。

服从暴君统治甚至进行革命反抗的正当权利等民本主义的政治观念，如《尚书》所谓："可爱非君？可畏非民？众非元后，何戴？后非众，罔与守邦？"（《大禹谟》）"民非后，罔克胥匡以生；后非民，罔以辟四方。"（《太甲中》）"后非民罔使；民非后罔事。"（《咸有一德》）"古人有言曰：'抚我则后，虐我则仇。'"（《泰誓下》）孔孟儒家的民本思想实即源于此，然而，在孔孟儒家那里，不仅天治主义的神权观念事实上已经非常淡化，而且在他们天命在我的个人责任观念中，虽然一直持有一种强烈的以士人君子为参政主体的精英主义政治意识，但是，在他们的政治观念中，他们认为国家的治乱兴亡不仅取决于统治者的个人德性修养，更取决于依据人民的真正意愿与民生需要而采取的王道仁政的政策路线，取决于民心民意的向背，而绝不是什么天命神意。

孟子从其性善论的普遍观点出发而论政曰："人皆有不忍人之心。先王有不忍人之心，斯有不忍人之政矣。以不忍人之心，行不忍人之政，治天下可运之掌上。"（《孟子·公孙丑上》）也就是说，人天赋本然的良心善性不仅是人类的道德尊严所在，更是实现王道仁政的人性根据和现实世界的希望所在。那么，建立在统治者天赋本然的良心善性基础之上的王道仁政究竟是一种什么性质的政治呢？概括地讲，主要体现在以下三个方面：

首先，它是一种以德行仁而最富于人性化的政治。像孔子一样，孟子也是极力主张统治者应以德化民而反对以"杀"为政的①，他尤其反对的是各国统治者为了争夺土地和人口而发动不义的战争，故曰："无罪而杀士，则大夫可以去；无罪而戮民，则士可以徙。"（《孟子·离娄下》）又曰："争地以战，杀人盈野；争城以战，杀人盈城，此所谓率土地而食人肉，罪不容于死。故善战者服上刑，连诸侯者次之，辟草莱、任土地者次之。"（《孟子·离娄上》）反之，孟子心目中理想的君王是以德行仁或好仁而不嗜杀的。故，当梁襄王问孟子"天下恶乎

① 据《论语·颜渊》，季康子问政于孔子曰："如杀无道，以就有道，何如？"孔子对曰："子为政，焉用杀？子欲善而民善矣。君子之德风，小人之德草。草上之风，必偃。"

定”的时候，孟子回答说：“定于一。”而梁襄王又接着问“孰能一之”时，孟子的回答是：“不嗜杀人者能一之。”（《孟子·梁惠王上》）也就是说，在孟子看来，天下必须统一才能安定下来，而只有“不嗜杀人”的统治者才能统一天下。孟子所说的“不嗜杀人”，无非是要强调以爱惜珍视人的生命为特征的王道政治的人性化性质，因为“人皆有不忍人之心”，统治者亦然，而从正面来讲，也就是孟子在回答齐宣王“德何如则可以王矣”之问时所说的“保民而王”（《孟子·梁惠王上》），即爱护珍惜人民的生命并使之过上安定的生活。那么，这样一种王道的政治理想究竟有无实现的可能呢？孟子的回答是乐观而肯定的，尽管孟子所处的是一个“今夫天下之人牧，未有不嗜杀人者”的时代，但也正因为如此，在孟子看来：“如有不嗜杀人者，则天下之民皆引领而望之矣。诚如是也，民归之，由水之就下，沛然谁能御之？”（《孟子·梁惠王上》）换言之：“王者之不作，未有疏于此时者也；民之憔悴于虐政，未有甚于此时者也。饥者易为食，渴者易为饮。孔子曰：‘德之流行，速于置邮而传命。’当今之时，万乘之国行仁政，民之悦之，犹解倒悬也。故事半古之人，功必倍之，惟此时为然。”（《孟子·公孙丑上》）可见，孟子的乐观或世界的希望并非出于一种纯粹的幻想，而是既建立在统治者对“人皆有不忍人之心”的内在道德自主性的生命体验与自我反省的基础之上，又建立在对时势需要的深刻反思与物极必反之事理的深切体认的基础之上。因此，孟子的王道仁政理想在时人眼中也许是“迂远而阔于事情”（《史记·孟子荀卿列传》）的，但对孟子本人来讲，它却是最值得人民希求和向往的最富于人性化的政治理想，而且，无论是就其内在主体性的条件来说，还是就其外在客观性的根据来讲，这一政治理想在当时都是最为可欲而有其实现的可能性的。对此，孟子是充满信心的，故反复申言说：“国君好仁，天下无敌焉”（《孟子·尽心下》），“行仁政而王，莫之能御也”（《孟子·公孙丑上》），“保民而王，莫之能御也”，而“王之不王，不为也，非不能也”（《孟子·梁惠王上》），也可以说，王之不王，非不能也，乃是由于统治者的自暴自弃。

其次，它是一种以道德的教养为根本目的的政治。在孟子看来，一种理想的统治关系无疑是一种治理—供养型的关系，故曰："无君子，莫治野人；无野人，莫养君子。""有大人之事，有小人之事。……劳心者治人，劳力者治于人；治于人者食人，治人者食于人，天下之通义也。"（《孟子·滕文公上》）孟子所说的"治"，绝不是以强权来实施控制之意，而他所说的"养"，亦不仅仅局限于作为劳力者的小人或野人对作为劳心者的君子或治人者的单方面的供养。正如孔子所昭示的那样，当孟子也用君子—小人式的关系来表述统治者与被统治者、君主与人民之间的关系的时候，孟子仍然旨在强调"以德化民"才是治人者的根本职责所在，而所谓"以德化民"，用孟子喜欢的用语讲就是"以善养人"，也就是说，统治者应以己德之善来化导教养人民，或者使人民就生活在自己善良的德性光辉之下，唯有如此，统治者才能赢得人民真正的心悦诚服与敬畏爱戴。因此，所谓治理—供养型的关系亦可以说是一种教养—供养型的关系，即对孟子来讲，一种理想的统治关系应是一种交相养的关系，这是一种统治者与被统治者之间交互性的互惠互利的关系。一方面，孟子直言不讳地承认统治者是靠人民来供奉养活的，这是一种对事实的尊重；而另一方面，孟子则特别强调统治者更应担负起相应的对人民的养、教之责，这一关于统治者与被统治者之间应是一种交相养的关系的政治理念，可以说是孟子最独到而卓越的政治见解之一，特别是关于统治者的职责问题，诚如萧公权先生所言，"其养民之论，尤深切详明，为先秦所仅见"①。那么，统治者的养教之责究竟怎样才能得到具体的落实呢？依孟子之见，"民事不可缓也。……民之为道也，有恒产者有恒心，无恒产者无恒心"（《孟子·滕文公上》），这是孟子在理论上赋予统治者以养教之责的前提性的逻辑预设，正因为如此，为了培植养护人民的恒心善性，统治者首先必须通过正经界、制民之产、省刑罚、薄税敛、取于民有制、勿夺民时等

① 萧公权：《中国政治思想史》，新星出版社2005年版，第59页。

诸善政的实施来保障人民基本的物质生活需要，以便使人民能够“仰足以事父母，俯足以畜妻子”、“不饥不寒”而“养生丧死无憾”[①]，然后再进一步施之以善教而化民成德，即“谨庠序之教，申之以孝悌之义”“驱而之善”（《孟子·梁惠王上》），或曰“设为庠序学校以教之”“教以人伦——父子有亲，君臣有义，夫妇有别，长幼有叙，朋友有信”（《孟子·滕文公上》）。质言之，孟子所倡导的以“以善养人”为宗旨的王道仁政有两大基本要义：第一，要求统治者首先制民之产而保障人民物质生活需求的基本满足；第二，在人民的生活得到保障或皆有所养的基础上，要求统治者再对人民施以人伦之教，即构建一种以五伦关系为中心、和谐有序的社会生活与人伦秩序。对前者的强调[②]，充分体现了孟子作为一位思想家深切关怀民生利益的政治良知，而后者则是孟子政治信念的根本目的与归宿，因为“人之有道也，饱食、暖衣、逸居而无教，则近于禽兽”（《孟子·滕文公上》），故孟子所期望的最终是要将人伦孝悌之道“达之天下”（《孟子·尽心上》），乃至实现“人人亲其亲、长其长”（《孟子·离娄上》）而天下太平的社会理想。

最后，它是一种君民忧乐与共的政治。如上所言，孟子言“治”重在“养

① 吕思勉先生曾就“养生送死无憾”一语评之曰：“人之生，不能无以为养；又生者不能无死，死者长已矣，而生者不可无以送之；故‘养生送死’四字，为人所必不能免，余皆可有可无，视时与地而异有用与否焉者也。然则惟‘养生送死无憾’六字，为真实不欺有益之语，其他皆聊以治一时之病者耳。……中国之文化，视人对人之关系为首要，而视人对物之关系次之，实实落落，以‘养生送死无憾’六字为言治最高之境；而不以天国、净土等无可征验之说诳惑人。以解决社会问题，为解决人生问题之方法，而不偏重于个人之修养。此即其真实不欺，切实可行，胜于他国文化之处；盖文化必有其根源，中国文化，以古大同之世为其根源，故能美善如此也。”（吕思勉：《中国政治思想史》，中华书局2012年版，第105页）

② 如孟子曰：“无恒产而有恒心者，惟士为能。若民，则无恒产，因无恒心。苟无恒心，放辟邪侈，无不为已。及陷于罪，然后从而刑之，是罔民也。焉有仁人在位罔民而可为也？是故明君制民之产，必使仰足以事父母，俯足以畜妻子，乐岁终身饱，凶年免于死亡；然后驱而之善，故民之从之也轻。今也制民之产，仰不足以事父母，俯不足以畜妻子；乐岁终身苦，凶年不免于死亡。此惟救死而恐不赡，奚暇治礼义哉？”（《孟子·梁惠王上》）

民”，而将“以善养人”的精神贯彻到极致所达到的，便是君民之间能够发生情感共鸣以至彼此忧乐与共的最高政治境界。对孟子来讲，最大的政治问题或政治的最大问题便是如何赢得民心的问题，因为对于一个国家乃至整个天下的盛衰兴亡来讲，在人民中间所蕴藏着的巨大的革命性或支持性的集体行动的力量都具有最终的决定性作用，这体现了孟子对政治问题的最深刻的理解，也是孟子之所以强调天下国家的根本问题在于“得民心”的主要原因。那么，统治者怎样才能真正赢得民心呢？依孟子之见，天下的得失、国家的兴亡、民心的向背又都取决于统治者的仁与不仁，故只要统治者能够行王道、施仁政，并能够与人民同好恶、共忧乐，便可以赢得民心的支持乃至整个天下的统一与太平。故孟子曰：

> 得天下有道：得其民，斯得天下矣；得其民有道：得其心，斯得民矣；得其心有道：所欲与之聚之，所恶勿施，尔也。民之归仁也，犹水之就下、兽之走圹也。……虽欲无王，不可得已。（《孟子·离娄上》）
>
> 乐民之乐者，民亦乐其乐；忧民之忧者，民亦忧其忧。乐以天下，忧以天下，然而不王者，未之有也。（《孟子·梁惠王下》）

显然，孟子所谓王道仁政不止于要统治者以养民、教民为务，而且更进一步地期望统治者能够与天下的人民或百姓同好恶、共忧乐，这可以说是孟子整个政治哲学中陈义最为精妙高远之处。对孟子而言，政治之为政治，说到底乃是一种最能充分而淋漓尽致地发挥人类休戚与共的精神和实现君民一体化的情感交融与共鸣的场域。显然，这是从君民相互依存、彼此应良性互动的关系角度来理解政治生活的实质，基于这一理解，作为统治者的君主对于人民的真正意愿和民生需求作出积极而负责任的回应乃是其应尽的职责。

综上所述，中国的民本思想发展至孟子，可以说已达致其应有的理论高度。在孟子那里，儒家的外王之道，毋宁说就是一种民本之学。依孟子之见，人之所归，民心所向，决定着天下国家的治乱兴亡；政治的根本目的在保民，人民的真正意愿和民生的需要决定着王道仁政的实质内涵；最大的政治乃是一种统治者能够与人民休戚与共、同忧偕乐的政治。因此，从孟子民本的观点和立场来讲，如果说王者为民而王，君者为民而设，人民是政治生活的最终决定性因素，那么，所谓君、王以及王道仁政都只不过是实现人民真正意愿和保障民生需要之根本政治目的的手段和方法而已。正唯如此，孟子才会对贼害仁义、暴虐百姓的独夫民贼、暴君污吏尤其痛加排诋与掊击而不遗余力，故曰："贼仁者谓之'贼'，贼义者谓之'残'，残贼之人谓之'一夫'。闻诛一夫纣矣，未闻弑君也。"（《孟子·梁惠王下》）因此，如果说"孔子成《春秋》"而使"乱臣贼子惧"（《孟子·滕文公下》），那么，孟子的天与人归之说、王道仁政之论及一切为民、政在保民的民本之学，则足可以使独夫民贼、暴君污吏惧。职是之故，孟子言仁政，言保民，乃是基于他对人性与政治本质的理解，不能简单地被理解为是一种维护执政当权者正当统治的"权威主义国家的合法性理论"，而徒滋"奖厉国民依赖根性"之流弊。[①]

与孟子道性善、言仁政、言保民不同，荀子主性恶，故论政重在以礼法节制、化导人性之恶。然而，荀子立论仍然不失孔孟富而教之、安人保民之旨，故曰："不富无以养民情，不教无以理民性"（《荀子·大略》），并说："马骇舆则君子不安舆，庶人骇政则君子不安位。马骇舆则莫若静之，庶人骇政则莫若惠之。选贤良，举笃敬，兴孝弟，收孤寡，补贫穷，如是，则庶人安政矣。庶人安政，然后君子安位。《传》曰：'君者，舟也；庶人者，水也。水则载舟，水则

① 梁启超先生尝论之曰："孟子言仁政，言保民，今世学者汲欧美政论之流，或疑其奖厉国民依赖根性，非知治本，吾以为此苛论也。孟子应时主之问，自当因其地位而责之以善。所谓'与父言慈与子言孝'。不主张仁政，将主张虐政耶？不主张保民，将主张残民耶？且无政府则已，有政府，则其政府无论以何种分子何种形式组织，未有不宜以仁政保民为职志者也。然则孟子之言，何流弊之有？孟子言政，其所予政府权限并不大。消极的保护人民生计之安全，积极的导引人民道德之向上，曷尝于民政有所障耶？"（《先秦政治思想史》，东方出版社2012年版，第124页）而依笔者之见，将儒家"仁政"视作一种"权威主义国家的合法性理论"，正有"奖厉国民依赖根性"之流弊，此不能不辨。

覆舟。’此之谓也。故君人者欲安则莫若平政爱民矣，欲荣则莫若隆礼敬士矣，欲立功名则莫若尚贤使能矣，是君人者之大节也。……故修礼者王，为政者强，取民者安，聚敛者亡。故王者富民，霸者富士，仅存之国富大夫，亡国富筐箧，实府库。筐箧已富，府库已实，而百姓贫，夫是之谓上溢而下漏，入不可以守，出不可以战，则倾覆灭亡可立而待也。”（《荀子·王制》可见，荀子亦具有强烈的民本情怀，对于君职群道[①]，对于统治者应担负的养民教民之责和政治的保障民生的功能与作用，同样有着深刻的认识和系统的论述，兹不再详论。

4. 小结

毫无疑问，古典儒家的民本价值信念给后人留下了一份珍贵的精神遗产，在历史上产生了广泛而深远的影响，不过，这一影响的实际功效究竟如何，它与秦汉以后高度集权官僚制化的国家政权或专制皇权制度的关系究竟如何，却仍然有待于我们作出全面、辩证、具体和历史的考量与评估。一种观点认为：“古代的专制体制是一种无奈的历史选择。我们应当更多地从经济体制和社会结构的角度去寻找原因。民本的价值法则和政治法则不仅不是专制制度的原因，而且还发挥了缓和专制政治、促进政治开明的历史作用。可以说，民本文化乃是真正的国粹。民本精神不仅是为天下人着想的精神，而且是由天下人为天下着想的精神。正是伟大的民本精神，塑造了中华文化的特殊性质，支撑了中华民族的传统文明。”[②] 另一种观点则认为，中国政治发展的模式在人类历史上所取得的一项主要成就就是集权官僚制的强大，“现代国家的早熟出世”，它既是“法家的胜利，也是秦建立集权强国传统的胜利”，而且，“在事实上定义了中国文明”；尽管“君以民为贵的儒家思想，把负责制的原则带进了中国政府”，“但要注意，这个

① 如《荀子·王制》曰：“人生不能无群，群而无分则争，争则乱，乱则离，离则弱，弱则不能胜物，故宫室不可得而居也，不可少顷舍礼义之谓也。能以事亲谓之孝，能以事兄谓之弟，能以事上谓之顺，能以使下谓之君。君者，善群也。群道当则万物皆得其宜，六畜皆得其长，群生皆得其命。”

② 夏勇：《中国民权哲学》，生活·读书·新知三联书店2004年版，第20页。

负责制不是正式或程序上的，而是基于皇帝自己的道德观念，而这观念又是官僚机构所塑造的”，换言之，“中国制度中确有一种负责制。皇帝接受教育，深感对人民的责任。他们中的优秀者，尽量回应人民的需求和抱怨。尽责的统治者还经常以人民名义惩戒手下官员，并依靠宦官网络来刺探谁在做好事，谁在做坏事。但制度中唯一正式的负责制是向上的，即对皇帝负责”。[①]那么，究竟哪一种观点更符合中国历史的真相呢？依笔者之见，单纯强调民本精神的作用，抑或单纯强调强大国家的作用，都可能导致对于中华文明的片面理解，综合两个方面的因素，即“在法家和儒家的紧张关系中”，或者是在强大国家与民本精神的互动力学性质的动态关系中，我们或许“可以读懂中国后来（秦汉以后——引者注）历史的大部”[②]。如果说“中国王朝的重大遗产是高品质的威权政府”[③]的话，那么，儒家的民本价值信念则留给了我们一种强调“负责制政府”的重要精神遗产，亦即“统治者相信自己应对治下的民众负责，应将民众利益置于自身利益之上”[④]，这两种遗产同样不容我们轻忽，而在今天，站在儒家的政治立场上，建立负责制的法治和民主政府或许才是真正的当务之急[⑤]。

①[美]弗朗西斯·福山：《政治秩序的起源：从前人类时代到法国大革命》，毛俊杰译，广西师范大学出版社2012年版，第92、128、126、129、130、309页。

②[美]弗朗西斯·福山：《政治秩序的起源：从前人类时代到法国大革命》，毛俊杰译，广西师范大学出版社2012年版，第117页。

③[美]弗朗西斯·福山：《政治秩序的起源：从前人类时代到法国大革命》，毛俊杰译，广西师范大学出版社2012年版，第308页。

④[美]弗朗西斯·福山：《政治秩序的起源：从前人类时代到法国大革命》，毛俊杰译，广西师范大学出版社2012年版，第315页。

⑤贺麟先生曾区分三种不同性质和类型的法治，即申韩式的基于功利的法治、诸葛式的基于道德的法治和近代民主式的基于学术的法治，认为“真正的儒家，不惟不反对法治，甚且提倡法治，提倡诸葛一类型的法治”，“必基于道德学术的法治，才是人类文化中正统的真正的法治”，而且，“由申韩式的基于功利的法治，进展为诸葛式的基于道德的法治，再由道德的法治进展为基于学术的民主式的法治，乃法治之发展必然的阶段，理则上下不容许颠倒”。（《法治与德治》，见《文化与人生》，上海书店1991年版，第216—220页）

不可否认，近代以前，儒家从来都是依托于而不是脱离君主体制的制度架构来思考政治问题的，而且，他们所推崇和心向往之的是以圣君贤臣、士人君子为治体的所谓“贤能政治”，然而，从政治的根本目的或古典儒家对于政治本质的理解来讲，所谓“政治”说到底乃是一种养民教民的政治，是一种保民安民的政治，尽管这是在君主体制的框架下被提出和加以阐述的，但从政治价值信念的意义上讲，仍然可以被称为是民本政治的价值信念，因为它强调的是：民为国之根本与目的，意即国家成立的根本理由是为了人民、为了满足和实现人民的各种民生需求，而不是为了统治者自身的利益私欲；统治者只有取信于民，或者与人民好恶一致、忧乐与共、吉凶同患，才能真正赢得民心民意的支持，反之，民心民意的支持最终决定着统治者的政治正当性；为了满足、实现和保障人民的各种民生需求，统治者在政治上理应遵循和实行王道仁政的治道方案，也理应将政权向受过人文教育、具备美好德性、维护公共道义、关切民情民生的士人精英开放，反之，不仅士人精英可以“以德抗位”，批评压迫人民、漠视民生的独夫民贼和暴君污吏，人民自身也拥有反抗独夫民贼和暴君污吏之强权虐政的正当权利。上述政治价值信念，可以说蕴含着一种深刻的共同体智慧和合法性信仰，一种强调统治者与被统治者一体相关、休戚与共的政治共同体智慧，以及从民心民意的角度自下而上地反思和确立统治者的政治正当性的合法性信仰，这即使在已经确立了人民主权的当今时代也是绝对不容我们轻忽的。正是在上述民本政治的价值信念意义上，我们可以说，儒家并非民主的天然敌人，相反，它有益于促进和强化主权在民的民主政治的价值信念。

最后，需要特别强调指出的是，如果在价值信念的层面上民本和民主可以相互融通、支持和促进的话，那么，所剩下来的难题便只是制度和方法的问题了。如上文所述，如果我们真正读懂了孟子，那么，在其民本学思想及为民而王、政在保民的政治观念中，所谓君、王以及王道和仁政都只不过是一种实现人民的真正意愿和保障民生需要的途径和方法而已。信如斯言，我们便可以将其与美国学者熊彼特所说的作为一种政治方法的民主来两相比较，通过比较其优劣异同而作出一种合乎时代需要的正确选择，也许不再是一个令我们倍感纠结而难以取舍的问题。根据熊彼特的说法，从方法的意义上讲，所谓民主政治其实就是“政治家的统治”，而作为一种政治方法，“民主方法就是为现实共同福利作出政治决定的制度安排，其方式是使人民通过选举选出一些人，让他们集合在一起来执行它的意志，决定重大问题”[①]。事实上，从方法的意义上讲，儒家意义上的民本政治也就是“圣贤的统治”，而作为一种政治方法，民本方法就是为实现人民的真正意愿和保障民生需要作出政治决定的制度安排，其方式就是通过天与人归的仁德君主选贤任能，或由士人君子入仕参政引导人君世主，来发政施仁、实行王道仁政，根据人民的意愿和民生需要而造福人类社群。然而，既然世袭的君主体制已被我们所抛弃，历史注定不会再重新回归到旧时代的政治模式，那么，选择另一种政治方法即民主方法以实现人民的真正意愿和保障民生需要，就是再顺理成章不过的事情了。当然，正如君主制没有单一的模式一样，民主制也没有单一的模式，就民主制度和方法本身的选择来讲，甚至在民本／民主两种方法之外，也许还存在其他各种各样可能性的选择，这些都值得我们作进一步的思考和探索，但肯定不应该是那种既非“由民作主”，亦非“以民为本”而单纯“为民而王”的“王道政治”的可能性。而依笔者浅见，金耀基先生如下所言无疑才是我们所当努力的正确方向，即：“阐扬中国之民本思想，涵摄西方之民治观念，俾中国的民本思想得新精神而寻出一条出路，使民主制度在中国大地生根结实，正中国现代学人所当努力之大方向，大题目。”[②]或者，如美国实用主义思想家杜威先生曾就中国的发展策略问题所说：“中国提倡个人自由发展，还是也须像西方那样经过争权夺利的时代，再回到用国家

①［美］约瑟夫·熊彼特：《资本主义、社会主义与民主》，吴良健译，商务印书馆2009年版，第415、370页。

②金耀基：《中国民本思想史》，法律出版社2008年版，第199页。

的权力使社会平等呢？还是把两步并作一步做呢？”回答是：“中国似可以把两步并作一步，同时并做。因为中国很有古代从孟子以来的保民政策的学说可以做根基。中国向来没有个人主义的政治学说，所以很可以把从前父母式的皇帝的保民政策，变为民主的保民政策。”[①] 笔者赞同并深信这一点，故特撰此文，旨在辨析学术史的脉络和源流，厘清误读与曲说，以便更好地理解和诠释古典儒家的政治哲学，特别是孟子的民本学及其仁政保民的思想宗旨！总之，依笔者之见，古典儒家的民本理念与西方的民主一样，它们都蕴含着值得我们珍视的具有“普世性”意义的价值信念，对于真正坚持“普世价值”的人而言，必如美国学者克莱·G.瑞恩所说，“真正的普世的人并不自我沉醉，而是敏于看出其他民族可能的长处，并且欢迎这些长处”，同时，“真正的普世的人”又“扎根于、依赖于自己民族遗产中最好的部分”[②]。

五、附论：儒家民本仁道与参与式民主[③]

关于儒家思想与自由民主的关系，有人认为二者是不可融通的，有人认为二者是可以融通的，论者各有所据，可谓仁者见仁、智者见智。笔者无意于详尽梳理两种观点和见解的思想论说脉络，并调和折中于其间，而只是想就其中引起笔者兴趣的某些观点稍作评析，并略陈一己固陋之所见。首先需要申明的是，儒家思想在历史上的演化是一种异常错综复杂的过程和现象，它不仅与其他各种因素相互作用、交织扭结在一起，而且衍生出了各种各样的儒学形态，即有关儒学的各种不同的知识、观念、信仰和实践形态。因此，总的来说，在帝

①[美]杜威：《杜威五大讲演》，胡适口译，安徽教育出版社2005年版，第67、68页。

②[美]克莱·G.瑞恩：《道德自负的美国：民主的危机与霸权的图谋》，程农译，上海人民出版社2008年版，第172页。

③该部分内容是后附加上的，原载于杨朝明主编《孔子学刊》第七辑，青岛出版社2016年版。

制中国时代儒术之受独尊曾经使儒学长期成为维护君主专制统治的一种主导性的合法性资源，如果这是一种基本的历史事实的话，那么，不管你如何辩称中国有两千多年之久的失败的“儒家宪政主义传统”①，其实都改变不了这一基本历史事实。然而，承认这一基本历史事实，并不意味着就认为历史上的儒家思想完全是一堆错误的观念，相反，在我看来，在儒家的思想、观念、信仰和实践形式中也无疑存在着某些与自由民主可以相融通的有益资源，其中最值得我们重视的就是儒家的民本思想和仁道观念，尤其是当自由、民主已成为我们社会主义核心价值观的今天，深入探究儒家民本仁道与自由民主的融通性关系应是一个非常有理论价值和实践意义的课题。当然，我们认为，简单地将儒家的民本仁学与自由民主等同式地拼接在一起（如所谓“民主仁学”之类的说法）而搞一个“拉郎配”式的古今或中西混合体并无实质性的意义，问题的关键在于如何理解和阐释儒家民本仁道的实质性的价值意涵及其所蕴含的有助于促进民主政治建设的一种可能性的实践意义，意即我们认为作为一种有益的价值信念资源，儒家的民本仁道经由创造性转化和创新性发展的方式而仍然可能作为现代民主政治的一种行动指引和实践根基。

（一）儒家拯救世界，还是先拯救儒家？

在今天，对政治儒学或儒家政治层面的思想内涵和实践意义的关注和探讨已成为一个相当热门的学术话题，甚至有人打着“儒家”的旗号宣称所谓“政治儒学”的“为民而王”的“王道政治”或儒家式的“贤能政治”和混合政体比民主政治更加高明而具有无比的优越性，乃至在今天儒家可以借助这种政治上的高明和优越性而“拯救中国、拯救世界”。这一论调听上去确乎有着极大的鼓舞“我们儒家”乃至全中国和世界人民的人心的作用，不过，我们在心灵受到鼓舞和激荡之后，仍然需要冷静审慎地思考一下，这究竟真的是一项确定无疑的真理，还是一时头脑发热的胡言乱语和自欺欺人的奇谈怪论。看看那些时下颇为

① 参见姚中秋：《儒家宪政主义传统》，中国政法大学出版社2013年版，第164、168页。

抢眼流行的自我标榜和宣称自己为“儒家”者们的观点纷呈、自相歧异、矛盾和冲突的各种各样的儒学观念，我们其实并不难作出自己的判断，至少各种各样的胡言乱语和奇谈怪论足以让人们深切地体会到，其实目前最急迫的任务还不是“儒家拯救世界”的问题，而是儒家本身正急等着人们用一种客观清明的理性来拯救！谓予不信，且看以下一些所谓大陆新“儒家”用以“拯救”我们的儒学观念即可明白。

有人以为人为地搞一个基于共识一致基础上的统合性的“公民宗教”，就可以重构我们的国家国族，其实说白了就是要在一个“理性多元”或文化价值日趋多元化的时代境遇下恢复重建一种基于意识形态大一统的压制性的“儒教国家”而已，与所谓“立儒教为国教”没有什么本质性的区别。

有人以为建立一种孟子式的“主权在民，治权在贤”的儒家混合政体就可以超越西式自由民主政体，并断言以这种比西方一人一票的选举民主具有无限优越性的混合政体和贤能政治就可以拯救中国、拯救世界。所谓“主权在民，治权在贤”，意味着人民的有限参与和贤能者的无限权能，因为“孟子式民主的关键一点是对民众的教化，让民众知道尊重能力，接受有能力的人的统治，且在自认为无能时放弃参政权”①。所谓“民主”不过是一人一票的选举制度而已。如此简单地将“西方民主”等同于一人一票的选举制度，当然怎么也比不上在人民的有限参与和贤能者的无限权能之间进行构想运作的儒家“混合政体”复杂，不过，西方实际运行中的“民主政治”是否如此简单而丝毫没有发展出“混合”的特点，儒家理想的“混合政体”是否“复杂”得远远超越了“民主政治”，恐怕不是这样一语就可以断定的。

有人以为儒家的君子理应成为现代治理秩序的中心和主体，由此可以开显出一种“中国的公民建构进路”，因为“凡是参与了公共事务的，都可以而且应该被称之为‘公民’”，而“君子就是积极参与公共事务的那部分人，是‘积极公

① 白彤东：《一个儒家版本的有限民主》，《当代儒学》2016年第1期，第38页。

民’”。不过，除了君子式的“积极公民”之外，要想维持一种优良的治理秩序，还需要众多的“忠臣孝子”式的“公民”，比如，“传统中国只参与宗族事务的乡民，相夫教子勤俭持家的妇女，这些都可以称之为‘公民’”，乃至“古代中国妇女教育自己的孩子，常说‘要做忠臣孝子’，其实就是公民教育”。总之，“治国需要技艺，而贤人能比普通人更好地实现和维护自己的利益，这是普遍共识。在中国这样一个幅员辽阔、人口众多、经济日益富庶繁荣的超大规模国家之中，治理和善治得以实现的唯一可行的方法，必然是中国式的精英政治，也就是同时具备公共精神与治理技艺的君子的治理”。[①] 看来，要想实现一种优良的治理秩序，我们必须被强制接受一种“普遍共识”，即贤人君子理应拥有无限的权能，因为他们能比我们普通人“更好地实现和维护自己的利益”，当然所谓“自己的利益”只是普通人的利益，而不是贤人君子自己的利益，大概贤人君子没有自己的利益，也不会被权力所腐蚀。就这样，我们不了解自己利益的普通人只能被迫接受“中国式的精英政治”这一“治理和善治得以实现的唯一可行的方法”。显然，这与“主权在民，治权在贤”的儒家混合政体构想也没有什么实质性的差别。

由上可见，尽管所谓大陆新“儒家”在政治表述上有着这样那样的细微差异，但他们的政治立场还是存在着基本“共识”的，正所谓“闭门造车，出门合辙”，毕竟大家都是“儒家”嘛。但是，这种由“闭门造车”所构想杜撰出来的儒家“公民宗教”和混合政体及其贤能政治真的能够拯救我们吗？他们比西方民主高明和优越的地方就是让我们普通人只能接受和承认“自认为无能时放弃参政权”的愚民“教化”或只配做“忠臣孝子”式的依附“公民”？问题是，这种政治构想真是来自历史上极力主张民本和仁道的孔孟儒家吗？前两个问题其实并不难回答，最后一个问题却相当复杂。

笔者先就较容易回答的问题简单地评论一二，然后再就最后一个问题谈谈

① 姚中秋：《君子是中国的公民建构进路》，《天府新论》2015年第6期，第49—50页。

自己的看法。为了避免将问题复杂化，我们不妨借用西方学者的说法，与上述“儒家”的观点对照比较一下。首先，“公民宗教”的说法是借自西方学者的，那么我们自然也可以借西方学者的观点加以评析，如美国学者本杰明·巴伯在其《强势民主》一书中所说，“公民宗教”及其“表达感情的制度越是有效，民主政治就变得越没有必要，共同体就越有可能呈现出那种在极权主义国家中令人窒息的一元化特征”，而“在现代社会，爱国主义往往意味着沙文主义或者侵略主义，但是与公民宗教相比，它却具有更少的危险性。公民宗教经常激起一种与政教分离和真正的多元主义不相容的原教旨主义的狂热”①。多么可怕的“公民宗教”呀！不仅如此，巴伯在该书中对自由主义民主的批评分析，尤其是对代议制民主和统合性民主的批评分析，至少在我看来也同样适用于儒家的“贤能政治”说，而且他所指出的美国实际运行中的民主政治的混合特点恐怕并不比某些人所凭空构想中的儒家理想“混合政体”更少“混合性”，那么，你的高明和优越之处究竟体现在哪里呢？巴伯在书中“目录”之前还引用了托马斯·杰斐逊的一句话：“我知道，除了由民众自己来保管社会最基本的权力之外，没有任何其他方法是安全的，如果我们认为他们不具有足够的智慧和健全的判断力来进行管理的话，那么我们的补救办法不是去剥夺他们的权力，而是告诉他们如何进行自由的行动。”② 与此相反，“儒家”却教导我们说，我们在“自认为无能时”必须“放弃参政权”！看来，“儒家”的高明和优越之处就在于对民众“具有足够的智慧和健全的判断力来进行管理”怀抱着根本不信任的政治态度和立场，他们的补救办法不是“告诉他们如何进行自由的行动”及其对政治的参与和自治，而是告诉他们必须顺从地认可和接受贤能者和精英们全权统治的宿命！如此说来，所谓“公民宗教”“贤能政治”和“君子公民”之类的花哨辞藻，对民

---

①[美]本杰明·巴伯：《强势民主》，彭斌、吴润洲译，吉林人民出版社2011年版，第275页。

②[美]本杰明·巴伯：《强势民主》，彭斌、吴润洲译，吉林人民出版社2011年版。

众来讲，恐怕只不过是一种吊诡的意识形态“伪装”而已，因为他们所希望或告诉人们的首先不是做“公民”，即在政治参与中接受政治教育从而成为真正的公民，而是面对贤能者和君子精英的无限权能与专断统治时，只能自虐式地自认为无能或不具备治理的能力，从而放弃自己的参政权和公民资格。这样的“儒家”一心想着要通过统治我们来拯救我们，这是再顺理成章不过的了。然而，如果我们不想放弃我们的参政权和公民资格的话，我们又应当拿什么来拯救“儒家”呢？

（二）转换视角，重新审视和发掘儒家的思想资源

在我看来，我们只有从上述“儒家”的儒学论述和政治视界中超拔出来，才能寻找到拯救“儒家”的创造性转化和创新性发展的有益进路。我们只有立足当下中国的政治发展需要，只有持久深入地推进社会主义民主法治化建设事业的健康发展，而又能够并善于充分吸取、借鉴和发挥中华优秀传统文化的有益思想资源，才能真正开辟出一条富有自身特色的中国道路。因此，在今天捍卫和传播儒家真理的关键，绝不是什么“回到康有为”来重构国家国族，重新回头走“将儒教立为国教”或建立一种统合性的“公民宗教”的“儒教国家”的传统老路。

蒋庆“政治儒学”的“王道政治”只讲“为民而王”，而反对“以民为本”和“以民为主”，上述“儒家”学者的所谓“贤能政治”和“精英统治”也不过如此。那么，他们与历史上的儒家在政治思维理路上究竟是一种什么关系呢？如果说完全没有关系，即仅仅依据这些“儒家”口中也大讲特讲“民主”“宪政”“公民”之类的时髦词汇，就认为他们与历史上认同和维护君主专制的传统儒家毫无关系并进而判定其为“伪儒学”，这显然是会让这些“儒家”难以认同和接受的；反之，如果说完全一致，恐怕事实也并不尽然。其实，问题的关键和症结不在于他们是否讲什么“民主”“宪政”“公民”，而在于他们所说的“贤能政治”和“精英统治”，正是在这一问题上，我们既不能说他们的政治思维理路与历史上的儒家没有任何关系，又很难说是完全一致的。

表面上看来，传统儒家的政治理念是具有极为强烈的“贤能政治”和“精英统治”色彩的，而所谓当代大陆新“儒家”们也大肆渲染“贤能政治”和“精英统治”的优越性，似乎的确是在传承和延续“政治儒学”之道统的神圣衣钵。然而，此一时彼一时，时代的不同必然造成问题意义的实质性差别。传统儒家身处君主统治的时代，而我们生当“人民主权”的时代，传统儒家的“贤能政治”和“精英统治”理念意在为士人争取合理正当的参政权，然而新“儒家”的同样说法却意在驯化人们让其“自认为无能”而放弃“参政权”；孔子“有教无类”的教育理念和“以德致位”的君子理念，意在将受教育权向所有人开放，乃至打破世袭贵族对统治权的垄断，希望担当道义的士人君子能够代表民意或“为生民立命”而参政，然而新“儒家”的教化理念和君子理念不是一心想要驯化人民“自认为无能”而放弃“参政权”，就是只准许自己做君子来垄断统治权而不希望人民也参与治理。两相比较，你能说他们之间是完全一致的吗？传统儒家缺乏“人民自治”或“人民主权”的观念是可以理解的，那是历史的局限性，但新“儒家”却仍然在宣称人民不应该拥有“参政权”，或者虽然“主权在民”但人民不应享有参与治理的“治权”，这却是与我们的时代精神大相悖谬的，事实上他们不是在继承和发展传统儒家政治性的道统衣钵，而是在扭曲和强化传统儒家政治思维的缺陷和不足，这样一种背离时代精神发展潮流的政治“伪思潮”竟然还大言不惭、痴人说梦般地自认为或公然宣称比人家高明和优越，尤其显得荒谬与可笑，其实不过是当代中国国家治理和社会重建的历史转型过程中的一种“抱残守缺”的“噪音”而已。

我们这样说，并不意味着我们认为所谓“贤能政治”和“精英统治”在今天就一无是处，所谓“君子即公民”的说法在某种意义上也不是毫无意义，但我们所面临的时代问题却恰恰是必须以参与式民主来制约和纠正“贤能政治”或“精英统治”的缺陷与“伪装”，以及如何更好地实现“人民主权”或“人民自治”的问题。就此而言，我认为儒家传统中最值得我们重视阐发并能够创造性转化和创新性发展而为今所用的政治思想资源是“天下为公”的政治价值信念与重视保障民生的民本仁政思想。“天下为公”与“人民主权”在原则上无疑是可以融通的，民本虽然由于缺乏“民治”的内涵而并不能被简单地认为等同于民主，但我们也不能由“民本”理所当然地直接推论说，抱持“民本”思想的儒家必然也只能坚持要人民放弃参政权的政治立场，譬如所谓“心性儒学”的现代新儒家代表人物牟宗三先生就不这样认为，他坚持“民主政道的转进”并不必然以牺牲和蔑弃儒家固有的民本和德治思想为代价，相反，在“民主建国”之后儒家固有的民本和德治思想才能更好地发挥其有益的作用。在那些坚持儒家“贤能政治”与西方民主二元对立的简单看法的大陆新“儒家”看来，可能像牟先生之类的新儒家只是西方民主的“拉拉队”，不过，在“民主政道的转进”道路上，一味鼓吹“贤能政治”只会牺牲掉儒家政治思想中其他的许多优良资源。

当然，坚持“贤能政治”的“儒家”会极力辩称，我的“贤能政治”理论直接来自孟子的思想，孟子是儒家之亚圣，生活在今天的“我们儒家”要伸张儒家的政治真理，难道不能理所当然地打着孟子的旗号来力图超越西方民主吗？非“儒家”的人又有什么资格说三道四呢？不过，既然你所讲的是孟子式（或“孔氏中国”）的混合政体而不是你自己的纯粹构想或个人版本的儒家观点，那么我们就以孟子本人的思想为理论的和历史的标准来加以估量和评判。那么，孟子说过孟子式民主就是教化民众“在自认为无能时放弃参政权”的话吗？如果孟子没有说过这样的原话，而其思想的实质意涵又是否如此呢？孟子说，“民为贵，社稷次之，君为轻”，并继而说道，“是故得乎丘民而为天子”（《孟子·尽心下》），这话虽然没有要人民争取参政权的意思，但它所强调的肯定是人民在整个政治生活中的根本重要性，而统治者也必须赢得民心和人民的支持才具有做天子的正当资格，这是典型的孟子式“民本思想”，正是基于这样的“民本思想”，所以孟子才极力倡导王道仁政说，敦促利欲熏心、崇尚强权霸功的人君世主应该尊重民意、敬畏民心来实行制民恒产、保障民生的王道仁政，并在保障人民物质生活需求的基础上再进而教育引导人民过一种富有人伦道德意义的社群生活。然而这绝非坚持“贤能政治”和“混合政体”的“儒家”学者所说，我们从孟子的思想中可以引申出这样的结论，“在‘孔氏中国’，政府被认为需要对人民的物质与精神负责。它有责任帮助人民满足他们基本的物质需要、社会关系需要、道德与政治的需要、受教育的需要”①，而孟子式的民主就是教化人民“在自认为无能时放弃参政权”。照此说来，孟子式责任型政府必然是全能型的，是要政府全权负责人民的物质、道德和精神生活，而人民只能被教化成“在自认为无能时放弃参政权”的愚昧顺民。孟子的确格外强调政府的责任，这没有错，但我们必须谨慎地审视孟子思想的真正意蕴，孟子式责任政府的责任一定是有限的而不是全权的，尤其是对人民的道德教育和精神生活而言，孟子更加强调的是士人君子而不是政府的责任，无论是“民贵君轻”的思想还是“格君心之非”的观念都不可能使孟子将全部责任推给君主或政府，好学深思之士不难明白个中道理，要不然，孔孟汲汲于从事私学教育事业的目的不是要培养人们的道德生活和精神品格的自主性，诸如“笃信好学，守死善道”“匹夫不可夺志”“富贵不能淫，贫贱不能移，威武不能屈”等，而只是一味地要对人进行道德和精神的奴化训练吗？

坚称“君子即公民”的“儒家”学者立即会反驳说，孔孟私学教育的目标是培养积极参与政治的君子公民，怎么能说是奴化教育呢？不过，我要强调的是，除了“以德致位”的君子理念之外，孔子还有更为根本和重要的仁道理念值得我们发扬光大。完全讲清楚孔子儒家仁道理念的含义不是笔者当下的目的，但必须指出的是，孔子仁道最为重要和根本的一个含义就是把人当作人看，或者把他人当作和自己一样的人来看，故需人道地对待他人，这也就是孔子所说“己所不欲，勿施于人”（《论语·颜渊》）和“己欲立而立人，己欲达而达人”（《论

① 白彤东：《主权在民，治权在贤：儒家之混合政体及其优越性》，《文史哲》2013年第3期，第19页。

语·雍也》）两句话最深刻的意涵。如果对“君子即公民”的观点最乐道之的“儒家”们还没有忘记这两句话的话，其实我们完全可以从孔子的这一仁道理念中推论出一个至关重要的政治论点，即如果你想成为君子来治理，那么你也必须让他人成为君子来参与治理，这才是真正合乎孔子儒家仁道理念的政治构想，难道你只想着自己成为君子而让他人只做小人不成？熊十力先生曾说：“夫自由者，人道之极则也。不自由，毋宁死，以其失去人生之意义故也。自由真义，吾先哲发挥最好。曰：我不欲人之加诸我也，吾亦欲无加诸人。故自由者，一己与人之同游于正义之中，任何团体，与任何个人，不得以非义加诸我，我亦不可以非义加诸任何个人或团体也。”[①] 我相信今日的儒家应该继续阐扬人人自由而同游于正义之域的理想社会政治愿景，而不是私自伪造一个什么“公民宗教”而自己穿上长袍装得像“教主”一样。牟宗三先生曾说，传统中国的士人参政体现了一种“治权的民主”，我相信今日的儒家应该扩大而不是再限制这种“治权的民主”。萧公权先生曾说，“孔子言仁，实已冶道德、人伦、政治于一炉，致人、己、家、国于一贯”[②]，我相信今日的儒家应该能够更好地冶民本、民主于一炉，致贤能、民众、君子、公民于一贯。努力探索、构建、发展和实践一种以民为本、符合仁道、富有君子美德的公民文化和共治共享的新型参与式民主，这才是真正的孔孟政治之学和儒家未来之正道。

---

① 熊十力：《为青年申两大义——公诚与自由》，见《境由心生：熊十力精选集》，陕西师范大学出版社2008年版，第157页。

② 萧公权：《中国政治思想史》，新星出版社2005年版，第41页。

君子不器，群而不党：孔子的士人君子之学及其政治义涵

作为一位教育家，孔子在私学教育事业上作出了最具开拓创新性意义的历史贡献，并取得了广泛成效和巨大成功；作为一位思想家，孔子不仅深情关切中国人文化生命的延续和传承而以兴复以诗书礼乐为中心的斯文传统为使命，而且不遗余力地致力于中国人道德生命的涵养与提升而以弘扬以仁道理念为中心的道德理想为己任。然而，无论是讲学立教、培育人才，还是兴复斯文、弘扬仁道，孔子的“终极关怀”最终都是要落实在人类社群的公共福祉和天下有道的根本目标的追求和实现上的。因此，孔子又可以说是一位将道、学、政三者融贯为一体的政治思想家，而且，不仅是孔子的仁道观念具有“开辟价值之源，挺立道德主体”[①] 的深远意义，孔子在他所重点关心的社会政治问题的领域也

① 牟宗三：《中国哲学十九讲》，上海古籍出版社 1997 年版，第 59 页。

“发挥了自己最富创见性的洞识”[①]，特别是他首先积极倡导和切身实践的人道政治观及其士人政治的理念尤其引领和开启了中国士人参政议政的风气习尚，具有开辟和拓展士人政治实践的公共空间的深远意义。因此，综合而言，孔子实不愧是一位在引领和开启时代精神的新方向方面作出了自己最为卓越的历史贡献，并创辟和奠定了中国历史上最具影响力的儒家思想范式的教育家和思想家，不愧是一位思想家、教育家式的政治活动家和行动型、实践型的政治思想家。

一、士人君子之学：孔子之学之教之道的根本

孔子究竟在政治生活或政治实践领域以及在政治思想领域带来了一种什么样的时代性的变化呢？要回答这个问题，我们必须进一步要问的问题就是：我们究竟应如何来理解和把握孔子之学之教之道的根本含义？而要很好地回答这两个问题，我们则必须综合来审视和考量孔子一生的所思所行，以及孔子整个人生追求、事功作为及其思想学说的根本意义。孔子汲汲于讲学立教、兴复周礼、为政治国，并立志于弘道崇德、贵仁尚义、修己安人的根本目的和用心究竟何在？孔子讲学立教所致力于培养的究竟是什么样的人？他将弘道崇德、贵仁尚义、兴复周礼、为政治国、修己安人的希望究竟寄托在什么样的人身上？在我看来，可一言以蔽之，即孔子讲学立教的根本目的和用心乃在于培养士人君子，并将行道救世的希望寄托在士人君子的兴作崛起、奋发有为之上。因此，我们实可以将孔子之学之教之道称为士人君子之学之教之道（可简称为士人君子之学）。

有学者将孔子之学之教之道称为为己之学、成德之教、做人之道，如钱穆先生所言：“儒教教义，主要在教人如何为人。亦可说儒教乃是一种人道教，或

①［美］郝大维、安乐哲：《通过孔子而思》，何金俐译，北京大学出版社2005年版，第246页。

说是一种人文教，只要是一人，都该受此教。……在其教义中，如孝、弟、忠、恕，如仁、义、礼、智，都是为人条件，应为人人所服膺而遵守。”[①] 也有学者将孔子和儒家的道德伦理观念称为角色伦理学，如安乐哲和罗斯文先生所言：“根据这种儒家的道德人生观，我们不是抽象分离意义上的个体，相反，却是存在互相影响的人，过着——而不是‘扮演’着多重角色，这些角色构成了我们是什么样的人，并且，这样我们可以在行为上追求无与伦比的独特性和技艺。换句话说，我们是与我们的同伴共同生活着的角色的总和。”[②] 然而，在孔子那里，所谓士人君子之学还不是后来那种要求人人应服膺而遵守的普遍意义上的人道教或人文教，生活在乱世并明确意识到“知德者鲜矣”（《论语·卫灵公》）的孔子还不是期望人人都应具备士君子之德之行，对孔子而言，士人君子不仅应具备一种特立独行或独立自主的道德意志与品格，更应担负起不为其社会伦理角色所限定的追求、捍卫、践行、维护和弘扬公共道义的神圣职责与使命，或者如罗哲海所言：“儒家伦理学的行为者乃是真正为自我尊严负责的具体存在。这种自我主宰的存在个体，将会尽一切努力扮演好他的社会角色，但是并不以此为限。”[③] 韦政通先生可谓一语破的，他说：孔子所说的“志于道”，“不是泛泛而言，而是针对当时新崛起的士人来说的”[④]。在我看来，还不只是“志于道”，孔子的整个私学教育事业所致力于培养的就是新型的士人君子，孔子不仅以躬行士人君子之道为人生追求目标，而且更将修德为政、行道救世的希望主要寄托在当时那些新崛起的、少数杰出的具有担当精神的士人君子的身上。只

① 钱穆：《中国历史上的传统教育》，见《国史新论》，生活·读书·新知三联书店2001年版，第218页。

②[美]安乐哲、罗斯文：《早期儒家是德性论的吗？》，《国学学刊》2010年第1期，第95页。

③[德]罗哲海：《轴心时期的儒家伦理》，陈咏明、瞿德瑜译，大象出版社2009年版，第192页。

④ 韦政通：《中国思想传统的创造转化——韦政通自选集》，云南人民出版社2002年版，第161页。

有明确了这一点，我们才算真正理解和把握了孔子整个教学实践、道德理想和政治理念的根本含义，也就是说，孔子教学育人的目标、道德理想的载体和为政治国、行道救世的理想主体都是士人君子。

那么，孔子的士人君子之学究竟在政治生活或政治实践领域以及在政治思想领域带来了一种什么样的时代性的变化呢？

从我们事后诸葛亮式的后世眼光与历史观点来看，孔子无疑处在一个历史转变的过渡期，仅就政治形态的历史转变来讲，这是一个封建宗法性的贵族君主制日益走向没落而向新型的专制集权化的官僚君主制发生蜕变转型的过渡时期，但是，身处此时代生活环境之中的孔子并不清楚或具体而确切地知道历史究竟会朝着什么方向或目标演进和变化。因此，孔子不是自觉地顺应这一转变的历史趋势而积极地促成新型的专制集权化的官僚君主制的形成，而只是按照自己对政治的认识和理解而极力地使封建宗法性的贵族君主制向着他所期待和想望的更加人道化的方向或轨道改善和转进。正是孔子的士人君子之学及其致力于政治人道化的努力，为其所处的时代带来了一种新的活力因素，即新兴士人对政治的积极参与。不过，为了更好地理解这一点，我们首先需要澄清对一些问题的片面认识或误解，特别需要厘清诸如儒家有关君主政体的观念问题以及家与国、政与教、士与仕等之间的关系问题，另外，我们还需要对常常不自觉地混用的一些概念的含义作一些必要的辨析区分。

孔子生活在一个发生政制转变的过渡时期，封建宗法制的政治形态尽管已经日趋衰落、解体和崩坏，但仍然构成了孔子政治思考的历史背景或者为其政治思考设定了基本的问题框架，其政治思考因此而被打上了深深的宗法性的色彩或封建制的烙印。正因为如此，孔子不仅希望兴复周代的礼乐制度，而且他最向往而追求实现的也是天下的礼乐征伐之权出于天子和国家的爵禄赏罚之权出于诸侯国君的有道治世（参见《论语·季氏》），这往往会给人留下一种孔子在政治上立场保守的深刻印象，并常常因此而受到各种各样或激烈或温和的批评，譬如有的学者把孔子和儒家称为“中国专制主义的最重要的代表”[①]，有的学者则认为儒家的“道德哲学优于他们的政治观点”，因为儒家所坚持的君主政体恰恰构成了儒家伦理学实现的瓶颈或在现实上的“一个政治性的局限”[②]。毋庸讳言，认同并维护君主政体的基本政治立场的确构成了孔子思想学说的一个重要特征，然而，孔子绝不是不加反思地对君主政体或者对某些具体君主的统治给予简单的肯定，不仅如此，孔子对无道的人君世主和越位僭礼、执政当权的贵族甚至持有一种激烈批评的态度，如“子言卫灵公之无道”（《论语·宪问》）和斥责“今之从政者”为“斗筲之人”（《论语·子路》），而更具时代变革意义的则是，在孔子看来，君主的统治必须具备一种道德的权威才具有正当性，也只有受过教育、具有深厚人文素养和高尚道德品格的士人君子才真正具有治国为政的正当资格，这对于世袭宗法贵族的政治权威来讲可以说构成了根本的挑战和冲击，诚如顾立雅所言：“在政治上，孔子通常被称做保守分子，甚至还有人说他的首要目标是复古和增强世袭贵族的政治权威。事实上，孔子倡导和促进了一场彻底的社会和政治革新，所以，他应被看做是一位伟大的社会变革者。在他去世后的几个世纪之内，盛行于他那个时代的世卿世禄的政治制度最终在中国消亡了。对于这一制度的崩溃，孔子的贡献大于任何人。”[③]

二、孔子士人君子之学的独特含义

孔子和儒家的核心教义常常被笼统地误认为只是教人做忠臣、孝子和顺民，或者被错误地理解为只是依据一种家庭的模式来构想国家治理的模式，并将家庭角色的伦理关系与家庭孝敬的道德准则等同于政治角色的君臣关系与政治

① 王海明：《新伦理学》（修订版）中册，商务印书馆2008年版，第1148页。

②［德］罗哲海：《轴心时期的儒家伦理》，陈咏明、瞿德瑜译，大象出版社2009年版，第158页。

③［美］顾立雅：《孔子与中国之道》，高专诚译，大象出版社2000年版，第1页。

忠诚的道德准则，从而混淆了政治与伦理的本质区别。然而，这样一种观点和看法显然并不完全适用于孔子和古典儒家，虽然孔子讲过“君君，臣臣，父父，子子”（《论语·颜渊》）和“臣事君以忠”（《论语·八佾》）的话，孟子更是“言必称尧舜”（《孟子·滕文公上》），而在他看来，“尧舜之道，孝弟而已矣”（《孟子·告子下》），可见，孔孟是教人忠教人孝的，然而，孔子只是强调君臣和父子为人类关系中至关重要的两大伦，并非将两者简单地混同起来，他教臣忠于君也不是绝对而无条件的，而是以“君使臣以礼”（《论语·八佾》）为前提条件的，而孟子之所以像孔子那样教人“孝悌忠信”，更是基于他那人人生而皆具天赋的良心善性或良知良能的伦理观念，故曰：“仁义忠信，乐善不倦，此天爵也。”（《孟子·告子上》）而且，孟子只是强调“教人以善谓之忠”（《孟子·滕文公上》和君子“自反而忠”（《孟子·离娄下》）的问题，却从未言及过臣下应忠于君主的问题。正如许多学者所指出的，孔孟古典儒家与后世儒家在观念上的确存在着许多重大的差别，对孔孟和古典儒家而言，所谓子孝、弟悌、妇听、幼顺、臣忠之德从来都不是一种片面的角色性的强制要求，而是分别与父慈、兄良、夫义、长惠、君仁之德相对应而提出来的，他们期望在各种伦理角色之间能够建立起一种良性互动和彼此调适的亲和互惠、友善合作的道德关系。尤其是，在臣下可以有条件地忠于君主的观念之外，孔孟更加强调的是君臣之间应构成一种道义性的政治关系，正所谓“君臣有义”（《孟子·滕文公上》，具体而言，即君主应“贵德而尊士”（《孟子·公孙丑上》），臣下应“以道事君”（《论语·先进》），甚至应担负起犯颜直谏、“格君心之非”（《孟子·离娄上》）的职责，如孔子答子路问事君曰：“勿欺也，而犯之。”（《论语·宪问》）孟子曰：“君子之事君也，务引其君以当道，志于仁而已。”（《孟子·告子下》）荀子亦强调“谏、争、辅、拂之人”应“从道不从君”（《荀子·臣道》），并说：“从道不从君，从义不从父，人之大行也。”（《荀子·子道》）而孔子孙子子思在回答鲁穆公“何如而可谓忠臣”之问时更曾直言不讳地讲：“恒称其君之恶者，可谓忠臣矣。”（郭店楚简《鲁穆公问子思》）显然，孔子与古典儒家在君臣观念上更加强调对道义的抽象原则的绝对忠诚应高于对某一个具体君主的特殊忠诚，他们虽然在事实上认同和肯定君主政体，但他们并非将家庭的孝道简单地等同于对君主的绝对忠诚，他们之所以特别重视和强调孝悌之德，乃是因为他们认为孝悌是基于血缘亲情的纽带来维系家庭伦理关系的重要美德，更是涵养和培育对他人的仁爱之德（而非对君主的忠诚）的根本，这与后世儒家“尊君卑臣”“移孝作忠”的观念是截然不同的。

特别需要强调指出的是，虽然孔子和古典儒家言仁论政的一大特点就是常常将道德、人伦、政治和人、己、家、国融贯为一或比类并言，如孔子答齐景公问政而曰“君君，臣臣，父父，子子”（《论语·颜渊》），然而，以敬事亲与以道事君、父子关系以亲情相维系与君臣关系以道义相结合显然并不是一回事，而孝悌亲亲之道与治国理民之道更有着实质性的差别，一般人的孝悌亲亲之道仅限于家庭亲属关系范围之内，然而，治国理民却必须将仁爱之德扩展推及于陌生的他者即广大民众或普通百姓以实现国家的治理。正如孔子同时代的人所言：“为仁与为国不同。为仁者，爱亲之谓仁；为国者，利国之谓仁。故长民者无亲，众以为亲。”（《国语·晋语一》）而依孔子之见，在家庭亲亲的范围之内，虽然父子之间可以互相容隐偷窃之过恶，然而，在“为国”的层面上，他却是主张“治国制刑，不隐于亲”的，故而称赞“三数叔鱼（叔向之弟）之恶”的叔向为“古之遗直也”（《左传·昭公十四年》）；在个人仁德修养的层面，孔子不仅教人孝教人悌，更进而教人“泛爱众，而亲仁”（《论语·学而》），孔子也不仅强调君子应“喻于义”而不计个人的穷达祸福，而且在治国理政的层面，孔子更认为统治者或执政当权者应该任贤使能，也就是要知人善任、举用贤才（参见《论语·子路》），认为为政治民者当庶而富之、富而教之（参见《论语·子路》），乃至主张君子从政应“尊五美，屏四恶”“因民之所利而利之”（《论语·尧曰》）。由此可知，对孔子而言，以孝事亲与治国理民实是不可同日而语的，两者有时甚至会发生冲突，正因为如此，在社会教化的层面，孔子虽然强调的是人伦孝悌之道，但从追求公共道义和救世治国的层面来讲，孔子本人所力求躬行的却是士人君子之道，故而不惜抛家弃亲而周游列国，目的即在“凡民有丧，匍匐救之”（《诗经·邶风·谷风》）。上述问题意识在孟子那里亦有明确的表述，如孟子言“人人亲其亲、长其长，而天下平”（《孟子·离娄上》）和“君子之守，修其身，而天下平”（《孟子·尽心下》），《大学》更系统地阐发了儒家关于修身、齐家、治国、平天下的一贯之道，然而，对他们而言，身与家、家与国、国与天下乃是有本末层级差别的，故孟子曰：“人有恒言，皆曰‘天下国家’。天下之本在国，国之本在家，家之本在身。”（《孟子·离娄上》）另如孟子言：“仁者无不爱也，急亲贤之为务。……尧舜之仁不遍爱人，急亲贤也。”（《孟子·尽心上》）显然，在孟子看来，仁君圣王之仁是不同于一般人的亲亲之仁的，为了实现国家的治理和天下的平治，仁君圣王之仁应以“急亲贤之为务”，统治者只有“贵德而尊士”或“尊贤使能”，乃至使“贤者在位，能者在职”或是“俊杰在位”，天下之士才会“皆悦，而愿立于其朝矣”（《孟子·公孙丑上》），否则，统治者不信任重用仁贤之士的话，只会造成“国空虚”（《孟子·尽心下》）的恶果。另外，在孟子看来，在得国与得天下之间也存在着本质性的差别，故曰：“不仁而得国者，有之矣；不仁而得天下者，未之有也。”（《孟子·尽心下》）可见，孔子和古典儒家从来没有将忠与孝、家与国、国与天下等问题简单而笼统地混同起来，他们着重想强调的只是良好的家庭关系乃是整个社会秩序的根基，反之，只有在家庭道德的根基上才能构建起良好的社会生活秩序，进而实现国家的治理和天下的平治，而无论家庭、国家还是整个天下，最终的根本都是个人的德性修养，故而《大学》曰：“自天子以至于庶人，壹是皆以修身为本。”而就个人的修身而言，孔子和古典儒家所格外强调的士人君子“为仁由己”的道德主体性自觉及其以追求道义、救世济民为己志己任而绝不媚权附势的独立意志与品格，就更是与忠臣顺民的奴性道德了不相涉的，如孔、孟、荀所言："三军可夺帅也，匹夫不可夺志也"（《论语·子罕》），"志意修则骄富贵，道义重则轻王公"（《荀子·修身》），"富贵不能淫，贫贱不能移，威武不能屈。此之谓大丈夫"（《孟子·滕文公下》），"权利不能倾也，群众不能移也，天下不能荡也。生乎由是，死乎由是，夫是之谓德操"（《荀子·劝学》）。

只有在澄清了孔子和古典儒家有关人、己、家、国的观念和与之相关的修、齐、治、平的问题意识及对其长期存在着的一些片面性的误解之后，我们才能更好地来理解孔子士人君子之学的真实含义。

第一，我们必须把孔子的士人君子之学放在其所处的历史时刻及其生活环境中来加以理解。

孔子本人自觉地意识到他生活在一个封建宗法体制已走向衰落和解体、人伦关系陷于颠倒悖乱之中的礼崩乐坏的时代，并试图通过自己的思考和行动作出积极的回应以便挽救这一时代的混乱无序状况，这样一种意识对于我们理解孔子的士人君子之学来讲具有根本的重要性。封建宗法体制以及严格的世袭等级身份制的衰落和解体可以说为当时新兴士人阶层的诞生和崛起准备了必要的历史条件，正是在这样一种历史条件下，孔子奋然兴起而从事兴办私学教育的人类事业，不仅适应和推动了新兴士人阶层的形成和崛起，而且更致力于以其理想化的士人君子之学来为新兴士人阶层努力奋斗和追求实现自身价值指引方向和目标。

尽管孔子表面上试图恢复周代的礼治秩序，然而，他事实上希望通过道德的教化、礼义的践行和正名的实施而追求实现的目标乃是构建一种全新的人类关系的理想图景。孔子所说的"正名"并非对人的等级化的实际身份地位的简单肯定和维护，而是指每个人都应按照其社会伦理角色之"名"所蕴含的理想含义来端正自己的言行，或者应使自己的言行符合其社会伦理角色之"名"在礼仪行为和道德规范上的理想要求，唯有在此基础上才能形成一种人际人伦之间的交互对待和彼此依存的良性和谐关系。在这种关系中，重要的不是人与人之间由先赋的、世袭的身份地位决定的等级差别，而是人们只有在遵循一定的礼仪规矩和道德规范而进行的交往互动活动中才能使不同的身份地位或社会伦理角色具有其各自合理的正当性，而且，身居尊上之位者相应地或义不容辞地理应肩负起更大的道德责任或应发挥道德楷模和行为典范的引领作用。正是基于这样一种对人类关系的理想图景的展望与构想，孔子才提出其士人君子之学，对孔子而言，士人君子不仅应努力扮演好他在社会人伦关系中的具体角色，而且，更应该站在维护人类公共道义的价值目标和人类生活世界的和谐秩序的共同理想的立场上来致力于上述人类关系的理想图景的构建与实现。

第二，孔子的士人君子之学在思想内涵与价值取向上具有其自身独特而鲜明的特征。最值得我们注意的，有以下三个方面的特点：

一是，孔子所说的士人君子乃是一种具有强烈的价值分等与道德评判色彩的层级观念。

孔子在回答子贡“何如斯可谓之士”的问题时，曾经将士人从才智和德行上划分为三个不同的等次，第一等是“行己有耻，使于四方，不辱君命”之士，第二等是“宗族称孝焉，乡党称弟焉”之士，第三等是“言必信，行必果”之士，孔子对第三等的士评价并不是很高，称之为“硁硁然小人哉”，然而，这毕竟还算是次一等的士，相对而言，“今之从政者”就更是器识狭小的“斗筲之人”而不足以称之为“士”（《论语·子路》）了。孔子、子贡师徒在士人与“今之从政者”之间所作的比较尤其耐人寻味，由此可知，孔子的士人理念无疑是直接针对“今之从政者”而言的，是基于对“今之从政者”的强烈不满或批评反思而提出来的。对孔子而言，士之为士，不能仅仅满足于做到“言必信，行必果”，更应该具备孝悌之德，并能够于朋友兄弟的交往中做到相互切磋以求善、彼此和悦以相处，或者最好能够品质正直、心志好义而待人又谦恭退让，乃至“在邦必达，在家必达”（《论语·颜渊》）。而孔子之所以将“行己有耻，使于四方，不辱君命”之士列为第一等，显然是希望士人能够将其所学善加运用，乃至对国家政事有所贡献，正所谓："诵《诗》三百，授之以政，不达；使于四方，不能专对；虽多，亦奚以为？"（《论语·子路》）然而，孔子的士人理念和教学理想并非仅仅教人止乎为士而已，如荀子后来所言："学恶乎始？恶乎终？曰：其数则始乎诵经，终乎读礼；其义则始乎为士，终乎为圣人。"（《荀子·劝学》）孔子和儒家的最高理想是"为圣人"，而"为士"只是为学修身的最基本的要求或最初始的目标而已。不过，孔子并不教人好高骛远，圣人对于孔子本人来讲只是一个难以企及的终极理想而已，虽然可以努力而为，并希望达到这种高远之境，但他从不以圣人自居，也不轻易教人妄希达到圣人之境，但是，他极力地倡导和激励士人立志追求仁人君子之道。因此，对孔子而言，仁人君子才是士人应该追求和能够达到的理想人格境界，并应在对仁人君子的理想人格境界的矢志不渝的不懈追求中来发展和完善自我的人格、实现自己的人生价值。而仁人君子之所以为仁人君子，他不仅应具备忠信、孝悌、克己、礼让、好学、知勇、仁恕等诸美德，而且更应将立志追求仁道作为自己的神圣使命和生命信仰，故子曰"志士仁人，无求生以害仁，有杀身以成仁"（《论语·卫灵公》）；不仅应以内心诚敬的态度坚持不断修养和提升自身的道德品格，而且更应怀抱着经世济民的政治情怀来努力使他人和广大的百姓过上安乐的生活以实现修己化人的根本目标（参见《论语·宪问》）。

二是，孔子所说的士人君子具有两大突出而鲜明的特点，一是"君子不器"（《论语·为政》），二是"群而不党"（《论语·卫灵公》）。

所谓"君子不器"是指君子应是一种通才式的成德之士，而不是局限于具有一才一艺之长的专门人才，就像具有某一种特定用途的器具或器皿那样，诚如朱熹《论语集注》所曰："器者，各适其用而不能相通。成德之士，体无不具，故用无不周，非特为一才一艺而已。"然而，不器非谓无用，孔子的意思绝不是要排斥一才一艺之用或教人不要成就和发展某一方面才艺之专长，而只是希望士人不以某一方面的才艺之专长为限，能够进一步发展和成就、健全和完善自己的道德人格。故而当子贡听说孔子称赞弟子子贱是鲁国的一位“君子”而向孔子询问对自己的评价时，孔子的回答是认为子贡是一件“瑚琏”之“器”（《论语·公冶长》），“瑚琏”是宗庙祭祀用的一种贵重而华美的器皿，而“器”即“有用之成材”（朱熹《论语集注》），孔子对子贡的评价不可谓不高，然而，孔子显然又认为子贡尚未达到君子的道德人格境界，因此，孔子的意思不是否定子贡的器用之才，而是希望他不以此为限。那么，追求成就和实现君子式的理想人格目标，或者君子式的道德人格的健全与完善，究竟意味着什么呢？对孔子而言，士人应受的教育可以说是一种以诗书礼乐为核心内容的、以人文教养为目的的文化教育，这种教育致力于培养和塑造士人君子的卓越而完美的道德品格。尽管这是一种文化教育，而不是单纯的知识性的教育，但孔子仍然要求受教育者首先必须具备一种好学乐学之心，具备一种学而不厌的求知欲和“知之为知之，不知为不知”（《论语·为政》）的诚实品格；尽管受教育者材性不同的个体差异不可避免地会造成个人在才艺专长、品格、能力和事业成就方面的差别，如有人修身崇德，有人擅长言辞，有人精于文献，有人具有治政理事方面的才干等，而孔子本人亦乐于因材施教，但孔子最为重视和强调的是健全通达的心智和完美卓越的道德品格的培养和塑造，因为他深切地将挽救世界的希望寄托在士人君子的身上，寄希望于那些受过教育、具有人文教养或道德修养的士人君子能够勇敢地担当起追求和维护公共道义的文化精英或社会良心的神圣职责，希望新兴士人能够成为具有这样一种愿意为之献身的担当精神和生命信仰的文化英雄，希望士人君子能够以其正确的道德行为为世人树立一种效法学习的典范以便引领他那个时代整个社会的精神风尚发生根本的转变，希望士人君子能够在维护和传播中国化的礼仪文明和文化教养方面充当先行者和卫道士。正是在这样一种意义上，孔子将富有道德修养、人文理想和文化教养的真正的士人君子与那些缺乏道德修养、人文理想和文化教养而只知一味追求个人私利且又总是巧言令色的小人从根本上区别了开来，而君子与小人之间的根本区别就在于：君子待人忠信、亲和乐群而不结党营私，这就是所谓“群而不党”，反之，小人缺乏忠信、朋比阿私而结党争利，正所谓“君子矜而不争，群而不党”（《论语·卫灵公》），“君子周而不比，小人比而不周”（《论语·为政》）；君子贵仁尚义，看重的是志同道合的真情与友谊，虽材性不同，却能彼此和乐相处，反之，小人巧言令色，注重的是乡愿式的虚情和个人的私利，虽嗜欲相同，却不能和乐相处，正所谓“君子和而不同，小人同而不和”（《论语·子路》）。

不仅如此，我认为，孔子君子“群而不党”的理念还内含着一种非常重要的文明理念，即作为一个富有道德修养、人文理想和文化教养的独立的个人，士人君子不仅应保持自己独立的人格和意志，而且在与他人的交往中应坚持“恪守分际”的自我约束的原则而避免将自己的意志强加于他人，如在事君交友之际，应“以道事君”或“忠告而善道之”，“不可则止”（《论语·先进》《论语·颜渊》）；然而，士人君子如果想充当“文明的卫士”和文明的传播者，单靠个人的力量毕竟是有限的，而且文明是不能强加于人的，因此，士人君子不仅需要师长的教诲和“以友辅仁”（《论语·颜渊》），更需要凝聚群体合作的力量，才能发挥其应有的捍卫道义、维护和弘扬仁义乃至传播礼义文明的作用。正如英国学者克莱夫·贝尔所言：“文明是不可能用威力强加的。……而文明却只存在于一种生活态度之中，存在于某些思想和感受方式之中，因而只能用散播种子的办法达到目的。准备让别人也文明起来的人必须允许人家自己去发现他得到的是较好的生活方式。优越的文明几乎一向都是这样传播的。”“只有在一定数量的文明人聚集在一起的时候，他们才变成传播文明的人。只有成群的文明人才能成为文明的核心。”[①] 孔子所说的士人君子，无疑正是克莱夫·贝尔所说的那种致力于传播文明而富有道德修养、人文理想和文化教养的“文明人”，但是，只有在一定数量的士人君子聚集在一起的时候，他们才能成为文明传播的核心。然而，士人君子之所以能够聚集成群，靠的是自身道德人格的感

①[英]克莱夫·贝尔：《文明》，张静清、姚晓玲译，商务印书馆1990年版，第151、118页。

召力和亲和力，正所谓“德不孤，必有邻”（《论语·里仁》），而士人君子之所以要聚集成群而采取志同道合的一致行动，像周游列国的孔子师徒那样，为的是维护道义、弘扬仁道和传播礼义文明，他们对为了追逐个人的利益而结党相争的自私卑劣行为不感兴趣。

三是，孔子所说的士人君子还具有将独立人格的道德修养与关切政治的公共精神集于一身的特点，既可以说是知识和道德的精英分子，又可以说是社会和政治的精英分子。

根据孔子私学教育的理念，要想成为一个士人君子，有一个不可或缺的条件，那就是一个人必须经过“学习”或“受教育”，才能获得一种成员资格而成为士人群体中的一员。也就是说，“学”对于一个士人君子来讲具有根本的重要性，也应成为一个士人君子终身的志业。对孔子来讲，一个人唯有通过“学习”或“受教育”，才能获得士人君子必备的诗书礼乐方面的人文知识教养，才能坚持不懈地进行一种以仁德为核心的持续的自我的德性修养和人格塑造，才能不断充实和丰富自己的思想境界和精神生活，不断扩展和开阔人的胸怀，涵养和发展自己的品格，而士人君子所应具备的人文道德教养包括：尚文好学的品格，孝悌忠信的德性，礼让仁爱的精神，自我克制和以恕道待人的理性，以及追求道义的公共情怀等。因此，在孔子那里，士人君子之为士人君子，首先就是指那种通过学习或受教育而富有人文教养的道德与知识的精英分子。概括地讲，士人君子所应具备的个体道德人格应是一种开放—自反型的道德人格，一方面是乐于向他人学习，以人为师，与人为善和宽以待人；而另一方面则是不断地自我反省，反身对自己提出严格的克己性的道德要求，并孜孜于切己躬行。然而，孔子所说的士人君子并不是那种只关切个人私德修养的人，士人君子的道德修养本身还内含着一种必然的延伸性的社会政治含义，即对“老者安之，朋友信之，少者怀之”（《论语·公冶长》）或对“修己以安人”“修己以安百姓”（《论语·宪问》）的深切关怀，换言之，士人君子还应是那种天然富有强烈的公共精神或公共情怀的社会与政治的精英分子。

第三，将孔子的士人君子之学放在他所处的时代生活环境中，并根据它在思想内涵与价值取向上所具有的鲜明而突出的诸多特征，我们能更好地来理解和把握孔子士人君子之学的独特“政治”含义。

孔子生活在晚周衰乱之世，这是一个封建宗法贵族的世袭性统治逐渐走向衰落与失势而易于产生暴力和苛政的时代。生活在这样一个时代，孔子明确地意识到这是一个被圣人遗弃或圣人“不得而见之”（《论语·述而》）的时代，所以他自觉地追求躬行君子之道。正是在圣与王分离、现实与理想背反的时代生活环境中力主躬行君子之道，孔子为其同时代以及后世追随他而思而行的士人开启了一种看待世界和人类政治事务的新方式。这一新方式主要包含三个方面的含义：

一是，针对天下无道、暴力苛政肆虐的混乱时局，孔子极力倡导“以礼让为国”（《论语·里仁》）、仁者爱人的人道政治，努力通过美政善治而使现实世界重新回归“天下有道”的治理状态，在此治理状态下，不同身份地位的人将自上而下地各安其位、各尽其责，乃至庶人的抗争非议将成为不必要的东西，正所谓“天下有道，则政不在大夫。天下有道，则庶人不议”（《论语·季氏》）。

二是，上述“天下有道”的理念，表面上看带有强烈而鲜明的温和保守色彩，然而，在统治的正当性与统治者的任职资格问题上，孔子却提出了一种极具挑战性和革命性的观念。在孔子看来，只有有才德者才具有居上位而治政理民的任职资格，只有有才德的士人君子居上治民才具有统治的正当性或合法性。正是基于对统治的正当性和统治者的任职资格的思考，孔子所说的“以礼让为国”以及其士人君子之学中内含着的参与政治而当仁不让的“乐政”理念才具有一种深远的划时代意义。孔子所说的“礼让”，不仅是指治国理政者在言辞态度和举止行为上的谦逊退让，而且更重要的是指一种权位的和平让渡问题，即君主的权位不应为具有世袭资格的人永久占有和把持，在必要的时候可以将君主的权位辞让给更有才德的人。显然，孔子的礼让观内含着一种政权开放的理念，唯有基于这样一种理念，我们才能真正理解孔子何以会对“三以天下让”的泰伯的“至德”（《论语·泰伯》）称扬赞美备至；也唯有基于这样一种理念，我们才能真正理解孔子何以会激烈批评人君世主的无道，并鄙视“今之从政者”只不过是一些“何足算也”的“斗筲之人”（《论语·子路》）而已，乃至明确提出有才德者可居人君之位的理念，如言“雍也可使南面”（《论语·雍也》），即不然，统治者亦当“举贤才”而任用有德行和才干的士人君子来治政临民。反之，士人君子的乐于参与政治亦不过是为了践行仁爱、担当道义、造福大众而已，绝不是为了占有权位、把持政权、获取个人的功名利禄。

三是，孔子所开创的看待世界和人类政治事务的新方式，还体现在他对君与民、统治者与被统治者之间的关系作了重新定位，并明确区分了两种治国理民的方式上。关于君与民、统治者与被统治者之间的关系，在春秋人的意识中占据主导地位的是这样一种流行的观念，即诸侯国君和执政国卿为“民之主”，而身为“民主”或“民之主”者，不可“语偷”（《左传·襄公二十二年》《左传·文公十七年》《左传·襄公三十一年》），应“不忘恭敬”（《左传·宣公二年》），应“谋不失利，以卫社稷”（《左传·宣公十五年》），应“养民如子”、不绝民望（参见《左传·襄公十四年》），应“能用善人”（《左传·昭公五年》）等。而在治国理民的问题上，则基本上采取德政刑罚并重的观念，如“君子谓郑庄公‘失政刑矣。政以治民，刑以正邪。既无德政，又无威刑，是以及邪’”（《左传·隐公十一年》），反之，“德以施惠，刑以正邪……民生厚而德正”（《左传·成公十六年》）。从春秋人“民主”观念和德政思想上来看，权力合法性和统治者责任的观念无疑已成为当时人政治关切的一个核心问题。相对来讲，孔子从未使用过“民主”或“民之主”的概念，但他通过对君与民、统治者与被统治者之间关系的重新定位与两种不同性质的治国理民方式的明确区分，大大深化了权力合法性和统治者责任的观念。在宗法世袭性的等级社会与政治体制中，人的身份地位乃是由血缘、出身等先天的禀赋决定的，因此，君与民、统治者与被统治者之间也主要是由这种先赋性决定的主奴性质的支配与服从关系，而且这种主奴式的支配与服从的关系可以说是绝对的和无条件的。然而，在孔子看来，还存在着另一种统治与服从的关系，它是相对的和有条件的，也就是说，人民之所以服从君主或执政当权者的统治主要取决于统治者自身是否立身正直而有才德，取决于统治者自身的政治行为、统治方式与举措是否得当，或是否合乎人民的需要。正因为如此，孔子主张，应在两种不同性质的治国理民的方式之间作出明确的区分，即一种是运用刑罚和强制性的行政命令的控制手段使人民被迫屈服，一种是通过礼义引导和道德教化的劝服方式使人民自觉感化，比较而言，后者比前者更为根本和优越，因此，孔子明确反对晋国铸刑鼎的做法，致力于按照自己的理想探索另一条经世治国之道。而且，孔子认为，礼义的引导和道德的教化要想发挥应有的感化作用，必须依靠对人民羞耻感和自觉心的循循善诱，慢慢地启发和养成，而不可急功近利地依靠外在强加的强制性嵌入的认知方式来使之奏效，故曰“民可使由之，不可使知之”（《论语·泰伯》）。

三、孔子士人君子之学的历史意义

孔子可以说开创了一种“关切政治”的儒家式的士人传统，正如杜维明先生所说，儒家士人一定关切政治，虽然不一定从政，但必须关切，完全不关切政治的儒家是不可想象的，然而，关切政治却并不意味着一定要出仕从政。因此，当有人问孔子“子奚不为政”时，孔子明确地回答说：“《书》云：‘孝乎惟孝，友于兄弟，施于有政。’是亦为政，奚其为为政？”（《论语·为政》）问者所谓“为政”的意思显然是指“出仕为官”而从事某一项具体的政事职务，然而，孔子并不认为“为政”的观念可以被限定在“出仕为官”之一途。依孔子之见，“政”之为“政”，乃为人道中一端，或者说，政治是从属于伦理的，相对于“出仕为官”，孔子更重视伦理观念或道德规范的维持、遵守和传播的问题，因此，在孔子看来，能够使孝悌友爱之道在实际的社会政治生活中发挥应有的作用或影响本身即是“为政”。据此推言，作为一个士人君子，即使只是以一种“学者”或“人师”的身份，只要自觉地肩负起宣传以孝悌之道为核心的伦理观念，担当起道德教化、传播人道理念之责，他所从事的便正是一种最具价值而有意义的政治事业，而不是像一般人所认为的那样，为了占有或获取某种世俗的权位或功名利禄而汲汲于仕进的成功才叫作“为政”或“从政”。这样一种区别于“入仕为官”意义上的“为政”观念，对于我们理解孔子的政治理念来讲具有至关重要的决定性意义。尽管从理论上讲，德与位、道与势的结合将会使孔子和儒家修己化人之道的具体落实处于更为有利的地位，或者能够使之发挥更广泛而强大的社会政治效应，然而，考虑到现实境遇或客观条件的限制，孔子并没有将士人君子应具备的济世安民的入世精神和关切政治的公共情怀简单地等同于“入仕为官”，这一点之所以至关重要，就在于它为士人君子保留了这样一种行动的可能空间，即在与仕途或权位保持一定的适当距离的前提下，维持自身相对独立的道德人格，批评性地审视和反思社会政治的现实状况与实际问题，乃至根据自身抱持的公共性的道义信念和价值准则采取必要的行动，并自主性发挥自身的社会政治影响。因此，尽管孔子并不完全拒绝或排斥“入仕为官”，但他更为关切的是“不患无位，患所以立”（《论语・里仁》），并格外强调“入仕为官”应以不违背道义为前提条件，正所谓“邦有道，谷；邦无道，谷，耻也”（《论语・宪问》）。而孔子本人，则正如后来孟子所言，“可以仕则仕，可以止则止，可以久则久，可以速则速”（《孟子・公孙丑上》），而一切依乎道义为准的。

孔子正是以上述看待世界和人类政治事务的新方式来讲学立教的，此新方式亦可以说是士人君子应具备的新眼界、新视野，是士人君子之学的题中应有之义。在“周文疲弊”“天下无道”的混乱时局下，孔子的士人君子之学通过对统治与服从关系的重新定位和对德礼与刑政的明确区分，为时人提供了一种可选择的政治纲领与救世方案，它既不同于郑国执政子产“铸刑书”（《左传·昭公六年》）和晋国大夫赵鞅“铸刑鼎”（《左传·昭公二十九年》）而欲以刑治民来“救世”的思维理路，也不同于道家老子“贵柔”而欲以道（自然法则）化世的思维理路，而是一种以贤德之士人君子为治体和以仁爱、礼治、德教为本位的人道政治观的思维理路。富有贤德的士人君子在圣与王分离、理想与现实背反的时代生活环境下，遵循人道政治观的理念，既关切政治而采取积极入世的参与行动，而又淡泊名利而与仕进利途保持一定的距离，这就是孔子的士人君子之学为我们所揭橥或开启的一种具有深远历史影响的“士人传统”和具有独特意涵的“士人政治”的理念，它无疑对宗法世袭性的等级权力结构及其社会控制和运行的机制构成了强有力的挑战和冲击。

更为重要的是，孔子不仅在教育思想和人格修养的理念上主张以培养和追求士人君子的理想为根本宗旨和目标，而且他本人亦的确为他的同时代人及后世的中国人树立了一种卓越的士人君子的人格典范。诚如美国著名汉学家狄百瑞所说：“《论语》的魅力之所以经久不衰，并不在于它阐释了一套哲学或者思想体系，而是在于它通过孔子展现了一个动人的君子形象。”[①] 然而，孔子的这一形象在政治上却也常常遭人误解或误读，如韦政通先生所言，“根据《论语》，我们知道孔子的确热衷于仕途，总希望有人用他，以实现他德治与文治的理想，而这方面却是最失败的”，这往往被认为是孔子“无成就可言”，然而，“事实上恰恰相反，孔子是因坚持以道自任和‘士志于道’的理想，才使他无法被时君所用，才使他四处碰壁，甚至有时候连生活都过得很凄惨，但他并未因此而丧失热情与自信。正因为他对自己理想的坚持，才为中国文化建立起一个用世不用世并不能决定人格价值及其历史地位的新标准，因而开启了一个人可以不用世，仍然可以有人生奋斗的目标，仍然可以有伟大的理想，仍然可以赋予人生以丰

①[美]狄百瑞：《儒家的困境》，黄水婴译，北京大学出版社2009年版，第34页。

富的意义，仍然可以享有历史崇高地位的士人传统”[①]。正是由于孔子的士人君子之学在长期的历史进程中凝聚、形成了一种具有深厚人文根基和强大影响力的“士人传统”，所以有的学者在厘定和确认孔子的独特地位和历史贡献时才会格外强调孔子的出现带来了一种“教”与“政”、道统与政统、伦理权力与政治权力的“分离”，当然，“分离”只能是相对而言的，在理想诉求的层面，孔子儒家总是怀抱着一种将两者结合在一起的目标期望，然而，又正是维持两者之间相对的“分际”，才使孔子儒家的士人君子之学具有一种不容混同、化简为一种利禄仕途之学的特有的理想含义和独特的人格魅力，诸如应保持和拥有“匹夫不可夺志”的独立人格意志和“富贵不能淫，贫贱不能移，威武不能屈”的大丈夫气概，追求实现立德、立功、立言的“三不朽”的价值目标，以杀身成仁、舍生取义作为自己的人生信念，以天下兴亡、道义担当为己任，胸怀修齐治平、经世济民的政治抱负和关切民生、忧国忧民的政治情怀等。

（本文原载刘续兵主编《孔子文化与中国道路——孔子研究院“春秋讲坛”学术讲演录》，山东友谊出版社2015年版，后收入《道义、权力与政治》一书，学习出版社2017年版）

① 韦政通：《中国思想传统的创造转化——韦政通自选集》，云南人民出版社2002年版，第53页。

修己以安民：人的需要与孔子儒家修己安民之道的深层意蕴

一、孔子儒家之“学”与人的需要

孔子儒家之“学”，可以说关乎三个紧密相关的重要的意义维度或思想主题，一是个体生命之德性修养，二是人与人相与相交的关系性或伦理性，三是社会生命之民生安乐。夫子答子路之“问君子”而曰“修己以敬”“修己以安人”“修己以安百姓”（《论语・宪问》），最足以明此。简言之，孔子儒家之“学”，不外是一种修己安民的君子之学而已。从政治学的意义上讲，亦可以说是一种以君子为治体（政治主体或治理主体）的修己治人或经世济民的道德政治学。

对此，我们可从两个方面来理解：一方面，在孔子儒家道德政治学的意义上，所谓政治乃是指一种符合道德的理想政治，此种性质的政治既不同于道家意义上的顺乎自然或完全放任的无为政治，更迥异于法家意义上的以强权暴力或阴谋法术对臣民进行胁迫或加以操控的权力政治或专制统治，而是一种以道德或合乎人道（仁义道德）的方式来施政治民的政治，故孔子儒家汲汲于昌言“为政以德”“以人治人”“政者正也”“修身为本”；另一方面，孔子儒家亦深望于通过政治的途径，以养教为方法，在富民的基础上推行道德教化，以塑造社会的良风美俗，引领人类社群实现美好伦理生活、增进民生福祉，达到提升人民美善品行或道德品格教养的“化人”目的。

正唯如此，故在孔子儒家心目中，理想的政治关系，即治民者与受治的人民之间的关系，理应是一种“彼此互以人相待”的教化关系。诚如梁漱溟先生所说：“人是富有感情的动物，人对人问题正是发生在彼此照顾到对方感情意志之时。只当此时方是彼此互以人相待而非同乎对待一物。假如以强迫手段或欺骗手段达成我的意志，却置对方心情于不顾，那便不在人对人问题范围之内了。”[①] 在我们看来，将理想的政治关系看作一种“人对人”的教化关系问题，可以说是孔子儒家在政治思想上一项绝大的理论贡献。而我们也唯有从梁漱溟所谓“彼此互以人相待”的“关系本位”的角度，才能更好地理解孔子儒家君子之学及其修己安民之道的具体内涵与深层意蕴。

君子欲莅民而治之教之，则“不可以不知民之性而达诸民之情”（《孔子家语·入官》）。这是孔子儒家提出的一项根本政治理念。那么，君子如何才能做到这一点呢？依孔子儒家之见，君子要修身正己，就应首先“自己了解自己，自己对自己有办法”，然后君子才能推己及人地了解他人乃至全体人类，从而“知民之性而达诸民之情”，诚如梁漱溟所说，“我们想认识人类，人是怎么回事，一定要从认识自己入手”，“只有深彻地了解自己”，才能“以我度他”、了解他人，乃至“才能了解人类”[②]。由此我们当不难理解，孔子儒家何以一方面汲汲

① 梁漱溟：《东方学术概观》，见《梁漱溟先生论儒佛道》，广西师范大学出版社2004年版，第65页。

② 梁漱溟：《孔子学说之重光》，见《梁漱溟先生论儒佛道》，广西师范大学出版社2004年版，第7—9页。

于“反省自求”而切己修德，而另一方面则又立志为政而以德化民了。这是从自己反省、认识和了解自己乃至“自己对自己有办法”开始做起，然后再以己度人，以自己对自己的了解和办法来了解和对待他人，乃至更进一步运用于政治实践。自己了解自己何以为人，故亦应以所了解何以为人者待人，此正是孔子儒家君子之学及其修己安民之道的真谛与要义所在。

不过，为了更好地理解孔子儒家君子之学与修己安民之道的深层意蕴，我们有必要从一个新的视角来重新审视和解读孔子儒家之学“彼此互以人相待”之人道观念的实质意涵。梁漱溟尝言，“人世间不拘何物，要皆应于需要而有”，学术如此，宗教如此，文化如此，而莫不“应乎人生何种需要而来”①。又说：“言乎学术所由产生以至其发展流播广远，似端在其应付人类生活需要；即是说：人生有什么问题便产生什么学术。”② 正是从生活需要的角度，古今学者有从“儒”字的构造及其含义入手，将儒家之学解释为“人需”之学者。如宋儒詹初在其《流塘集》中曰：“儒者，人之需也。上焉君需之，下焉民需之。前圣需之以继，后学需之以开。故其道大，其任重。”（《宋元学案》卷六十三《勉斋学案》）而现代学者如谢扶雅亦曾说：中国人的思想“着重于人世的实际生活”，“‘儒’底思想即为应此需要而生。儒字从人从需，言其为适应人的需要”③。金耀基则接着谢氏之说而言道：“儒家之学所以能一脉相传，千秋不斩者，说者大部归之于汉武董生之尊孔崇儒，实则最根本的还是因儒家之学说乃最合乎人性需要之故，儒家从‘人’从‘需’，言其为人性的，而又合乎需要的。”④ 上述说法虽于人性需要讲得不那么具体明确，但信而不诬，确能带给我们一种重要的

---

① 梁漱溟：《儒佛异同论》，见《梁漱溟先生论儒佛道》，广西师范大学出版社2004年版，第82页。

② 梁漱溟：《东方学术概观》，见《梁漱溟先生论儒佛道》，广西师范大学出版社2004年版，第26页。

③ 谢扶雅：《中国政治思想史纲》，台湾正中书局1954年版，第180页。

④ 金耀基：《中国民本思想史》，法律出版社2008年版，第2—3页。

启示，即应从适应人的需要或合乎人性需要的角度来重新审视和思考孔子儒家之学的本质义涵，特别是其君子之学与修己安民之道的深层意蕴。

二、心理学与孔子儒家之“学”的重光

如果说儒家之学适应人世实际生活或人的需要而生，是最合乎人性需要的学说，那么，所适应的究竟是指一种什么样的人世实际生活或人的需要，以及最合乎一种什么样的人性需要？要想正确地回答究竟什么样的需要才最合乎人性需要这一问题，我们非对人类心理有科学而透彻的了解和认识不可。

如所周知，梁漱溟曾经努力于“孔子学说之重光”这一工作，即“对于孔子学说的重新认识，把晦暗的孔子重新发扬光大，重新透露其真面目”，他亦郑重指出，这一工作需要两面功夫，一是“对于中国的古籍，或关于孔子的书，要有方法的作一番整理功夫”，二是“心理学的功夫”，即“从现代科学路子，研究生物学、生理学、心理学，这样追求上去，对人类心理有一个认识；认识了人到底是怎么回事，然后才能发挥孔子的思想”[①]。关于后一种功夫，梁漱溟指出：

> 如无这面功夫，则孔子思想得不到发挥。因为孔子学说原是从他对人类心理的一种认识而来。孔子认识了人，才讲出许多关于人的道理。他说了许多话都是关于人事的，或人类行为的；那些话，如果里面有道理，一定包含对于人类心理的认识。对于人类心理的认识，是他一切话与一切道理的最后根据。所以心理学的研究是重新认识孔子学说，重新发挥孔子思想，顶必要的一面功夫。[②]

“对于人类心理的认识，是他一切话与一切道理的最后根据”，梁漱溟此言

---

① 梁漱溟：《孔子学说之重光》，见《梁漱溟先生论儒佛道》，广西师范大学出版社2004年版，第3—4页。

② 梁漱溟：《孔子学说之重光》，见《梁漱溟先生论儒佛道》，广西师范大学出版社2004年版，第4页。

真可谓一语中的，道明了我们今天“重新认识孔子学说，重新发挥孔子思想”最关紧要的努力方向。毕竟孔子已然“必不能是传统的传下来”了，仅仅是半通不通地寻章摘句、诠解文义、“敷陈旧说”，是不可能真正“把晦暗的孔子重新发扬光大”[①]的。正如致力于“要从一种当代道德哲学之高标准出发”，以严谨态度来讨论“中国轴心时期的伦理学”的德国学者罗哲海所说：“古代中国思想家站在他们那个时代的顶峰”，因此今人的研究“至少应该竭力以尖端的论述模式来处理他们的思想，给予其应有的地位——这也包括了评价与批判”，“若非如此，就等于轻率地对待古人，而无视他们对于公正和真理的要求”[②]。有鉴于此，作为一种初步的尝试，我们也最好能从一种现代心理学的理论视角出发，来重新思考和审视孔子儒家的心理学及其对于教育、伦理和政治诸领域而言所具有的应用价值和潜在深层意蕴。

他山之石，可以攻玉。西方现代心理学流派中的第三思潮，或人本主义心理学，特别是马斯洛的人类动机和需要层次理论及其自我实现学说，对于我们系统揭示和深入阐述孔子儒家有关人类心理的认识来讲，可以说是极为有益而深富启发性的借鉴和参照意义的。换言之，孔子儒家之“学”的重光，在今天实有必要借鉴和参照美国人本主义心理学家马斯洛有关人类动机和需要层次理论及其自我实现学说的成熟理论视野，来对孔子儒家经典文献中“其潜能永远不会耗尽”[③]的心理学深层意蕴予以揭示和展现。

① 梁漱溟：《孔子学说之重光》，见《梁漱溟先生论儒佛道》，广西师范大学出版社2004年版，第3—4页。

②［德］罗哲海：《轴心时期的儒家伦理》，陈咏明、瞿德瑜译，大象出版社2009年版，第8页。

③［德］罗哲海：《轴心时期的儒家伦理》，陈咏明、瞿德瑜译，大象出版社2009年版，第7页。

三、人本主义心理学视野下的孔子儒家君子之学与修己安民之道的深层意蕴

作为西方现代心理学一大流派，弗洛伊德的精神分析学主要关注和研究神经症和精神病患者，特别是人的潜意识或无意识对于人行为的影响问题。[①]而另一大流派即行为主义心理学则主要关注和研究平常人以及外在环境对人行为的决定性影响。[②]在马斯洛看来，这两种心理学流派的研究虽然各有其价值，却是不够的，因为“要了解精神不健全的人，我们应该首先了解精神健全的人”，而“一种综合性的行为理论必须既包括行为的内在的、固有的决定因素，又包括外在的、环境的决定因素”，因此，马斯洛关注和研究的主要是精神健康或心理成熟的人，从“人的感情、欲望、希求和理想”的角度来“理解他们的行为”，并特别关注和研究人类中那些格外健全成熟的人，即“不断发展的少数”或自我实现的人。[③]

（一）人本主义心理学及其相关理论

马斯洛致力于发展和建立一种更为综合性的人类行为与动机理论。在《动机与人格》一书中，马斯洛致力于把个人作为“一个一体化的、有组织的整体”来加以研究，并将人的基本需要区分为生理、安全、归属和爱、尊重和自尊以及自我实现等几个不同的层次。[④]前几种属于因缺乏或匮乏而产生的基本需要，而自我实现的需要则属于“超越性动机”意义上的对于日常生活中的真、善、

① 参见［美］弗兰克·戈布尔：《第三思潮：马斯洛心理学》，吕明、陈红雯译，上海译文出版社1987年版，第3—4页。

② 参见［美］弗兰克·戈布尔：《第三思潮：马斯洛心理学》，吕明、陈红雯译，上海译文出版社1987年版，第7页。

③ 参见［美］弗兰克·戈布尔：《第三思潮：马斯洛心理学》，吕明、陈红雯译，上海译文出版社1987年版，第19页。

④ 参见［美］亚伯拉罕·马斯洛：《动机与人格》，许金声译，中国人民大学出版社2012年版，第3、19—29页。

美、真理和正义等存在性价值的基本需要。所有这些人类的基本需要构成一种“相对的优势层次体系”，“总有一些需要更为紧迫，更为重要，应优先予以解决”，由是观之，所谓“优势层次顺序”也就是“需要满足的紧迫性和严重性的排列顺序”①。一般而言，只有在前一层次或低一层级的需要得到满足后，后一层次或高一层级的需要才会出现。比如，“人的需要中最基本、最强烈、最明显的一种，就是对生存的需求”，它包括空气、水、食物、住所、睡眠和性生活等，“只要这一需求还未得到满足，他就会无视或把所有其他的需求都推到后面去”②。依此类推，只有在因匮乏而产生的基本需要得到满足之后，一种更高层级的全新需要即自我实现的需要也才会出现。

依马斯洛之见，“一个人行为不善，是因为他的基本需要被剥夺才做出的反应”③。换言之，“心理变态者就是各种需要被剥夺殆尽的那种人”，他们“没有良知，没有内疚，没有羞耻，也不爱他人”，“他们没有任何禁忌、约束，所以便为所欲为”④。说到底，“基本需要受到挫折会造成心理变态；基本需要得到满足，无论从心理上说还是从生理上说，都会使人变得健康”⑤。由于“人们越是理解自己的动机、需要、欲望和心理障碍，他们就越能解决自己生活中的问题”，“人们越是了解自己，他们解决人生问题就越加容易”，因此，成功的心理治疗应能“帮助患者明察事物，了解自身，认识现实”，“帮助人们发现更好的行为、

---

①[美]马斯洛：《洞察未来》，[美]爱德华·霍夫曼编、许金声译，华夏出版社2004年版，第269、248页。

②[美]弗兰克·戈布尔：《第三思潮：马斯洛心理学》，吕明、陈红雯译，上海译文出版社1987年版，第40页。

③[美]弗兰克·戈布尔：《第三思潮：马斯洛心理学》，吕明、陈红雯译，上海译文出版社1987年版，第59页。

④[美]弗兰克·戈布尔：《第三思潮：马斯洛心理学》，吕明、陈红雯译，上海译文出版社1987年版，第85页。

⑤[美]弗兰克·戈布尔：《第三思潮：马斯洛心理学》，吕明、陈红雯译，上海译文出版社1987年版，第55页。

思想及与人交往的方式”，“帮助个人提高满足其基本需要的能力，从而使他走上自我实现的道路”①。当然，还必须强调指出的是，“满足合理需要与满足病态需要之间有着重大区别”，合理需要就是指人天性中固有的基本需要，而病态需要则是指那种“无法控制的、固执的、强迫的、无理性的”需要，满足前者可以使一个人变得健康，而满足后者却不会，满足病态需要既“不会带来真正的快乐，只会有暂时的轻松而已”，也“不会使人有所发展，相反会使他的能力丧失”②。譬如，权力主义者正是出于一种对权力的病态需要而渴望拥有权力，特别是“对人的控制权力”，他们认为权力是指“控制他人的能力”而不是指“驾驭问题和事务的能力”，他们“总是认为其他人都是供他使用的工具，是达到目的的手段，应该剥削的对象，或者棋盘上的棋子”③。

马斯洛关于人的动机理论中，一个非常重要的方面就是对于自我实现者的研究。而所谓“自我实现”，“它指的是人对于自我发挥和自我完成的欲望，也就是一种使人的潜力得以实现的倾向”，而且，“这种倾向可以说成是一个人越来越成为独特的那个人，成为他所能够成为的一切”④。当一个人的安全、归属、爱和尊重等基本需要得到充分满足之后，自我实现的需要就出现了，而且，“向自我实现的发展”既是自然的，也是必要的，这是一个人“天赋、能力、创造力、智慧以及性格的不断发展”，或“越来越高的心理要求不断得到满足的过程”⑤。比较而言，“普通人的动机来自于缺乏——他力图满足自己对安全、归

①[美]弗兰克·戈布尔：《第三思潮：马斯洛心理学》，吕明、陈红雯译，上海译文出版社1987年版，第92、93、94页。

②[美]弗兰克·戈布尔：《第三思潮：马斯洛心理学》，吕明、陈红雯译，上海译文出版社1987年版，第84页。

③[美]马斯洛：《洞察未来》，[美]爱德华·霍夫曼编、许金声译，华夏出版社2004年版，第65、68页。

④[美]亚伯拉罕·马斯洛：《动机与人格》，许金声译，中国人民大学出版社2012年版，第29页。

⑤[美]弗兰克·戈布尔：《第三思潮：马斯洛心理学》，吕明、陈红雯译，上海译文出版社1987年版，第64页。

属、爱、尊敬、自尊等的基本需要”，而只有少数杰出人物或格外健全成熟的人的动机“主要来自于自我实现的欲望”，即“主要来自于他对发展、实现的潜力及能力的需要”①。匮乏性需求或基本需要“是肯定可以得到满足的”，满足得过多了会使人厌烦，而超越性或成长性需求亦即自我实现的需要与之有着很大差异，“你决不会厌烦成长，永远不会”②。总之，自我实现的人是不断追求实现和充分发挥个人独一无二的天赋、创造力、潜能和个性的“充分人性”的人，他们是“人类最好的范例”，是“不断发展的一小部分人”的、“最优秀的人”的代表。③

除了以上，还有需要特别强调指出的几点是：第一，人本主义心理学重点关注和研究人类中的优秀者及其健康心理特点，但这并不意味着它就无视人的病态心理与犯罪行为。一方面它认为人的病态心理与犯罪行为主要是由于人的基本需要未得到合理满足而造成的，乃至一个人成长和发展的需要被剥夺或得不到满足也会导致感情上的疾病即“超越性病态”；另一方面则强调“每个人出生时并不是社会可以任意塑造的一团陶土，而是已经具备了一种结构，社会可以扭曲它，压制它，也可以在这种结构上进行建设”④。第二，正因为上述对人性的看法和观点，人本主义心理学还同时强调和重视一种外部环境或先决条件对于基本需要和高级需要的满足与实现所具有的必要性和重要性意义，“它们包括自由、正义、秩序等等”⑤。换言之，一种“良好的环境条件”主要是指“有

①[美]弗兰克·戈布尔：《第三思潮：马斯洛心理学》，吕明、陈红雯译，上海译文出版社1987年版，第33页。

②[美]马斯洛：《洞察未来》，[美]爱德华·霍夫曼编、许金声译，华夏出版社2004年版，第85页。

③参见[美]弗兰克·戈布尔：《第三思潮：马斯洛心理学》，吕明、陈红雯译，上海译文出版社1987年版，第26、24、99页。

④[美]马斯洛：《洞察未来》，[美]爱德华·霍夫曼编、许金声译，华夏出版社2004年版，第205页。

⑤[美]弗兰克·戈布尔：《第三思潮：马斯洛心理学》，吕明、陈红雯译，上海译文出版社1987年版，第114页。

利于促进自我实现的在自然、社会以及生理等诸多方面的条件”。依马斯洛之见，“社会因素是不可避免地与心理因素交织在一起的”，其原因就在于，“基本需要的满足必须以人际关系、各种亚群体以及更广泛的社会环境为基础”。职是之故，一种“良性社会”也就构成了人类基本需要满足的良好的环境条件，而所谓“良性社会”则可以被定义为“能够满足社会成员基本需要的社会”，或者是“能够为社会成员提供自我实现的条件的社会”。正因为如此，人本心理学并不认为人本质上就是善的，而是认为“只有在一定的条件下，人性才表现为善。在恶劣的环境条件下，人们更容易表现出心理病态和丑恶行为”，或者“只是认为人性在某些条件下可以是善的，并且力图说明具体需要哪些条件”。[①] 第三，作为一种个体心理学，人本主义心理学既可直接用于个人的心理治疗，同时也在教育、管理和政治等诸多领域具有重要的应用价值。马斯洛格外赞赏、推崇并深受道家思想的影响，他认为心理医生应是“道家式的帮助者”，“有效的心理咨询和心理治疗应该是道家式的”，“它不去侵犯，也不去干涉，更不是要进行重塑、校正和灌输”，“努力使人们按照自己的方式活得更健康，更加充实”，或者“只是帮助他人发现自己并自由成长，让人们按照自己的方式实现自我的价值”[②]。在教育领域，人本主义心理学奉行这样的教育哲学，即“关于如何帮助人们成为他们能够成为并深深需要成为的人的理论”[③]，“这种教育将更强调人的潜力之发展，尤其是那种成为一个真正的人的潜力；强调理解自己和他人并与他人很好相处；强调满足人的基本需要；强调向自我实现的发展。

① 以上引文见于［美］马斯洛：《洞察未来》，［美］爱德华·霍夫曼编、许金声译，华夏出版社2004年版，第76—77页。

②［美］马斯洛：《洞察未来》，［美］爱德华·霍夫曼编、许金声译，华夏出版社2004年版，第14页。

③［美］弗兰克·戈布尔：《第三思潮：马斯洛心理学》，吕明、陈红雯译，上海译文出版社1987年版，第112页。

这种教育将帮助‘人尽其所能成为最好的人’”①。在管理领域，人本主义心理学反对那种一味强调需要法律、控制和禁令的专制的或极权式的管理形式或领导方式，主张采取一种“对他人有很深的尊重”的民主的态度，马斯洛称之为“道家式的尊重”，“这种尊重允许并鼓励他人去确认自己的偏好和进行自己的选择，(而不是)一味塑造人、支配人、支使人或控制人”②。同时，马斯洛认为，“从自我发展的观点出发，我们还可以说强者身上的民主、同情、爱、尊重以及享受成长的态度会促进弱者的成长与自我实现”，总之，一句话，“人本心理学的基础形成了开明管理、政治和社会变革的基础”③。

(二) 儒家君子之学与修己安民之道的深层意蕴

毋庸讳言，孔子儒家并未直接阐明其自身主张的心理学根据，但在其有关人的概念及其教育、伦理、政治思想中却隐含着许多与人本主义心理学暗合、相通或相近的关于人类心理的认识和看法。我们认为，孔子儒家与人本主义心理学能够首先达成的一个基本共识就是，一个人应首先自我反省，应具有自知之明，乃至应具备充分的自我理解。因为“全人类最本质的需要都是相同的，那么通过自我理解就可以达到对全人类的理解”，而“当一个人理解了自己，他就会懂得自己最根本的需要和动机是什么，并学会以一种能使它们得到满足的方式去行动”，同时，“自我理解也可以帮助一个人去理解别人，同别人相处”④。子曰：“性相近也，习相远也。”“唯上知与下愚不移。”(《论语·阳货》)人的本性是相近的，只是由于受环境条件的影响而导致在行为习惯上产生

①[美]弗兰克·戈布尔:《第三思潮：马斯洛心理学》，吕明、陈红雯译，上海译文出版社1987年版，第76页。

②[美]马斯洛:《洞察未来》，[美]爱德华·霍夫曼编、许金声译，华夏出版社2004年版，第166页。

③[美]马斯洛:《洞察未来》，[美]爱德华·霍夫曼编、许金声译，华夏出版社2004年版，第167页。

④[美]弗兰克·戈布尔:《第三思潮：马斯洛心理学》，吕明、陈红雯译，上海译文出版社1987年版，第68页。

很大的差异，乃至在一定的条件下，一个人或者行善或者为恶。但除了上知和下愚之人不可改变之外，其他绝大多数人我们都是可以通过教育的方式来帮助其“尽其所能成为最好的人”的，或者一个人通过矢志不懈的学习与努力亦能够实现自我成长和发展的人生目标。正唯如此，孔子秉持“有教无类”和“因材施教”的教育理念与原则而广收门徒，致力于培育德行、言语、政事、文学等各方面的优秀人才，并特别注重启发学生自我反省的理性自觉意识，激励他们通过下学上达或个人的自我努力不断发展他们各自的天赋和潜能，从而取得了划时代的辉煌成就。尤有进者，孔子更深切地希望他的学生能够不局限于成就其一才一艺，而是努力成就自我更加充实、丰富和完美的君子品格，实现其修己以安民的更为远大宏伟的人生目标，正所谓“君子不器”（《论语·为政》）。尽管在孔子儒家有关人的品级观念中[①]，还有比君子更加崇高和完美的贤、圣之人，但如果说“自我实现并不是一种终结状态；它是无定时无定量实现你的潜能的过程”的话，那么，在一定意义上可以说，孔子所谓君子就正是这样的自我实现者，是“通过学习而变得更加出色”或更加出类拔萃的自我实现者，“即使永远不可能达到完美，但却能够一直朝着理想目标不懈努力”[②]。马斯洛所说的自我实现者，不仅是指“进行弹钢琴、做手术、吹玻璃等诸如此类能充分实现自己潜能”[③]的自我实现者，更是指具有一种关于天职的使命感和生活的责任感，而能够在日常生活中将真、善、美、真理和正义等存在性价值真正内化于心、外化于行的自我实现者[④]。同样，儒家君子式“笃行信道，自强不息”（《孔

① 如孔子曰：“人有五仪：有庸人，有士，有君子，有贤人，有大圣。”（《荀子·哀公》，又见《大戴礼记》《孔子家语》）

②［美］马斯洛：《洞察未来》，［美］爱德华·霍夫曼编、许金声译，华夏出版社2004年版，第21、13页。

③［美］马斯洛：《洞察未来》，［美］爱德华·霍夫曼编、许金声译，华夏出版社2004年版，第21页。

④ 参见［美］马斯洛：《洞察未来》，［美］爱德华·霍夫曼编、许金声译，华夏出版社2004年版，第82、84页。

子家语·五仪解》）的自我实现者，不仅是指身通六艺而在德行、言语、政事、文学等方面能充分实现自己潜能的自我实现者，更是指具有一种天命在我、以道救世的使命感和责任感，而能够在日常生活中将真、善、美、忠信、仁爱和道义等存在性价值真正内化于心、外化于行的自我实现者。

如果说“人本心理学的研究对象，只是那些渴望生存和发展，希望自己生活得更快乐、更有意义，希望充分发挥自己的潜力，不断完善自己，不断超越自我的人”①的话，孔子儒家所思考和探究的对象其实也正是这样的人。如果说“追求存在价值、美德和心理健康，才是世界上最激动人心的事情”②，或者“人最基本的动机就是出类拔萃”，而且“这是与生俱来的”并会造就一种“伟大的向上的动力”③，那么，孔子教弟子下学而上达的根本目的正是为了激发一个人与生俱来的伟大的向上心，以便使之自觉而努力地追求存在价值、美德、心理健康和出类拔萃的人生目标。对于孔门师徒来讲，这样一种教学实践活动无疑是充满着激动人心的意义和生命力的，如：

> 子曰：“我未见好仁者，恶不仁者。好仁者，无以尚之；恶不仁者，其为仁矣，不使不仁者加乎其身。有能一日用其力于仁矣乎？我未见力不足者。盖有之矣，我未之见也。”（《论语·里仁》）
>
> 子曰：“士志于道，而耻恶衣恶食者，未足与议也。”（《论语·里仁》）
>
> 冉求曰：“非不说子之道，力不足也。”子曰：“力不足者，中道而废。今女画。”（《论语·雍也》）

①［美］马斯洛：《洞察未来》，［美］爱德华·霍夫曼编、许金声译，华夏出版社2004年版，第13页。

②［美］马斯洛：《洞察未来》，［美］爱德华·霍夫曼编、许金声译，华夏出版社2004年版，第90页。

③［美］弗兰克·戈布尔：《第三思潮：马斯洛心理学》，吕明、陈红雯译，上海译文出版社1987年版，第127页。

子曰："学如不及，犹恐失之。"（《论语·泰伯》）

子曰："吾未见好德如好色者也。"（《论语·子罕》）

子曰："譬如为山，未成一篑，止，吾止也；譬如平地，虽覆一篑，进，吾往也。"（《论语·子罕》）

以上均是孔子为指点和激发人之向上心而言。而所谓"向上心"，即如梁漱溟所说，乃是指"不甘于错误的心，即是非之心，好善服善的心，要求公平合理的心，拥护正义的心，知耻要强的心，嫌恶懒散而喜振作的心……总之，于人生利害得失之外，更有向上一念者是"[①]。此所谓"向上心"，实即人本心理学所谓"超越性需求"。这一"超越性需求"显然在孔门弟子中引发了普遍、持久而激动人心的反响。正如颜渊喟然而叹曰："仰之弥高，钻之弥坚。瞻之在前，忽焉在后。夫子循循然善诱人，博我以文，约我以礼，欲罢不能。既竭吾才，如有所立卓尔。虽欲从之，末由也已。"（《论语·子罕》）也正是在此"超越性需求"的驱动下，君子式的自我实现者志道好德、践仁行义而致力于修己以安民，使个人的自我德性修养与社会治理的公共责任有机地统一了起来。

那么，如何才能实现经世安民的公共责任呢？君子式的自我实现者虽然受到"超越性需求"这一高级动机的驱使而显得与众不同，但他们有着一种最为深沉的"吾非斯人之徒与而谁与"（《论语·微子》）的"人类归属感"，对他人乃至最广大的普通老百姓抱持普遍尊重与深切同情的态度。正如人本主义心理学告诉我们的那样："他们与普通人有极大不同，因而很少有人能真正理解他们。可是，这些优秀的人却深深感觉到他们与整个人类的血缘关系。他们能与性格合适的人保持一种友谊，而不管其种族、信仰、阶级、教育、政治信念或肤色。这种接受他人的行为完全跨越了政治、经济、民族的界限。"[②]子曰："人

① 梁漱溟：《中国文化要义》，见中国文化书院学术委员会编：《梁漱溟全集》第三卷，山东人民出版社1990年版，第133页。

②[美]弗兰克·戈布尔：《第三思潮：马斯洛心理学》，吕明、陈红雯译，上海译文出版社1987年版，第33页。

不知而不愠，不亦君子乎？”“不患人之不己知，患不知人也。”（《论语·学而》）这正是自我实现者所应具备的品格。所谓“知人”，用人本主义心理学的语言说，就是懂得或理解人的需要，而且了解人的需要虽有低级与高级的区别，但两者“并不矛盾”，尤其可贵的是，作为“能够辨认并追求自己的更高需要的人”，尽管普通人“很少有人能真正理解他们”，但他们“总是以有利于社会的方式行事”①。正因为如此，“躬行君子”的孔子始终抱着“与其进也，不与其退也”（《论语·述而》）的态度，而乐于与任何人——君主、当权者、贤士大夫、愤世嫉俗的隐者、难与言的互乡之童子等等打交道，其私学教育事业亦跨越政治、经济、阶级、国别、族类等各种界限而向所有人自由开放，盛况空前。

正因为君子式的自我实现者不仅追求自己的“超越性需求”，而且理解普通人的低级的或基本的需要，所以他们在乱世之中立志于行道救世，既不愿像愤世嫉俗的隐者那样选择过一种避世的生活，更对“苛政猛于虎”的现实政治状况感到深恶痛绝。他们对人类伦理生活与政治事务的系统观察与深入思考，使他们深深地懂得只有在忠诚、信赖、友善、尊重、礼敬和仁爱的基础上，才能构筑起最优良的社会人伦关系与人类共同生活。也只有在所有人的生命财产安全、物质生活需要有了基本的保障之后，才能为构筑优良的社会人伦关系与人类共同生活奠定坚实的生存基础或提供必要的先决条件。正因为如此，尽管孔子儒家对自身主张的心理学根据并未直接予以阐明，但他们对于人本主义心理学所谓人的需要层次问题，事实上却有着特殊的敏感或独到的证悟。这一点在孔子有关庶而富之再进而教之的重要政治主张中，在孔、曾师徒有关孝道的阐述与论说中，以及孟、荀有关以养教为本的仁政礼治思想中，均有深切、具体而明确的体现。

孔子所谓庶而富之再进而教之的政治主张，明确表达了这样一种对人民之

①［美］弗兰克·戈布尔：《第三思潮：马斯洛心理学》，吕明、陈红雯译，上海译文出版社1987年版，第112、33、113页。

需要的回应性政治理念，即在人民的生存与安全得到基本保障的基础上，应使人民过上一种富足的生活，在此基础上更须通过一种“道之以德，齐之以礼”（《论语·为政》）的教化方式来提升人民的品格教养与美善之德性。而孔子之所以强调教化的必要，也正印证了人本主义心理学的这样一种看法，即“衣、食、住这些低等需要得到满足并不能保证一个人的发展”[①]。转换成孔门政治学的语言来说，就是人民的生存与安全得到保障以及物质生活的富足需要得到满足，并不能保证人民更高层次需要的满足，人民的精神生活与美好品行也不一定会自然得到提升与发展。

若想提升和发展人们的精神生活与美好品行，最好从培养人民的孝悌忠信之德入手。依孔、曾师徒之见，孝的行为其实是分层次的，能“养”属于低层次的孝行，而能“尊亲”或能“敬而爱之”则属于高层次的孝行，仅仅“能养”即仅仅满足父母衣食方面的低级需要是最基本的，但这是不够的，因为这与养犬马之类的动物其实并没有什么本质的区别。（参见《论语·为政》）因为“子生三年，然后免于父母之怀”，乃至“有三年之爱于其父母”（《论语·阳货》），故子当“学老者爱我而爱老者”[②]。正唯如此，孔门之孝重在爱而敬之或以尊亲为本，故曾子曰：“孝有三：大孝尊亲，其次不辱，其下能养。”（《大戴礼记·曾子大孝》）毫无疑问，孔门之所谓孝道，极易给人一种片面强调子女对父母孝顺的表面印象，但如果我们能从人的需要角度来加以理解的话，就会明白孔、曾师徒的良苦用心。他们强调子女对父母的尊重和爱敬，虽然是从满足父母尊重需要的角度来讲的，但这一要求基于这样一个正常的前提，即父母已完成自己为人父母而养育和慈爱子女的伦理责任。正是基于这一前提，孔、曾之孝道乃转而重在强调子女对父母的孝敬，其实说到底是对子女之责任心的一种培养和

---

①［美］弗兰克·戈布尔：《第三思潮：马斯洛心理学》，吕明、陈红雯译，上海译文出版社1987年版，第69页。

② 伍庸伯口述：《〈礼记·大学篇〉解说》，见《梁漱溟先生论儒佛道》，广西师范大学出版社2004年版，第150页。

教育，他们认为如此而能为构筑整个社会的优良人伦关系和共同生活，奠定一种极富扩展性意义的“互以对方为重”或“尊重对方”[①]而又能满足人们“对于亲密感的渴望”的伦理根基。这与人本主义心理学所持有的这样一种“对于亲密感的渴望是一种恒久的需要”的观点是古今相通的，马斯洛以为要想解决“我们今天面对的一个重要问题”，即“学会如何与人亲密相处，消除人与人之间的隔阂和疏远感”，一种可取而有益的做法就是“现在应该注意把某些类似旧式家庭组织的东西作为一个中心的必要性”，乃至“围绕这个中心，可以‘成扇形展开’各种各样的关系，包括工作关系、熟人关系、同事关系、友谊等等”[②]。而曾子曰：“居处不庄，非孝也；事君不忠，非孝也；莅官不敬，非孝也；朋友不信，非孝也；战阵无勇，非孝也。”（《大戴礼记·曾子大孝》）只要我们愿意转换一下思考问题的视角，从人的需要的角度来重新认识、理解和诠释曾子此言，乃至整个孔子儒家修己安民之道的深层意蕴，那么，我们似不难发现，它与马斯洛的人本主义心理学在道理上实则具有诸多的契合点。

依梁漱溟之见，西、中、印三大不同的文化系统，因应解决某一类人类生存问题或适合于解决某一类人类生存问题之需要而生，本应顺应诸问题（人对物、人对人、人对自己）的解决而依次递进，但中、印两大文化系统却过早地走上了解决人对人和人对自己之问题的文化路向，并因此而具有了“文化早熟”和“理性早启”[③]的特点。其文化的成功与优长之处在此，而其面对西方文化的失败与短劣之处亦在此。作为现代心理学流派的第三思潮，人本主义心理学关注人的基本需要满足与心理健康问题，说到底也主要是解决人对人的关系问题，它

① 梁漱溟：《中国文化要义》，见中国文化书院学术委员会编：《梁漱溟全集》第三卷，山东人民出版社1990年版，第90页。

②［美］马斯洛：《洞察未来》，［美］爱德华·霍夫曼编、许金声译，华夏出版社2004年版，第151、154—155页。

③ 梁漱溟：《中国文化要义》，见中国文化书院学术委员会编：《梁漱溟全集》第三卷，山东人民出版社1990年版，第305页。

的基本需要层次论和自我实现模式具有跨文化和跨历史的意义。综合来讲，我们既可以从跨文化和跨历史的意义上来深度反思和系统阐释孔子儒家式的基本需要层次论和自我实现模式，这对于我们理解孔子儒家伦理政治观念的深层意蕴和治国理政智慧来讲，实具有至关重要的理论与实践意义，与此同时，我们也不能不强调指出，它又的确具有梁漱溟所说的“文化早熟”和“理性早启”的特点。但不管怎样，孔子儒家的伦理本位观念及其修己安民的治国为政之道的核心要义，说到底，最具深意的地方就在于它是对人类不同层次的需要，或人民生活的各种需求与愿望所作出的某种积极的、建设性的回应。正唯如此，孔子儒家修己安民之道的理念才可能在历史上逐渐与社会不同阶层的人产生共鸣，并赢得越来越多的信徒。

（本文与蔡鱼游合写，原载《孔子研究》2024年第1期，原题为《何以修己以安民？——人的需要与孔子儒家修己安民之道的深层意蕴》）

明德亲民:《大学》领袖之道及其领导学意蕴

政治领袖是政治生活中不可或缺的组成部分，不论是王权时代的君主还是当代政党制度下的政治领袖，人们早已习惯并接受政治应该由领袖来领导的观念。那么，什么是“领导”？怎样的“领导”才能实现善治？我们不能将“领导”简化为权力行使或窄化为政治统治，真正的领导是在与被领导者的良性互动过程中成为领导者的，领袖的品质是通过修养及在与被领导者的良性互动过程中展现出来的。中国古代历史拥有丰富的政治实践及政治哲学智慧，其中不乏卓越的领导思想与领导智识，《大学》所揭橥的领导之道迥异于人们习以为常的权力政治下的技术统治方式，而是倡导以人伦人道为核心理念、以上行下效为基本准则、以道德教化为最佳治道的道德政治观念下的领导。

人们对于领导之道的理解差异，本质上来说是在政治哲学观念与领导学基本概念方面存在着分歧，正如孔子儒家常常被现代学者批评为不谙“以处理权力问题为中心”的所谓“政治”之道，比较而言，“只有法家，尤其是韩非，能直捣政治问题的核心，发现了政治的独特领域”，亦即“把政治当做政治看，划道德于政治领域之外”，从而“奠定了中国政治哲学的基础”[①]。法家比儒家更加接近“政治”与“领导”概念的内核吗？显然并非如此。英国著名思想史家伯林说：“政治哲学在本质上是道德哲学”，它的任务就是“审视生活的目的”而不是“研究权力”，政治哲学要在审查社会目标的合理性、实现目标方法的正当性，进而“使人们能理解自己相信的是什么，自己的行动表示什么”[②]。而从伯恩斯对领导学的论述来看，领导绝不是单纯的统治或控制，“变革型领导最终会成为道德的（moral），因为它提升了领导者和被领导者双方的人类行为及道德理想的层次，因此它对双方都会产生一种变革性的影响”[③]。基于上述两种视角，我们需要重新认识、评估与评价孔子儒学对于中国政治哲学与领导学的奠基定向所作出的卓越贡献。儒家追求实现“天下有道”、人类美好生活或人伦关系秩序之优良治理目标，不断探求和追寻能够有效指引人类行为之富有人道意义的道德价值观，离不开政治领袖以修齐治平的《大学》领导之道来推进实现。

一、《大学》“三纲领”：儒家领袖之道的三项基本原则

《大学》开宗明义即揭橥了大学之道的宗旨与原则，即“大学之道，在明明德，在亲民，在止于至善”，这也就是朱子所说的三“纲领”。宋儒解“大学”为“大人之学”[④]，准此，从为学次第上来讲，大学也就是教人学为“大人”的，其宗旨与原则有三：一是彰明其光明之德性或昭明其“至德”于天下[⑤]，二是与人

① 韦政通：《中国思想史》（上），上海书店出版社2003年版，第247页。

②［伊朗］拉明·贾汉贝格鲁：《伯林谈话录》，杨祯钦译，译林出版社2002年版，第42—43页。

③［美］詹姆斯·麦格雷戈·伯恩斯：《领袖》，常健、孙海云等译，中国人民大学出版社2016年版，第12页。

④ 吕大临：《礼记解》，见陈俊民辑校：《蓝田吕氏遗著辑校》，中华书局1993年版，第371页；朱熹：《四书章句集注》，中华书局2011年版，第4页。

⑤ 汉儒郑玄注曰：“明明德，谓在明其至德也。”

民好恶同情而亲如一体，三是追求“止于至善”的美好社会目标。此大学三纲领可谓要言不烦，简明精到地揭橥了儒家极富道德理想主义色彩的“人格本位的政治观”，依张灏先生之见，这一政治观具有两个方面的主要含义：“第一，政治的最终目的不仅仅是一个国家的富强康乐，而是以全人类为对象，建立一个道德的秩序，和谐的社会。儒家思想中所谓的‘天下一家’、‘民胞物与’便是反映这种理想。其次道德理想主义是指一个政治秩序的建立必须从个人修身开始。一个善良的社会是建筑在善良的个人上面的。”[①]张先生的这两点概括，可谓抓住了《大学》“人格本位的政治观”的核心要义。不过，我们仍需对《大学》三纲领以及八条目的具体含义作更进一步深入细致的分析和梳理。

就三纲领而言，第一纲领主要彰显的是一种个体人格的道德主体意识，同时亦可以说是一种关切天下治理的政治主体意识，用现代政治学的术语讲，所谓“明明德”于天下，毋宁说最突出地体现了儒家有关以个体道德人格作为正当性根基来引领和治理天下的“道德领导”（或领袖）的概念。那么，这究竟是一种什么性质的“道德领导”呢？第二纲领所强调的“亲民”则进一步很好地昭示和阐明了这一点，具体而言，所谓“亲民”，也就是《大学》在论述“平天下在治其国者”时所说，“民之所好好之，民之所恶恶之”，意即与人民好恶同情而

① 张灏：《宋明以来儒家经世思想试释》，见《张灏自选集》，上海教育出版社2002年版，第69—70页。

亲如一体[①]。后来,孟子反复强调和申论的“与百姓同之”或“与民同乐”的思想主题(参见《孟子·梁惠王下》)和“所欲与之聚之,所恶勿施”的得民心之道(参见《孟子·离娄上》),与《大学》所谓“亲民”可谓一脉相承,而且议论更显精彩。

孔子儒家常常把这样的治国者或政治领袖人物称为“民之父母”,如果运用现代的领导学语言来表述的话,这也就是美国著名学者伯恩斯所说的,“领导者和被领导者之间不仅存在权力上的关系,而且存在共同的需要、渴望和价值观念的关系”,而且,“道德领导并不是单纯的说教,或信誓旦旦地表明虔信,或是主张社会的顺从”,“道德领导来自于并总是回归于追随者的基本欲求、需要、渴望和价值观念”,亦即“能够产生那种将满足追随者的真正需要的社会变

① 宋儒程子以为:“亲,当作新。”朱子取“新民”之说以注释《大学》,产生了广泛久远的影响。阳明后起,仍坚持“亲民”之说。但认同和采取程朱“新民”之说者仍不乏其人,如船山先生更申论和推衍“新民”之义说:“篇内屡言‘新’,而经传从无有于民言‘亲’者。孟子曰:‘亲亲而仁民。’一本万殊之差,圣学异端之大别也。”(《礼记章句》,见《船山全书》第四册,岳麓书社2011年版,第1469页)笔者仍从“亲民”之旧说,且考之其他经传,其实亦有于民言“亲”者,如《大戴礼记·主言》曰:“上之亲下也如腹心,则下之亲上也如保子之见慈母也。上下之相亲如此,然后令则从,施则行。”此所谓“上下”,实即指君主与人民。同书《哀公问五义》篇曰:“所谓贤人者,好恶与民同情,取舍与民同统,行中矩绳而不伤于本。”另如《孔子家语·入官》论君子临官治民之道曰:“夫临之无抗民之恶,胜之无犯民之言,量之无佼民之辞,养之无扰于其时,爱之无宽于刑法。若此,则身安誉至而民得也。”“君子莅民,不可以不知民之性而达诸民之情。既知其性,又习其情,然后民乃从命矣。”“君子欲言之见信也,莫善乎先虚其内;欲政之速行也,莫善乎以身先之;欲民之速服也,莫善乎以道御之。故虽服必强,自非忠信,则无可以取亲于百姓者矣。内外不相应,则无可以取信于庶民者矣。此治民之至道矣,入官之大统矣。”要而言之,君子临官治民须了解和通晓人民之性情,并与之好恶同情,方能赢得民心而使人们乐于追随从命;而且,唯有虚己谦让、内怀忠信而以身作则,方能取亲于百姓、取信于庶民,亦即赢得人民的亲近和信任。此皆正好可与《大学》所谓“亲民”之义相互发明。

革的领导”[①]。为了更好地理解这一点，避免简单地把领导理解成控制或者统治，避免人们总是将儒家所谓“民之父母”的说法片面地误解为只是对强制—顺从式的家长制权威的一种单纯强调，那么，正如伯恩斯所强调指出的，在负责任的领导与统治或赤裸裸的权力行使之间进行明确而适当区分便是十分必要的，对他人的统治只是一种赤裸裸的权力行使，“领导，不同于赤裸裸的权力行使”，而“是与追随者的需要和目标不可分割的”[②]，亦即真正的领导致力于回归和满足追随者的基本欲求、需要、渴望和价值观念。而且，依据亚伯拉罕·马斯洛的需求层次理论和劳伦斯·科尔伯格的道德发展阶段理论，伯恩斯指出，变革型领导还致力于“将人们从较低的需求和道德发展水平提升到更高的水平”[③]，不仅如此，在与追随者的良性互动关系中，在致力于回应和提升追随者更高层次的道德发展和自我实现需要的同时，变革型领导事实上可以“使领导者和追随者彼此将对方的动机和道德提升到更高的水平”[④]。我认为，这也正是《大学》第三纲领所要表达的真实含义，即希望所有人都能够提升和达到一种“至善”的道德发展和自我实现需要的最高水平层次，唯有如此，才能真正建立一种以家国天下为组织框架的层级分明、均衡协调而又完整一体的人类文明秩序和以全人类为关怀对象的和谐、富足而富有仁道的美好社会。

如果我们对于孔子儒家慈惠以使众、仁义以治国的观念，愿意并能够给以

---

①[美]詹姆斯·麦格雷戈·伯恩斯:《领袖》，常健、孙海云等译，中国人民大学出版社2016年版，《序言：领导危机》，第3页。在此需要指出的是，儒家式“道德领导”可能相对缺乏伯恩斯所说的这样一层意思，即“追随者在回应领导者的过程中，充分了解了可选择的领导者和纲领，从而具有了在这些领导者和纲领中进行选择的能力”。

②[美]詹姆斯·麦格雷戈·伯恩斯:《领袖》，常健、孙海云等译，中国人民大学出版社2016年版，第12页。

③[美]詹姆斯·麦格雷戈·伯恩斯:《领袖》，常健、孙海云等译，中国人民大学出版社2016年版，译者序，第4页。

④[美]詹姆斯·麦格雷戈·伯恩斯:《领袖》，常健、孙海云等译，中国人民大学出版社2016年版，第12页。

无偏见的同情理解并认真领悟其深刻的政治含义的话，那么，我们从中也许正好可以发现一个贯通古今而颠扑不破的领导学原理，如《大学》曰："孝者，所以事君也；弟者，所以事长也；慈者，所以使众也。"紧接着便征引《尚书·康诰》之名言"如保赤子"，并进而曰："心诚求之，虽不中不远矣。未有学养子而后嫁者也！"很明显，在强调孝以事君、悌以事长的同时，《大学》更加凸显了慈以使众的领导理念，其真实含义是说，唯有慈爱的父母才能更好地担负起率领众子弟家人共谋美好而幸福之家庭生活的职责，这一职责要求作为领导者的父母能够养育而保障其子弟家人的基本生存需要，乃至培育、引领和提升其美好而良善的伦理道德品行，使其心智和生活能力乃至整个人格都能够得以健康成长和发展。这也同样适用于一国之君的领导角色和职责要求，即君主慈爱人民应像保育养护婴儿一样。《大学》所谓慈以使众和"如保赤子"的领导理念，也就是伯恩斯的领导学或领袖论所阐发的道德领导理念，即真正的领导必须回归和满足追随者的基本欲求、需要、渴望和价值观念，并进而将追随者从较低的需求和道德发展水平提升到更高的水平，如把基于家庭内部生活所养成的孝、悌、慈诸种特殊化的伦理美德推扩而提升到更加普遍适用的社会性的、仁义化的普世道德的水平。正是在这样一种意义上，作为一家之长的父母、学校中的老师和作为一国之君的政治领袖，其所应担负的道德领导的角色及相应的责任并无实质性的分别。我们之所以将《大学》看作一部儒家领导学的经典著作，也正是因为《大学》系统论述了家长、国君和天子在齐家、治国和平天下过程中所应担负起的领导责任。

二、絜矩之道：基于人民好恶的领袖之道

对政治而言，治国平天下靠的不是虚言伪饰的道德说教，更不是独断专行、贪婪而残暴的权力意志，甚至也不是一己之善良愿望，而是反躬而笃行、真诚而切实的道德行为示范。事实上，道德行为示范也不只是一种态度或行为姿态

的自我宣示，更重要的是要落实在具体而真正能够精准发挥作用、有利于民生福祉和人民道德文明教养提升的建制化的制度安排和保障性的政策措施之上。尽管《大学》作者所极力阐扬的只是一种关系性的“絜矩之道”或原则性的领导学原理，但像孟子所汲汲于倡导和主张的发政施仁应优先照顾和保障鳏寡孤独四类人亦即“天下之穷民而无告者”的基本生活以及制民恒产的仁政理念（参见《孟子·梁惠王》），《礼记·王制》关于治国为政者应建立一种养老恤孤、照顾残疾的社会救济福利制度的政治构想[①]，诸如此类的仁政理念、制度建制和政策设想，无疑应是对《大学》所谓“上老老而民兴孝，上长长而民兴弟，上恤孤而民不倍”的理念的具体落实，或者应是与之前后相承而相互发明的，不难想象，它们应也是为《大学》作者所高度认可和赞许的。

最富有意义的是，《大学》作者基于“絜矩之道”的关系理念，紧接其后所明确揭橥和阐发的是一项可贯通古今而颠扑不破的原则性的领导学原理及其核心理念，即“民之所好好之，民之所恶恶之”和“道得众则得国，失众则失国”。《大学》作者将这样的治国为政者或天下人民的领袖称为“民之父母”，而所谓“民之父母”，如朱子注曰：“言能絜矩而以民心为己心，则是爱民如子，而民爱

① 具体地讲，即“养耆老以致孝，恤孤独以逮不足”，乃至使矜（鳏）寡孤独之民“皆有常饩”，而“喑、聋、跛、躃、断者、侏儒，百工各以其器食之”，意谓应由国家或政府为矜（鳏）寡孤独之民提供经常性的粮食救济，还应收容、供养身有残疾之人，以便让他们自食其力。另如《管子·五辅》曰：“养长老，慈幼孤，恤鳏寡，问疾病，吊祸丧，此谓匡其急。衣冻寒，食饥渴，匡贫窭，赈罢露，资乏绝，此谓赈其穷。”《管子·入国》曰：“入国四旬（巡），五行九惠之教。一曰老老，二曰慈幼，三曰恤孤，四曰养疾，五曰合独，六曰问疾，七曰通穷，八曰振困，九曰接绝。”可见，实行匡急振穷之慈惠性、保障性的政策举措乃是当时思想家所普遍关注的一项政治议题，这无疑是因为他们充分认识到了老弱病残、鳏寡孤独、水旱灾荒和饥寒穷困是人类生存中难以根除或不可避免的不幸现象，而且，这些都是非个人或个别家庭单纯依靠自力就能够解决的生存问题和不幸现象，因此，尽最大努力消除和减轻由此而给人们造成的生活困难，使每一个体和家庭都能过上一种基本生活有保障而有价值的人生或生活，乃是治国为政者的职责所在。

之如父母矣。"[①] 以现代领导学的语词言之，所谓"民之父母"，其实可以说就是关切民生、"一切从人民立场出发"[②] 的领导者，这样的领导者在治国为政时将会与人们的好恶意愿保持高度一致，或者也可以说，是人民的好恶意愿形塑和引领着领导者治国为政的基本政治立场、目标方向和政策举措，而非领导者将自己偏私性的好恶意愿与独断专行的权力意志简单地强加于人民，这才是领导的真义所在。也许"民之父母"的说法在今天已经不再适用，但其所蕴含的领导学的基本原则与核心理念是非常值得我们珍视的。只有遵循这一领导学的基本原则或领袖之道的核心理念，治国为政者才能赢得人民的支持和拥护、敬仰和爱戴，唯有如此，才能维持国家的长治久安和天下的和平安乐。

人民所好所恶者，究竟为何？清初思想家唐甄有言，"凡兹庶民，苟非乱人，亦唯求其所乐，避其所苦"(《潜书・梶政》)而已，换言之，人民之所好亦唯求其所乐，人民之所恶亦唯避其所苦而已，而以今语言之，民之所好而所求之乐，说到底就是对幸福而美好生活的追求与向往，反之，民之所恶而所避之苦，说到底就是对糟糕而不幸生活的厌恶与避免。真正的治国为政的领导者和天下人民的领袖，是乐于与这样的民之好恶意愿保持高度一致，采取和实行一切必要的制度建制和政策措施而尽可能使人民得其所乐而避其所苦，并以此作为自己的基本职责和全力以赴的奋斗目标的。以《大学》作者之见，对这样一种领导者的职责、使命和目标任务，有国者是不可不谨慎而认真对待的，只有履行其应尽的职责、担当起应负的使命、完成好应实现的目标任务，才能将国家治理好，更何况民心向背关乎国家的安危，"若不能絜矩而好恶殉于一己之偏，则身弑国亡，为天下之大戮矣"[③]。

《大学》所论治国平天下的领袖之道的基本要义在于，为人民所普遍向往的

① 朱熹:《四书章句集注》，中华书局2011年版，第11页。

② 伍庸伯口述:《〈礼记・大学篇〉解说》，见梁漱溟等:《梁漱溟先生论儒佛道》，广西师范大学出版社2004年版，第153页。

③ 朱熹:《四书章句集注》，中华书局2011年版，第11页。

幸福而美好生活目标的实现及与之相关的基本需要提供必要而充分的保障。对于深明此道的领导者亦即儒家君子而言，他必须为此而首先审慎地自修其德，亦即注重自身的道德修养与自我提升，故曰：“是故君子先慎乎德。”这是因为，“有德此有人，有人此有土，有土此有财，有财此有用。德者本也，财者末也，外本内末，争民施夺。是故财聚则民散，财散则民聚”。因此，对君子式的领导者而言，道德才是根本，而财用只是末节。如果治国为政者轻根本而重末节，亦即“以德为外，以财为内”，那么，势必会“争斗其民，而施之以劫夺之教也”，然而，“财者人之所同欲，不能絜矩而欲专之，则民亦起而争夺矣”[①]。正因如此，治国为政者汲汲于聚敛财货而藏富于筐箧，那么人民就会离散叛逃；反之，治国为政者能够发散财货而藏富于民，那么人民就会凝聚归往。正如《尚书·康诰》所言：“惟命不于常。”天命是不会永远保持不变的，只有良政善治才能赢得天命，而虐政恶治则会丧失天命。

如何才能使天命得以常保而不坠失呢？至关重要的在于一国之君或治国为政的领导者还要懂得知人善任。《楚书》尝言：“楚国无以为宝，惟善以为宝。”晋人舅犯（晋文公舅父狐偃）亦曾曰：“亡人无以为宝，仁亲以为宝。”对于一个国家或流亡在外的人来说，真正珍贵的东西不是金玉，而是善人，不是权位，而是对父母家人的爱，因为唯有善人才会修德而仁民，唯有爱自己父母家人的人，才会爱他人的父母家人，说到底，唯有修德仁民的善人或能够将“仁亲”之道扩展推及他人的人，才能担负起治理国家并引领天下走向太平大治的领袖职责。当然，真正的领导者并不仅仅是靠个人一己之才智和能力来治国平天下的，而是务须任贤而治，以便同心协力来为人民共谋幸福而美好的生活。所任贤良之人，必须是那种心胸宽广而博大、能够包容他人的人，别人有技艺才能，就好像自己有一样；别人通明贤良，他就发自内心地喜爱这个人，不仅仅是口中说说而已。反之，嫉贤妒能之人，别人有技艺才能，就心生妒忌和厌恶之情；别人通

① 朱熹：《四书章句集注》，中华书局2011年版，第12页。

明贤良，他就排挤压制，使之不能发挥作用。只有任用有容人之量的贤良之人，才能保护子孙和黎民，反之，任用嫉贤妒能之人，不可能保护子孙和黎民，只会使整个国家陷于危险的境地。治国为政而富有仁德的领导者，将会把嫉贤妒能之人流放驱逐到蛮荒之地，不与他们共同生活在作为文明国度、礼义之邦的中国。这就是所谓"唯仁人为能爱人，能恶人"，亦即爱护贤能善良之人，憎恶嫉贤妒能之人。见到贤能善良之人而不能举荐，虽举荐而不能优先任用，这就是对贤人的怠慢；见到嫉贤妒能的不善之人而不能黜退，虽然黜退而不能驱逐到远方，这就是不能黜恶的过失。作为一国之君、治国为政的领导者或天下人民的领袖，偏偏喜爱仁人所憎恶的，憎恶仁人所喜爱的，这就是所谓违背了人之好善恶恶的本性，灾祸必然会降到这样的人身上。因此，治国为政的君子秉持修齐治平的大道，遵循领导之学的基本原则，势必要依靠忠信之德来维持天下国家的治平，骄矜恣肆则会造成天下国家的祸乱。

三、呼唤领导：混乱时代诸子领导之道的价值取向

孔子儒家生活在一个礼崩乐坏、列国纷争而极度衰败的混乱时代，对于他们及其所处的时代而言，正如伯恩斯所说，"一个最为普遍的渴望便是对强有力的富有创造性的领导的渴求"①，换言之，"呼唤领导"或"对领导的召唤"成了他们时代的最为迫切的"基调之一"②。不仅对孔子儒家而言是如此，事实上，对强有力的富有创造性的领导的渴求也正是诸子各家的一种最为普遍的渴望，用中国传统的术语来说，他们所渴求的乃是一种内圣外王式的"领导"，并希望借此来结束列国纷争的现实政治生存状况。然而，我们却不能不谨慎地明

①［美］詹姆斯·麦格雷戈·伯恩斯：《领袖》，常健、孙海云等译，中国人民大学出版社2016年版，《序言：领导危机》，第1页。

②［美］詹姆斯·麦格雷戈·伯恩斯：《领袖》，常健、孙海云等译，中国人民大学出版社2016年版，第380页。

辨区分，诸子各家所渴求的内圣外王式的“领导”，是否就是伯恩斯所说意义上的真正的领导，更确切地讲，亦即那种变革型意义上的道德领导。

比较而言，法家极力主张变法改制，一心一意要对传统封建制宗法政治进行彻底而激进的时代性变革，然而，他们只是希望拥有绝对威权的君主运用赤裸裸的权势、法术和赏罚的手段，利用和操纵人民好利自为的低水平的欲望需求与道德动机来追求实现国家富强的政治目标，这显然不是伯恩斯意义上的真正的领导，而只能说是一种玩弄权术的强权统治，或者只是一种“伪领导”[①]。而道家虽然主张圣人式的领导者应“以百姓心为心”（《老子·第49章》），但道家所理解的“百姓心”或其所欲实现的治理目标只是一种简单而淳朴的婴孩之心或无知无欲的低水平生活欲求状态[②]，因此，道家的圣人式领导者从根本上缺乏提升人民需求动机和道德发展水平、回应和满足人民真正需要的道德意愿。他们不是把人民当作好利自为、自私自利而被利用和操纵的工具与目标，就是想要维持和强化人民“低层次的”、无知无欲的需要，从而同样使人民处于被操纵的地位。[③] 与他们有所不同，墨家似乎想要在回归和满足人民的基本生

① 正如冯友兰先生所说：“把法家思想与法律和审判联系起来，是错误的。用现代的术语说，法家所讲的是组织和领导的理论和方法。谁若想组织人民，充当领袖，谁就会发现法家的理论和实践仍然很有教益，很有用处，但是有一条，就是他一定要愿意走极权主义的路线。”（《中国哲学简史》，涂又光译，北京大学出版社1985年版，第186页）

② 如老子曰：“百姓皆注其耳目，圣人皆孩之。”（《老子·第49章》）又曰：“不尚贤，使民不争；不贵难得之货，使民不为盗；不见可欲，使民心不乱。是以圣人之治，虚其心，实其腹，弱其志，强其骨。常使民无知无欲。使夫智者不敢为也。为无为，则无不治。”（《老子·第3章》）

③ 如伯恩斯所说：“仅仅激发‘低层次的’或人为维持和强化的需要，会使追随者处于被操纵的地位。它对于领导者同样具有严重的后果。实质上，领导者在操纵别人的过程中也操纵着自己。在专注于追随者某个特定的‘低层次’需要时，他们也专注于自己特定的动机，这种特定动机促使他们去唤起追随者（学生、顾客、选民）方面的那种需要。追随者的需要被唤起和满足得越充分，操纵者满足那种需要的动机也就越得到支持并维持得越持久。领导者和被领导者被联结在一起，以共生的方式维持着彼此的‘低层次’需要。”（《领袖》，常健、孙海云等译，中国人民大学出版社2016年版，第385—386页）

存需求的基础上，进而提升人民的需求动机的层次和道德发展的水平，故极力主张尊奉天志仪法的普遍主义原则并大力倡导兼爱主义的道德理想，但也只是希望上天选择聪明圣知贤能者立以为天子，然后再由这位天选的圣人天子通过选贤的方式来建立一套完整的政长系统和刑政制度，来从事一同天下之义的事业，即自上而下地确立统一之义并运用强制性的赏罚手段来迫使人民自下而上地接受、认同和顺从，乃至“唯欲毋与我同，将不可得也”(《墨子·尚同下》)。因此，墨家“尚同”“尚贤”的主张事实上也具有强烈而鲜明的“精英统治”的意味。

儒家也极力主张“尚贤使能”或“尊贤使能”，如孔子认为治国为政应“举贤才”(《论语·子路》)或以君子为治体，孟子更明确主张：“天下有道，小德役大德，小贤役大贤；天下无道，小役大，弱役强。斯二者，天也。顺天者存，逆天者亡。”(《孟子·离娄上》)并说，“尊贤使能，俊杰在位，则天下之士皆悦，而愿立于其朝矣。”(《孟子·公孙丑上》)荀子亦主张：“君人者欲安则莫若平政爱民矣，欲荣则莫若隆礼敬士矣，欲立功名则莫若尚贤使能矣。”(《荀子·王制》)并说，“上好礼义，尚贤使能，无贪利之心，则下亦将綦辞让、致忠信而谨于臣子矣。”(《荀子·君道》)毫无疑问，孔子儒家的贤能观也同样带有一种明显的精英主义色彩，与之相应，人民在政治上则被赋予了一种消极被动的角色地位。然而，与其他各家迥然不同的是，孔子儒家绝不把人民仅仅看作好利自为、自私自利的动物，或者把人民当作被利用的工具而完全置于被操纵的地位，尽管他们亦极端重视民食和财用的问题，因为“民以食为天”或“民之死生寄乎财”，无食则无以养民，无财则无以聚人，但是，他们不仅强调治国为政者应回归和满足人民低层次的利益需求和低水平的基本生存需要，而且最为关切人民真正需要的问题，亦即进一步提升人民的需求动机和道德发展的层次与水平，故一方面主张要“因民之所利而利之”(《论语·尧曰》)或者制民恒产以保障民生(参见《孟子·梁惠王上》)，而另一方面则更强调要富而教之(参见《论语·子路》)，因为“人之有道也，饱食、暖衣、逸居而无教，则近于禽兽”(《孟子·滕文公上》)。所谓“教”，就是在满足人民基本的乃至富足的物质生活需求的基础上，更进一步提升人民的需求动机和道德发展水平或教育引导人民崇德向善，希望人民最终能够过上一种富足而又富有道德文明教养的人类美好生活。而且，虽然孔子儒家亦承认人与人在心智能力和德性修养方面存在着难以避免的个体差异和品级分别，但他们对此并不抱持一种教条式的绝对的静态看法[①]，而是始终坚持一种辩证式的相对的动态看法[②]。为此，孔子儒家深切地赋予君子式的道德精英或圣贤人物一种天然的使命担当，期望他们能够担负起“使先知觉后知，使先觉觉后觉”(《孟子·万章上》)的领袖群伦的职责，发挥其义不容辞的真正的领导的作用。

尽管表面上看来诸子各家似乎都是针对文明社会的这样一种基本结构而作出的某种意识反应，即“文明社会的基本结构，是显赫的少数人拥有财富、地位和知识，广大的人民都沦于寒微、无知和贫穷之中”[③]，但我们必须再次强调指出的是，在先秦诸子各家分殊化和激烈竞争与冲突的各种思想观念和治道理想中，孔子儒家的这样一种“精英领导”理念与其他各家的“精英统治”或“伪领导”理念无疑具有实质性的意义差别，因为孔子儒家的“精英领导”理念意在重建人类文明秩序，即通过教育和劝谏的方式来驯化少数权贵和统治阶级，以及通过“有教无类”的士人教育或对人民实施广泛的道德教化来普遍提升士人精英和广大民众的道德人文教养水平。

---

① 如法家韩非甚至认为，人之智力出自天性，如同寿命一样，是“非所学于人也”的。(参见《韩非子·显学》)

② 如我们在上文中所指出，孔子儒家认为，除了“唯上知与下愚不移”的极少数例外情况，绝大多数人都是可以“学而知之”或“学以致其道”的。

③[美]爱德华·吉本:《全译罗马帝国衰亡史(I)》，席代岳译，北京日报出版社2021年版，第584页。

四、教育与领导：《大学》修齐治平之道的召唤与实践

孔子儒家的领导概念并不仅仅局限于治国平天下的政治领域，它首先被实际运用于的是父子兄弟家人之间培育伦理美德的家庭共同生活领域和师生之间群居讲习以切磋道义和涵养德性的学校教学领域。在我看来，《礼记·学记》（简称《学记》）所论教学之道（道德教育）绝不是一种简单的灌输式的道德说教，而《大学》所谓修齐治平之道（道德领导）也绝不是一种简单的操纵式的统制之术①，因为前者的目的意在化民成俗以便在人民中间能够形成一种良风美俗，而后者的目的亦是要使人民过上一种富有伦理道德意义的美好生活。因此，不论是肩负家庭伦理美德之教养责任的父母家长，还是从事立德树人之道德教育事业的老师，又或者是担当着保障民生和道德领导之职责的治国为政者，都不可能把子女、学生和人民当作好利自为、自私自利而可资利用的工具来对待。基于孔子儒家的仁道理念，教育与领导、修身齐家与治国平天下其实是贯通一致的，甚至是相互渗透而变得几乎不可分割的。因此，《学记》所论教学之道与《大学》所谓修齐治平之道，实则具有一种“相为表里”而可资互相发明的实质关系。

在儒家的思想视域中，无论是师生之间的教学关系（道德教育），还是修齐治平的领导关系（道德领导），都既不能以强制和操纵的方式对待学生和人民，也不能将学生和人民当成工具、当作物来对待，而是要把学生和人民当作人亦即具有各种动机的完整的人来对待，重要的是，教育者在回归和满足学生对于基本的知识技能之需求和渴望的基础上，还应更进一步激发、促进和提升学生道德人格的健康发展，领导者在回归和满足人民基本物质欲求和生存需要的基

---

① 正如严立三先生所说，《大学》“全篇立义，皆所以为君后世卿深切之诰戒，而古今小儒每于此欲为有国有家者探求所以制人之术，岂非悖谬之至乎。……《大学》所视凡长之于人，除以身化导之绝无统制之可能”（《〈礼记·大学篇〉通释》，见梁漱溟等：《梁漱溟先生论儒佛道》，广西师范大学出版社2004年版，第246—247页）。

础上，还应更进一步感召、引领和提高“国民人格”[①]或使人民养成“美善之品性与行为”[②]，而且，这一过程将会使教育者和学生、领导者和人民都能得到提升而成为更好的具有仁义之美德的人，故孔子在教学过程中常常激励和鼓舞学生“见贤思齐”（《论语·里仁》）和“当仁，不让于师”（《论语·卫灵公》），而《大学》作者亦意味深长地强调“未有上好仁而下不好义者也”。不管怎样，孔子儒家深切希望人民能够过上一种财用充足、物质富裕而又富有人道意义或伦理道德之文明教养的美好生活。故孔子儒家之言政治，“以目的言，则政治即道德，道德即政治。以手段言，则政治即教育，教育即政治”[③]。换言之，对于孔子儒家来说，就其目的和方式而言，道德领导与道德教育其实就是一回事。

遗憾的是，无论理想多么美好，也不论理念多么合理，现实是残酷的，面对礼崩乐坏、列国纷争的时代性混乱局面，现实生存的需求动机和实际利益的权衡考量，还是让孔子儒家有关教育与领导的上述理念不得不被蒙上一层厚厚的“见以为迂远而阔于事情”的偏见性尘埃，并为当时普遍流行的急功好利、“以攻伐为贤”（《史记·孟子荀卿列传》）的政治短见所排斥和压制。《大学》作者所倾心描画的家国天下多层级共同体之和平安乐的美好世界图景，以及对于修齐治平之道的富有领导学意义的深刻召唤，犹如空谷足音一样，自然是很难被他的同时代人所乐见愿闻并广泛接受和认同的。秦汉以后，在大一统帝制国家的君主专制体制及其官僚制度架构的支配和控制系统之下，不管是“罢黜百家，尊崇儒术”的两汉之世，还是三教并行的两晋隋唐时代，《学记》所阐明的教学之道的理念和《大学》所揭橥的修齐治平之道的领导理念，事实上也都只能长期处于受冷落的境遇而未引起人们的普遍注意，从而也不可能被人们真正

① 如梁启超先生所言，对孔子儒家来说，提高“国民人格”实为“政治上第一义”（《先秦政治思想史》，东方出版社2012年版，第112、284页）。

② 如萧公权先生所言，对孔子儒家来说，“国家之目的不仅在人民有充裕之衣食，而在其有美善之品性与行为”（《中国政治思想史》，新星出版社2005年版，第44页）。

③ 梁启超：《先秦政治思想史》，东方出版社2012年版，第112页。

地认同、接受、遵循和践行。直到宋代新儒学思潮开始兴起,《大学》才逐渐受到理学家们普遍的高度重视和不遗余力的表章,关于它的义理发明和解说随之层出而不穷,《大学》的修齐治平之道更被广泛地遵循和躬行实践,被运用于身心的修养和家国天下多层级共同体的治平。正如许多学者所指出的那样,这与宋代士大夫普遍高涨的以天下为己任、积极参与国家治理和地方社会秩序建构的政治主体意识是密不可分的,或者是相互加强的!他们兴办书院,自由讲学,教育人才;他们注重修身齐家,精心制定家训家规家范家礼以垂训家人;他们关切敦风俗、美教化和地方社会秩序的建构,积极倡导、组织和推行乡约自治;他们亦入仕从政,不仅格外强调君德的教育和君权的义理规训,而且特别重视政范官箴政德的自觉自律和官员的自我规训;在思想论域和政治生活中,他们尤其热衷于严辨天理人欲、道统异端、君子小人、王霸义利和中国夷狄之分别。可见,他们所关心的问题领域是极为广泛的,涉及个体心性、家庭宗族、地方社群、国家乃至天下等不同层级的问题,显然与《大学》所论列的格物、致知、诚意、正心、修身、齐家、治国、平天下的条目是遥相呼应而密切相关的。他们之所以对于《大学》有关修齐治平之道的召唤作出如此深远而广泛的反响和回应,说到底,其实质意义即在于努力探寻和建构一种具有普世意义的儒家文明秩序,姑且不论其成败得失如何,但有一点是不容否认的,他们的努力确乎是值得后人认真对待而深思的。尤其重要的是,我认为,《大学》所谓修齐治平之道的理论意蕴与实践意义,并未被他们的义理阐发和实际行动所穷竭耗尽。

只要我们能够从根本上正确应对和恰当处理他们在过去一直未曾解决好的一些疑难问题,那么,《大学》所谓修齐治平之道的理论意蕴与实践意义就同样可以被我们真诚的信念和行动重新激活而在我们的时代大放异彩。这些疑难问题包括:第一,如何既坚持儒家人人"以修身为本"的道德理想,而又能避免将家庭、地域、国家和天下之不同规模层级的系统性问题混为一谈而简单地化约为"修身"的个人解决策略?第二,如何既坚持儒家孝悌亲亲之道的可普遍适用化的仁道原则，而又能避免人们在日常生活实践中推扩不出去的现实难题？①第三，如何既坚持儒家“精英领导”的理念，而又能避免将其误解误用作“精英统治”的工具，特别是避免将其意义仅仅限定在一种“帝王之学”的狭窄视野之内？

如果我们能够很好地处理和解决上述疑难问题，而且，不是仅仅从经验性的狭隘视角来看待《大学》所谓家国天下及其修齐治平之道，而是把这些概念看作一种蕴含着意在构建具有普世意义的人类文明秩序的深刻的共同体意识和领导学智慧的召唤性符号，那么，我们便会深受这一召唤性符号的激励和启发，乃至在真正读懂和理解其召唤意蕴的前提下能够以实际的行动重新激活这一召唤，这才是对儒家思想传统之精义真谛或中华优秀传统文化的真正的创造性转化和创新性发展。

（本文由陈林协助整理成文，原载《中国领导科学》2023年第6期，题目为《论〈大学〉领袖之道及其领导学意蕴》）

① 儒家重孝悌亲亲之道，其实有两个向度，一是强调将孝悌亲亲之道普遍适用化地推扩施及于非亲缘关系的陌生他者，二是强调“亲亲之杀”或亲疏有别的礼制规定，前者意在增进社会的普遍友善与和谐，后者意在加强家族亲人之间的凝聚与团结。儒家希望在二者之间维持一种微妙的平衡，以便构建一种等差有序的和谐人伦关系秩序。但二者之间的平衡是脆弱的，在现实生活中，二者的关系一旦失衡，特别是前者一旦为后者所抵消或压制，乃至使狭隘的家庭家族主义占据社会生活中心而居于支配地位，必然会造成社会公德的沦丧和人们对无亲缘关系的陌生他者的普遍冷漠。

化民成俗:《礼记·学记》的教学理念及其政治意义阐释

钱穆先生尝言,“中国传统文化最伟大处就是讲教育”①,这话用于评价孔子儒家是再合适不过了。他们不是汲汲于从事私学教育事业,就是极力昌言富而教之的养民教民事业。劝学兴教,化民成俗,始终是孔子儒家念兹在兹的根本关切与政治志业。当有学者主张儒学在今天只适用于修身齐家的私人生活领域,而应从政治公共领域完全退出的时候,或者有学者打着“政治儒学”的旗号在书斋中杜撰出一种“三院制”(通儒院、国体院、庶民院)的构想,而试图让“通儒”们以统治者的身份重新进入公共权力机关的时候,似乎都遗忘了孔子儒家从事私学教育、关切政治教化事业的根本用心和意旨所在。要而言之,孔子儒家自始便以教育家的身份从事私学教育事业,目的在培养社会政治的领袖人才,即能够领袖群伦而堪为治理主体的士人君子,正唯如此,《礼记·大学》作者极为精要地阐发了一种用以教育和成就“大人”的深富儒家特色的领导学理

① 钱穆:《人生之两面》,见《灵魂与心》,广西师范大学出版社2004年版,第126页。

念和修齐治平的政治智慧；他们也自始便以政治哲学家的角色深切关怀天下国家的治乱兴亡与人民的安乐福祉，重视人民的伦理教化和道德教养，孜孜于劝学兴教以化民成俗，使人民养成“美善之品性与行为”[①]，以期实现良序善治的社会目标，这也正是《礼记·学记》作者所极力要揭示和阐扬的儒家教育政治学的核心要义和基本意旨。[②]综合这两个方面的旨趣，我们才能更好地理解和完整地把握孔子儒家政治哲学的本质特征。就孔子儒家的根本关切的最终指向而言，教与学不仅仅是一项教育事业或仅仅具有教育学的意义而已，它还是儒家君子致力于化民成俗的根本途径或必由之路，从而具有至关重要的政治学意义。《礼记·学记》对此作了极其精练、深刻而独到的集中阐发，对于我们理解儒家的政教理念及其治国为政智慧而言，它无疑是一篇极具典范意义的重要经典文献。本文仅就《礼记·学记》教学理念及其政治意义亦即其教育政治学的意蕴略作阐释，敬请学界方家批评指正。

一、以学为本

如所周知，作为教育家的孔子，其一生志业重在劝学立教，而作为政治家的孔子，亦深切关注以德化民、富而教之的问题。孔子式的私学教育事业有一个鲜明特点，即在因材施教的同时，尤其强调“学”之根本重要性。以学为本，正是儒家教育政治学的第一要义，《学记》对此作了开宗明义且始终一贯的强调。《学记》开篇即明确昌言道：“君子如欲化民成俗，其必由学乎！”依作者

① 萧公权：《中国政治思想史》，新星出版社2005年版，第44页。

② 先儒早已认识到《学记》之旨，实“与《大学》相表里”（任宏点校：《日讲礼记解义》，华龄出版社2012年版，第308页），两者的教义旨趣是统一的，区别在于“《学记》之论，由末以造本；《大学》之论，自本以徂末”（卫湜：《礼记集说》卷九十《学记》，见《景印文渊阁四库全书》第118册，台湾商务印书馆1986年版，第886页），即《大学》着重论述以修身为本的“大人”如何齐家治国平天下的领袖之道，而《学记》则着重论述如何通过教与学来培养足以承当化民易俗、悦近来远之使命的“君子”。

之见，发政谋虑而拟度于法式，招求善良之士以自辅，虽然可以赢得小的声誉，却不足以感动民众；亲近贤德之人，体恤四方利病，虽然可以感动民众，却不足以化民向善。唯有兴立学校，施行教化，才能真正化民成俗，使人民在潜移默化中崇德向善，从而日渐形成一种优良而美好的社会风俗。《学记》的终篇末句又说："三王之祭川也，皆先河而后海，或源也，或委也。此之谓务本。"历史上，三代圣王在祭祀河川之时，都是先祭河然后再祭海，因为河是水流之源头，海是水流之汇聚，"源虽小而必先之，重本也"①，这就是所谓"务本"。换言之，"学"乃"政"之源泉，"政"为"学"之委流。只有学本立，开为政之先河，方能最终化民易俗而达于四海，所谓"君子务本，本立而道生"（《论语·学而》），"其本乱而末治者，否矣"（《礼记·大学》）。

具体而言，《学记》从以下两个方面阐述了"以学为本"的意旨：

首先，学为立身成人之本。孔子儒家的教育学思想以"学以成人"为旨归，所谓"学者学所以为人"②。《学记》作者对人的资性和材质有充分之信任，相信人是可经由"学"而知道义的，反之，"人不学，不知道"，正如"玉不琢，不成器"一样。换言之，即便资质如璞玉，如果不通过学习加以琢磨历练，也成不了大器。更何况，如果禀赋资质本就不如美玉，却还不加以学习，那就更不可能成才了，结果只会是无知无道、害己害人。所谓"十室之邑"（《论语·公冶长》）必有忠信之质者，但其能否成就大器，全系乎好学与不好学而已。故孔子曾以"六言六蔽"教子路说："好仁不好学，其蔽也愚；好知不好学，其蔽也荡；好信不好学，其蔽也贼；好直不好学，其蔽也绞；好勇不好学，其蔽也乱；好刚不好学，其蔽也狂。"（《论语·阳货》）好仁、好知、好信、好直、好勇、好刚皆是很好的资质，但虽有如此良资美质，一不好学，则陷入愚、荡、贼、绞、乱、狂的弊病，可见学习对于一个人成德立身的根本重要性。进而言之，道是君子

① 王夫之：《礼记章句》，见《船山全书》第四册，岳麓书社2011年版，第886页。

② 张载：《张载集》，章锡琛点校，中华书局1978年版，第321页。

立身之本，君子务本就是要通过学习而知道、行道。《学记》曰：“虽有嘉肴，弗食，不知其旨也；虽有至道，弗学，不知其善也。”这是以饮食来比喻学道，即使是美味佳肴，不亲自去吃，也不知其味美。更何况如老子所说“道之出口，淡乎其无味”（《老子・第35章》），不通过学习去切身体会，又怎能知道、味道、入道而成人？故《中庸》也譬喻道：“人莫不饮食也，鲜能知味也。”

其次，学为化民成俗之本。如前所述，《学记》指明为政虽有守法、求善、亲贤、恤民之余善，但欲化民成俗，则必须以学为本。所谓：“化民成俗，以学为本，是而不崇，何政之为？”[①] 故《学记》强调曰：“古之王者建国君民，教学为先。”意即立学兴教乃是建国君民者所应优先考虑之首务或根本之要务。《学记》还用譬喻的方式进一步阐释道：“鼓无当于五声，五声弗得不和；水无当于五色，五色弗得不章；学无当于五官，五官弗得不治；师无当于五服，五服弗得不亲。”鼓之声虽然不属于宫商角徵羽五音中的任何一种，但是没有鼓声的调节，五音的演奏就不能和谐；水之清虽然不属于青赤黄白黑五色中的任何一种，但是没有清水的化解，五色的色彩就不能分明；学者虽然不属于司马、司徒、宗伯、司空、司寇五官中的任何一种，但是五官如果不通过学习或得到学者的指导，就不能良好治理；老师虽然不属于五服之中的任何一种亲属，但是如果没有老师的教喻，五服内的亲属就不能相亲相爱。可见，国家的治理、人伦关系的亲和都必须以兴学立教作为根本。当然，兴学立教首先就要兴办学校教育，因为学校是立德树人和社会风化之本源，是道义讲习、学识陶冶、操守培育和人格养成之地。学校之兴废实关乎人才之贤否多寡、风俗之好坏厚薄，而自古国家之患莫大于人才衰乏、风俗浇薄。因此，唯有立学校、崇教本，方能长养人才而化成天下。就此，《学记》详细而具体地追述了历史上的学校建制，即“古之教者，家有塾，党有庠，术有序，国有学”。自閭巷、乡党至于国都，皆设学校以教其人，每一“閭”（二十五家）设有“塾”，每一“党”（五百家）设有“庠”，

① 李昉等编：《文苑英华》第五册，中华书局1966年版，第4310页。

每一“遂”（一万二千五百家）设有“序”，在天子或诸侯的国都则设立大学。自上而下的学校聚天下士人学子而教育之，学子则自幼至长皆处于学，于是人才得以教养成就、风俗得以淳化敦厚，此乃三代王政之本、致治之道。总之，《学记》作者以为立学兴教或“教学为先”，于化民成俗实乃最为至要之良图。说到底，其意乃是强调要以学为根本或源头，学优而后入政，其逻辑和时间的先后次序不可颠倒。故而当子路以一句“有民人焉，有社稷焉，何必读书，然后为学”来为其不适当地荐举子羔为费宰的行为进行狡辩时，孔子怒斥子路的强词夺理。在孔子看来，子羔尚未“学而优”或学有“大成”，不足以担当化民成俗的重任，如果汲汲于出仕做官就会“贼夫人之子”。（参见《论语·先进》）

拉长历史的视野，看一看《学记》上述“以学为本”理念对后世的影响，我们不难发现，后世之儒者确乎有能心领神会其真义，故而不遗余力地倡导和建言立学兴教或劝导人君世主治国化民应以教学为先者，如汉儒董仲舒曰：“古之王者明于此，是故南面而治天下，莫不以教化为大务。立大学以教于国，设庠序以化于邑，渐民以仁，摩民以谊，节民以礼，故其刑罚甚轻而禁不犯者，教化行而习俗美也。”（《汉书·董仲舒传》）北宋名相王安石曰：“天下不可一日而无政教，故学不可一日而亡于天下。”① 南宋理学家张栻曰：“某惟先王之于学，所以勤勤恳恳，若饮食起居之不可须臾离者，诚以正心、修身、齐家、治国以至于平天下，未有不须学而成者，实生民之大命，而王道之本原也。”② 明代名臣杨荣也精辟地指出：“学校，王政之先务，教化之本原”“正风俗，厚人伦，敦教化，育贤才，皆本于学校”“自古帝王莫不兴学育贤，以隆治道，故学校兴，贤才盛，而教化行”。③ 至明末清初之际，更有如黄宗羲极力主张学校议政而“公

① 王安石：《慈溪县学记》，见王水照主编：《王安石全集》第七册，复旦大学出版社2017年版，第1465页。

② 张栻：《郴州学记》，见《张栻集》下册，邓洪波校点，岳麓书社2017年版，第563页。

③ 杨荣：《文敏集》卷九《山西大同府重修儒学记》《浙江严州府重修儒学记》，见《景印文渊阁四库全书》第1240册，台湾商务印书馆1986年版，第129—130页。

其非是于学校”乃至“使治天下之具皆出于学校”①者。

二、为教之道

“为师之道，教者之事”②，即为师者如何教养成就士人学子，是《学记》所阐发的教育政治学的主体和重点内容。在作者看来，教之所由之以兴废者正在于为师者是否堪任及其施教之方法的得失。《学记》对为教之道作了诸多具体而精到的阐述，可谓极具启发性的意义，不能不令我们深长而思之。

首先，教学过程必须遵循一定的阶段性次序，按照一定的年限循序渐进地加以实施并不断深化，而不能急功近利、一蹴而就。为此，《学记》阐述了在入学施教之始须注意的七项“教之大伦”：“皮弁祭菜，示敬道也。宵雅肄三，官其始也；入学鼓箧，孙其业也；夏楚二物，收其威也；未卜禘不视学，游其志也；时观而弗语，存其心也；幼者听而弗问，学不躐等也。”即以礼祭祀先师，营造尊师重教的教学氛围；诵习《诗经·小雅》中《鹿鸣》《四牡》《皇皇者华》三篇，以教成官使之义进行入学教育；击鼓召集学生进入学堂并打开书箧，教学生以谦逊求教的态度来开始其学业；使用夏、楚两种教鞭警策学生，使学生知所敬畏以整肃其威仪；天子、诸侯没有举行祭礼时不到学校来视察，让学生优游以成其志业；教师时常观察学生而不事事叮咛，让学生从容以存其心志而能独立思考；年幼的初学者只听讲而不随便发问，因为学习不能逾越阶段次第。而且，作者还按年限次序简要地总结了大学教育的阶段性步骤及其教育成效：“比年入学，中年考校。一年视离经辨志，三年视敬业乐群，五年视博习亲师，七年视论学取友，谓之小成；九年知类通达，强立而不反，谓之大成。夫然后足以化民易俗，近者说服而远者怀之，此大学之道也。”具体而言，大学教育共需九年，

---

① 黄宗羲：《明夷待访录·学校》，见沈善洪主编、吴光执行主编：《黄宗羲全集》第一册，浙江古籍出版社2005年版，第10页。

② 王夫之：《礼记章句》，见《船山全书》第四册，岳麓书社2011年版，第872页。

每年都接受学生入学，隔一年进行一次考校：入学一年后考校学生离章断句和理解经文的能力并辨别学生志向的邪正，三年后考核学生是否专心于学业并与同学和乐相处，五年后考查学生学习是否广博精专并且亲敬老师，七年后考校学生讲论学问和识人交友的能力。完成七年的学习并通过这些方面的考校，就达到了“小成”的目标。入学九年后，考校学生能否知义理事类而心智通达，能否做到持之以恒而守之以固、坚强自立而临事不惑，通过最后的这次考校，才叫达到了“大成”的目标。所谓“小成”和“大成”，船山先生以为分别指“致知之功”和“力行之效”[①]，而依余浅见，无论是“小成”还是“大成”，都是就知行两方面而言的，是就学生心智与人格的不同成熟程度而言的。学生在“大成”之后，作为一名心智健全、人格成熟的正式成员而步入社会、出仕做官，才足以发挥其“化民易俗”的社会政治功能；而只有当大学教育为社会源源不断地培养和输送这些学业取得“大成”的“新人”时，民众才能得到教化、旧俗才能得到改变，从而产生深远而广泛的“近者说服而远者怀之”的影响效应。《学记》认为，这就是儒家所谓“大学之道”的根本用心所在。

其次，为教者要做善于成就学生材质的“人师”，也就是要循循善诱、不失愤悱之机地启发学生的思考、开悟学生的困惑，帮助学生学有心得、思有长进，从而安学乐学以至欲罢不能，而不是仅仅做只懂得“记问之学”的“经师”，只会照本宣科、填鸭灌输，或不问来学而一味往教、不待叩问而放言不止，使学生疲累、反感以致厌学弃学，最终误人子弟。这一点对于教育的成败至关重要，所以《学记》中反复予以申论和强调。作者指出，今天的教育之所以失败是因为“今之教者”只会看着书简吟读，喋喋不休地对学生训告解说，汲汲于让学生多多诵习、加快进度，而不顾其义理之安，教学生既非出自真心诚意，亦不能因材施教，所施之教悖谬违理而对学生的要求亦乖戾无常。这样的教育只会使学

---

① 船山先生以为：“‘小成’者，致知之功。‘大成者’，力行之效。”（《礼记章句》，见《船山全书》第四册，岳麓书社2011年版，第872页）

生“隐其学而疾其师，苦其难而不知其益”，乃至“虽终其业，其去之必速”，意即厌恶学习而憎恨老师，对学习感到痛苦和畏难，而不知道学习的好处，乃至即使勉强完成了学业，也会将学过的东西快速地丢弃和遗忘。《学记》又言简意赅地点明“记问之学，不足以为人师”，即靠把书本记诵得滚瓜烂熟来向学生讲授知识点的老师，不足以做“人师”。真正的“人师”一定是听到学生发问之后才予以解答和启发，或者是发现学生心中充满疑惑却不知道怎样发问表达出来，老师才主动告语以开导其思意，如果告语开导之后学生仍然无法理解，“虽舍之可也”，即使先放一放搁置一边也是可以的，这不是放弃教这样的学生，而是要等待他的反思、体悟和消化，直至他心通意悟或能提出新的问题之后，进一步的施教才会有着力点。如所周知，孔夫子正是这样一位伟大的“人师”，他“不愤不启，不悱不发。举一隅不以三隅反，则不复也”（《论语·述而》）。可见，“学贵心得而教贵随时”，为“人师”者教人“不在乎据己所有以告之，而在乎因人所疑以启之”[①]。因此，《学记》强调，为“人师”者的君子在教喻他人时，一定是“道而弗牵，强而弗抑，开而弗达”，即引导而不牵逼强迫，勉励而不摧折压制，启发而不穷尽其说。只有这样，才能使学生心不生忿恚，和易而亲师，自思而有所得，如此方可为善于教喻。

再次，为教者必须掌握使教育事业得以兴盛的四大方法，同时深刻认识到导致教育事业坠废的六种原因。《学记》阐述的这四大方法是：“禁于未发之谓豫，当其可之谓时，不陵节而施之谓孙，相观而善之谓摩。”一是“预防”，即在其邪欲恶念萌生之前就以礼约之而加以禁防；二是“适时”，即当其恰可接受教育的时机加以教导；三是“循序”，即不凌越其浅深之次第或学习之阶序而施教；四是“观摩”，即让学生群聚讲习、相互切磋而彼此取益。反之，废教的六种原因则依次如下：一是“发然后禁”，即在邪欲恶念已经萌发恣肆之后才去加以禁止，这样就会遭到抵触抗拒而不能战胜邪念；二是“时过然后学”，即错过了适

① 任宏点校：《日讲礼记解义》，华龄出版社2012年版，第312页。

当的年龄和时机再去学习，这样就会勤勉劳苦而难以有所成就；三是“杂施而不孙”，即杂乱施教而不遵循一定的次第、阶序，这样就会败坏和扰乱教学活动的有序推行；四是“独学而无友”，即独自学习而没有同学朋友之间的相互切磋和观摩交流，这样就会孤陋寡闻而见识浅薄；五是“燕朋逆其师”，即结交品行不端的朋友，就会不愿接受老师的教诲；六是“燕辟废其学”，即染上不良的淫泆癖好，就会废弃自己的学习。只有对这些兴教的方法和废教的缘由都有了深切了解的君子，才真正懂得如何为师施教，也才有资格和能力去做他人的老师。

又次，为教者还必须了解学习者容易发生的四种过失，这样才能因材施教。这四种过失分别出现在不同的学生身上：有的学习务求广博，其失在于贪多而学识不专精；有的学习务求专精，其失在于所知寡少而视野不开阔；有的学习肤浅而不知深入研求，其失在于把至理妙道看得太过轻易；有的学习自满而不肯精进上达，其失在于不求上进而止步不前。这反映了学习者的四种不同的心理状态，唯有清楚了解这些不同的心理状态，才能有针对性地匡救其在学习上的过失。其实，上述四类学习者虽各有所失，但亦各有所善，失在于贪多者所学广博，失在于寡少者所学专精，失在于轻易者勇于践行，失在于止步者安于循序。但学习者之患往往在于不自知其失而自以为善，为教者能洞察学习者的过失，方能因材施教，从而匡救他们的过失，也就可以助长他们的长处。因此，所谓“教”，说到底，也就是一项“长善而救其失”的工作。于是，《学记》继续强调：“君子知至学之难易，而知其美恶，然后能博喻，能博喻然后能为师。”意即：君子深知进学施教的难易阶序，同时了解学生材质的美恶差别，然后能针对处在不同学习阶段、具有不同材质的学生广博地加以晓喻，只有做到这一点，然后才能做老师。

最后，《学记》意味深长地指出，正如善于歌唱的人能使人跟着他唱一样，真正好的成功的教育是能够使学生继承老师的志向的。为此，老师在施教时须当“其言也约而达，微而臧，罕譬而喻”，即言语简约凝练而道理通达，说话精微妙善而耐人寻味，无需多用譬喻而学生心领神会。老师能做到这几点，就称得上是能让学生“继志”，因为他培养了学生的自主学习和不断探索的能力，学生在学习过程中体会到了乐趣和成就感，以至对学习回味无穷、欲罢不能。正如宋儒吕祖谦的解读所说：“大抵圣贤之教，引而不发，非是阻抑学者，若开户倒囊，尽其底蕴以告之，学者不去思量，不去玩味，其流弊多是口耳之学。惟是引而不发，示其端而不尽，使人万绎千思，及功深力到，义理自涣然冰释，怡然理顺。”[①]《学记》指出，在这样的教育引导之下，学生“安其学而亲其师，乐其友而信其道”，乃至即使离开了师长学友亦不会违反师教和道义。

综上所述，《学记》所阐发的儒家教育理念认为，为教之道本于人性，人人生而具有相近的自然性情、潜在的禀赋能力，因此都具有可塑性和灵活性；但人之初生虽处在童蒙无知的状态，但作为一个个鲜活的生命，其身体既非一块黏土，其心灵亦绝非一块白板，人的气质个性殊异，资禀亦各有所偏，有的难以改变，有的则可以充分发展和培养，有的须防范禁豫，有的则只能加以启发和诱导，“以不倦之意须迟久之功”[②]。为了更好地理解这一点，有必要将其与18世纪欧洲启蒙思想家爱尔维修等人的教育观简单比较一下。在爱尔维修看来，教育是万能的，而人就像制陶工人手里的一块黏土一样而具有无限的可塑性和无限的灵活性，“陶工可以随心所欲去铸型”，而教育“几乎可以任意改造每一个人”，这样一种教育观其实并不是把人当成人来看待并施以“成德”之教或“成人”教育，而是仅仅“把人看做自然界中的物体”或“教育随心所欲加以塑造的一种自然事物”，正如霍尔巴赫男爵所告诉我们的，“‘教育就是培养心智’：

① 卫湜：《礼记集说》卷八十九，见《景印文渊阁四库全书》第118册，台湾商务印书馆1986年版，第868页。

② 欧阳修：《吉州学记》，见《欧阳修全集》第二册，李逸安点校，中华书局2001年版，第572页。

统治人就像饲养动物”[①]。这显然不符合儒家的教育理念，因为对儒家而言，就一个人的成长来说，教育无疑是必需的，且具有根本的重要性，但不是万能的；教育的目的在于增进人对有关事物的具体知识、培养人博学多闻的道理识见、开发人健全通达的心智志趣、成就人独立自主的道德人格，但教育的方法不宜整齐划一亦不能牵迫强制，而只能潜移默化、循序渐进和因材施教。

三、进学之道

相对于上述为师者施教之道，《学记》亦对为学者进学之道作了详细而精彩的论述，要言之，进学之道主要包括辨志立志、尊师亲师、取友乐友、积习时习、善问善答五个方面。兹依次分述如下：

其一，为学者开始学业前首先须当辨志立志。如前所述，在《学记》总结的大学教育的“小成”阶段，入学一年后即考核能否“辨志”，即分辨其心志之所向。为学之始，“志之所趋必辨；为善不为利，为己不为人；为君子儒，不为小人儒：此学之本也”[②]。能辨志，然后能立志。故《学记》曰：“凡学，官先事，士先志。”必须强调的是，尽管《学记》提出学有“大成”之后，学习者就应当出仕从政，以实现化民成俗、悦近怀远的治道理想，但作者明确反对学习者把出仕做官作为志向，因为求官心切、急功近利的人不会真正有志于学，也势必不能最终“学而优”成为不器之君子。因此，《学记》说：“君子曰：‘大德不官，大道不器，大信不约，大时不齐。’察于此四者，可以有志于学矣。”大德之任不限于一官一职，大道之由不滞于一器一物，大信之用不在于约言之期，大时（天时）之恒不在于整齐划一。明白了这四个道理，才可以称作“有志于学”。只要

①［英］以赛亚·伯林：《自由及其背叛》，赵国新译，译林出版社2005年版，第22、21、15、24页。

② 王应麟著、翁元圻等注：《困学纪闻（全校本）》上，栾保群、田松青、吕宗力校点，上海古籍出版社2008年版，第638页。

志向坚定，通过不失时序、持之以恒的学习，盈科渐进、下学上达，无论天资聪颖还是平庸，早晚都能立大德、成大器。在这个意义上，我们才能更好地理解孔子自述“吾十有五而志于学”（《论语·为政》）以及对弟子感叹“三年学，不至于谷，不易得也”（《论语·泰伯》）的深切含义，也才能更真切地体会曾皙之“浴乎沂，风乎舞雩，咏而归”（《论语·先进》）的志向何以能得到孔子的赞同以及漆雕开之“未能信”（《论语·公冶长》）的不仕理由何以让孔子感到喜悦。他们都是《学记》所推崇的志于学而无志于仕的学者典范。进而言之，这些有志于学的士人君子必能安学乐学而心有所守，他们视“得失有命，动静有理，去就有仪，处万钟之时如箪豆之日”而绝不会“为宫室之美、妻妾之奉、所识穷乏者得我而为之，遂易其志”①，亦即不以穷达而变其志操。

其二，为学之道最重要的是尊师敬师，最可贵的是亲师爱师。《学记》对这两方面都予以了反复强调和论说。如前所述，“大学始教，皮弁祭菜”表示的是对先师的崇敬。《学记》又说：“凡学之道，严师为难。师严然后道尊，道尊然后民知敬学。”从接下来的论述中，我们知道，之所以为学之道最难的是使老师受人尊重与崇敬，是因为作者在这里所讲的不是一般所谓学生应尊敬老师的问题，而是国君天子应如何尊师的问题，“唯尊德乐道者，乃能忘势而尊师”②。依作者之见，在两种情况下，身为国君者不能把这样的臣下当作臣下来对待，一是当臣下在祭祀活动中充当被祭神灵时，二是当臣下身为老师时。因此，按照大学礼仪的规定，天子前来视察大学，当老师面对天子讲授告喻之时，虽天子至尊，亦不使老师北面居臣位而讲，而是天子东面而老师西面，以表示尊师重道之意，这是一项极其严肃的大学礼仪，而绝非表面文章，由此而营造和形成的尊师重道的普遍氛围，可以使人民莫不知尊师而敬学，所谓“天子尊之于

---

① 黄裳：《演山集》卷十五《顺兴学记》，见《景印文渊阁四库全书》（第1120册），台湾商务印书馆1986年版，第114页。

② 王夫之：《礼记章句》，见《船山全书》第四册，岳麓书社2011年版，第881页。

上,其下莫敢不尊矣"①。人君尚且如此尊师,学者须以尊师为重就更不待言了。显然,《学记》作者亟欲以尊师、重道、敬学的教学理念来规范和引导人君世主,亦即希望按照或遵循师生之间的教学关系来改造和重塑君民之间的政治关系。如果说尊师敬师是一种学习态度,那么亲师爱师则是学生对老师的一种难能可贵的情感,《学记》对这种情感颇为重视并反复论说。如前所述,在大学教育的"小成"阶段,入学五年后考校的就是"博习亲师"。按朱子的解释,所谓"亲师"就是"道同德合,爱敬兼尽"②的意思。《学记》又说,君子对于学习之事常怀在心,能"安其学而亲其师",这样即使离开老师身边亦能继承师志而不背离师道。事实上,亲师爱师正是一个学生最重要的"好学"品质之一。比如,从孔子那句"回也视予犹父也"(《论语·先进》),我们分明可以真实地感受到颜回对孔子的亲近、爱敬之深情。

其三,《学记》充分认识到了一个人学识的增进与人格的成长是离不开同学朋友群居讲习之际在道义上由浅入深、循序渐进的教诲与辅翼、切磋和琢磨的,所谓"独学而无友,则孤陋而寡闻"。然而,如果交友不慎,所交者为孔子所谓"便辟"(谄媚逢迎,走歪门邪道)、"善柔"(当面奉承,背后中伤)、"便佞"(花言巧语,夸夸其谈)之损友(参见《论语·季氏》),则对学习非但无益反而大大有害。所以,《学记》强调为了避免"燕朋逆其师"从而导致教学失败,学者首先要善于"取友",即"知人而能识人之贤否"③。既择取"直"(正直)、"谅"(诚实)、"多闻"(见多识广)之益友(参见《论语·季氏》),就应当和朋友相互观摩学习彼此的优长④,同时借助朋友的提醒和帮助及时察知并纠正自

① 王夫之:《礼记章句》,见《船山全书》第四册,岳麓书社2011年版,第882页。

② 卫湜:《礼记集说》卷八十八,见《景印文渊阁四库全书》第118册,台湾商务印书馆1986年版,第843页。

③ 卫湜:《礼记集说》卷八十八,见《景印文渊阁四库全书》第118册,台湾商务印书馆1986年版,第843页。

④《学记》曰:"相观而善之谓摩。"《论语·述而》曰:"三人行,必有我师焉:择其善者而从之,其不善者而改之。"

己的过失，这样才能不断进德修业，古人所谓“共君一夜话，胜读十年书”[①]说的正是朋友对于进学的极大帮助。所以，真正一心向学的学习者必能如《学记》所说“乐其友”“乐群”，即从与同志之友的相互砥砺琢磨和讲学论辩中得到为学进学的乐趣，此乐亦正是《论语·学而》开篇所谓“有朋自远方来，不亦乐乎”之乐。

其四，《学记》还强调学非一日之功，“学者贵乎习”[②]，要想学有“小成”而进至“大成”，就必须要有初学时的积习熟习之功，以及贯穿于整个进学过程中的时习居学之功。作者譬喻道：“良冶之子，必学为裘；良弓之子，必学为箕；始驾马者反之，车在马前。君子察于此三者，可以有志于学矣。”意思是，优秀的冶铸工能陶铸金银铜铁使之熔合来修补破损的器具或铸成新的精美器具，其子要想继承父业就必须先学习用一片片兽皮缝缀拼合成裘衣；优秀的制弓匠能用干材、牛角等弯曲调和成弓，其子要想继承父业就必须先学习用柳枝竹篾等编制成畚箕；马驹在刚开始学习驾车时与老马驾车的位置正相反，让车走在马驹的前面，以防马驹因惊恐而奔驰。表面上看，冶铸与缝制裘衣、制弓与编制畚箕是不相关的事，但原理和方法是相通的。作者借此譬喻是要说明，学习的初始步骤都是模仿练习，慢慢地习惯熟练之后再由粗入精、举一反三。马驹学驾的比喻，也旨在说明学习是有渐进次序的，只有通过反复调教训练达到熟习的，才能习惯成自然从而“安于学”。君子明白了这三件事的道理之后，就可以知道积习熟习对于初学者的重要性从而能树立为学的志向。于是，《学记》又举例说：“不学操缦，不能安弦；不学博依，不能安诗；不学杂服，不能安礼。”不练习拨弄琴弦的指法，就不能把琴弹好；不练习博喻比兴之法，就不能把诗作好；不练习洒扫应对进退等杂事，就不能把礼仪操持好。接着，《学记》指出，

① 程颢、程颐：《二程集》，王孝鱼点校，中华书局2004年版，第278页。

② 卫湜：《礼记集说》卷九十，见《景印文渊阁四库全书》第118册，台湾商务印书馆1986年版，第881页。

君子对待学业有着须臾不离学的时习精神，其“退息必有居学”，即居家休息时也会自主学习，能做到“藏焉，修焉，息焉，游焉”，即把已学到的东西怀藏于内心而“月无忘其所能”（《论语·子张》），不断地研修学习未知的东西而“日知其所亡”（《论语·子张》），休息时不忘记学习，游乐时也不忘学习。当然，这不是说要学习者每时每刻都不停歇地苦学。君子之学之所以能“藏焉，修焉，息焉，游焉”，根本地还是因为君子是“乐学”的，故《学记》强调“不兴其艺，不能乐学”。君子在时习的过程中，不断长进、游于六艺，因此《论语》开篇第一句就说：“学而时习之，不亦说乎？”

其五，为学之道贵在善于提出疑问，相应地，为教之道贵在善于回答疑问。正是在学生的善问和老师的善答之间，学习才能不断取得进步和提高，从而形成一种最佳的教学关系并取得最好的教学效果。《学记》精辟地指出：“善学者，师逸而功倍，又从而庸之；不善学者，师勤而功半，又从而怨之。”就是说，善于学习的学生，不仅让老师在施教时身心安逸且能收到成倍的功效，而且还会把学习取得的良好成效归功于老师的教诲；反之，不善于学习的学生，不仅使老师在施教时辛勤地付出却效果减半，而且还会埋怨老师教得不好。为什么呢？因为善于学习的学生，总是善于向老师提问论难。作者接着譬喻道，善于提出疑问的学生，如同砍伐坚硬的树木一样，先从容易梳理分解的地方入手，然后再去砍斫枝节盘固坚硬的地方，时间一长，木头自然脱落分开。学生提问题由易而渐入于难，在一问一答之间，“问者顺理，答者分明”而渐渍日久，在使“师徒共相爱说”的同时，学生亦自然而然地能够逐渐深入地晓解于义理[①]。而不善于提出疑问的学生，则正好与此相反。与此相应的是，善于回答疑问的老师，犹如人们撞击大钟一样，叩击敲打的力量小，钟所发出的声音就小，叩击敲打的力量大，钟所发出的声响就大，老师回答学生所提问题，亦当如是，在一问一

① 参见齐鲁书社编：《礼记注疏》，见《武英殿十三经注疏》第五册，齐鲁书社2019年版，第3056页。

答之间，视问题之大小深浅而从容解答晓喻，正所谓“因问而答，大者不吝，小者不滥，而意味有余，使人思而得之，引伸于无穷”[①]。而不善于回答疑问的老师，则正好与此相反。可见，疑问的善于提出和善于解答，对于学者学业的进步至关重要。明儒陈献章有言：“疑而后问，问而后知，知之真则信矣。故疑者进道之萌芽也，信则有诸己矣。”又曰，“前辈谓：‘学贵知疑，小疑则小进，大疑则大进。’疑者，觉悟之机也。一番觉悟，一番长进。”[②]进而言之，真正能够使学生学识日进而受益无穷的最佳教人之法与进学之道，既不是牵迫强制的道德说教，亦不是应试教育的死记硬背，而固当于师生之间善于一问一答的求学论道或辨疑释惑的义理问难中求之，因为在《学记》作者看来，理想的教与学的关系实则应是一种相需依存、交互促进的辩证关系。换言之，教育不是不叩而鸣、喋喋不休地空洞说教，好的教育一定是能够教学相长和长善救失的，尤其是能够使学习者或受教者真正受益并健康地成长，这可以说是贯穿《学记》一篇之始终的核心关切或思想要旨。

教学何以须以教学相长为根本原则，究竟应如何理解儒家的这样一种主张和观念？其真谛或奥义究竟何在？要想真正弄明白这一点，首先需要搞清楚并须牢记在心的就是儒家所谓教学的根本宗旨与目的所在。要言之，儒家所谓教学或师生之间的群居讲习，乃是以切磋道义、涵养德性和砥砺人格为根本目的的。以此为目的的教学活动，既不可能是一种单向的和强制性的知识灌输过程，亦不能仅仅通过任教者师心自用地将道义识见强加于学习者来完成和实现。在师生讲习的教学活动中，学习者唯有通过反躬以求而切身体认的“学”，才能不断增进自己对道义的深切体认并提升自身的德性修养而实现自我人格的转化与完善。因此，所谓“学”绝不是一种消极被动的吸纳和接受知识的静态活动，而是一种积极主动的对道义加以生命体认和对德性加以切身修养与躬行实践的动

① 王夫之：《礼记章句》，见《船山全书》第四册，岳麓书社2011年版，第883页。

② 陈献章：《陈献章全集》上册，黎业明编校，上海古籍出版社2019年版，第117、220页。

态过程;与之相对应的是,所谓"教"亦绝不是一种单向且单纯地讲解与传授知识的活动,尽管在儒家的教学过程中并不完全排斥某种知识性的传授与学习,但在以切磋道义、涵养德性和砥砺人格为旨归的教学活动中,教人者或为人师者本人亦必须以反求诸己的方式来不断加强自身对道义的生命体认和对自身德性人格的不断修养与提升。因此,相对于学生来讲,教师并不拥有一种超然于教学活动本身之外或之上的某种绝对权威,在一种理想的意义上,毋宁说,教与学、师与生之间理应构成一种相互影响和彼此促进亦即有益于双方共同成长的良性互动关系。在这种关系中,学生会在学习过程中感受和认识到自身的不足,乃至反求诸己而不断加强自身的德性修养和深化对道义的生命体认深度,教师也会在施教过程中感受和认识到自身的困弊,乃至发奋自强而不断增进自身的德性修养和深化对道义的生命体认深度。或者,这样一种关系,在促进学生不断增进、深化其道德人格修养和对道义的生命体认深度的同时,也会激励教师不断增进、深化自身的道德人格修养和对道义的生命体认深度,这就是所谓"教学相长"。故《学记》曰:"学然后知不足,教然后知困。知不足,然后能自反也;知困,然后能自强也。故曰,教学相长也。"《尚书 · 说命下》曰:"惟教学半,念终始典于学。"意即教与学各获益一半,学无止境,教师与学生都应该始终致力于学习。

四、以教为政与以政为教:儒家教育政治学申论

以上所述为教之道和进学之道,已基本涵盖了《学记》的核心要旨及主体内容。表面看来,这些内容似乎只是在论述教与学亦即今人所谓教育学或教学法的问题,从中我们亦确乎可以对儒家意义上的教与学的具体方法及其教育学的基本原理获得相当深刻的了解,但是,如果我们仅仅从今人习惯于将人类事务分割划分为社会、政治、经济、文化、教育等诸领域的眼光来看待问题,而以为《学记》所论只是教育学或教学法本身的问题而无关乎其他的话,那就大谬

不然了。对孔子儒家而言，教育即政治，其论政从政未尝离乎教，其论教施教亦未尝不着眼乎政。用《学记》的说法讲，立学兴教或“教学为先”其实就是最大最根本的政治问题。在此一观念之下，究竟蕴含着一种怎样的深刻政治理念，是需要今人好好加以体认和领悟的。

要而言之，儒家的教育政治学理念认为，政与教本非二事[①]，无教之政是虐政[②]，无政之教则是空教[③]。如果非要对两者进行逻辑和价值上的排序的话，那么按照《学记》的阐述则是教为政之本，政为教之施，两者皆服务于或归宿于化民成俗的治道理想。对此，我们可以具体从两个方面来理解：一是，由于孔子儒家“持‘政者正也’之主张，认定政治之主要工作乃在化人”[④]，故而坚持治国为政当以道德感化或礼义教化为根本方法或最佳途径。对孔子儒家来讲，在保障民生而满足人民基本物质生活条件之需求的基础上通过道德感化或礼义教化的最佳之道来促使每个人的道德发展、普遍提升人民的道德文明教养，乃是“政治之最高理想”，此即是历代先贤大儒所说的“以教为政”，而其目的则在“兼善天下，使人人皆有‘成人’之机会”[⑤]。二是，就其积极入世参政的行动和努力而言，孔子儒家以济世安民为职志，相信唯有通过出仕从政或“以政为教”，方“可以造福人群，可以发展他的抱负与理想”[⑥]。孔子儒家对于通过政治行动

---

① 如宋儒吕祖谦说，《周礼》记“乡大夫各掌其乡之政教禁令，州长各掌其州之教治政令，党正各掌其政令教治”，可见古圣“未尝以政、教为两事也”。（吕祖谦：《读书杂记一》，黄灵庚、吴战垒主编：《吕祖谦全集》第一册，浙江古籍出版社2008年版，第535页）元儒程巨夫说：“政、教，一事也。以教为政，上不怒而下不残。”（程巨夫：《雪楼集》卷十四《送曹仲坚主闽县簿序》，见《景印文渊阁四库全书》第1202册，台湾商务印书馆1986年版，第189页）明儒王樵亦指出：“后世治出于二，而政与教分。”（王樵：《尚书日记》卷十四《周官》，见《景印文渊阁四库全书》第64册，台湾商务印书馆1986年版，第615页）

②《论语·尧曰》：“不教而杀谓之虐。”

③ 子曰：“我欲载之空言，不如见之于行事之深切著明也。”（《史记·太史公自序》）

④ 萧公权：《中国政治思想史》，新星出版社2005年版，第45页。

⑤ 萧公权：《中国政治思想史》，新星出版社2005年版，第140页。

⑥ 钱穆：《中国文化史导论》（修订本），商务印书馆1994年版，第127页。

和优良治道来经世安民，或通过普遍推行教化以构建一种建基或奠立于良风美俗之上的美好社会，抱有一种宗教信仰般的热忱与情怀。

（一）以教为政：儒家教育的宗旨、目的和归宿

回到《学记》的主旨而言，其通篇所强调的重心仍然在于立学兴教的价值优先性及其对于化民成俗的根本重要意义。作者秉承儒家“学而优则仕”的理念，在论述完“为师之道，教者之事”后，耐人寻味的是，紧接着便将这一话题直接引向了何以为官长与君主的问题。其言道：君子“能为师然后能为长，能为长然后能为君。故师也者，所以学为君也。是故择师不可不慎也”。意即：能做老师然后才能做一官之长，能做一官之长然后才能做一国之君。因此，知道怎么做老师，其实也就是用以学习如何做君主的，正所谓“师也者，所以学为君也”。作者言下之意非常清楚，即如果为人官长、为人君主者，只知用政令刑法来控制百姓，而不以教化为本，也不知道如何为师施教，则其于为官之道、为君之道皆为有亏而失其职矣！正如宋儒戴溪所释：“君、师、长三者虽不同，皆以教化其民。……能旁取曲譬，以开导人心，然后可以为师矣。出而长民，上而为君，复以斯理教民为善，夫岂有二道哉？”[①] 正唯如此，《学记》强调在选择老师时必须格外慎重。所谓“择师不可不慎”，其背后的深层意蕴和旨趣，我们可以结合上文所述为教之道与进学之道来予以切要的理解：其一，在《学记》作者看来，师道是通乎君长之道的，即通过做老师可以学习如何做君长，换言之，从为人师者那里，做君长者也可以学习到如何做君长的道理。因此，《学记》所论“为师之道，教者之事”，不仅意在张大师道，而且，实欲以师道范导为人君长者，从而使为人君长者能师法、取则乎师道，这不仅意味着建国君民而欲化民成俗者，理应以“教学为先”，即务须以建立学校、兴教育人为首务，而且同时亦意味着身为君长者理应以师道对待和教化其治下的所有人民，而不

---

① 卫湜：《礼记集说》卷九十，见《景印文渊阁四库全书》第118册，台湾商务印书馆1986年版，第872页。

应仅仅局限于立学兴教或学校教育本身而已。这不是简单地将师道等同于君长之职，而只是以师道作为君长之职的一项根本要务，而所谓师道，说到底即是待人以人的仁道，借用宋儒苏轼的说法，其实就是，“教之使有能，化之使有知，是待人之仁也”[1]。其二，常言道什么样的老师教出什么样的学生，而将来由什么样的学生为长、为君则直接决定了政治的好坏和人民的福祸。如《学记》所批判的“记问”之师、“呻其佔毕”之师，教出的学生是“隐其学而疾其师，苦其难而不知其益”，虽勉强完成学业而弃学必速，如此学而不优甚至不学无术者出仕做官乃至做了统治国家的君主，结果必将是害政祸民。相反，善教的老师能使学生“亲其师”而“信其道”、“继其志”而“安其学”。从这个意义上看，《学记》作者之所以不厌其烦地阐述教—学所应采取和遵循的最佳方法与基本原则，其目的无非是把即将出仕从政的学生培养成一个个知道明理而身修行笃、心智成熟而道德人格健全的成人，亦即《学记》所谓学有“大成”者。其三，真正的良师必定也是学生的益友，他通过与学生心灵与心灵的亲密交流、人格与人格的良性互动，在师生之间构建一种最为有益而优良的教—学关系。这种师生相处之道及优良的教—学关系所关至为切要与重大。师友之间相互切磋琢磨而讲明道义，由此而逐渐使学生养成一种敬业而乐群、亲师而尊道、乐友以取义的良好品行，这也正是教喻和培养一个人进入社会而适于共同生活之优良习性与美好品行的最佳途径或最优方式。唯有具备了这些优良习性与美好品行，方谓之学有所成，也才有化民成俗的资格和能力，故《学记》强调举此“大成”之君子以为官长，“然后足以化民易俗，近者说服而远者怀之”。因为这样的君子，其品行志向皆以素定，故能推其所学先王之道而施及于人，“其仕而立于人之朝也，则用其所学，以事其君而治其民，故其君之所闻者皆先王之道德，民之所

① 苏轼：《韩愈论》，见曾枣庄、舒大刚主编：《苏东坡全集》第5册，中华书局2021年版，第2590页。

服者皆先王之教化"[①]，然后"近者被其教而无不说服，远者闻其风而无不怀之"[②]。

一言以蔽之，"以教为政"或"以学为政"实乃儒家教育理论和实践的宗旨、目的与归宿，历代先贤大儒皆反复申论之，认为三代圣王皆"以教为政"、学与政合一，故能治隆俗美；秦汉以后才开始析教与政、学与政为二，从而背离了先王教、学的旨归。比如：宋儒苏辙说，"古者以学为政"，故"其政不烦，其刑不渎，而民之化之也速"[③]。张孝祥说："先王之时，以学为政，学者政之出，政者学之施，学无异习，政无异术。自朝廷达之郡国，自郡国达之天下，元元本本，靡有二事。故士不于学，则为奇言异行；政不于学，则无道揆法守。君臣上下，视吾之有学，犹农之有田，朝斯夕斯，不耕不耘，则无所得食，而有卒岁之忧。此人伦所以明，教化所以成，道德一而风俗同，惟是故也。"后世学与政分，"学自为学，政自为政"，学者务章句通经文不过是为了取科第，既得功名则废忘旧学，为政者则专视簿书期会之事而不知学，唯有以致君泽民为志业的君子能通晓"学所以为政"的道理，并通过实际的立学兴教、化民成俗的行动，"使政之与学复而为一"[④]。宋儒马端临考察了《周礼·地官》中诸官员的职掌："党正各掌其党之政令教治，孟月属民而读法，祭祀则以礼属民；州长掌其州之教治政令，考其德行道艺，纠其过恶而劝戒之。……党正即一党之师也，州长即一州之师也，以至下之为比长、闾胥，上之为乡、遂大夫，莫不皆然。"可见，"古之为吏者，其德行道艺，俱足以为人之师表，故发政施令，无非教也。"迨乎秦汉以降，"儒与吏始异趋，政与教始殊途"，于是以郡守、县令之吏治其民，以博士官、文学掾之师教其弟子，"二者漠然不相为谋，所用非所教，所教非所用"。

① 范纯仁：《范忠宣集》卷十《王尊道先生讲学记》，见《景印文渊阁四库全书》第1104册，台湾商务印书馆1986年版，第642页。

② 任宏点校：《日讲礼记解义》，华龄出版社2012年版，第309页。

③ 苏辙：《栾城集》，曾枣庄、马德富校点，上海古籍出版社1987年版，第498页。

④ 张孝祥：《于湖居士文集》，徐鹏校点，上海古籍出版社2009年版，第137、138页。

于是，庸人俗吏都把学与教当作粉饰太平之事而根本无益于治乱兴衰。① 元儒张伯淳曰："能以教为政，是谓知本。"② 许有壬也说："圣人之治天下，以教不以政，盖教所以为政也。……古之为政，未始不本于教也。是故纳民于孝弟忠信，而跻世于太和。世道既降，教与政殊，不本于民心，依依乎事为之末，先之以簿书期会，继之以狱讼榜笞，先王之所以教不泯者几希，治不古若，有以哉！"③

通过古今的这种对比可以知道，儒家的教育政治学主张"学而优"的君子出仕从政之后应当"不吏而师，以教为政"④。按照《学记》的说法，君子学已"大成"而"能为师"，所以他首先应当为师为长，为民师帅以教之，以忠厚敬爱之心导民向学而成就之，而不是做专事于登簿书、严期会、尚威罚的俗吏，只知一味地以政令刑法制民而驱役之。在儒家看来，这种务在制民而非教民的单纯吏治，无疑是劣等的统治。如宋儒叶适曾把为吏者分为三个等次："凡吏之品有三：上者以学为吏，其次本于吏而学以饰之，下者苟吏，无饰也。……世之论吏亦有三：上者学成而能教，其次虽未能教而以政养民，下者无养，豕饲兽扰之尔。"最上品的官吏甫一到任，即修学兴教，"视一邑之政，无先于学"，且自己"学成而能教"，这才叫作"以学为吏"。⑤ 作为这种"不吏而师，以教为政"的典范，昔者子游做武城宰时，为政务本，以礼乐为教，而民皆化之，兴起弦歌之声，

① 参见马端临：《文献通考》第一册，上海师范大学古籍研究所、华东师范大学古籍研究所点校，中华书局2011年版，自序，第9页。

② 张伯淳：《养蒙文集》卷三《处州松阳县重修儒学记》，见《景印文渊阁四库全书》第1194册，台湾商务印书馆1986年版，第456页。

③ 觉罗石麟等监修，储大文等编纂：《山西通志》卷二百零三《艺文·藏书楼记》，见《景印文渊阁四库全书》第549册，台湾商务印书馆1986年版，第617页。

④ 方岳：《秋崖集》卷二十五《与宁尉》，见《景印文渊阁四库全书》第1182册，台湾商务印书馆1986年版，第450页。

⑤ 叶适：《瑞安县重修县学记》，见《叶适集》（上），刘公纯、王孝鱼、李哲夫点校，中华书局2010年版，第169页。

虽然孔子以“割鸡焉用牛刀”（《论语·阳货》）调侃了一番，但他明白子游为政能使君子、小人皆学道以实现仁道理想和化民成俗的目标，而不因为武城之地小民寡就采用简单粗暴的政令刑罚方式制民使民，做武城宰对于子游来说不过小试牛刀而已。在孔子儒家的眼中，“以教为政”实为施政之最佳方式或政治之最高境界。

然而，古往今来，能真正做到“不吏而师，以教为政”的官员少之又少，大多数是有吏之威而无师之职、有教之名而无教之实，无怪乎清代名臣陈廷敬曾慨叹道：“政与教殊途，吏与师异趣矣。然而，能举其教与师之职者，十百而不一见也。”[①]因为揆之于现实，总是不乏国家设立学校非所以兴教化、育人才、美风俗，而徒以通经入仕或科举取士之制劝诱士人以功名利禄者，故学校之所教所学唯以“讲说章句”“耗精疲神”而穷力于“课试之文章”为务，乃至“非特不能成人之才而已，又从而困苦毁坏之，使不得成才者”[②]，又或者“所谓学者，姑视为粉饰太平之一事，而庸人俗吏直以为无益于兴衰理乱之故矣”[③]。宋儒吕祖谦曾论秦汉以后“惟是学校一制，与古大不同”，尤其精彩而耐人寻味，其言道：

> 先王之制度，虽自秦、汉以来皆弛坏废绝，然其他如礼乐法度，尚可因影见形，因枝叶可以寻本根；惟是学校，几乎与先王全然背驰，不可复考。……且如唐、虞、三代设教，与后世学校大段不同，只举学官一事可见。在舜时，命夔典乐教胄子；在周时，大司乐掌成均之法，以治建国之学政，而合国之子弟焉。何故？皆是掌乐之官掌教，盖其优游涵养、鼓舞动荡，有以深入人心处，却不是设一个官司。自秦、汉

① 陈廷敬：《午亭文编》，王道成点校，人民出版社2017年版，第516页。

② 王安石：《上仁宗皇帝言事书》，见王水照主编：《王安石全集》第六册，复旦大学出版社2017年版，第756页。

③ 马端临：《文献通考》第一册，上海师范大学古籍研究所、华东师范大学古籍研究所点校，中华书局2011年版，自序，第9页。

以后，错把作官司看了，故与唐、虞、三代题目自别，虽足以善人之形，而不足以善人之心，虽是法度具举，然亦不过以法制相临，都无深入人心道理。大抵教与政自是两事，后世错认，便把教做政看。若后世学校，全不可法。……今则但当看三代所以设教命官教养之意。……凡领于六官者，皆是法之所寓，惟是学校之官，不领于六官，非簿书期会之事。其上者三公论道不载于书，其下者学官设教不领于六官，盖此二者皆是事大体重，非官司所领。……大抵学校大意，唐、虞、三代以前不做官司看，秦、汉以后却做官司看了。所以后世之学不可推寻，求之唐、虞、三代足矣，秦、汉之事当束之不观。……大抵看后世秦、汉一段，错认教为政，全然背驰。自秦至五代，好文之君，时复能举，如武帝表章六经，兴太学，不足论；如光武为诸生投戈讲义，初建三雝，亦不足论；如后魏孝文迁都洛阳，欲改戎狄之俗，亦不足论；如唐太宗贞观之初，功成治定，将欲文饰治具，广学舍千二百区，游学者至八千余人，亦不足道。这个都是要得铺张显设以为美观。惟是扰攘之国、僻陋之邦、刚明之君，其视学校若弊屣断梗，然而有不能已者，见得理义之在人心不可已处。今时学者，多是去看武帝、光武、魏孝文、唐太宗做是，不知这个用心内外不同，止是文饰治具，其去唐、虞、三代学校却远。①

依吕氏之见，唐、虞、三代学官设教之本义与一般所谓“政”即簿书期会之官司职事在性质上迥然不同，唐、虞、三代之学官设教意在“优游涵养、鼓舞动荡，有以深入人心处，却不是设一个官司”，而自秦、汉以后，学校之设却只是把“教”错认作“政”看，只是“设一个官司”而尽失“三代所以设教命官教养之意”，因此，“虽是法度具举，然亦不过以法制相临，都无深入人心道理”，而不

① 马端临：《文献通考》第二册，上海师范大学古籍研究所、华东师范大学古籍研究所点校，中华书局2011年版，第1237—1239页。

过“止是文饰治具”而已。显然，吕氏所说的“政”自有其特别的含义，只是指簿书期会之类的官司职事而已，故其所谓“错认教为政”之义与我们上文所说儒家“以教为政”的理想政治理念之本意截然不同，然其根本关切所在，即如何才能真正回复三代学校设教之本意，而不再“错认教为政”，即不再把学校之设立只是“做官司看了”，不仅深刻地揭示了秦汉以后学校设教的根本弊端，而且对于我们今天省察现代学校教育是否也存在“错认教为政”即把学校只是当“做官司看了”之偏失和流弊亦同样极富警示和鉴戒性的教育意义，譬如，应试教育对于德性人格与美好心灵之涵养的腐蚀与弱化，以行政支配取代教育本身所应遵循的基本原则、根本宗旨与最佳方法，乃至“以培养社会有用成员为目标的普遍教育过程，忽略甚或故意摧毁灵魂的生命”[①]，唯有针对诸如此类的偏失和流弊加以补救乃至消除和根治之，方能追求和实现教育的至善目标或至善的教育目标。

(二) 以政为教：儒家政治理念的宗教情怀

就其表层的显白之义而言，所谓“以政为教”指的是把政治作为施行教化的一种途径或手段。在儒家的教育政治学理念中，礼、乐、刑、政皆主于教化，四者都是推行教化的途径或手段。如朱熹释《中庸》“修道之谓教”一句说：“圣人因人物之所当行者而品节之，以为法于天下，则谓之教，若礼、乐、刑、政之属是也。”[②]他认为“礼乐刑政之为教，如寒暑生杀之为岁”[③]，绝无可疑。清儒李光坡认为，《周礼》“此经陈教民之道凡二：十有二教，则列礼乐、刑政之详”[④]。明儒林文俊也指出，孔子施政都以“厚人伦而美风俗”为目的，比如做

①[美]沃格林:《政治观念史稿》卷八，刘景联译，华东师范大学出版社2019年版，第83页。

② 朱熹:《四书章句集注》，中华书局2011年版，第19页。

③ 朱熹:《答杨深父》，见朱杰人、严佐之、刘永翔主编:《朱子全书》第23册，上海古籍出版社、安徽教育出版社2002年版，第2571页。

④ 李光坡:《周礼述注》，陈忠义点校，商务印书馆2019年版，第101页。

中都宰时，“长幼异食，男女别途”；做大司寇时，“有父子讼者，其父请止，则赦之”，可见，“其政也，乃所以为教”，后之为政者不知“以政为教”，一切靠出台法令科条来行政，这是“裂政与教为二”[①]，与先王之治相距甚远。

然而，就其深层意蕴而言，所谓“以政为教”乃是指把政治当作宗教，这体现了儒家士人君子基于宗教信仰般的政治热诚与理想信念，或者通过政治行动和优良治道来实现经世安民之目标的神圣使命感与强烈宗教情怀。据张东荪先生言，“以政治为宗教”的儒家士人，“其信仰的态度与律己对人都却是必须有宗教性的”，“这种政教合一亦却有与西方很相同的地方”；然而，孔子儒家之“教”与西方“耶教”之“教”又毕竟是迥然不同的，因为“耶教是世间与出世并行的宗教，故其教义有两方面，即所谓‘世间的’（temporal）与‘精神的’（spiritual）。我们亦可勉强说其具有两元论色彩。中国的孔子则不然，只有世间的方面，而没有超世方面”[②]。撇开具体的宗教组织形式不谈，从一切宗教皆主于化人向善的意义上来看，儒家的政治观确乎具有宗教意味。对孔子儒家来讲，“政治社会之本身实不异一培养人格之伟大组织”[③]，而且国家理应积极地履行其立学兴教以化民成俗的基本职能。作为在乱世中坚毅逆行的君子和特立独行的儒者，孔子儒家之所以乐于入世从政或“以政为教”，在于他们所积极探求和追寻的是这样一种最优良的治国为政之道，并致力于建设这样一个美好的人类社会：士人君子通过修身正己来为世人树立一种值得仿效学习的道德榜样，亦即由己正身修的士人君子来治国为政，乃至以自身之美德善行来感化和引领世人过一种建立在仁爱、礼义、诚信、孝悌、忠恕、友善诸美德善行基础上的人类关系秩序与美好伦理生活。

“以教为政”使孔子儒家将其政治思考聚焦于政治之应履行其保障民生与提

---

① 林文俊：《方斋存稿》卷五《送郑日宣任永昌别驾序》，见《景印文渊阁四库全书》第1271册，台湾商务印书馆1986年版，第769页。

② 张东荪：《思想与社会》，辽宁教育出版社1998年版，第226页。

③ 萧公权：《中国政治思想史》，新星出版社2005年版，第45页。

升人民道德文明教养的基本职责与根本功能之上，“以政为教”则从更深层次上体现了儒家士人君子对政治教化事业的宗教信仰般的热忱与情怀。这就是孔子儒家式的“政教合一”观，它自有其不容混淆于西方的独特含义，“倘使按照西方情形来比附则必有错误”①。然而，如果我们真想从根本上避免按照西方情形来比附中西之“政教合一”的认识错误，那么，我们所最需加以明辨区分而给以恰当理解的正是孔子儒家所谓政与教的真实含义。

有些学者把孔子儒家所谓政治“教化”仅仅看作一种意识形态控制的工具和手段，就其本义而言，实则大谬不然。对孔子儒家而言，真正意义上的政与教，乃是指修身正己之为政和以德化人之为教。这样一种政与教的理念，在执迷于单纯运用权势法术来操弄和控制他人的偏执的权力主义者看来，也许是一种难以实现的道德理想，体现了一种具有空想乌托邦意味的迂腐情怀，然而，对任何一个既个性独立而又乐于与人相处的心理健康和人格健全的人来说，从中体味出的也许恰恰是一种对于整个人类的最深沉的归属感，其中充满了对他人的深情关切、友善与仁爱。说到底，孔子儒家所持有的乃是一种把人当人看即把别人当作和自己一样的人来看待的仁道理想与政教观念，这样一种仁道理想与政教观念既不同于道家因任无为甚或在宥天下而完全放任的自然主义政治观，亦迥异于墨家和法家借由尚同一义之政术或严刑峻法之治道来实施整齐划一之治的绝对干涉主义政治观。而且，不管是道家，还是墨家或法家，他们都希望借由他们所主张的那种简单直截、易知易行的治道理念取得某种立竿见影的治理成效或国家富强的政治功利目标，正所谓“我无为，而民自化”（《老子·第57章》），所谓“凡使民尚同者……富贵以道其前，明罚以率其后”而“为政若此，唯欲毋与我同，将不可得也”（《墨子·尚同下》），所谓“法胜民，兵强”“以奸民治，必治至强”（《商君书·说民》）。而对孔子儒家而言，他们所心向往之的仁道理想和极力倡导的教育政治学理念，绝不是那么容易落实和

① 张东荪：《思想与社会》，辽宁教育出版社1998年版，第226页。

实现的，既非一般执政当权者所能实行，亦非行之一时而能奏效，唯少数道德之君子堪当此大任。对此，他们有着相当深切而清醒的意识，故曰："仁之难成久矣，惟君子能之。"（《礼记·表记》）而君子之为君子，其所重者首先在修养自身的德行，并以其端庄的仪容、诚信的言行与高尚的品德来为人民树立一种真正值得效仿与学习的做人的楷模和仪表，但他们并不以自己所能做到的来要求和责怪他人，也不以别人所不能做到的来苛求和羞辱他人①，因此，他们为政治民能基于对民性的了解和对民情的通达②，"不以高高在上的态度对待百姓，不引导百姓去做与他们无关的事情，不责罚百姓去干他们不愿意做的事情，不强迫百姓干无能力做的事情"③。但，他们乐于引领人民过一种由孝悌忠信、仁义礼智等诸美德善行所构成的人类文明生活。

因此，在《学记》和其他儒家文献中随处可见的"君子"这一词语与名称，不是对某种现实存在的一种事实描述，而是对一种理想的道德人格与新型政治主体的"召唤"，"其主要功能不在于认知（cognitive），而在于建构（formative）"④，"它意味着观念的出现具有激发、呼唤并进而创造政治现实的力量"⑤。换言之，孔子儒家以君子之名称呼一种理想的注重自我修养的道德人格与持守以德化民之立场的政治主体，其意不外是要激发、召唤和启示有

---

① 子曰："君子不以其所能者病人，不以人之所不能者愧人。"（《礼记·表记》）

② 如子曰："君子莅民，不可以不知民之性而达诸民之情。既知其性，又习其情，然后民乃从命矣。故世举则民亲之，政均则民无怨。故君子莅民，不临以高，不导以远，不责民之所不为，不强民之所不能。"又曰，"君子欲言之见信也，莫善乎先虚其内；欲政之速行也，莫善乎以身先之；欲民之速服也，莫善乎以道御之。故虽服必强，自非忠信，则无可以取亲于百姓者矣。内外不相应，则无可以取信于庶民者矣。此治民之至道矣，入官之大统矣。"（《孔子家语·入官》）

③ 杨朝明、宋立林主编：《孔子家语通解》，齐鲁书社2013年版，第259页。

④［美］沃格林：《政治观念史稿·卷一》，段保良译，华东师范大学出版社2019年版，"附录一　沃格林的《政治观念史》导言"，第66页。

⑤ 李强：《西方政治秩序演变的历史分析——沃格林〈政治观念史稿〉述评》，《政治思想史》2021年第1期，第9页。

志于担当道义的士人能够于乱世之中奋然兴作，勇敢地担当起经邦治国或济世安民的重大使命与神圣职责，以其美德善行引领世人，正所谓“君子动而世为天下道，行而世为天下法，言而世为天下则”（《中庸》），乃至建构一种最优良的合乎人民性情之深刻需要的治理秩序与富有文明、仁道的美好生活。只有这样的君子，才具备治国为政、化民成俗的正当资格，才可以担负起实现儒家之仁道理想、践行儒家之政教理念的职责与使命，并以此来挽救混乱无道的现实世界，创造一种新的政治秩序，如孟子曰“君子之事君也，务引其君以当道，志于仁而已”（《孟子·告子下》），荀子曰“法者，治之端也；君子者，法之原也。……君子者，治之原也”（《荀子·君道》），其意皆在以君子为治体而变“天下无道”为“天下有道”。为此，他们不仅视政治社会之本身为一培养人格的伟大教育组织，而且极力主张君国子民者理应自觉承担其通过立学兴教之文教事业来化民成俗的神圣职责，而无论是对人的教育，还是对民的教化，都需要通过潜移默化的方式以收悠久远大之功效。

总之，我们只有对孔子儒家之所谓政与教的本真或实质含义给予最切要而恰当的理解，才能真正领会其“以政为教”之宗教情怀的精神旨趣及其“以教为政”之政治理念的奥旨精义。孔子儒家不仅以君子之名向当时新兴的士人精英阶层和现实的执政当权者们发出了一种创建有道之世的时代性召唤，而且，作为一种示范性的召唤行为，他们既以其实际行动开辟了一个士人参政议政的公共政治空间，同时亦以其独立思考开创了一种致力于转化和提升现实政治的治国为政的政治新思维。而无论其“以政为教”的宗教情怀，还是其“以教为政”的政治理念，说到底都是植本于把人当成人或把他人当成和自己一样的人来对待的仁道理念，并力主以此仁道理念为根本遵循而为政施教的。准此以论，孔子儒家之政治哲学及其所蕴含的丰富的化民成俗与修齐治平的治国为政智慧，亦可以说主要便是围绕着人之何以为人和如何使人成其为人的核心问题意识而展开和运思的。要而言之，从孔子儒家之“教”的意义上来讲，人之为人，也就是应被视为有待教育或教化的人，即有待发展智识、提升教养、增进德性、完善品格的人，而绝非有待以权势和法术加以驯服和操控的动物。

回到《学记》，综观其全篇所阐述的教育政治学理念，正是在“政”与“教”合一，即“以政为教”与“以教为政”的思想宗旨和思维框架基础上展开的。就此而言，《学记》诚不愧为一篇论述儒家教育学原理的杰作，同时亦可说是一篇阐明儒家政治学原理的名文。读之愈久，味之愈深，不能不使吾人喟然而叹：世人徒知政（刑政）之为政，而孰又知非政（学校、教育或教化）之为政乎？世人徒知学之为学，而孰又知学之非只为学乎？诚如元儒徐明善所说：“旷百世无真儒善治者，官不知政，而士不知学也。”[①] 犹有进者，若徒以不伦不类之“政教合一”的说法厚加诋诬之，岂非浅薄不学之徒乎？

（本文与杜德荣合写）

① 徐明善：《芳谷集》卷下《德兴儒学记》，见《景印文渊阁四库全书》第1202册，台湾商务印书馆1986年版，第591页。

极高明而道中庸:《中庸》生命学问及其政治哲学意蕴

没有什么比《中庸》所谓“极高明而道中庸”更能彰显孔子儒家的思想特质和中华民族的性格特点与精神品格了，诚如杨向奎先生所说：“儒家思想陶冶了民族性格，于是，我们的民族性格是‘极高明而道中庸’。不高明不会有四千年的灿烂文明；不中庸不会长期稳定而守恒。”①“极高明”主要体现在其中和的生命理想、诚的精神品格及其参赞化育的天地境界上，而“道中庸”则主要体现在其“道不远人”、植根于日用常行、由近及远、由亲及疏而不断扩展和层层上达的实践特性上。正唯如此，孔子儒家发展出了这样一种迄今为止仍然极富教益而充满智慧的理念和意识，即立基于个体之修身和家庭生活及孝悌亲亲之伦理美德的涵养，并由此为出发点而将仁爱忠恕、信义礼敬的真诚德行与人道原则进一步扩展推及于乡党社群、邦国和天下诸层级，乃至将全人类甚至天地万物都包容在内而形成一种“天下一家”、“民胞物与”、万物并育的生命共同体

① 杨向奎：《宗周社会与礼乐文明》，人民出版社 1992 年版，序言，第 2 页。

理念和“社群意识”。正唯如此，在政治上，孔子儒家从不单纯地从权力支配的关系角度来思考和看待问题，他们所倡导的理想政治关系，乃是一种“彼此互以人相待”[①]的教化关系；而在人与世界或与自然万物的关系问题上，孔子儒家也从“不把人与世界完全视为一种对立和冲突的关系，也不把外界仅仅视为一个征服与宰治的对象”，而是强调它们“是一种融通亲和的关系”[②]。

依我之见，孔子儒家对人与天地万物之生命关系的深切感受和对人类天赋性命之理的真实体认，就集中蕴含在《中庸》的生命学问所带给我们的思想教益和智慧启迪之中。这种教益与启迪体现在《中庸》基于对世界和人生的一种真实而合理的认知与理解，努力探寻一种合乎中和之道而具有重要伦理与政治意义的在世方式。这一在世方式，既重视孝悌亲亲之道，同时又倡导普遍地爱人敬他，既爱惜个体之自然生命，同时更尊崇人伦之道德价值，既主张人类行动的积极有为，同时又极力反对把他人作为利用的工具、把人民作为权谋法术的操纵对象。这是一种持守中道或介乎道家取消政治而放任自由与法家单纯以权力法术操控人民这两种相反对立之思想运动而具有中间道路之意义的在世方式，一种充满人道价值和伦理意义的在世方式，一种具有深刻之道德与政治含义的在世方式，说到底，这一在世方式意在通过以仁义、忠信、诚恕之道对待他人的行为方式，来构建一种人与人相互依存、和谐共处、互惠协作的人类文明秩序，乃至以参赞化育的方式来实现万物并育的生命共同体目标。

一、《中庸》“三纲领”与中和的生命理想

《中庸》首章即开宗明义曰：“天命之谓性，率性之谓道，修道之谓教。”徐

① 梁漱溟：《东方学术概观》，见《梁漱溟先生论儒佛道》，广西师范大学出版社2004年版，第65页。

② 张灏：《传统与现代化——以传统批判现代化，以现代化批判传统》，见《张灏自选集》，上海教育出版社2002年版，第323页。

复观先生称,这三句话不仅是《中庸》“全书的总纲领”,甚至“也可以说是儒学的总纲领”[①],因此,将其称为《中庸》“三纲领”再恰当不过了。搞清楚这三句话的实质含义,对于我们理解《中庸》生命学问的思想意旨及其政治含义至关重要。

在我看来,孔子儒家之学理应被看作人类的一种自我反思的特殊思想形式,或者是人类理解自身及其在世界中的位置的一种特殊的努力与尝试,因为对人类自我本性作一种切己反身的真实体认和深入省思,构成了孔子儒家思想的根本出发点。在孔子初步提出“性相近也,习相远也”(《论语·阳货》)的命题之后,儒家学者之所以深入持久地关注和探讨人性问题,正是为了给儒学思想确立一种由之而开展其人类学思想及其伦理政治思考的稳固而坚实的理论出发点。《中庸》开篇所谓“天命之谓性”,可以说最直截了当地切入了儒家思想的人性主题,明确提出了儒家对于人性问题的看法和主张。

《中庸》强调,人类的本性源自天之所命,换言之,天之所命而为人所禀受者即人之本性。那么,这究竟意味着什么呢?通观《中庸》全篇之思想论旨可知,在《中庸》作者看来,与天地生生之道的始源性关联构成了万物之作为多样性统一的生命共同体的前提与基石,然而,人类之最卓异而灵秀之处恰恰就在于,唯有人之精神可以完全与天地之道的生生之始源彼此相贯通,乃至亦唯有人类特别是圣人的生命形态及其生存方式能够体现出天地之道最丰富而博大的精神特征。职是之故,《中庸》作者首要关切且予以正名定义的正是人类而非他物的本性问题,而且,其所谓天命之性无疑具有孟子“性善论”所内含的丰富的道德之善的意涵[②],这一点完全可以从后面的两大命题逆向推论出来。因为所谓“率性之谓道,修道之谓教”,意谓循性而行即为道,而君子修身立道即为教,

① 徐复观:《中国人性论史·先秦篇》,上海三联书店 2001 年版,第 102 页。

② 如孟子曰:“仁义礼智,非由外铄我也,我固有之也”,“仁义忠信,乐善不倦,此天爵也”。(《孟子·告子上》)

换言之，道之为道，实即意指人之所当行之道，而教之为教，也即意指为他人树立一种可普遍效仿的人格典范和言行仪表之教。准此以论，《中庸》所谓天命之性，既然意指人所当循之而行以及君子所应修治其道以立教的本源或依据，那么，性之为性也就一定是一种可欲的善性，如孟子所谓："可欲之谓善。"（《孟子·尽心下》）此可欲之善性，说到底，意指人之所以为人的本质规定性，从儒家的意义上讲，此本质规定性恰恰就体现在人作为一种社会性的伦理存在而应具备的仁义礼智或仁义忠信等诸美德善性之上。因此，《中庸》所谓"天命之谓性"，就是指人类天赋的道德本性，此道德本性即天之所命而人所禀受者。

根据以上理解，《中庸》所谓"天命之谓性，率性之谓道，修道之谓教"，事实上在天、性、道、教之间建立起了一种富有意义的实质性关系，天之所命者即是人所禀受的道德本性，遵循此天赋的道德本性而行即是人所当行的"道"，而君子修治此"道"以为人群之表率或可效仿之楷模即是领袖群伦的"教"①。对儒家而言，作为人类正确行为的"道"和领袖群伦的君子之"教"乃是构建人类文明生活秩序的两大根本支柱，它们的本源和依据就是人自身从天之所命那里禀受的道德本性，这也就将人类的整个文明生活与作为万物或所有生命之开端亦即"生物不测"的天或"至诚无息"的天地之道建立起了一种彼此相贯通合一的始源性的一体关联。如朱子曰："盖人之所以为人，道之所以为道，圣人之所以为教，原其所自，无一不本于天而备于我。"② 这充分体现了《中庸》作者对于天人关系的一种根本看法，它迥然不同于将天人截然二分对立起来而或尊天或重人的思想取向，而是采取了一种推本溯源于天而循之修之在人的立场、观点和思维理路。其实质意义在于，它既然将天地视作万物之本、生命之原，也就势必将人类自身真实而合理的世界观和人生观植根于对于生命整体意义的反

① 王文锦先生译之为："天所给与人的秉赋叫作性，遵循天性而行叫作道，修明此道而加以推广叫作教。"（《礼记译解》下册，中华书局2001年版，第773页）所谓"修明此道而加以推广"，其实即是"领袖群伦"的意思，因此，《中庸》所谓"教"，亦同样具有领导学的深刻意涵。

② 朱熹：《四书章句集注》，中华书局2011年版，第19页。

思之中，正唯如此，个体生命的有限性并不足以使儒家产生一种虚无主义的幻灭感，而对于人类天赋之道德本性的确信更使他们乐于积极地参与到创建人类大群之美好共同生活及其优良治理的人类事业中去，乃至参与到天地之“至诚无息”、生生不已的创生化育万物的过程之中，这既是人类实现其自身之人生价值与生命意义的至高境界与终极关怀，也正是儒家之“学”所具深远宏大之意义的根本体现。

在澄清和阐明了《中庸》“三纲领”的真实含义之后，我们当能更加深刻地理解《中庸》作者何以紧接着说：“道也者，不可须臾离也，可离非道也。”因为道之为道，正是指由遵循人自身天赋的道德本性而行所展示出的那种人所当行的正确行为方式，若道而可离，则人将悖性而行，乃至“放辟邪侈”而“无不为已”（《孟子·梁惠王上》），若此，则人将不成其为人，而道亦将不成其为道矣！职是之故，故君子欲修道立教以领袖群伦，首先要做的就是慎其独而修身。故《中庸》曰：“是故君子戒慎乎其所不睹，恐惧乎其所不闻。莫见乎隐，莫显乎微，故君子慎其独也。”汉儒郑玄注曰：“小人闲居为不善，无所不至也。君子则不然，虽视之无人，听之无声，犹戒慎恐惧自修，正是其不须臾离道。”又曰，“慎独者，慎其闲居之所为。小人于隐者，动作言语，自以为不见睹不见闻，则必肆尽其情也，若有佔听之者，是为显见，甚于众人之中为之。”① 这是说，与小人闲居为不善而无所不至、肆尽其情不同，君子必于闲居独处、人所不睹不闻之际戒慎恐惧以自修其身，故“君子之心常存敬畏，虽不见闻，亦不敢忽”②，这也就是《中庸》后文所谓“修身以道”，而道之为道在循性而行，因此，所谓不可须臾离道而自修其身，实即意谓为了使自我天赋的道德本性常保而不失，君子务须于闲居独处之际戒慎恐惧而做存养省察的修养工夫。不仅如此，《中

① 齐鲁书社编：《礼记注疏》，见《武英殿十三经注疏》第五册，齐鲁书社2019年版，第3262页。

② 朱熹：《四书章句集注》，中华书局2011年版，第20页。

庸》更强调“修身则道立”，意即修身的目的或者唯有通过自修其身才能为他人树立一种循性而行的道德修养的理想人格典范，正如朱子所曰：“道立，谓道成于己而可为民表，所谓皇建其有极是也。”①

那么，这究竟是一种什么样的道德修养的理想人格典范呢？它又会产生什么样的功效呢？《中庸》接下来所讲的具有十分重要意义的一段话，正是对这种经由慎独修身而塑造和成就的人格典范之实质内涵及其功效作用的刻画与描述，也就是：“喜怒哀乐之未发，谓之中；发而皆中节，谓之和。中也者，天下之大本也；和也者，天下之达道也。致中和，天地位焉，万物育焉。”当然，关于如何理解和诠释这段话的含义，绝不是没有疑难和争议的，特别是这段话的核心主题是论喜怒哀乐之情的未发与已发问题，那么，这一问题与天命之“性”或天赋的道德本性究竟是一种什么关系，所谓“中”与“性”和“道”又是一种什么关系？如宋儒吕大临以为“中者道之所由出”和“中即性也”，而其师伊川先生则认为“中即道也”，而且，“在天曰命，在人曰性，循性曰道。性也，命也，道也，各有所当。大本言其体，达道言其用，体用自殊”，而不可“混而为一”；“中也者，所以状性之体段。……盖中之为义，无过不及而立名。……性道不可合一而言。中止可言体，而不可与性同德”②。朱子《集注》则曰：“喜、怒、哀、乐，情也。其未发，则性也，无所偏倚，故谓之中。发皆中节，情之正也，无所乖戾，故谓之和。”③由此可见，三人的理解和看法是各不相同的。伊川更强调性、命、道之义“各有所当”而不可“混而为一”，而且，“中”之义“所以状性之体段”，与“道”同义，却并非指“性”而言。而朱子以“情”之“未发”即“性”即“中”，与吕大临“中即性也”的观点前后一致，这事实上是将“情”与“性”混而为一了，即将“未发”之“情”等同于“性”了，而“发皆中节，情

① 朱熹：《四书章句集注》，中华书局 2011 年版，第 31 页。

② 程颢、程颐：《二程集》上册，王孝鱼点校，中华书局 2004 年版，第 605—606 页。

③ 朱熹：《四书章句集注》，中华书局 2011 年版，第 20 页。

之正也”也似乎是一纯自然的性情发露过程而无需做任何品节修治的工夫。依余浅见，情之与性，亦义各有当而必有所区分，似不可混而为一，因为对《中庸》作者而言，“率性之谓道”，即循性而行才是人所当行的正确行为方式，但这未必意味着就可以循情而行，如孔子弟子子游所说：“有直情而径行者，戎狄之道也。”（《礼记·檀弓下》）另外，性为天之所命，而喜怒哀乐之情又由何而生呢？情与性究竟是一种什么关系？对此，《中庸》作者语焉不详，并未作明确的交代，而且，在自先秦以降的整个中国思想语境中，性情关系又始终都是一个看法不一的复杂问题，因此，我们只能根据与之相近的思想材料作一些尝试性的推论。

除了孟、荀的人性善恶论之外，在当时的儒家学者内部还有两种颇具代表性的观点。其一，如传世文献《礼记·礼运》曰：“何谓人情？喜、怒、哀、惧、爱、恶、欲，七者弗学而能。何谓人义？父慈、子孝、兄良、弟弟、夫义、妇听、长惠、幼顺、君仁、臣忠，十者谓之人义。……故圣人之所以治人七情，修十义，讲信修睦，尚辞让，去争夺，舍礼何以治之？”显然，《礼记·礼运》将人情与人义作了明确区分，所谓“治人七情”与“修十义”亦是义各有当而不可混而为一的，前者谓治人情而使之无所偏倚乖戾，后者谓顺人义而修行之。其二，如新出土文献郭店楚简《性自命出》曰：“凡人虽有性，心无定志，待物而后作，待悦而后行，待习而后定。喜怒哀悲之气，性也。及其见于外，则物取之也。性自命出，命自天降。道始于情，情生于性。始者近情，终者近义。”[①]显然，《性自命出》的作者认为“性”出自天之所命而“情生于性”，从字面上讲，“性自命出，命自天降”的说法与《中庸》所谓“天命之谓性”基本上意思相同，但《性自命出》所谓“性”，其含义相当笼统而含混，而且论性情重在强调人性既“要受制于外物和环境”，同时又“要受制于学习和教化”[②]，作为“性”之流露或外在表现的“情”亦同样如此，故其所谓“道始于情，情生于性。始者近情，终者近义”，乃是“从‘情’入手，来求取它后面的‘性’，然后又把‘义’溶入于

① 李零：《郭店楚简校读记》（增订本），中国人民大学出版社2007年版，第136页。
② 李零：《郭店楚简校读记》（增订本），中国人民大学出版社2007年版，第153页。

‘性’，使‘性’规范于‘义’”，而“‘义’是人的道德标准和行为规范，即教化的目标”[①]，这与《中庸》所谓“天命之谓性，率性之谓道，修道之谓教”，其含义显然大为不同，对《中庸》作者而言，“性”恰恰是“道”与“教”之所由出的本源和终极依据。

综合以上两种说法，也许我们可以更好地理解《中庸》对性情关系所可能抱持的基本观点和看法。大体而言，无论是《礼记·礼运》还是《性自命出》，又抑或是《中庸》，对其作者来说，他们在这一点上无疑是可以达成共识的，即人类的生命形态乃是由各种不同的因素共同形构和塑造而成的，诸如身、心、性、情、血、气、形、神、智、德等，它们既相互依存而又彼此影响，而且人类为了自身的生存亦势必在与他人和外物的彼此交往、接触和相互作用的过程中形成一种错综复杂的互动关系。那么，他们究竟如何具体定义这些生命因素的具体含义，如何看待这些生命因素的相互关系以及在人际和人—物之间的复杂互动关系中所扮演和发挥的角色、功能与作用，其实又是言人人殊的。《中庸》对这些问题所秉持的观点与看法大体如下：首先，天之所命而人所禀受者就是人天赋的道德本性，它是一种处在潜在状态而有待于实现的道德本性，人循性而行就是所谓道，修道在己而可为民之仪表就是所谓教。然而，天之生物不可能只是赋予人一种道德之善的禀性，事实上“喜、怒、哀、惧、爱、恶、欲”之“人情”[②]亦与天命之性一样是与生俱来者。就像我们生而禀受着天赋的道德本性一样，我们也禀受着与生俱来的情感与欲望。尽管我们不清楚《中庸》作者是如何看待情与性的关系的，比如究竟是“情生于性”，还是因“接于物而生”，是“性善情恶”，还是“性、情一也”，但有一点似乎是确定无疑的，那就是，虽然

① 李零：《郭店楚简校读记》（增订本），中国人民大学出版社2007年版，第154、152页。

② 与《礼记·礼运》七种“人情”的说法稍有不同，荀子以“好恶喜怒哀乐”作为情的具体内容，如其曰：“形具而神生，好恶、喜怒、哀乐臧焉，夫是之谓天情。”（《荀子·天论》）又曰：“性之好、恶、喜、怒、哀、乐谓之情。”（《荀子·正名》）《中庸》所谓“喜怒哀乐”当是对人之情感的一种简化说法，或者只是有意识地仅仅谈论此四种情感的发与未发问题。

性与情同为天之所赋而与生俱来者,但如果说天性是一种需要循之、修之才能得以充分实现的道德禀赋的话,那么,“弗学而能”的“人情”却是无须人为的努力就能自求其外显与表达的。当然,情感的萌动与发露常常是需要“物取之”(《性自命出》)或者“感于物而动”(《礼记·乐记》)的,亦即情感往往是由遭遇外物或受外在境遇的刺激所引发而生的,因此,情与性的最大区别就在于,性是以其自身的实现为目的,而情则主要是以外物或外在境遇为其发施作用的目标与对象。而且,不管是善还是恶,人之情感与欲望都构成了人类生命的最强劲的驱动力,正所谓:“饮食男女,人之大欲存焉。死亡贫苦,人之大恶存焉。”(《礼记·礼运》)对于这样一种生命之欲恶与需求的现实必然性,孔子儒家从来都是采取直面正视和积极回应的立场和态度的,然而,在他们看来,道德本性是应充分加以实现的,而情感欲望却是不能任其肆意放纵而是应加以节制或只能求其合理满足的[①]。因此,作为一种道德理想主义的生命学问,儒家之“学”也好,君子之“道”抑或圣人之“教”也罢,从根本上讲,就是以道德本性的充分实现或成就人的道德生命之“尽性”为宗旨和目的,通过有节制而合理地满足人之情感和欲望需求的表达方式来加以实现。这也正是《中庸》作者所要着重阐明的核心理念,故而他一方面开篇即强调“天命之谓性,率性之谓道”,并在后文中明确提出了儒家“尽性”的根本性观念,而且,倡言“喜怒哀乐”之“情”应“发而皆中节”,说明《中庸》既主张对人情需要加以节制或品节,同时又认为道德本性的实现是离不开情感的合理表达方式这一途径的。问题在于:我们究竟应如何恰当地理解《中庸》所论情之未发和已发的问题呢?现代学者可能倾向于把这看作一个普遍性的抽象哲学命题,而我们更倾向于把这看作一个儒家有关道德生命的理想情态或理想人格修养的具体实践进路问题。理解这

---

① 如孔子曰:“中人之情,有余则侈,不足则俭,无禁则淫,无度则失,(‘失’,读为‘佚’,《家语》作‘佚’)纵欲则败。饮食有量,衣服有节,宫室有度,畜聚有数,车器有限,以防乱之源也。”(《说苑·杂言》,此文并见《孔子家语·六本》,又《管子·立政》及《春秋繁露·服制》多相似语)

一问题的关键在于，我们须将《中庸》对该问题的论述放到上下文的语境脉络中加以具体玩味和领会。

《中庸》论“喜怒哀乐”之情的未发已发问题，上承“君子慎其独也”的话题，而下接夫子论君子小人之中庸与反中庸以及过与不及和道之不行的问题。“慎独”的目的在“修身”，“修身”之“身”并非仅仅指个体外在的形体躯壳，而且更是指包括身心、性情在内的整个的个体生命，因此，所谓慎独修身是指对于身心、性情亦即个体生命的修养或个体道德人格的塑造。作为一种人生的目标与心灵的境界，儒家所追求和向往的个体之生命修养和人格塑造的理想样态究竟是什么样的呢？这正是《中庸》“喜怒哀乐”之未发与已发的思想主题所要揭示和阐明的问题。因此，就这一思想主题的实质含义来讲，“喜怒哀乐”之情的未发已发主要是对两种生命情态所作的明辨区分：一是“喜怒哀乐”之情内含而未曾萌动和发露亦即情之与性一而不二或相即而不离、依然处于本然性的纯粹中正而“无所偏倚”的生命情态或心灵状态，故“谓之中”；二是“喜怒哀乐”之情已经萌动和发露，但受到调节或品节而“无所乖戾”亦即性情经由人为的协调而和谐一致的生命情态或心灵状态，故“谓之和”。很显然，这样一种区分，并不意味着把情本身看作是好是坏抑或是善是恶，但情的萌动或发露必然会带来某种影响或产生某种作用，也确乎有过与不及或者好坏善恶之分，因此，问题的关键是情的发露以及发挥作用而富有意义的表达方式是否正确、恰当而合宜。不同的生命情态需要做不同的修养工夫，在情之内含未发而与性相即不离之际，正宜做涵养本心善性的修养工夫，以便从根本上奠立道德生命贞固笃定的心性根基；在待人接物、“情”感物而发之际，因“人之情各有所蔽”，故正宜做格物穷理、克制情感欲望、去除自私偏狭之蔽的修养工夫，以便能够“廓然而大公，物来而顺应”亦即“以物之当喜”则喜、“以物之当怒”[①]则怒，由此而

① 程颢：《答横渠张子厚先生（定性）书》，见程颢、程颐：《二程集》上册，王孝鱼点校，中华书局2004年版，第460—461页。

建构一种既富有人情味而又合乎伦理之义的美好人伦关系和人与人和谐共处的共同体生活。当然，不管是哪种生命情态下的工夫修养与情感表达方式，其目的只有一个，即都是要涵养和调节性情而使之协调一致，以便维持个体身心生命与道德人格之中正与和谐的本真状态，因为“中也者，天下之大本也；和也者，天下之达道也”。情之内含未发、与性相即不离而无所偏倚之“中”，乃是天下事理的根本；情之外露已发、与性相协合宜而无所乖戾之“和”，乃是通达天下的大道。将性情之德、中和之道修养扩充而推至于极境，则可以达到如同天地各安其位而万物繁育生长一样的功效，这便是儒家所追求和向往之中和生命情态的最高境界与终极理想。

二、“中庸”三义与君子之道的实践进路

何谓“中庸”？“中”字的含义不难理解，集中体现了自尧舜以来上古三代圣王一脉相承而留传下来的一种重要政治传统或治国为政之道，即《尚书·大禹谟》所谓“允执厥中”，《论语·尧曰》所谓“允执其中”，意即治国为政应持守中道，也就是《尚书·洪范》所说的：“无偏无陂，遵王之义；无有作好，遵王之道；无有作恶，遵王之路。无偏无党，王道荡荡；无党无偏，王道平平；无反无侧，王道正直。”[①]孔子非常重视并极力发明阐扬这一政治传统，而且，将之创造性地转化发展为一种普遍适用的道德行为准则，并提出“礼所以制中”(《礼记·仲尼燕居》)的重要观念。继孔子之后，荀子进而倡言“礼义”之谓“中”(《荀子·儒效》)。所不同的是，《中庸》从情之未发的角度来定义“中”，意指天命之性体存养在内而纯然本真，无所偏倚而至为广大的生命状态，当其与“庸”连用而合为一词亦不外是指谓君子中正的德行与品格。“中庸”一词实

① 宋儒蔡沈《书集传》注曰：“偏，不中也。陂，不平也。作好作恶，好恶加之意也。党，不公也。反，倍常也。侧，不正也。偏陂好恶，己私之生于心也；偏党反侧，己私之见于事也。……荡荡，广远也。平平，平易也。正直，不偏邪也。”

为孔子所首创，其言曰："中庸之为德也，其至矣乎！民鲜久矣。"（《论语·雍也》）《中庸》亦引述夫子此言曰："中庸其至矣乎！民鲜能久矣！"汉儒郑玄注曰："鲜，罕也，言中庸为道至美，顾人罕能久行。"[①] 朱子《论语集注》引程子之说曰："自世教衰，民不兴于行，少有此德久矣。"[②] 朱子本人《中庸章句》亦曰："世教衰，民不兴行，故鲜能之，今已久矣。"[③] 所谓"民鲜（能）久矣"，郑注以为意谓一般人很少能长久持守践行中庸之德，而朱注以为意谓人民很少能持守践行中庸之德已经很久了。两说皆可讲得通，但问题是，"庸"字的含义究竟指的是什么？综合古今各家之说，所谓"庸"，主要有三种含义，其一为"用"，《说文解字》："庸，用也。"郑玄解《中庸》篇名首取此义，所谓"名曰《中庸》者，以其记中和之为用也，庸，用也。"[④] 在此意义上，所谓"中庸"也就是"用中"的意思，表达的是一种儒家中道和谐的思想观念，亦即"执其两端，用其中于民"。其二为"常"，即"常行""常道"之"常"，郑玄注"君子中庸"兼取此义，所谓"庸，常也，用中为常道也"[⑤]。何晏《论语集解》亦取此义，其训释《论语·雍也》"中庸之为德也"曰："庸，常也，中和可常行之道。"在此意义上，所谓"中庸"，意指将"中"作为一种常道来持守奉行而不可肆情妄行。其三为"平常"之"常"，这是朱子所取之义，与"常行"之"常"，含义"略有分别"[⑥]。朱子《中庸章句》无论解《中庸》篇名，还是注释"君子中庸"，均取"平常"之义，如朱子曰："中者，不偏不倚、无过不及之名。庸，平常也。""中庸

---

① 齐鲁书社编：《礼记注疏》，见《武英殿十三经注疏》第五册，齐鲁书社2019年版，第3263页。

② 朱熹：《四书章句集注》，中华书局2011年版，第88页。

③ 朱熹：《四书章句集注》，中华书局2011年版，第21页。

④ 齐鲁书社编：《礼记注疏》，见《武英殿十三经注疏》第五册，齐鲁书社2019年版，第2506页。

⑤ 齐鲁书社编：《礼记注疏》，见《武英殿十三经注疏》第五册，齐鲁书社2019年版，第3263页。

⑥ 张岱年：《中国古典哲学概念范畴要论》，中国社会科学出版社1989年版，第175页。

者，不偏不倚、无过不及，而平常之理，乃天命所当然，精微之极致也。惟君子为能体之，小人反是。”[①] 另如朱子《论语集注》引程子之说曰：“不偏之谓中，不易之谓庸。中者天下之正道，庸者天下之定理。”[②] 程子所谓“不易”之义，似乎既可以从“常行”的意义上理解，也可以从“平常”的意义上理解，所谓“中庸”即意指中正不偏为日用常行之道或平常不易之理，如张栻《论语解》曰：“庸者，言其可常而不易也。”[③]

孔子在使用“中庸”时特指一种君子所具备的完美至善的德行，此乃上承“中和”之说而来，如朱子曰：“变和言庸者，游氏曰：‘以性情言之，则曰中和，以德行言之，则曰中庸。’是也。然中庸之中，实兼中和之义。”[④] 虽然朱子强调的重点仍然落在“中”字上，但游氏的说法似乎更为合理而应引起我们的特别注意，即“中和”是从性情的意义上来讲的，“中庸”是从德行的意义上来讲的，如果说“中庸”之德行乃是上承或直接从“中和”的生命原则引申而来的，而且，“和”字自有其不能由“中”完全涵盖的相对独立的含义，那么，“变和言庸”，“庸”字亦必有其相对独立的含义而不仅仅是用来对“中”的含义作辅助性的说明。诚如徐复观先生所言：“‘中’与‘庸’连为一词，其所表现的特殊意义，我以为是‘庸’而不是‘中’；因为中的观念虽然重要，但这是传统的观念，容易了解。和‘中’连在一起的‘庸’的观念，却是赋予了一种新内容，新意义。所谓‘庸’，是把‘平常’和‘用’连在一起，以形成其新内容的。……所谓‘庸’者，乃指‘平常的行为’而言。所谓平常的行为，是指随时随地，为每一人所应实践，所能实现的行为。……人人可以实践，人人应当实践的行为生活，即是中庸之道，即是孔子所要建立的人道。”[⑤] 如果说“中和”是指由性情的修养而

① 朱熹:《四书章句集注》，中华书局2011年版，第19、21页。

② 朱熹:《四书章句集注》，中华书局2011年版，第88页。

③ 张栻:《张栻集》上册，邓洪波校点，岳麓书社2017年版，第50页。

④ 朱熹:《四书章句集注》，中华书局2011年版，第21页。

⑤ 徐复观:《中国人性论史·先秦篇》，上海三联书店2001年版，第99—100页。

达致的一种理想生命状态的话，那么，“中庸”便是指根基于性情的修养或本原于“中和”的生命原则而具体展现出的一种德行与品格。分别言之，“中”当指中正亦即公道正派而不偏不倚的德行与品格，而“庸”即指温良平易而不乖不戾之德行与品格，此与“和”字的含义亦正是连属一致的。准此而言，正因为拥有“中”的德行与品格，故君子能“和而不流”“中立而不倚”；正因为拥有“庸”的德行与品格，故君子能平易近人而“道不远人”；正因为拥有“中庸”之“至德”，故“君子遵道而行”，乃至于终能即凡而圣、上达乎天德，正所谓：“君子依乎中庸，遁世不见知而不悔，唯圣者能之”，又或者是“君子之道，造端乎夫妇；及其至也，察乎天地”。

依《中庸》作者之见，君子之道功用广大而意义隐微。君子之道，始则“造端乎夫妇”，故虽“夫妇之愚”亦“可以与知”，“夫妇之不肖”亦“可以能行焉”，及其至于“察乎天地”的终极境域，“虽圣人亦有所不知”，“亦有所不能焉”。即使像天地那么广大，但也有让人感到缺憾的地方，“如覆载生成之偏，及寒暑灾祥之不得其正者”①。若以大小而论，说它大，则“天下莫能载焉”，说它小，则“天下莫能破焉”。由此可见，君子之道所涵盖的范围及其功用至为广大，既卑近而涉及匹夫匹妇“居室之间”的日常生活，又高远而达于天地生物不测的大化流行。君子之道是从来不会远离人们的，道之为道，乃在于率性而为、循性而行，而性之为性，出乎天之所命而为人所生而固有者，因此，君子之道实则是“固众人之所能知能行者也”，反之，“若为道者，厌其卑近以为不足为，而反务为高远难行之事”②，则道之不可以为道矣。

毫无疑问，“依乎中庸”而行的君子之道首先具有的是一种“道不远人”和日用常行的人间性与实践性的鲜明特征。就其实质含义和具体的实践进路而言，最值得我们注意的有如下数端：

① 朱熹：《四书章句集注》，中华书局2011年版，第24页。

② 朱熹：《四书章句集注》，中华书局2011年版，第25页。

其一，与《大学》作者强调“絜矩之道”可谓一脉相承，《中庸》作者重申了人类共同生活的人伦关系特征，并特别阐明和凸显了君子之道的“忠恕违道不远”的实质内涵，故称引孔子之言曰：

道不远人。人之为道而远人，不可以为道。《诗》云：“伐柯伐柯，其则不远。”执柯以伐柯，睨而视之，犹以为远。故君子以人治人，改而止。忠恕违道不远，施诸己而不愿，亦勿施于人。君子之道四，丘未能一焉：所求乎子，以事父未能也；所求乎臣，以事君未能也；所求乎弟，以事兄未能也；所求乎朋友，先施之未能也。庸德之行，庸言之谨，有所不足，不敢不勉，有余不敢尽；言顾行，行顾言，君子胡不慥慥尔！

所谓“君子以人治人”，从君子立身行己的完整含义上来理解，当指正己以正人，而非仅仅意味着以他人为对象而治之，或者，也可从“兼人己”的意义上来理解“以人治人”的含义，如吕留良《四书讲义》所谓：“‘以人治人’句，原可兼人己，故《语录》云：‘我自治其身，亦是将我自得底道理，自治我之身而已。’”[①] 正唯如此，当君子立身行己于人伦角色的生活网络或人际互动的交往关系之中，首先应当反身责己以自修其德行，而非先行责求于人，这就是所谓反求诸己的忠恕之道，忠者“尽己之心”，恕者“推己及人”，合而言之，“施诸己而不愿，亦勿施于人”。忠恕之道乃是可被用于构建一种良善而和谐之人伦关系的道德行为准则，它并不高远而难以企及，而只需要人们在平常德行方面努力实践、在平常言语方面保持谨慎，做得有不足的地方不敢不勉力去做，行有余力的地方不敢以为已做得尽善尽美，能做到“言顾行，行顾言”，这就是言行一致而真诚笃实的君子。因此，真正的君子首先关切和致力的是自己的言行是否诚笃谨慎和自身的德性修养问题，而不是把个人的意志和想法专断地强加于他人。准此以论，则所谓“君子以人治人”，我们既不应片面地将其理解为君

① 吕留良：《四书讲义》下册，陈鏦编，俞国林点校，中华书局2017年版，第532页。

子专求人之罪过并假借“人道”的名义而管制或整治他人，更不应按字面意思而将其曲解为一种“以其人之道还治其人之身”的阴谋之术，其恰当而正确的释义应该是君子应正己以正人，即以修身正己的做人之道来劝导、教诲和引领他人，而君子之修身正己不过是率性修道而已，况乎“道之不远人，则人与己本均有也”①，因此，所谓“治”，不过是“教”的另一种说法，或者，所谓“以人治人”，不过是“修道之谓教”的另一种表达方式而已。

显然，作为一种人际交往的道德行为原则，忠恕之道要求人们所遵循的是一种反求诸己的基本原则。如果说这就是儒家君子之道所尊信和奉行的道德行为准则，它当然既不如单向命令并强制他人服从的主从关系观念更有力量，也不如将“应该如何”或“不准什么”的道德信条与行为戒律简单地强加于人的宗教信仰更有力量，既不如依靠武力征服或暴力手段以侵害或毁灭他人生命的暴行更能产生震慑人心的直接效果，也不如运用阴谋权诈之术暗中算计和伤害、操纵和控制他人或将他人玩弄于股掌之上更能产生损人利己的直接利益。要实行儒家君子所信奉的忠恕之道——一种真正“依乎中庸”而合乎道义的行为准则，唯一需要的就是教人反身自省自求、自修其德，在不断完善自我品格的过程中学习与人和谐相处的行为方式，学习如何正己正人，学习如何审慎地按照儒家把人当人的仁道原则来“以人治人”。这才是儒家君子所矢志不渝地追求和努力探寻的那种构建以中和理想为方向和目标的人类共同体生活及文明秩序所应遵循的道德行为准则和理想在世方式。正因为君子首先关注和重视的是自身的德性修养问题，因此，不管君子处在什么样的地位和境遇，他都会安于其目前所处的地位和境遇而做自己应该做的事情，而不会有出乎其位的其他非分之想，正所谓“君子素其位而行，不愿乎其外”。无论是身处富贵，还是身遭贫贱，无论是身在夷狄，还是身罹患难，君子都始终如一，为其所当为，行其所应行，坦然心安，“无入而不自得焉”。因此，君子身居上位而不会凌侮和欺压在

① 张栻：《张栻集》下册，邓洪波校点，岳麓书社2017年版，第708页。

他下面的无权无势的人，身在下位而不会攀缘和巴结在他上面的有权有势的人，正己修身而无所苛责或求乞于他人，上不怨恨于天，下不责怪于人，素位而行，心安理得，故能坦然面对和接受自己所遭遇的任何命运，相反，小人却总是铤而走险以妄图徼一时之幸。故子曰：“射有似乎君子，失诸正鹄，反求诸其身。”

其二，儒家的君子之道应遵循自卑近以至高远的实践路径，正所谓“君子之道，辟如行远必自迩，辟如登高必自卑”，这可以说是对儒家君子之道的实践特征与精神品格最精要而恰当的概括。

儒家君子之道并不教人好高骛远，而是教人脚踏实地地从身边最切近的日常生活处躬行实践，也就是首先处理好自己与家人间的关系。《中庸》所引《诗经·小雅·常棣》诗文和孔子之言便是最好的说明：“《诗》曰：‘妻子好合，如鼓瑟琴；兄弟既翕，和乐且耽；宜尔室家，乐尔妻帑。’子曰：‘父母其顺矣乎！’”在家人之间，最重要的三种关系便是夫妻、兄弟、父母子女之间的关系，夫妻之间性情相好而合，就像弹琴鼓瑟一样；兄弟之间手足情深，欢聚和睦；安排好室内家庭生活，与妻子儿女共享人伦之乐，让父母感到顺心如意。这是一幅多么幸福而美好、充满着温暖的伦理情谊和人伦之乐的日常生活情景与家庭画卷！这也肯定是任何心理健康的正常之人和家庭所真心向往的一种日常生活情景与家庭画卷！“道不远人”的真实含义，就最充分而真切地体现在人们对于这样一种美好家庭生活的向往与追求之中。

然而，人类生命及其共同体生活的全部价值和意义并不仅仅局限于家庭内部的日常生活和家人之间的人伦关系，或者，人并不仅仅是一种活在当下、只关心一室一家之现世生活的狭隘的家庭动物。如《礼记·礼运》曰：“人者，其天地之德，阴阳之交，鬼神之会，五行之秀气也。”人之为人，乃是禀承天地之大德、感受阴阳之交感、荟萃鬼神之良能和蕴含五行之秀气而生的，因此，人类生命及其共同体生活的价值和意义还在于，必须能够上达于天地之大道和鬼神之盛德，贯通于阴阳五行的精元灵秀之气。正唯如此，在孔子儒家看来，郊祭敬事天地鬼神便理应成为人类生活中非常重要的一项礼仪性的神圣活动，而郊祭敬事天地鬼神的最主要目的，就是教人们“报本反始”（《礼记·郊特牲》）或“反古复始”而“不忘其所由生”（《礼记·祭义》）。对孔子儒家而言，这无疑构成了人类生命及其共同体生活的一个极其重要的宗教性维度，它对人具有一种提撕超拔、拓展心灵的功能，使人们的眼界不再仅仅局限于现世日常生活的当下狭隘视野，而是仰望天地，探求和追寻天地生生之德和化育之道，缅怀祖先，追思和赓续先辈之功德与事业。从普通家庭其乐融融的日常生活场景，到“视之而弗见、听之而弗闻”的鬼神信仰，再到德位相符一致的圣王事业，无疑充分体现了儒家君子之道不断拓展扩大的人文主义视野。

其三，儒家的君子之道还须具体落实在政治实践领域，而其为政理念的核心原则主要就是“为政在人”和“修身为本”，这也是所谓“道不远人”的实质含义的一个重要维度。

孔子认为，周代文王、武王所奠立的治国为政的优良传统和最佳治道的核心理念，就是强调“人”才是政治生活的决定性因素，正所谓“其人存，则其政举；其人亡，则其政息”，即“为政在人”。现代学者常常用“人治”的说法概括这一治国为政理念的实质含义，而问题恰恰就出在这一说法上，因为这是一个具有歧义性的概念，其负面含义是指“个人的无法统治”，而所谓“无法”，“并不意味着没有任何形式的法律或习惯”，而是“意味着政府习惯于漠视法律，特别是意在限制政府权力的法律：一个可以改变任何法律或‘至高无上的’政府就是无法的政府”①。在这一意义上，若将其中的“政府”一词替换为“君主”，便可用来说明中国传统的“人治”观念，它是指君主个人的“无法”统治或单凭个人之意志而实施统治。很显然，在中国历史上确乎存在这样一种性质的“人治”的思想观念与政治现实，但儒家所主张的绝不是这样一种性质的“人治”观

①［美］列奥·施特劳斯、约瑟夫·克罗波西主编：《政治哲学史》上册，李天然等译，河北人民出版社1993年版，第75页。

念。就“为政在人”的实质含义而言，诚如梁启超先生所言，儒家所主张的毋宁说是一种“贤人政治”[①]的观念，这一说法是不带有任何贬义性的负面含义的，因为它突出和强调的是“人”亦即人的德才兼备的优秀品质，关乎或决定了政治的清明和天下国家的优良治理，反之，个人专断意志的任性，却只会导致政治的败坏和天下国家的昏乱。

明乎此，我们再来看《中庸》所引孔子之言的实质含义，所谓“其人存，则其政举；其人亡，则其政息”，强调的是“政”的或举或息最终取决于“人”自身的因素，亦即治国为政之人在才智能力方面是否贤明、在道德品格修养方面是否优秀。“政”随“人”之存亡而或举或息，这也许是不可避免的，但正唯如此，治国为政之“人”才更应该努力修身正己以便长期而稳固地维持天下国家的优良治理。正如美国学者曼斯菲尔德所言，优秀品质也许“将总是以无法消除的暧昧状态，存在于人类事务之中”，虽然“不牢靠”，却是“不可缺少”的[②]。正是基于对治国为政之本质问题的这样一种认识与见解，故而孔子儒家极力主张治国为政应首先修身正己，而且，务须德位相符，务须谨言慎行，务须践行礼义，务须遵循仁道。故曰：“为政在人，取人以身，修身以道，修道以仁。”对这句话的恰当、精确而完整的含义应作这样的理解和释义，即治国为政的关键在于人自身的优秀品质，考察、评判和选取贤德之人的标准在于品行是否端正，修身的方式在于率性循道而行，修道的途径在于待人以仁。

“为政在人”之“人”是指品质优秀的士人君子或德行卓越的贤人，在孔子儒家的政治构想中，只有这样的“人”才具有担负治国为政之职责的正当资格，而唯有通过修身的方式，一个人才能成为君子之“人”。故紧接下来孔子所阐述的也正是“君子”如何修身的具体途径和方式方法问题。综合以观，“修身”正

① 梁启超：《先秦政治思想史》，东方出版社2012年版，第271页。

② 曼斯菲尔德的原话为：“品质将总是以无法消除的暧昧状态，存在于人类事务之中，既不可缺少，也不牢靠。”（[美]哈维·C.曼斯菲尔德：《驯化君主》，冯克利译，译林出版社2005年版，“简装本前言”，第4页）

可谓孔子答“哀公问政”一章具有枢轴性意义的核心理念，诚如清儒吕留良所说：“全章重在‘修身’……‘取人’句不过因上文生来，做过渡引子耳，意不重也，身不专为取人而修。”①

君子之为君子，首先就在其“以修身为本”，“修身”是君子之道的核心要义。那么，究竟应如何来“修身”呢？结合《中庸》“三纲领”，我们对于孔子儒家“修身”观念的实质含义无疑可以有更为深切、全面而明确的了解。所谓“修身以道”，从“率性之谓道”的意义上讲，意即修身务须率循天赋的道德本性来涵养和修持自身的品行；所谓“修道以仁”，意即修道在身或修身立道而成就自身的仁德，从“修道之谓教”的意义上讲，则修身至此也就“道成于己而可为民表”，亦即成为治国为政的领导者或以身作则、垂范立教的“君子”矣。然而，君子修身何以能成就自身的仁德呢？《中庸》所引孔子之言并未对此清楚地阐述和说明，但从《中庸》“天命之谓性”的意义上讲，并参照后来孟子所明确阐述的“仁义礼智，非由外铄我也，我固有之也”（《孟子·告子上》）的人性观来理解，我们有理由相信，君子能够“修身以仁”的根据就在于仁乃人受天之所命的道德禀性，换言之，孔子儒家“修身”“修道”的观念最终又是要溯源而归本于天之所命、人所禀受的仁义礼智的天赋道德本性的。

一个人唯有知天，才能真正地知人，即了解人的天命之性或天赋本性，以及人与人之间应通过什么样的交往方式来构建一种和谐文明、良善有序的人伦关系与共同体生活；进而言之，一个人亦唯有知人，才能真正懂得如何以仁爱敬让之心事亲以及如何躬行礼义、端正品行以修身。因此，所谓“知人”“知天”之“知”，其目的不在“知”本身，而是为了躬行实践之“行”，亦即应将所“知”运用而落实到人类共同体生活的伦理实践和个人身心的自我德性修养之上。这就是所谓“天下之达道五，所以行之者三”，具体言之，所谓五“达道”，意即可以通达天下而古今所共由的大道，主要是指君臣、父子、夫妇、兄弟、朋友五种

① 吕留良：《四书讲义》下册，陈鏦编，俞国林点校，中华书局2017年版，第565页。

最重要的伦常关系，而所谓三“达德”，意即可以通达天下而古今所同修的美德，主要是指智、仁、勇三种最重要的美好德性，前五种伦常关系是需要靠后三种美德来加以修持和维系的。不管是智，还是仁，又抑或是勇，对于修持和维系五种伦常关系来说，其目的和效果其实都是一样的。

然而，人们又如何而“知”，如何而“行”呢？依孔子儒家之见，人的智识水平和行为能力无疑是存在实际差异的。就“知”而言，有的人天赋异禀，可以生而知之；有的人中等资质，可以学而知之；有的人天资较差，可以“困”即经过艰苦努力而知之。但不管怎样，他们都是一样可以“知之”的。就“行”而言，有的人出于本性、从容安适地去做，有的人明智审慎、深知笃好地去做[①]，有的人勤勉尽力、自强不息地去做。但不管怎样，他们都是一样可以达到成功的。不过，需要特别指出的是，此处所论“知”与“行”的问题，并非泛泛而论，朱子以为“知之者之所知，行之者之所行，谓达道也”[②]，而依我们之见，知之者谓知人、知天，行之者谓以智、仁、勇之三“达德”来躬行实践五“达道”之人伦常道。故接下来即阐明何以为智、仁、勇的问题，正所谓“好学近乎知，力行近乎仁，知耻近乎勇”，此诚如宋儒吕大临《中庸解》所说：“好学非知，然足以破愚；力行非仁，然足以忘私；知耻非勇，然足以起懦。”[③]知此而修身，自然可

① 郑玄注“或利而行之”曰：“利，谓贪荣名也。”（齐鲁书社编：《礼记注疏》，见《武英殿十三经注疏》第五册，齐鲁书社 2019 年版，第 3272 页）现代学者亦有将其译解为“为了名利”或“为了某种好处”之义者，如此释“利”字之义，显然出于一种先入为主的“道德偏见”，以为只要讲“利”就是意指自私自利之利，其实，孔子既讲“放于利而行，多怨”或“小人喻于利”（《论语·里仁》），同时亦讲“因民之所利而利之”（《论语·尧曰》），因此，对孔子儒家而言，“利”字之义并非仅限于自私利己的意思，而是亦有利人利民的意思，故此处取朱子注《论语·里仁》“仁者安人，知者利仁”一语的释义，即“利，犹贪也，盖深知笃好而必欲得之也。……惟仁者则安其仁而无适不然，知者则利于仁而不易所守，盖虽深浅之不同，然皆非外物所能夺矣”（《四书章句集注》，中华书局 2011 年版，第 68 页）。

② 朱熹：《四书章句集注》，中华书局 2011 年版，第 30 页。

③ 吕大临：《中庸解》，见陈俊民辑校：《蓝田吕氏遗著辑校》，中华书局 1993 年版，第 485 页。朱子集注注引，见《四书章句集注》，中华书局 2011 年版，第 30—31 页。

以成就其人智、仁、勇的美好德性，乃至进而真正懂得如何去“治人”以及如何去“治天下国家”，故曰：“知斯三者，则知所以修身；知所以修身，则知所以治人；知所以治人，则知所以治天下国家矣。”此所谓“治”，也正是上文所谓“以人治人”的“治”，基于前面我们对其真实含义所作的阐释与解说，再结合此处对于“知天”“知人”以“事亲”“修身”以及如何“知之”“行之”的相关论述可知，真正的君子，应该在充分体察和了解天地生生之道的基础上，遵循人类天赋的仁义道德本性，尽心竭力于修身事亲，乃至努力培养自己的智、仁、勇之德以躬行实践君臣、父子、夫妇、兄弟、朋友之交的五大伦常关系之道，这就是所谓“治人”。而所谓“治天下国家”，不过就是在修身、尊贤和亲亲的基础上进一步扩大其人际交往和生活实践的关系范围而全面建立一种和谐友善的人类关系而已。故子曰：

> 凡为天下国家有九经，曰：修身也，尊贤也，亲亲也，敬大臣也，体群臣也，子庶民也，来百工也，柔远人也，怀诸侯也。修身则道立，尊贤则不惑，亲亲则诸父昆弟不怨，敬大臣则不眩，体群臣则士之报礼重，子庶民则百姓劝，来百工则财用足，柔远人则四方归之，怀诸侯则天下畏之。

在治国平天下的九项基本纲领与原则中，修身乃是一项应最优先遵循和践行的原则，这充分体现了孔子儒家修身第一的治国为政理念。但需注意的是，修身固然是最为关键性或枢轴性的起点与开端，但这并不意味着他们就把所有问题都化简归约为个人的自我修身而已。对孔子儒家而言，修身的根本重要性就在于，唯有好学修身的仁人君子才真正具备或拥有治国为政的正当资格，唯有好学修身的仁人君子才真正能公正而无偏无倚地对待他人，即“唯仁人为能爱人，能恶人”（《大学》），乃至服务于增进民生福祉和整个人类共同体之共同利益的目的。因此，修身本身并非目的，为政安民才是目的，正唯如此，除了须在闲居独处之际审慎地涵养自己的性情之外，事实上君子还必须在作为共同体生活之经脉的各种人伦关系中修行自身仁义的德行与品格，尊贤为义之大者，亲亲为仁之大者，故尊贤和亲亲乃仅居于修身之次的另外两大基本原则，接下来便是敬大臣、体群臣、子庶民、来百工、柔远人和怀诸侯，总共九项基本原则。

总之，孔子儒家希望通过“修身”和“尊贤”以实现天下国家的优良治理，通过“亲亲”的伦理实践以引导人们能够过上一种富有人伦道德意义的美好生活，通过“子庶民”和“来百工”以发展农业生产、促进各种手工业生产以“利用”“厚生”而满足人们衣食充裕、财用丰足方面的实际需求，通过“柔远人”和“怀诸侯”以最终实现安抚四方、平治天下的远大目标。

三、至诚尽性的圣人之道与博厚高明的天地境界

对孔子儒家而言，君子率性修道而由卑近以至乎高远，所能达到的最高境界就是至诚尽性、参赞天地化育的圣人化境，这就是《中庸》接下来所要重点阐述的最富创见而具深远意义的核心思想主题。为了实现这一最崇高的人生理想目标，对于身处下位而有志于做治国为政之领导者的君子而言，仍需直面现实而反身切己地修养自身以获取身居上位者的信赖与任用。换言之，为了更好地实现天下国家优良治理的目标和满足人民对美好生活的向往和追求，君子必须致力于建立一种上下协同合作的信任关系，为此，《中庸》在“修身”观念的基础上又明确提出了一个“诚身”的新概念，从而既顺理成章而又极富创见地引出了“诚”这一至关重要的核心理念，并由此而实现了《中庸》全书上下篇前后文之间思想主题和政治思考重心朝新方向的话语转换。①

① 依据徐复观先生的说法：“今日之《中庸》，原系分为两篇。上篇可以推定出于子思，其中或也杂有他的门人的话。下篇则是上篇思想的发展。它系出于子思之门人，即将现《中庸》编定成书之人。”（《中国人性论史·先秦篇》，上海三联书店2001年版，第91页）

《中庸》曰：

> 在下位不获乎上，民不可得而治矣。获乎上有道：不信乎朋友，不获乎上矣。信乎朋友有道：不顺乎亲，不信乎朋友矣。顺乎亲有道：反诸身不诚，不顺乎亲矣。诚身有道：不明乎善，不诚乎身矣。诚者，天之道也；诚之者，人之道也。诚者不勉而中，不思而得，从容中道，圣人也。诚之者，择善而固执之者也。

依《中庸》作者之见，身处下位的君子要想参与到治民为政的事业中来，务须努力争取或赢得身居上位者的信任，而赢得或获取信任的办法就是要能取信于朋友，取信于朋友的办法就是要能顺应父母的心意，顺应父母心意的办法就是要能反身而诚。反之，自身不真诚是不可能做到顺应父母心意的，不能顺应父母的心意也就不能取信于朋友，不能取信于朋友也就不能获得身居上位者的信任。需要强调指出的是，我们需要正确理解所谓“顺乎亲”和“信乎友”的含义，正如吕留良所言：“‘顺’者，即底豫允若之谓，有以谕之于道，心与之一而未始有违，孝之至也，非父贤从而贤，父不肖从而不肖之谓顺。信乎友，亦不是便于与之交游往还，乃因其大节而信其平生。”[①] 因此，“获乎上”绝不是意指谄媚、巴结、攀缘身居上位者以满足一己对权位和私利的贪欲，而是为了治民的目的，亦即为了治国为政而引导人民崇德向善的共同事业而真诚地努力与身居上位者建立一种良好的协力合作的信任关系。对孔子儒家而言，治国为政不仅需要身居上位者以“修身”为本，同样也需要身处下位者“诚身”为先，而“诚身”之道在于“明乎善”，正如郑玄注所谓“知善之为善，乃能行诚”[②]，唯先明善诚身，方能“顺乎亲”而“信乎朋友”，乃至“获乎上”。

“诚身”之“身”，亦犹“修身”之“身”，如上文所言，绝非仅指个体的形

---

① 吕留良：《四书讲义》下册，陈鏦编，俞国林点校，中华书局2017年版，第577页。

② 齐鲁书社编：《礼记注疏》，见《武英殿十三经注疏》第五册，齐鲁书社2019年版，第3276页。

体躯壳，而是就个体的整个生命而言，故人之明善而“诚身”，意味着一个人的整个生命处在一种心智清明而“不为伪妄所误”[①]的真诚向善状态。准此以论，《中庸》所谓“诚身”似与《大学》所谓“诚意”在义涵上有广狭之别，“诚意”主要是指个人内心意念的诚实，而“诚身”乃指个体整个生命的真诚状态，而且，这一状态应与对“善”的认知和热爱密切相关。如朱子集注所言，诚之为诚，乃“真实无妄之谓”[②]；而善之为善，乃是指一个人内心的善良意愿或一个人善良的德行品质和人格品行。如果说诚是“天之道”的体现，是上天赋予人类的一种最本真的生命特质和道德品格的话，那么，“诚之”亦即人对“诚”这一生命特质和道德品格的追求与成就，便是“人之道”的体现，是人应自觉努力而为之的修行工夫。能够做到“诚”由内而外自发地充分实现者，便是“不勉而中，不思而得，从容中道”的圣人；能够做到“诚之”即自觉而努力地修行“诚”之品格者，便是“择善而固执之”的贤人君子，而修行的方法、途径或工夫便是“博学之，审问之，慎思之，明辨之，笃行之”。博学乎天人之道，审问乎义理疑难，慎思乎人情善恶，明辨乎好恶是非，最后还要落实于行，即择善而固执笃行，做到知行合一。而且，贤人君子之学、问、思、辨，乃至于行，“不为则已，为则必要其成”，故不仅绝不会轻言放弃或半途而废，更且“常百倍其功”[③]，正所谓“人一能之己百之，人十能之己千之”，果能如是，则“虽愚必明，虽柔必强”，即心智昏愚者必能变而化为清明，意志柔弱者必能变而化为坚强。这就是作为一种生命学问的儒家君子之学及其以“诚”为生命特质和人生目标之修养工夫的核心要义。

从学贯天人的意义上来讲，《中庸》之“诚”也可以说就是一种贯通天人之道的生命学问，而且是一种力求诚明合一即真诚的生命品格与清明的心智状态

① 吕留良:《四书讲义》下册，陈鏦编，俞国林点校，中华书局2017年版，第577页。
② 朱熹:《四书章句集注》，中华书局2011年版，第32页。
③ 朱熹:《四书章句集注》，中华书局2011年版，第33页。

协和一致的生命学问。如何才能达到诚与明的合一呢？《中庸》曰："自诚明，谓之性；自明诚，谓之教。诚则明矣，明则诚矣。"达到或实现诚明合一的途径或进路主要有两种：一是由诚而明，"诚"为天赋所性而自有者，故顺乎天道，率性而为，使"诚"由内而外地自生自发地充分实现出来，则"德无不实而明无不照"，这就是出乎本性的"圣人之德"；二是由明而诚，在博学、审问、慎思、明辨的基础上，再继之以择善固执而笃行的工夫，亦可成就"诚"的德行品格，这就是"由教而入""先明乎善"而修德的"贤人之学"[①]。不管怎样，依《中庸》作者之见，"诚"与"明"实可谓道德生命的两翼，亦可谓儒家圣贤学问之相辅相成而不可或缺的两个维度。不过，虽然《中庸》作者有意在"诚"与"明"之间作出一种有意义的观念分疏，意即在根源于天道的自生自发的天性之"诚"和出自人为的自觉努力而获致的心智之"明"之间作出一种明确的辨别区分，这意味着存在由诚而明和由明而诚这样两种不同的修为途径或工夫进路，但是，修为工夫上的差异并不是本质性的，真正具有重要意义的则是不管哪一种修为途径或工夫进路，它们所要达到的目标或能够成就的功效却是别无二致的，即它们都同样能够达到或实现参赞天地之化育的理想目标。故曰：

唯天下至诚，为能尽其性；能尽其性，则能尽人之性；能尽人之性，则能尽物之性；能尽物之性，则可以赞天地之化育；可以赞天地之化育，则可以与天地参矣。

其次致曲，曲能有诚，诚则形，形则著，著则明，明则动，动则变，变则化，唯天下至诚为能化。

在《中庸》作者看来，最为理想的道德生命的人格范型，是天下至诚的圣人。只有天下至诚的圣人，把天性之诚扩充发挥到极致状态，才能充分而完满地实现自己天赋的本性；唯有能充分而完满地实现自己天赋的本性，才能帮助和促进他人充分而完满地实现各自天赋的本性；唯有能帮助和促进他人充分而完满

① 朱熹：《四书章句集注》，中华书局2011年版，第33页。

地实现各自天赋的本性，才能帮助和促进万物充分而完满地实现各自天赋的本性；能帮助和促进万物充分而完满地实现各自天赋的本性，也就可以参赞辅助天地生生不息的化育过程了；可以参赞辅助天地生生不息的化育过程，也就可以与天、地相并列而鼎立为三了。其次则是那种致力于学、问、思、辨的工夫而能够明智地选择善之一端而固执笃行的贤人君子，择善而固执笃行同样可以涵养、扩充和蕴积道德生命的真诚品质，且能由内而外地显现出来，乃至日益昭明彰著地焕发出人性的光辉，从而对他人产生一种使人心悦诚服地感动和转化的人格力量，说到底，唯有天下至诚之人，才能完成和实现化行天下的教化之功。

由上可见，《中庸》下篇围绕着“诚”这一中心观念而展开的思想论说，无疑向我们展现了一种深刻而微妙的话语转换与思想主题的推扩、拓展和深化以及思想境界的进一步提升。上篇“率性”的观念要人遵循天命之性而修养德行，而下篇“尽性”的观念所强调的则是由己及人进而及物地充分实现其天赋的本性。如果说上篇的天命之性与率性之道主要着重就人类自身的天赋道德本性而言的话，那么，下篇的至诚尽性观念则是贯通着人、己、物、我或包括所有人与物而言的，故其所谓“尽性”之“性”并非仅仅局限于人类所禀受的道德本性，而是指更具普遍性意义的由天地所创生的所有生命存在之物的生命特性，而且，要实现由自我不断扩充推及于他人乃至万物的“尽性”目标，至关紧要的便是需要具备“至诚”的生命特质与精神品格。那么，这究竟是一种什么性质的生命特质与精神品格呢？《中庸》作者继而从三个维度或面向展开论述道：一是，“至诚之道，可以前知”，这是说“至诚”的生命特质与精神品格具有一种如神明一般的深刻洞察未来的先见之明，亦即预知国家之妖祥亡兴、人事之善恶祸福的超凡能力，故曰“至诚如神”。二是，“诚者物之终始，不诚无物”，这是说“诚”乃是可以贯通人、己、物、我而与物相终始的一种最为可贵的生命特质与精神品格，反之，不诚则无物可以生成，又或者说“诚”的缺失将使万物丧失其存在的价值与意义。三是，“至诚无息”，这是说“至诚”是一种永不间断止息的生命特质与精神品格，不止息故能长久，能长久故其效验可“悠远”地著于四方，乃至于其积也“博厚”而其发也“高明”[①]；而且，唯其博厚故能承载万物，唯其高明故能遍覆万物，唯其悠久故能成就万物，亦正唯其博厚高明，故能与天地之德相配而可行之悠久无疆。故《中庸》极言天地之道的博厚、高明、悠久曰：“天地之道：博也，厚也，高也，明也，悠也，久也”“博厚，所以载物也；高明，所以覆物也；悠久，所以成物也”，而“天地之所以为大也”正在于“天地之无不持载，无不覆帱”。说到底，“天地之道，可一言而尽也”，那就是：其为物（创生万物）终始如一，故能使万物生生不息而“生物之多，有莫知其所以然者”[②]。综上，如果说《中庸》上篇主要阐发的是一种具有儒家通见共识意义的修身为政的君子之道的话，那么，下篇所揭橥和显扬的则是一种更具特殊意义的至诚而博厚高明之天地境界的圣人之道，故曰：“大哉圣人之道！洋洋乎！发育万物，峻极于天。”

很显然，《中庸》作者心目中的博大圣人乃是一个至诚尽性而德合道通天地的伟大人类典范，这绝非意在树立一种为一般人所难以企及而仅仅供人瞻仰和崇拜的博厚高明的理想人格范型而已，而是要借此展开有关天人关系的最富意义的理论思考，并为世人奠立一种可普遍遵行的天人合一的人类生活理想。《中庸》作者如是来具体描述天地山水之高明、博厚与广大曰：

> 今夫天，斯昭昭之多，及其无穷也，日月星辰系焉，万物覆焉。今夫地，一撮土之多，及其广厚，载华岳而不重，振河海而不泄，万物载焉。今夫山，一卷石之多，及其广大，草木生之，禽兽居之，宝藏兴焉。今夫水，一勺之多，及其不测，鼋鼍、蛟龙、鱼鳖生焉，货财殖焉。《诗》云：“维天之命，於穆不已！”盖曰天之所以为天也。

---

① 如朱子曰：“悠远，故其积也广博而深厚；博厚，故其发也高大而光明。”（《四书章句集注》，中华书局2011年版，第35页）

② 朱熹：《四书章句集注》，中华书局2011年版，第35页。

仅从字面来看，这段文字似乎只是对天地山水化育生成万物之自然图景的一种平实无奇的单纯具体描述，然而，它却寄寓了儒家基于经验观察和生命体验而对于天人关系所作的最独到的理论思考而具有深刻的思想意涵。对《中庸》作者而言，天地乃是万物生生不息的创造性生命本源，此乃天地之所以为天地的博厚高明所在。人类与万物皆是天地创生的生命，无论自己还是他人，无论人类自身还是其他一切万物，皆禀受上天赋予的本性而生，故而人之为人以及物之为物皆须“尽性”方能实现或完成其生命的使命、价值与意义，至诚尽性的圣人之为圣人，不仅在于他能尽己之性或以充分地实现自己的本性为己任，更在于他还能尽人之性乃至尽物之性，从而可以参赞天地之化育，故而至诚尽性的圣人堪称人类最伟大的“法天合德”的终极典范[①]。因此，作为一种生命的学问，《中庸》的圣人理想实则是一种德合道通天地的至诚尽性之学或成己成物的仁智内外合一之学，这正是《中庸》作者对天地与圣人之博厚高明崇敬赞叹不已的根本用心所在，亦正是最能体现《中庸》作者之独创性的特殊思想贡献所在。

四、以君子为治体的中庸之道及其政治哲学意蕴

《中庸》所谓至诚尽性、成己成物的圣人之道或至诚无息、博厚高明的天地境界，可以说最充分地彰显了儒家的一种极高明的理想人格信念与人类生活理想。然而，依据儒家实践性的根本关怀，我们必须笃切而具体地将其落实在日常伦理生活的社会政治实践领域才能使这一信念与理想获得真实的价值与意义。如何才能将上述圣人之道与天地境界落实在日常生活实践领域呢？《中庸》下篇作者同样将其寄托在儒家之君子的身上，正所谓圣人之道须“待其人而后行”。

---

① 如《周易大传·乾文言》曰：“夫‘大人’者与天地合其德，与日月合其明，与四时合其序，与鬼神合其吉凶。”此所谓“大人”，实即《中庸》所谓“圣人”。

依《中庸》下篇作者之见，君子之为君子，一是应当以诚为贵，因为君子具有诚的品格，不仅能够成就自己，同时也能够成就万物，能以至诚成就自己乃是仁道修立的体现，能以至诚成就万物乃是智力广远的象征，仁与智是以诚为贵的君子所应具备的两种最重要而美好的德性，它们就根源于吾人本性之内在固有，内修于己而外见于行，以时措之则无不得乎其宜。二是务须“尊德性而道问学，致广大而尽精微，极高明而道中庸”以及“温故而知新，敦厚以崇礼”。很显然，所谓“温故而知新，敦厚以崇礼”，乃直接秉承自孔子好学崇礼的学习理念，而最能体现《中庸》作者君子理念之深造自得的思想创见的则是“尊德性而道问学，致广大而尽精微，极高明而道中庸”，意味深长而很值得我们细心体会，有必要在此试作申说。“尊德性”乃体现了儒家学问的根本义谛或思想要旨，即意在唤醒人的道德自觉，挺立人的道德主体，乃至立基于德性意识的内在根源而成就人的道德生命，然而，人的道德生命绝非空言虚说而能成就，必须经由博学、审问、慎思、明辨、笃行等诸般“道问学”之修养工夫的历练方能成就而获真实呈现，故曰“尊德性而道问学”。道德生命之成就的终极理想乃在至诚尽性而参赞天地之化育，故须推致其广大之用一如博厚高明的天地之道，然广大之用亦绝非架空虚说所能致，没有对天地化育之道博厚高明的道理以及人类自身乃至万物众生性命之情竭尽其精微的深切体认，所谓“致广大”则势必会落空，故曰“致广大而尽精微”。圣人之道既然“发育万物，峻极于天”，其精义奥旨或理想信念当然是极其高明的，但儒家的理想信念不离人伦日用常行，其精义奥旨亦须落实在下学工夫之上，而君子之为君子，身负领袖群伦、教化生民的职责，故其为学修身、治国为政理当遵循中庸之道的原则，故曰“极高明而道中庸”。正唯如此，故君子之为君子，其人则“居上不骄，为下不倍，国有道其言足以兴，国无道其默足以容”，而其道则“本诸身，征诸庶民，考诸三王而不缪，建诸天地而不悖，质诸鬼神而无疑，百世以俟圣人而不惑”。所谓“质诸鬼神而无疑”，乃“知天”之谓，知天者，知天之所以为天者在乎其大，大而博厚高明则至诚无息而生物不测；所谓“百世以俟圣人而不惑”，乃“知人”之谓，知人者，知人之所以为人者在乎其德，德而峻极于天则至诚尽性而成己成物。正唯其既能“知天”，而又能“知人”，故其动作、言行皆可为世人之法度准则而深具普遍遵从的普世意义，正所谓“君子动而世为天下道，行而世为天下法，言而世为天下则”，故君子让人“远之则有望，近之则不厌”。不管怎样，对《中庸》作者而言，无论是“发育万物，峻极于天”的圣人之道，还是“极高明而道中庸”的君子之道，都具有一种超越华夷之界防、泯除中国蛮貊之畛域的深富浓厚而鲜明之天下主义或人类主义情怀的深远而广大的普世意义，故《中庸》作者认为，不仅天下之至圣其声名可以“洋溢乎中国，施及蛮、貊”，乃至于“舟车所至，人力所通；天之所覆，地之所载，日月所照，霜露所队(音坠)；凡有血气者，莫不尊亲”，而且儒家之君子亦“未有不如此而蚤有誉于天下者也”。

《中庸》作者的上述儒家信念有无充分而恰当的理由或根据？抑或仅仅出于其一家之学派偏见？其合理性究竟何在？它是否能真正被证立？要想合乎情理地回答这些疑问，我们实有必要回头重新审视一下《中庸》所谓至诚尽性、成己成物的真实义谛，而不能仅仅停留在对其字面含义的解释。

依我之见，对于天覆地载之博大、包容、公正、无私的精神体认，可以说是先秦诸子各家同归一致而最具普遍性意义的通见共识，然而，他们立基于这一通见共识而作出的政治哲学思考及其具体治道推论却是大异其趣而异说纷呈的。譬如，墨家一视同仁而无亲疏远近之分的兼爱主义理想信念，道家“辅万物之自然”而“生而不有，为而不恃，长而不宰”的“玄德”境界及其对政治干涉主义之欺伪与邪恶所作的极其敏锐而深刻的批判性反省，法家“不别亲疏，不殊贵贱，一断于法”的法治理念，不可谓不高尚美善、博大高明和公正无私。然而，问题是，墨家之“兼爱”须借尚同一义的刑政体制和赏罚手段彻底改造人的自利自爱之性，强制性地使人们奉行“兼爱”之义；老庄道家之“自然”

意图使人民维持在一种“无知无欲”甚至完全回归自然天放的愚朴蒙昧生活状态，故其言治崇尚“守静任化”而“废人能”，以至于“无裁成天地、辅相万物之功”①；法家特别是商鞅、韩非一派之“法治”更一味站在君国主义的立场上，将所有人看作奸邪之民，而蛊惑人君利用世人好利自为的人性弱点，严酷无情地运用专制权力与严刑峻法操控和支配其行为以服务于富国强兵的耕战目标。如果说墨法的强制迫使之政和操控支配之法代表了诸子各家治国为政之道的一个极端而易于使人民蒙受专制君主奴役之害的话，那么，老庄道家的自然无为或放任在宥之术则代表了诸子各家治国为政之道的另一个极端而易于使人民陷于心智不发达的原始生存状态。而孔子儒家劝学立教，言政则贵尚正己修身和修己以安民，言治则力主修齐治平和至诚以尽性、成己而成物。在我看来，如果说墨法与道家诸家思想之弊端乃病在过犹不及的话，那么，孔子儒家所主张和采取的治国为政之道正是介乎两端之间的中道立场或中间路线。而且，《中庸》下篇所谓“道中庸”，其实质含义实应从这样一种思想意义上来加以理解，也就是说，与上篇作为德性概念的“中庸”之义有所不同，下篇所谓“中庸”属于“道”的范畴，应指思想、行为以及治国为政之道的中道立场或中间路线。

孔子儒家所主张和采取的治国为政之道的中道立场或中间路线究竟是一种什么性质的中庸之道呢？他们仰观俯察创生万物、至诚无息、博厚高明的天地之道，这是其思想的极高明而广大之处，同时他们又深切关怀和真诚地反观省思人类与万物的身心性命之理和家国天下多层级共同体的修齐治平之道，这是其思想的既精微而又平实之处。他们认为，人之为人，既然禀受着天命之道德本性而生，理应由之循之而生，率之修之而成，乃至存养扩充而使之得以充分地实现，如此以成就人的道德生命，以完成人的道德使命，以实现人生的价值与意义，而人之能“成社会而共生活”②者在此，人之能过一种富有道德伦理

① 熊十力：《新唯识论》（壬辰删定本），中国人民大学出版社2006年版，第82页。

② 梁漱溟：《中国文化要义》，见中国文化书院学术委员会编：《梁漱溟全集》第三卷，山东人民出版社1990年版，第215页。

意义之共同生活者在此。然而，如何或通过什么方式与途径才能真正实现这一人生在世的使命与人类共同生活的目标？孔子儒家在伦理思想与价值取向上始终坚持其介乎墨子墨家“以自苦为极”的兼爱利他主义和道家杨朱以个体生命至上的“贵己”“为我”主义之间的伦理本位的中道立场，而在治国为政之道方面，他们既不主张纯粹消极地顺应自然而采取完全自由放任的在宥之术，亦不主张依靠外在强制力来迫使人民崇德向善，更坚决反对单纯依靠严刑峻法对人民实施操控和奴役。孔子儒家崇教劝学，教之为教乃是以身作则式的言传身教，又或者是立德修道之教，而“学之为言觉也，以觉悟所不知也”（《白虎通·辟雍》），他们深切希望先知先觉的至诚圣人和有道君子能够通过教学之方、教化之政来激励和启发人民主动自觉的崇德向善意识和道德伦理行为，教诲和引领人民做人伦道德上应做当行之事，乃至人人尽其性、修其德、充分完成和实现其人生的使命与价值。因此，孔子儒家心目中的圣贤、仁人和君子，必须是能够实现反身自求而切己体认人之道德本性，并通过“道问学”的工夫而努力奋勉地进行自我修养的人。对他们而言，慎独修身而致力于自我道德人格的不断完善实乃人生最为吃紧的第一要务，此处一差，则私欲贪念暗中萌生涌动，一切思虑营求必然走作，更何谈乎治国为政之道！而依《中庸》下篇作者之“诚”的中心观念而言，以君子为治体的治国为政之道的核心要义则不过是至诚尽性而成己成物，但无论是尽己之性，还是推扩而尽人之性，乃至尽物之性，无论是成己，还是成物，其终极关切或根本目的乃是使人人乃至万物都能充分实现其天赋的道德本性或生命特性，但都不可能靠简单的外力强制迫使和刑罚操控的方式、手段和途径来实现，因为《中庸》下篇之所谓“诚”，不仅意谓“至诚无妄”而已，如徐复观先生所言，“若顺着孟子言诚去了解”，则所谓“诚”，实乃“仁心之全体呈现，而无一毫私念杂入其中的意思”[①]。而仁心之全体呈现，就其极高明的义理境界来讲，《中庸》下篇所谓“万物并育而不相害”可以说一语

① 徐复观：《中国人性论史·先秦篇》，上海三联书店2001年版，第131页。

道尽了关乎人类永续生存和永恒福祉而深富生态意义的万物作为生命共同体的根本义谛——万物各循其性、各遂其长、一体相关而和谐共生的生命原则与参赞式生存智慧，而所谓“道并行而不相悖”亦可以说一语道尽了以三达德五常道为核心理念、“小德川流，大德敦化”而含洪广大、多元并行的人类道德生活理想，由此推言，宋儒所谓“民胞物与”之义、万物一体之仁、物各付物之智，无疑亦是其题中所应有者。而就其“道中庸”的思想品格来讲，极高明之义理境界的践行或实现则必须具体落实在日常人伦的关系网络和伦理政治生活形式之中，由己以及人，由近以及远，由亲以及疏，乃至由身而及家，由家而及国，由国而及天下，逐渐推扩，层层扩展，由隐而显，由微而著，而终至于天下太平的人类大同之境，正所谓“君子之道：淡而不厌，简而文，温而理，知远之近，知风之自，知微之显，可与入德矣”。

职是之故，《中庸》作者虽然深知在一个日趋功利化和暴力化而对孔子儒家的仁义学说和君子之道充满敌意的时代环境中必然遭遇“道之不行”的生存困境，但依然保持着孔子儒家对于仁道化的人类美好生活和君子之道的坚定信心与毫不动摇的理想信念，故曰：“君子之道，暗然而日章；小人之道，的然而日亡。君子之道：淡而不厌，简而文，温而理，知远之近，知风之自，知微之显，可与入德矣。”此言儒家之君子“不欲希世，而道自行”，反之，功利之小人“急于媚时，而道终灭也”，诚如康有为《中庸注》所言，盖孔子之道或儒家君子之道，“无权谋法术之近效以动人，淡矣，而人伦日用久而不厌；无谈天雕龙之辨以哗世，简矣，而改制立法备极殊文；无刑名督责以威世，温矣，而经世宰物皆中理解”①。而《中庸》作者之坚定信心，亦正来自“君子内省不疚，无恶于志”的笃实修养。正因为君子谨独修身而无愧于内心之志愿，故而能够“不动而敬，

---

① 康有为：《孟子微　礼运注　中庸注》，楼宇烈整理，中华书局1987年版，第230—231页。依余之见，将引文中康氏所说“改制立法”改为荀子所谓“礼义文理”，也许更符合孔子儒家思想之本义。

不言而信”，其道德人格温良平和而具有至诚无息的无限的亲和力，拥有领袖群伦的道德威望而根本无须以赏劝民、以刑畏民，正所谓“君子不赏而民劝，不怒而民威于𫓧钺”，故“君子笃恭而天下平”，又何须像法家韩非、李斯之流汲汲乎“以法术督责之术媚其君”“以钳制压伏待其民”[①]呢？据此而言，孔子儒家以君子为治体的中庸之道与政治哲学智慧，既非由杜撰，亦别无其他伎俩，如斯而已，而“道之不行”实则是时代之大不幸，亦是当时人类之大不幸，乃至于后世专制君主虽然名义上“独尊儒术”，但实际上奉行商、韩之“法治”，“以刑名法术督责钳制，而中国二千年受其酷毒”[②]，更是“中国二千年”之大不幸。而所幸者正在乎代不乏人而时时有有志之君子奋然兴作，以身而载道，笃行以传道，正所谓君子之道“待其人而后行”。不管怎样，作为一种生命的学问，《中庸》至诚尽性、成己成物之学，既力求穷极博厚、高明、悠久的天地境界，而又始终坚持“道不远人”的中道立场。在高明与中庸之间深入思考与系统探求修齐治平的优良治理问题，正是《中庸》生命政治学亦即其生命学问及其政治哲学的思维特征和根本宗旨所在。

（本文在《古典儒家政治哲学》一书论《中庸》政治哲学的部分内容基础上修改而成）

① 康有为：《孟子微　礼运注　中庸注》，楼宇烈整理，中华书局1987年版，第12页。
② 康有为：《孟子微　礼运注　中庸注》，楼宇烈整理，中华书局1987年版，第10页。

德性与制度：先秦古典儒家的德性、秩序与制度理念

人类社群的文明生活离不开德性、秩序和制度，而德性、秩序和制度三者亦密不可分，其中，如果说一定的秩序是人类文明生活的根基的话，德性和制度则可以说是维持和支撑人类文明生活秩序之天然而不可或缺的两个重要维度，如车之两轮、鸟之双翼，缺一不可。然而，在历史上，对这一问题，不同的理论流派和思想家却有着不同的思考，甚至会采取截然相反的理论立场和思想取向。如果说每一种独特而伟大的理论都是旨在为我们提供一种应对危机、观察问题、改造世界的视野的话，那么由这些理论视野所共同构建而呈现出的便是现实世界的丰富性和复杂性，反之，根源于对现实世界之丰富性和复杂性的自觉的意识反应，每一种理论的视野也都自有其启发人心智和想象力的独特理论价值与现实意义，重思这些理论的价值和意义也许可以激发我们思考现实世界的新方式。重思古典儒家关于文明生活所赖以建立的基本秩序及其所必需的德性与制度的理念，或许就具有这样的启发性意义。

一、引言：关于概念含义之辨析与界定

本文所论主要涉及两个概念，即德性和制度，首先对这两个概念的基本含义作一些必要的辨析、说明和界定，可以为我们后面更好地展开主旨论述奠定和建立一个清晰而明确的基础。

先说德性。

本文所谓德性，乃是指孔孟古典儒家的德性观念。如所周知，中国思想脉络和文化语境中的“德”的观念有着古老而悠久的起源，至少在西周初年已成为一个至关重要的政治文化观念，直接关涉天命、王权和政治合法性等诸多根本性的政治信仰问题，一个王朝的统治者是否拥有一种德的神圣品质，是其能否赢得天命并具有统治整个天下之政治合法性的决定性因素，这是一种在中国政治文化传统中影响最为悠久而深远的德的观念。然而，降至春秋时期，德的观念发生了一些深刻的变化，它不再是一个仅仅关涉天命、王权和政治合法性问题的观念，而是更成了一个与个体吉凶祸福之生存命运密切而普遍相关的概念，正所谓“夫德，福之基也”（《国语·晋语六》），反之，“苟非德义，则必有祸”（《左传·昭公二十八年》）。尤其值得注意的是，尽管周代的礼乐文化传统在春秋时期日趋于崩坏，但当时社会上仍然洋溢活跃着这样一种相当普遍的道德观念和道德精神，认为人生自有其高于个体生命或比个体生命更为重要的价值，那就是对德、礼的践行，而人生之所以崇高而不朽正在于其人能够挺立和成就此种人生价值，故于生死之际而有为立德行义、尊礼践信，至于虽死而不顾者。诚如钱穆先生所言，春秋人的此种道德人文精神“其惟一最要特征”即在“自求其人一己内心之所安”，此道德人文精神亦正是中国文化精神之特殊体现。[①] 孔孟古典儒家的德性观念可以说正是对此道德人文精神的进一步发扬

---

① 参见钱穆：《论春秋时代人之道德精神》（上），见《中国学术思想史论丛》（一），安徽教育出版社2004年版，第175页。

光大，并在思想上使之拥有了更为深刻而系统的理论根据。

孔子儒家以继承和发扬上古三代特别是周代礼乐文化传统为己任，因此，传统的宗教信仰和天命观念仍然在他们的思想中有所体现并对他们产生相当程度的影响，这是毋庸讳言的。但是，就其思想的核心要义而言，孔子儒家之学正可以说是一种“德性之学”。而德性之为德性，正在于它首先是用来成就和挺立个体自我的道德主体和人格尊严的，对一个人来讲，修养自己的德性本身便具有独立自足的人生价值和意义，而无关乎由外在客观环境或时命境遇所决定的成败得失与生死祸福。故子曰：“君子之学，非为通也，为穷而不困，忧而意不衰也，知祸福终始而心不惑也。夫贤不肖者，材也；为不为者，人也；遇不遇者，时也；死生者，命也。今有其人不遇其时，虽贤，其能行乎？苟遇其时，何难之有？故君子博学、深谋、修身、端行以俟其时。”（《荀子・宥坐》）另如《大学》所说“德润身”，荀子亦谓“君子之学也，以美其身”（《荀子・劝学》），这是说，德性修养的目的在润饰、美化和完善个体自我的身心、生命和人格。这是我们讲孔子儒家之德性概念首先不可不知者。

儒家的德性观念至孟子而大放异彩，孟子的主要贡献便是赋予人之德性以一种内在深厚的心性根基。依孟子之见，人人生而天赋固有的良心善性乃人之美好德性——仁、义、礼、智的内在根源，正所谓“仁义礼智根于心”（《孟子・尽心上》），“仁义礼智，非由外铄我也，我固有之也”（《孟子・告子上》）。正唯如此，故“我之成德，乃得于己之内，得于我之所固有，而非向外求之而得者”[①]，此德可经由反思而有内在之自觉自得，不断加以存养、扩充，人人皆可在充实的生命中发出德性的光辉，乃至成圣成贤、成为君子和大人。只有甘于自暴自弃者才会堕落为无德之小人。因此，在这样一种意义上，所谓德，究竟意味着什么呢？诚如钱穆先生所言：

> 德是什么呢？中国古书训诂都说：“德，得也。”得之谓德，得些

① 钱穆：《中国思想通俗讲话》，生活・读书・新知三联书店2005年版，第50页。

什么呢？后汉朱穆说："得其天性谓之德。"郭象也说：（《论语皇侃义疏》引）"德者，得其性者也。"所以中国人常说德性，因为德，正指是得其性。唐韩愈《原道篇》里说："足乎己，无待于外之谓德。"只有人的天性，自己具足，不待再求之于外，而且也无可求之于外的。[①]

孔孟古典儒家的"德性之学"将上述个体德性的概念置于自己思考问题的中心地位，的确易于让人们产生这样一种误解，那就是他们关注个体德性的修养问题，或重视对个人提出一种道德的要求，而轻忽客观建制意义上的制度的问题。果真如此吗？在我看来，似乎并不尽然。问题的关键在于，我们必须首先弄懂制度的真正含义，进一步需要阐明的便是孔孟古典儒家意义上的制度理念以及他们所轻忽的究竟是什么性质的制度的问题。

关于制度的含义，西方新制度主义的各种研究范式和理论进路已经提出各种不同的界定，能够为我们提供一些重要的启发和借鉴，可作为我们进一步思考和讨论的参照。西方新制度主义大体可划分为三个大的流派，其中，历史制度主义"将制度界定为嵌入政体或政治经济组织结构中的正式或非正式的程序、规则、规范和惯例"，或者，历史制度主义所谓制度，一般是指"对行为起构造作用的正式组织、非正式规则及与之相关的程序"[②]；理性选择制度主义"倾向于把制度界定为某种规则和激励机制"，与此密切相连的是，理性选择制度主义假定"个体是政治过程中的核心行动者，个体展开理性行动的目标是自身利益的最大化"，"所以，在这种视角下，制度是形塑着个体行为的规则集合体，但是，个体对于这些由制度所建立起来的激励和约束能够作出理性的反应。而且，大多数个体都会以同样的方式对制度的激励和约束作出反应"[③]；社会学制度

① 钱穆：《中国思想通俗讲话》，生活·读书·新知三联书店2005年版，第43页。

② 何俊志、任军锋、朱德米编译：《新制度主义政治学译文精选》，天津人民出版社2007年版，第48、142、143页。

③ 何俊志、任军锋、朱德米编译：《新制度主义政治学译文精选》，天津人民出版社2007年版，第78页。

主义则“倾向于比政治科学家在更为广泛的意义上来界定制度，他们所界定的制度，不仅包括正式规则、程序、规范，而且还包括为人的行动提供‘意义框架’的象征系统、认知模式和道德模板等”，“这种界定打破了制度与文化概念之间的界限。……这种方法倾向于将文化本身也界定为制度。在这种视角下，它反映了社会学内部的一种‘认知转向’，即从仅仅将文化看成是与情感相联的态度或价值，转向了将文化看成是为行动提供模板的规范、象征或剧本的网络”①。

以上新制度主义对制度含义的界定，特别是历史制度主义对“社会因果关系中的‘路径依赖’特性”和“现存制度所产生出的非意图性后果”②的强调，社会学制度主义对文化作为一种制度之重要性的重视，即“在社会学制度主义看来，文化是非常重要的，因为它所包含的行动者深层认知结构的类似性，促使人们分享着对周围世界的感知和理解……文化是人类制度化行为背后最为重要的驱动性力量”③，以及理性选择制度主义对“政治人的固定自利性偏好和计算理性”的假设以及“将政治看成是个人实现自身利益最大化的场所”④的基本观点，对于我们辨析、识别和分析先秦诸子中以儒、法为代表的两大思想流派的相互对立竞争的制度理念都是非常有帮助的。具体而言，借鉴和参照历史制度主义和社会学制度主义，可以使我们更好地来理解和分析儒家的制度理念，而借鉴和参照理性选择制度主义，可以使我们更好地来理解和分析法家的制度理念。当然，借鉴和参照，不是简单的照搬套用，而是希望能够带给我们一些启发，激发我们重思儒家和法家的制度理念，乃至引生出对它们的一种新的理

① 何俊志、任军锋、朱德米编译：《新制度主义政治学译文精选》，天津人民出版社 2007 年版，第 59—60 页。

② 何俊志、任军锋、朱德米编译：《新制度主义政治学译文精选》，天津人民出版社 2007 年版，第 52 页。

③ 何俊志、任军锋、朱德米编译：《新制度主义政治学译文精选》，天津人民出版社 2007 年版，第 313—314 页。

④ 何俊志、任军锋、朱德米编译：《新制度主义政治学译文精选》，天津人民出版社 2007 年版，第 7、316 页。

解，尤其是，就儒家的德性和制度理念来讲，我们将重点反思和阐述二者之间究竟是一种什么样的关系，以及它们对于创建一种美好的人类社会和共同体生活秩序来说究竟意味着什么。

二、修齐治平：创建一种美好的人类社会和共同体生活秩序

早期中国由部落社会演进为封建国家，尤其是经由商周之际的制度变革，特别是周公的“制礼作乐”，周人确立和建构了一套高度成熟的文明社会形态的宗法、封建、礼乐制度，这套制度的主旨便是要创造和建构一种“道德之团体”，亦可说是一种由亲亲、尊尊的价值准则和礼仪化的行为规范来维系的“礼仪之邦”或文化共同体，诚如王国维先生所说：

> 欲观周之所以定天下，必自其制度始矣。周人制度之大异于商者，一曰立子立嫡之制，由是而生宗法及丧服之制，并由是而有封建子弟之制、君天子臣诸侯之制；二曰庙数之制；三曰同姓不婚之制。此数者，皆周之所以纲纪天下。其旨则在纳上下于道德，而合天子、诸侯、卿、大夫、士、庶民以成一道德之团体。周公制作之本意，实在于此。[①]

又说：

> 有立子之制，而君位定；有封建子弟之制，而异姓之势弱，天子之位尊；有嫡庶之制，于是有宗法、有服术，而自国以至天下合为一家；有卿大夫不世之制，而贤才得以进；有同姓不婚之制，而男女之别严。且异姓之国，非宗法之所能统者，以婚媾甥舅之谊通之，于是天下之国，大都王之兄弟甥舅，而诸国之间，亦皆有兄弟甥舅之亲，周人一统之策，实存于是。此种制度，固亦由时势之所趋，然手定此者，实惟周公。[②]

可以说，周人建立了一套相当完备的制度架构，而周制天下正是借由宗法、

① 王国维：《殷周制度论》，见《观堂集林》（卷十），中华书局1959年版，第453—454页。

② 王国维：《殷周制度论》，见《观堂集林》（卷十），中华书局1959年版，第474页。

封建、礼乐之制而欲将“天下合为一家”。然而，维护贵族特权和身份世袭的宗法等级礼制和“以一种蜂群分巢的方式”①进行领土开拓和邦国封建，尽管可以造就一种形式上的天下一家，却并不能造就一个真正意义上的集体认同统一的政治共同体，因为其内部社会成员之间世袭身份的等级差别和阶级界限、地方封国的独立性易于造成人与人之间的身份疏离和阶级隔阂、国与国之间的分裂和争斗，故降至春秋战国之世，原有世袭性的社会等级结构和维护贵族阶级统治特权的宗法封建秩序及其礼乐之制最终趋于崩坏、走向瓦解。

正是在春秋战国急剧变革的时代进程中，中华民族经历了一场涉及社会、政治、道德、文化和精神等各个方面的全方位的深刻的蜕变、转化与提升，列国纷争的特殊时代境遇造就和激发了士人阶层的崛起及其具有“精神觉醒”意义的思想创造和理论建构活动，从而形成了诸子百家异说蜂起的思想争鸣与中华文明的“轴心突破”。列国纷争的严酷现实和追求天下一统的强烈诉求，迫使思想家和政治家“必须采用一种同神秘的思维相决裂的方式”②来寻找文明的出路、确保国家的治理和社会的同一性。突破或决裂并不意味着完全彻底的断裂，而是基于精神觉醒或自觉的理性思维而“对传统重新予以认知和选择”，毋宁说是在自身与传统之间构造一种“再生的关系”，并“透过心智活动超越传统”③。无论是儒家对周代礼文传统的自觉继承与弘扬，还是墨家对尧、舜、禹、汤、文、武等古圣先王之道所做的与儒家不同的取舍，无论是道家向往和追求超越世俗生活的自然之道，还是法家顺应时代变革的现实需要而力主彻底摆脱传统的羁绊和束缚，他们的努力有一个共同的目标，就是走出周文疲弊的困境，重整世界秩序，构建一种新型的人类关系秩序，创建一种美好的人类社会和共同体生活秩序，以便再塑华夏民族的新生。其中，最值得我们关注和重视的便是，儒、

①[法]谢和耐：《中国社会史》，耿昇译，江苏人民出版社 1995 年版，第 46 页。

②[德]尤尔根·哈贝马斯：《重建历史唯物主义》，郭官义译，社会科学文献出版社 2000 年版，第 23 页。

③ 韦政通：《人文主义的力量》，中华书局 2011 年版，第 4 页。

法两大思想流派对立竞争的德性与制度理念对于中国社会和国家统一的重构和塑造作用及其深远的历史影响与意义。

法家及其所发动和领导实施的变法改革运动在结束列国纷争、促成和造就大一统帝国上无疑发挥了关键性的作用。大一统帝国和中央集权—官僚体制的建立，制度上变封建为郡县的周秦丕变以及统一的非人格化的行政管理方式的全面推行，可以说对我们国家统一的历史进程产生了深刻而难以估量的影响。按照美国学者弗朗西斯·福山的说法，说到底，这意味着“政治上现代国家的早熟出世”，这使“中国政治发展的模式不同于西方”，而“早熟现代国家”的出现，使帝国的统治者可以“全凭政治权力”建立起“强大现代制度”，并改变中国社会，乃至“在事实上定义了中国文明”①。谢和耐亦曾指出：“秦始皇本人自认为是创世神和造物主，他将其规范准则、度量衡、新文字强加给了社会，故赋予了社会一种形态，同时他还创设了一种连续的爵位等级并设立一系列奖惩等级，从而塑造了社会。”② 当然，早熟出世的“强大国家”并非大一统帝国形成的唯一决定性因素，就像福山所同时指出的：“中国在秦汉时期所创造的，除了强大国家，还有共同文化。这种文化不能算所谓的现代民族主义的基础，因为它仅存在于中国统治阶级的精英阶层，而不存在于广大老百姓。但产生一种很强烈的感情：中国的定义就是共同的书面语、经典著作、官僚机构的传统、共同的历史、全国范围的教育制度、在政治和社会的层次主宰精英行为的价值观。即使在国家消失时，这种统一文化的意识仍然炽烈。”③ 正是在塑造这种统一的共同文化上，儒家思想或“儒教”传统发挥了至关重要的作用。

如果说“制度主义的思维方式强调制度结构在为混乱无序的世界建立起秩

①[美]弗朗西斯·福山：《政治秩序的起源：从前人类时代到法国大革命》，毛俊杰译，广西师范大学出版社2012年版，第92、125—126页。

②[法]谢和耐：《中国社会史》，耿昇译，江苏人民出版社1995年版，第128页。

③[美]弗朗西斯·福山：《政治秩序的起源：从前人类时代到法国大革命》，毛俊杰译，广西师范大学出版社2012年版，第144页。

序的过程中所起的作用”[①]的话，那么，法家思想的最显著而突出的特征无疑正体现在它那强调立法建制以便结束混乱而建立政治新秩序的制度主义的思维方式上，如《管子·法法》曰：“法者，民之父母也。太上以制制度，其次失而能追之，虽有过亦不甚矣。”《商君书》亦有言：

凡将立国，制度不可不察也，治法不可不慎也，国务不可不谨也，事本不可不抟也。制度时则国俗可化而民从制，治法明则官无邪，国务壹则民应用，事本抟则民喜农而乐战。夫圣人之立法化俗而使民朝夕从事于农也，不可不知也。（《壹言》）

民众而奸邪生，故立法制、为度量以禁之。是故有君臣之义、五官之分、法制之禁，不可不慎也。处君位而令不行，则危。五官分而无常，则乱。法制设而私善行，则民不畏刑。君尊则令行，官修则有常事，法制明则民畏刑。法制不明，而求民之行令也，不可得也。民不从令，而求君之尊也，虽尧、舜之知，不能以治。（《君臣》）

上述引文可以说把法家制度主义的思维方式表述得再清楚不过了，正唯如此，故后人有谓“建法立制，强国富人，是谓法家”（刘劭《人物志·流业》）者，信哉斯言！

那么，法家何以如此重视和强调制度的根本重要性问题？这与他们对人性的假设和对政治问题的根本看法是密不可分的，正如理性选择制度主义所假设的那样，依法家之见，人性是好利自为或趋利避害的，而政治不过是“个人实现自身利益最大化的场所”。不过，法家所持有的主要是一种国家本位主义或君利中心主义的政治立场，故在他们看来，治国所面临的最大、最根本的问题便是君主与人民这种垂直上下关系之间的对立、矛盾与冲突，以及如何能够使君主彻底制服和战胜人民的问题，所谓“昔之能制天下者，必先制其民者也；能

① 何俊志、任军锋、朱德米编译：《新制度主义政治学译文精选》，天津人民出版社2007年版，第33页。

胜强敌者，必先胜其民者也。故胜民之本在制民，若治于金、陶于土也”（《商君书·画策》），“民弱，国强；民强，国弱。故有道之国，务在弱民。……上舍法，任民之所善，故奸多”（《商君书·弱民》）。因此，其立法建制的制度理念从根本上讲乃是用来为专制君主全面控制和绝对支配臣民以实现富国强兵的目的服务的，但它颇能适应和满足战国列国纷争时代亟须变法改革以图富强的现实要求，故在此意义上亦可说是当时最为有效和成功的一种制度理念，正如司马迁在《史记·六国年表·序》中所说：“秦取天下多暴，然世异变，成功大。（索隐：以言人君制法，当随时代之异而变易其政，则其成功大。）”然而，问题在于，“在法家看来，政治只不过是一种纯然的技巧，公众领域只是为愚民政策所操纵、唯命是从者的阅兵场”，“因此我们可以说，法家学说本身乃是轴心时期自由奔放精神的突出表现，而这种精神随着法家所协助之秦国的统一天下而终告消亡”①。

比较而言，儒家显然更加重视个体德性的修养问题，在其思想中明显缺乏法家的那种制度理念，换言之，相对于法家制度主义的思维方式来讲，儒家思想的一大显著特征可以说正体现为一种德性主义的思维方式。然而，制度在儒家的思维方式中真的完全阙如吗？在我看来，并非如此，事实上，儒家所重视和强调的乃是另一种性质或意义的制度理念，是一种与个体德性相辅相成、彼此促进而交互为用意义上的制度理念。在儒家看来，正是这样一种制度理念才能为人类美好社会和共同体生活秩序的创建奠立真正持久、稳固和良性的根基，或者也可以说，这一制度理念的背后隐含着的乃是对于什么是真正富有人道意义的人类关系秩序和共同体生活的全面反省和深刻思考。诚如梁漱溟先生所说：“儒术自汉而定于一尊，成为中国思想之正统，汉室运祚亦以此绵远，不同于秦。是故开出此大一统之局者，不是儒家，而稳定此大一统之局者，则是儒

①［德］罗哲海：《轴心时期的儒家伦理》，陈咏明、瞿德瑜译，大象出版社2009年版，第336、337页。

家。事情虽不自它发之，却待它来收功。此后二千年便再不能舍儒者和儒术而求治。”[①] 我认为，其最根本性的原因便在于此，而其他均为一种表面的或辅助性的因素。接下来，我将对孔孟古典儒家的德性和制度理念及其二者的相关性问题进行更详细的阐释。

在我看来，孔孟古典儒家之所以突出和彰显每个人“自己具足”的个体德性概念，绝非意在要人们只是做一个与他人无关的“自了汉”，而是意在强调：其一，个体之人并非一与他人完全无关的原子化的孤立个体，而是处在人伦人际交往互动关系网络中的一个支点，必须与他人相待相需、相互依存而生，正唯如此，只有每个人都能够修其身、得其性，才能够为人类美好社会的建立奠定坚实的德性基础，正所谓“自天子以至于庶人，壹是皆以修身为本”（《大学》），“本立而道生”（《论语·学而》）或“修身则道立”（《中庸》），故有道之世即由此而得以建立。其二，仁德天性的自我实现要想充实而发出光辉，并真正能够影响他人，成就事业，必须“诚之为贵”，并能“至诚无息”（《中庸》）、成己成物，因此，仁德天性之自我实现的真正意义，不仅在于能够成就自身的德性生命，还在于能够成就他人他物的生命本性，乃至可以参赞天地之化育，故《中庸》曰：“诚者非自成己而已也，所以成物也。成己，仁也；成物，知也。性之德也，合外内之道也”“唯天下至诚，为能尽其性；能尽其性，则能尽人之性；能尽人之性，则能尽物之性；能尽物之性，则可以赞天地之化育；可以赞天地之化育，则可以与天地参矣”。其三，人之德性修养参差不齐，亦有先后之别，先知先觉者理应承担起以道义觉民之责任，正所谓“天之生此民也，使先知觉后知，使先觉觉后觉也”（《孟子·万章上》），不仅如此，依孟子之见，那些先得吾人心性之所同然而修身成为圣贤者，也正可以为世人树立一种效法学习的道德楷模，甚至可以成为“百世之师”，影响及乎百世之下，故曰：“圣人，百世

① 梁漱溟：《中国文化要义》，见中国文化书院学术委员会编：《梁漱溟全集》第三卷，山东人民出版社1990年版，第210—211页。

之师也，伯夷、柳下惠是也。故闻伯夷之风者，顽夫廉，懦夫有立志；闻柳下惠之风者，薄夫敦，鄙夫宽。奋乎百世之上，百世之下，闻者莫不兴起也。非圣人而能若是乎，而况于亲炙之者乎？”（《孟子·尽心下》）

然而，在一个“礼崩乐坏”的大乱之世，孔孟古典儒家不会天真而想当然地认为单纯依靠个体之德性修养就能够维持一种优良的社会治理秩序。正唯如此，他们才坚定地维持、传习经由三代之损益而长期延续下来的礼乐文化传统，并创造性发展出一系列别具深刻之道德义涵的制度理念及其理论化的观念形态和具体的实践模式。依我之见，最要者有如下数端：

（一）修德与讲学

据《论语·述而》，“子不语怪，力，乱，神”，子曰：“述而不作，信而好古，窃比于我老彭。”又曰，“德之不修，学之不讲，闻义不能徙，不善不能改，是吾忧也。”孔子生活在一个“礼崩乐坏”亦即历史文化传统日趋崩坏和断裂的变乱时期，他一方面充分意识到一种新的美好的人类社会和生活秩序不可能凭空产生或创造出来，更不是由神怪之迷信、暴力之手段和悖乱之行为所能带来的，美好的人类社会和生活秩序具有一种“路径依赖”的文化特性，必须建立在一种长期延续下来的合理而富有人道意义的文化传统和生活方式的基础之上，因此，他自命为周代文化传统的当代传人，自觉地向世人展现了一种“述而不作，信而好古”的文化保守主义形象。然而，另一方面，历史的变化和时代的发展也使文化传统的延续和传承不可能通过简单恢复的方式来实现，当传统文化的延续和传承被“礼崩乐坏”这一历史变化的“重要的关节点”所打断而处于断裂的时期，那么，究竟应何去何从呢？孔子自觉选择了创办私学教育事业，以便通过讲学的方式来传习接续文化传统之运统、血脉和慧命，在我看来，正是这一自觉的创举不自觉地带来了一项实质性的制度变迁，乃至“由此产生出某种‘枝节点’，使得历史的发展走上某种新的道路”[①]，比如，“有教无类”的开

① 何俊志、任军锋、朱德米编译：《新制度主义政治学译文精选》，天津人民出版社2007年版，第52—53页。

放式私学教育大大促进和推动了文化的普及和下移运动，私人讲学风气在孔子之后的蔚然兴起造就了一个新兴文士阶层的崛起以及诸子百家之学的勃兴，孔子之讲学事业与其政治性、谏议性的游说活动亦是密切相关的，由此而为新兴士人引生和拓展出了一种政治参与的公共空间，甚而开辟出了一条“阶级荡平，寒素上遂”的历史发展道路。所有这些，我认为，都与在孔子私学教育事业的引领下讲学之成为一项制度、成为一种制度化行为密不可分。

不过，孔子之私学教育事业和讲学活动，除了格外重视传习承载着古圣先王之道的历史文献经典、接续上古三代的文化传统之外，还特别关注对个人之人格品行的德性教育，这一德性教育不仅仅关乎作为教育对象的受教育者，而且亦直接关乎教育者本身的德性修养，因为德性教育之为德性教育要求教育者本人必须能够“以身作则”或通过“身教”的方式来对受教育者施加影响，故修德与讲学亦是紧密相关、一体两面的关系。无论是传习经典文籍，还是接续斯文传统，又或者是培养人之健全人格和美好德性，都须通过“学”之根本方式和途径来实现，故孔子儒家对于“学”之根本重要性及为学之道极力加以申说和阐扬，譬如：

子曰：“学而时习之，不亦说乎？”（《论语·学而》）

子曰：“默而识之，学而不厌，诲人不倦，何有于我哉？”（《论语·述而》）

子曰：“十室之邑，必有忠信如丘者焉，不如丘之好学也。”（《论语·公冶长》）

子曰：“三人行，必有我师焉：择其善者而从之，其不善者而改之。”（《论语·述而》）

子曰：“学如不及，犹恐失之。”（《论语·泰伯》）

子曰：“吾尝终日不食，终夜不寝，以思，无益，不如学也。”（《论语·卫灵公》）

子曰："君子谋道不谋食。耕也，馁在其中矣；学也，禄在其中矣。君子忧道不忧贫。"（《论语·卫灵公》）

卫公孙朝问于子贡曰："仲尼焉学？"子贡曰："文武之道，未坠于地，在人。贤者识其大者，不贤者识其小者。莫不有文武之道焉。夫子焉不学？而亦何常师之有？"（《论语·子张》）

《礼记·学记》曰："君子如欲化民成俗，其必由学乎！玉不琢，不成器；人不学，不知道。"

荀子曰："学不可以已。……学恶乎始？恶乎终？曰：其数则始乎诵经，终乎读礼；其义则始乎为士，终乎为圣人。真积力久则入，学至乎没而后止也。故学数有终，若其义则不可须臾舍也。为之，人也；舍之，禽兽也。"（《荀子·劝学》）

荀子曰："我欲贱而贵，愚而智，贫而富，可乎？曰：其唯学乎。彼学者，行之，曰士也；敦慕焉，君子也；知之，圣人也。上为圣人，下为士君子，孰禁我哉！"（《荀子·儒效》）

由上可见，在孔子儒家看来，学之为学，乃传习斯文、修养德性、讲明义理、谋求道义、提升教养、化民成俗、成为士人君子乃至成圣成贤的根本途径或人生上达的必由之路。因此，所谓讲学，说到底也就是讲明如是之为学之道，以激发人之下学上达、人生向上、追求美好人生的动力与活力，挺立人的道德主体性和能动性精神，培养士人君子的"文化能力（教养）"[①]以便使之成为引领社会风教、实现社会优良治理的共同体的领路人，反之，"诵诗三百，授之以政，不达；使于四方，不能专对；虽多，亦奚以为？"（《论语·子路》）职是之故，讲学之为讲学，对于修养德性、培养富有责任意识和担当精神的领袖人才以便引领和创建一种美好的人类社会生活来说，实为一项不可或缺的文化性的制度。

①［日］谷川道雄：《中国中世社会与共同体》，马彪译，中华书局2002年版，第96页。

(二) 家庭与伦理

中国早期国家或早期的高度文明社会与此前的古代部落社会之间在由血缘关系组织起来的、以家庭和宗族为纽带和中心的社会生活方式及其组织形态方面具有明显的连续性。尽管中国社会的宗法家族形态在历史上曾经发生过这样那样的历史变化，但总的来讲，中国传统社会乃是一个以家庭为组织单位、以家族为生活重心、由家庭家族构成其牢固的制度性根基的社会共同体。不过，仍然需要指出的是，春秋战国时期西周典型的宗法制度和家族形态的日趋解体和衰落所带来的历史变化，其中，最值得注意的就是，随着列国纷争局势的日益加剧，摆脱旧的宗法血缘组织和亲族观念的新型政治关系的发展和国家政权不断加强对每个社会成员个体的控制的历史发展趋势，如“商鞅种种作为，无非站在国家立场，要直接控制到个人，便不得不破坏家族伦理”[①]，更直接导致了西周典型的宗法制度和家族形态的解体和衰落。不过，自汉代以后，中国人的家族组织和家族生活在一定程度上又重新恢复其活力，虽然未能尽复西周典型的宗法组织和宗族形态，但家庭家族在此之后却始终构成了中国社会组织和社会生活的牢固而持久的制度性根基。然而，正如梁漱溟先生所强调的那样，与商周排他性较强的典型宗法社会相比，秦汉以后中国人的家庭家族形态和宗法伦理观念，与其说是“家族本位”的，毋宁说是“伦理本位”的，因为中国人的伦理观念，虽然“首重家庭”“始于家庭”，但是并“不止于家庭”，而是常常“举整个社会各种关系而一概家庭化之，务使其情益亲，其义益重”，“由是乃使居此社会中者，每一个人对于其四面八方的伦理关系，各负有其相当义务；同时，其四面八方与他有伦理关系之人，亦各对他负有义务。全社会之人，不期而辗转互相联锁起来，无形中成为一种组织”。这样一种“就家庭关系推广发挥，以伦理组织社会”的方式，由于“没有边界，不形成对抗”，而且能够“由近

① 梁漱溟：《中国文化要义》，见中国文化书院学术委员会编：《梁漱溟全集》第三卷，山东人民出版社1990年版，第78页。

以及远，更引远而入近”，乃至“泯忘彼此”，以“天下一家”“四海兄弟”为旨归，故能“把中国民族在空间上恢拓这样大，在时间上绵延这样久”[①]。说到底，“根本上中国是无数家族藉伦理联锁以成之社会”[②]。之所以发生上述从封闭性、排他性的“家族本位”到扩展性、联锁性的“伦理本位”的历史变化，其实与孔子儒家的家庭化的制度理念和重视“伦理情谊”的孝悌亲亲及其仁道的观念有着密不可分的关系。

事实上，家庭、孝悌、亲亲的观念在中国渊源有自而起源甚早，均非由孔子儒家所创始，而且，在春秋战国兴起的各种思潮中，如道家杨朱之极端重视个体生命之神圣性的思想观念，墨家墨子极力主张“兼相爱、交相利”之普适性的价值信仰，以及法家大肆鼓吹君国本位主义之片面性的政治立场，均对传统家庭、孝悌、亲亲的观念和宗法家族伦理构成强有力的冲击、挑战和破坏。他们或者因为重视个体生命的神圣价值而欲摆脱家庭伦理的束缚，或者由于追求人类普遍之兼爱互利的普世理想而欲超越家人私情的藩篱，或者为了加强君权和富国强兵的政治目标而欲破除家庭伦理的局限而直接控制每一个臣民，唯有孔子儒家极力维护和弘扬中国人由来已久的孝悌亲亲的文化传统和家庭伦理，并试图重新激发其孕育道德的活力、赋予其更多内在的意义。孔子儒家始终坚持以修身为根本、以齐家为始基、以孝悌之道和伦理情谊为纽带，并在此基础上又发展出一种超越家庭孝悌亲亲之情感范围而具有普遍意义的仁爱仁道理想和道德理性精神，以便构建一种优良的社会生活秩序，乃至进一步推扩拓展以实现治国平天下的社会政治目标。

德国社会学家滕尼斯所谓由亲属组成的血缘共同体、由邻里组成的地缘共同体和由友谊结成的精神共同体，前两者可以说同样构成了古来中国人“持久

---

① 梁漱溟：《中国文化要义》，见中国文化书院学术委员会编：《梁漱溟全集》第三卷，山东人民出版社1990年版，第81—82页。

② 梁漱溟：《中国文化要义》，见中国文化书院学术委员会编：《梁漱溟全集》第三卷，山东人民出版社1990年版，第245页。

的和真正的共同生活”[①]的秩序形态，构成了古来中国人持久一贯的社群伦理生活的恒久根基。在这一根基于春秋战国之世遭到根本动摇和破坏之际，孔子儒家遂奋然兴起以维护和捍卫这一传统的根基，并大大充实、扩展和提升了古来中国人持久一贯的共同体生活的制度化的秩序理念和道德内涵。依孔子儒家之见，家庭无疑是基于人类的自然本能与社会生活需要而历史地形成的一种最为重要的制度，它并不必然是培养人的偏私情感的场所，而是作为社会性动物的人的社会化过程的生活起点。毋庸讳言，家庭生活和亲人之间的关系主要是建立在血缘纽带和情感基础上的，但是，由家庭生活与亲亲关系所塑造的人与人相互依存、彼此依靠、共同参与、良性互动的人际关系和生活模式，理应构成整个社会人际关系和生活秩序的坚实根基或理想样板，人的充满情感而又富有理性的人际交往的重要社会能力正是首先在家庭生活中得以培养的，在这一意义上，人之为人，并不是一种与他人隔绝孤立的个体性存在，而是生来就置身于众多的人伦关系和家庭这一血缘共同体的生活之中，克己修身乃是人伦关系融洽和家庭生活和谐的前提条件，而人伦关系融洽和家庭生活和谐则构成以家庭为组织单位的乡里社群生活乃至整个天下国家治理安定有序的基础支撑。故孔子汲汲于教人以孝悌之道，认为“孝乎惟孝，友于兄弟，施于有政”（《论语·为政》）实具有重要的政治意义，孔子弟子有子则曰：“其为人也孝弟，而好犯上者，鲜矣；不好犯上，而好作乱者，未之有也。君子务本，本立而道生。孝弟也者，其为仁之本与！”（《论语·学而》）而孟子更是“言必称尧舜”（《孟子·滕文公上》）而极称乎“尧舜之道，孝弟而已”（《孟子·告子下》），并说：“人之所不学而能者，其良能也；所不虑而知者，其良知也。孩提之童，无不知爱其亲者；及其长也，无不知敬其兄也。亲亲，仁也；敬长，义也。无他，达之天下也”（《孟子·尽心上》），“人人亲其亲、长其长，而天下平”（《孟子·离

①［德］斐迪南·滕尼斯：《共同体与社会——纯粹社会学的基本概念》，林荣远译，北京大学出版社2010年版，第45页。

娄上》)。诚如梁漱溟先生所说，孔子之教重在启发人之理性，而这须倚重人心，“倚重人心，而人心萌露在家人父子之间；只有在家庭间善为培养，夫然后才有得可以推广发挥的。中国教育自来以敦勉孝弟及一切仁厚肫挚之情为其最大特色。一个人为父母而慈，为子而孝，为兄而友，为弟而恭，则由近及远四面八方的伦理关系自然无不处得很好；在他自己是为完人；在社会则这种组织与秩序亦即同时而得完成。这是一回事，不是两回事。……家庭实在是中国文化的源泉；时时要从这里汲取源头活水”①。总之，在孔子儒家的制度理念中，家庭既为中国文化之源头活水，更是中国人伦理生活或培育和涵养孝悌亲亲之伦理美德的制度根基。

(三) 尊贤与选举

如上文所言，孔子儒家的制度理念不仅重视由亲属组成的血缘共同体和由邻里组成的地缘共同体所共同形构和塑造的伦理生活秩序，赋予其重要的根源性意义，而且，更由讲学活动而发展出了一种由师生友谊结成的“道”的共同体或精神共同体，对孔子儒家来讲，它具有不同于上述两类共同体的非常特殊的意义，因为“有教无类”的原则使由师生友谊结成的精神共同体超越了血缘和地缘的限制和束缚，“超越”不等于完全否定，但意味着至少能够部分克服血缘和地缘两类共同体的狭隘性和局限性，因为由师生友谊结成的精神共同体事实上也就是由共同学习、讲论、切磋和渐磨道义、涵养德性的士人君子共同结成的“道”的共同体，而士之为士，君子之为君子，他们所关注和从事的乃是超越家庭、宗族和乡党的更高层次、更大范围的公共性事务与人类性事业，正所谓“行己有耻，使于四方，不辱君命，可谓士矣”，而士之次者才是“宗族称孝焉，乡党称弟焉”(《论语・子路》)，又或者“凡所以贵士君子者，以其仁而有德也”(《说苑・贵德》)，而唯士君子“以德致位”才能引领天下国家走向太平大

① 梁漱溟：《中国建国之路》，见中国文化书院学术委员会编：《梁漱溟全集》第三卷，山东人民出版社1990年版，第397页。

治。正唯如此，尽管孔子“有教无类”的开放性讲学活动和“因材施教”的私学教育事业，并不以培养政治人才为唯一目的[①]，孔子儒家对于入仕与为政、仕与学、士与仕之间的关系亦提出了各种不同的观点和看法[②]，但不管怎样，孔子儒家之讲学及由此而结成的士人君子的精神共同体实则具有一种重要的政治意义，它在一个变乱的时代承担起了为实现天下国家之优良治理或变“天下无道”为“天下有道”的目标而培养和输送维持社会风教之仁德贤能的士人君子或治国理政之政治领袖人才的重要功能。然而，它却需要另外一种重要的政治激励机制和制度即尊贤与选举与之相配而行才能更好地发挥其功能，并作为一种文化性的制度而得到更好的维持和存续。

《礼记·礼运》尝言，“大道之行也，天下为公，选贤与能”，“与”与“举”通，即举荐之意，故所谓“选贤与能”，也就是“选贤举能”或“选贤任能”的意思，而且认为这是有道之世、天下为公时代实行的一种理想而优良的政治制度。具体言之，孔子认为，一种优良的治理或好的政治，必须由在位的士君子来引领人们向善，故他一方面希望执政当权者加强自身的道德修养，先正己而后正人，故曰：“政者，正也。子帅以正，孰敢不正？”（《论语·颜渊》）“其身正，不令而行；其身不正，虽令不从。”（《论语·子路》）另一方面则建议执政当权者“举贤才”（《论语·子路》）以治，因为唯有举用正直贤德之人才能使人民劝服，故曰：“君子尊贤而容众，嘉善而矜不能”（《论语·子张》），“举直错诸枉，则民服；举枉错诸直，则民不服”“临之以庄，则敬；孝慈，则忠；举善而教不能，则劝”（《论语·为政》）。另如《中庸》曰：“仁者人也，亲亲为大；义者宜也，尊贤为大。”孟子亦曰：“知者无不知也，当务之为急；仁者无不爱也，急

① 据《论语·先进》，孔门弟子大体可分为四类人才，即德行、言语、政事、文学。

② 孔子认为，“‘孝乎惟孝，友于兄弟，施于有政。’是亦为政”（《论语·为政》），即不必入仕亦可“为政”；子夏则曰：“仕而优则学，学而优则仕”（《论语·子张》），孟子更有言：“士之仕也，犹农夫之耕也”（《孟子·滕文公下》），而荀子又强调：“学者非必为仕，而仕者必如学”（《荀子·大略》）。

亲贤之为务。尧舜之知而不遍物，急先务也；尧舜之仁不遍爱人，急亲贤也。”（《孟子·尽心上》）与孔子的主张基本上是一脉相承的，即一方面在家庭伦理领域教人以孝悌仁爱之道，而另一方面则在政治事务领域强调应以尊贤、亲贤为大、为先、为急。因为唯有形成一种“贵德而尊士，贤者在位，能者在职”或“尊贤使能，俊杰在位”的激励机制，才能吸引“天下之士皆悦，而愿立于其朝矣”（《孟子·公孙丑上》）。荀子更进一步认为，“论德使能”或“尚贤使能”实乃治国之要道、人主之根本职责所在，故曰：

> 治国有道，人主有职。……人主者，以官人为能者也；匹夫者，以自能为能者也。……论德使能而官施之者，圣王之道也，儒之所谨守也。（《荀子·王霸》）

> 尊圣者王，贵贤者霸，敬贤者存，慢贤者亡，古今一也。故尚贤使能，等贵贱，分亲疏，序长幼，此先王之道也。故尚贤使能，则主尊下安；贵贱有等，则令行而不流；亲疏有分，则施行而不悖；长幼有序，则事业捷成而有所休。（《荀子·君子》）

> 至道大形，隆礼至法则国有常，尚贤使能则民知方，纂论公察则民不疑，赏克罚偷则民不怠（王念孙曰：“克”，当为“免”，字之误也。免与勉同），兼听齐明则天下归之。然后明分职，序事业，材技官能，莫不治理，则公道达而私门塞矣，公义明而私事息矣。如是，则德厚者进而佞说者止，贪利者退而廉节者起。（《荀子·君道》）

依荀子之见，“尚贤使能”或“论德而定次，量能而授官”[①]（《荀子·君道》）之制度化激励机制的实行，不仅可以成就君人者之“功名”[②]（《荀子·王制》），而且可以通过行为示范的方式形成一种“上好礼义，尚贤使能，无贪利

① 王先谦案：“论”，当为“谕”。谕与决同，谓断决其德。

② 如《荀子·王制》曰：“君人者欲安则莫若平政爱民矣，欲荣则莫若隆礼敬士矣，欲立功名则莫若尚贤使能矣，是君人者之大节也。”

之心，则下亦将綦辞让、致忠信而谨于臣子”的良好政治氛围和效应，甚而能够创造一种“皆使其人载其事而各得其所宜”（《荀子·君道》）的优良政治秩序，因此，明智的君主急于求得、任用贤人辅佐自己，只有昏聩的君主才急于得到、加强个人的权势。

如所周知，由于生活在大乱纷争之世，为了追求治世或优良治理的目标，应否尊贤尚贤以及实行什么样的选官制度遂成为诸子各家高度关注和激烈论辩的一大政治问题。道家反对“尚贤”，如《老子·第3章》曰：“不尚贤，使民不争。”统治者只需清静无为、顺任自然便可以平治天下。法家主张任能而反对“尊贤”，如韩非曰：明主择官“不羞其卑贱也，以其能，为可以明法，便国利民，从而举之，身安名尊”（《韩非子·说疑》），而慎到则曰：“立君而尊贤，是贤与君争，其乱甚于无君。”（《慎子·逸文》）法家明确认识到人主的个人智能毕竟是有限的，但国家之治理也不必依靠人主一己之有限智能，通过立法建制，即使是中材之君甚至是平庸之主亦可以把国家治理好。其中，主张“尚贤”最激烈者当数墨子，如墨子曰：“古者圣王之为政，列德而尚贤，虽在农与工肆之人，有能则举之。……故官无常贵，而民无终贱，有能则举之，无能则下之。……夫尚贤者，政之本也。”（《墨子·尚贤上》）又说：“古者圣王甚尊尚贤而任使能，不党父兄，不偏贵富，不嬖颜色，贤者举而上之，富而贵之，以为官长；不肖者抑而废之，贫而贱之，以为徒役。是以民皆劝其赏，畏其罚，相率而为贤。”（《墨子·尚贤中》）依墨子之见，不仅应“选天下之贤可者，立以为天子”（《墨子·尚同上》），而且天子以下各级政长均应选贤能者任之，非如此不足以平治天下。比较而言，孔子儒家“尊贤”“尚贤”的主张比较温和而不如墨子激进，但比道家和法家显得更为积极而强烈。儒家“尊贤”和“尚贤使能”的制度理念并不仅仅局限于一般政治角色的录用问题，甚至亦涉及天子国君之权位更替转移的制度安排问题，譬如战国儒家兴起一股推崇禅让的思潮，孟荀主张诛杀暴君及其“惟仁者宜在高位”（《孟子·离娄上》）、“天子唯其人”或

“非圣人莫之能王”（《荀子·正论》）之说，其推崇圣贤政治的激进色彩其实亦丝毫不逊让于墨家选任贤者立以为天子的主张，与法家坚定地维护中君庸主之治相比，尤其显得如此，不过，儒家亦承认天子帝王权位的世袭传子之法具有一定的合理性，宋儒程颐的下述说法最能代表儒家的普遍看法：“大抵五帝官天下，故择一人贤于天下者而授之。三王家天下，遂以与子。论其至理，治天下者，当得天下最贤者一人，加诸众人之上，则是至公之法。后世既难得人而争夺兴，故以与子。与子虽是私，亦天下之公法，但守法者有私心耳。”[①] 另外，诸子各家用以衡量和评判贤才能臣的标准亦是大为不同的，儒家的贤能标准强调德才兼备而以德为主，墨家的贤能标准强调的是智能双全而以能为主，法家的贤能标准则主要强调能力绩效而以奉法听令为主。但，不管怎样，正是孔子儒家的上述“尊贤”“举贤才”“贵德而尊士”“论德使能”或“尚贤使能”的制度理念和政治主张，与墨子的“尚贤”和法家的“任能”主张一起，在实际的政治运作层面共同促成和形塑了战国及秦汉以后成熟而完备的官僚政治的制度架构及其制度化的选官标准和奖惩激励机制，而后世的通经入仕和科举取士制度实乃最具儒家色彩的选官制度。

（四）礼制与法制

人类社群生活离不开历史记忆和文化传统，过去的经验在历史记忆中的不断再现以及经由长期延续传承而逐渐积淀形成的文化传统，对于人类社群生活的塑造和支撑是必不可少的。正是悠久而深厚的历史记忆和文化传统，培育和涵养了古典儒家的理论视野。反之，古典儒家也正是站在悠久而深厚的历史记忆和文化传统的基础上来展开其理论思考的。

对上古尧舜和夏商周三代之历史经验与文化传统的系统探求和深入反思，可以说是孔子整个心智生活和理论思考的基础或起点。故孔子自称“述而不作，信而好古”，并说“我非生而知之者，好古，敏以求之者也”（《论语·述而》）。

---

① 程颢、程颐：《二程集》，王孝鱼点校，中华书局2004年版，第228页。

孔子不仅祖述尧舜禹之盛德大业[①]，更深研三代之礼制，尤精于周代文武之道和礼乐之典章制度[②]。问题的关键在于，孔子对历史的兴趣，并不仅仅是一种知识性的探求。对孔子而言，一个族群的集体的历史记忆和文化传统，作为一种叙事，能充分而集中地展现圣贤们为成就人类伟大的功德事业而奋斗的历程，以及借此可以向人们讲述一个有意义的故事，其中充满着激励那些真正参与和归属于某一族群的人们为生存而奋斗的希望和梦想、欢乐和悲伤、成功和失败、爱和恨的心智与情感生活。在这一族群生活的历程中，“传统的某种结构被建立了；故事成为社会遗产和财产；哑剧发展成了固定的仪式。由此形成的传统成为个人幻想与暗示所遵照的规范。一种永久的想象框架构成了。理解生活的一种共同的方式形成了，个人通过教育被引导到这种方式中。……故事变成了社会规范”[③]。

依孔子之见，由上古三代华夏族群之群体生活经验逐渐积累、不断完善而形成的最为重要的历史遗产和文化传统，便是文明生活所赖以建立的礼仪化的社会规范，换言之，礼构成了华夏民族理解文明生活的共同方式。据《说文解字》对“礼”字的释义：“禮（礼），履也，所以事神致福也。”据此，礼及其原始含义乃起源于古人事神致福的活动，是由事神之器与祭神之仪相配合共同构成的一种宗教活动，后来礼的内容已不仅仅局限于祭祀的仪节，而是包括了各种政治和文化的典章制度以及一般的规范性的道德原则和行为准则。此外，儒家学者也直接从人类日常生活的实际经验出发来解释礼的本源、起始与产生的问题，如说：“孝，礼之始也”（《左传・文公二年》），“夫礼始于冠，本于昏”

① 子曰：“巍巍乎！舜禹之有天下也，而不与焉。”“大哉！尧之为君也。巍巍乎！唯天为大，唯尧则之。荡荡乎！民无能名焉。巍巍乎！其有成功也。焕乎！其有文章。”（《论语・泰伯》）

② 子曰：“夏礼吾能言之，杞不足征也。殷礼吾能言之，宋不足征也。文献不足故也。足，则吾能征之矣。”“周监于二代，郁郁乎文哉！吾从周。”（《论语・八佾》）

③［美］约翰・杜威：《哲学的改造》，张颖译，陕西人民出版社2004年版，第5页。

（《礼记·昏义》），“夫礼之初，始诸饮食”（《礼记·礼运》），“礼始于谨夫妇，为宫室，辨外内”（《礼记·内则》），甚至认为礼体现的是一种“天地之序”（《礼记·乐记》）。荀子的《礼论》更进一步从功能性的角度来解释礼的起源问题，即节制人的性情欲望，为人们的欲求满足确立规定一种正当、合理和适宜的“度量分界”，以便消除纷争止息混乱，以更好地实现“养人之欲，给人之求”的目的，并在此基础之上进一步来构建一种等差有序、富有伦理道德意义的人类社群生活与人伦关系秩序。总的来讲，儒家之礼是在各种不同的社会人际关系情境中或根据人类事务的具体情况来界定人们恰当得体的礼仪行为并引导人们自愿遵守的一套行为规范系统，其适用性涉及人类生活的不同层次或范围，从个人修身与交往的微观层次，到家庭伦理生活和地方共同体的乡党秩序的中观层次，乃至邦国和天下的治理与平定的宏观层次，不管哪个层次，都对人的身份认同与价值归属感具有极其重要的意义，如《礼记·曲礼上》曰：

道德仁义，非礼不成；教训正俗，非礼不备；分争辨讼，非礼不决；君臣、上下、父子、兄弟，非礼不定；宦学事师，非礼不亲；班朝治军，莅官行法，非礼威严不行；祷祠祭祀，供给鬼神，非礼不诚不庄。是以君子恭敬、撙节、退让以明礼。

鹦鹉能言，不离飞鸟；猩猩能言，不离禽兽。今人而无礼，虽能言，不亦禽兽之心乎！夫唯禽兽无礼，故父子聚麀。是以圣人作，为礼以教人，使人以有礼，知自别于禽兽。

大上贵德，其次务施报。礼尚往来，往而不来，非礼也；来而不往，亦非礼也。人有礼则安，无礼则危。故曰，礼者不可不学也。

夫礼者，自卑而尊人。虽负贩者，必有尊也，而况富贵乎！富贵而知好礼，则不骄不淫；贫贱而知好礼，则志不慑。

因此，礼之为礼，不仅是一种建构良好的人际关系秩序的手段和方式，而且其规范性的意义最足以彰显一种文化意义上的厚度，亦即礼的规范本身便体现了人之所以为人以及人类社群伦理与文明生活的本质特征所在，而且具有宗教、伦理和政治教化三个方面的根本重要性，故荀子曰："礼有三本：天地者，生之本也；先祖者，类之本也；君师者，治之本也。无天地恶生？无先祖恶出？无君师恶治？三者偏亡焉，无安人。故礼上事天，下事地，尊先祖而隆君师，是礼之三本也。"（《荀子·礼论》）

进而言之，从对人的行为进行规范或规制的意义上来讲，与法家之法制能够竞争并立而最足以体现儒家之制度理念特色的正是儒家之礼或礼制的观念。换言之，参照法家之法制性的制度理念，可以使我们更好地来理解儒家之礼制性的制度理念。从两种制度的功能意义上讲，无论是法家的法制，还是儒家的礼制，都具有国家之权衡、是非之准绳、行事之规矩的根本意义，以及明分止争、齐一人心、建构统一的优良治理秩序的重要作用，如法家曰：

> 法者，国之权衡也。（《商君书·修权》）
>
> 夫法者，所以兴功惧暴也；律者，所以定分止争也；令者，所以令人知事也。法律政令者，吏民规矩绳墨也。（《管子·七臣七主》）
>
> 法者，天下之仪也，所以决疑而明是非也，百姓所县命也。（《管子·禁藏》）

而荀子亦曰：

> 礼之所以正国也，譬之犹衡之于轻重也，犹绳墨之于曲直也，犹规矩之于方圆也，既错之而人莫之能诬也。（《荀子·王霸》）
>
> 礼者，人之所履也，失所履，必颠蹶陷溺。所失微而其为乱大者，礼也。礼之于正国家也，如权衡之于轻重也，如绳墨之于曲直也。故人无礼不生，事无礼不成，国家无礼不宁。（《荀子·大略》）

然而，绝对不容轻忽的是二者之间的本质区别。要而言之，其一，二者发挥作用的方式不同，"法是事后治病的药，礼是事前防病的卫生术"[①]，换言之，

① 梁启超：《先秦政治思想史》，东方出版社2012年版，第281页。

“夫礼者禁于将然之前，而法者禁于已然之后，是故法之所用易见，而礼之所为生难知也。……然而曰礼云礼云者，贵绝恶于未萌，而起教于微眇，使民日迁善远罪而不自知也”（《汉书·贾谊传》）；其二，二者的制作方式和根本目的不同，法家主张“当时而立法，因事而制礼。礼法以时而定，制令各顺其宜，兵甲器备各便其用”，故曰“治世不一道，便国不必法古”（《商君书·更法》），说到底，法制之为法制，乃是应顺应时代之变化和根据人类现实事务之实际需要而加以制定和变更的，其根本目的则在于利用人的趋利避害的狭隘利己理性，通过立法建制的方式和运用赏罚的手段来对人们的行为实施整齐划一的强制性规制，或者通过实行“利出一孔”的诱导性政策与措施来操控、驱使人民专心一务于耕战，以便实现富国强兵或君国利益最大化的政治目标。而礼制乃先王之所制作，经过长期不断损益因革的历史过程而日趋于完善完备，孔子儒家崇尚先王之道而主张遵从周礼，故其所谓礼制具有继承传统、强调历史连续性的鲜明特点，其根本目的则在于通过礼义之分的方式节制人类情感欲望、化导人性之恶、调节人际纷争，以便建立和维持一种群居和一、等差有序的和谐人伦关系秩序和富有人道意义的共同体生活。如《礼记·礼运》曰：

何谓人情？喜、怒、哀、惧、爱、恶、欲，七者弗学而能。何谓人义？父慈、子孝、兄良、弟弟、夫义、妇听、长惠、幼顺、君仁、臣忠，十者谓之人义。讲信修睦，谓之人利。争夺相杀，谓之人患。故圣人之所以治人七情，修十义，讲信修睦，尚辞让，去争夺，舍礼何以治之？饮食男女，人之大欲存焉。死亡贫苦，人之大恶存焉。故欲恶者，心之大端也。人藏其心，不可测度也。美恶皆在其心，不见其色也。欲一以穷之，舍礼何以哉！

荀子亦曰：

夫贵为天子，富有天下，是人情之所同欲也。然则从（读为纵）人之欲则势不能容、物不能赡也。故先王案为之制礼义以分之，使有贵贱之等，长幼之差，知（读为智）愚、能不能之分，皆使人载（犹任也）其事而各得其宜，然后使悫禄多少厚薄之称，是夫群居和一之道也。故仁人在上，则农以力尽田，贾以察尽财，百工以巧尽械器，士大夫以上至于公侯，莫不以仁厚知能尽官职，夫是之谓至平。故或禄天下而不自以为多，或监门、御（读为迓）旅、抱关、击柝而不自以为寡。故曰："斩而齐，枉而顺，不同而一。"夫是之谓人伦。（《荀子·荣辱》）

最后，儒法两家对于运行制度的主体提出了极为不同的要求。法家只要求奉行法制的官吏完全顺从君主的法令，正所谓"贤者之为人臣，北面委质，无有二心……顺上之为，从主之令，虚心以待令而无是非也"（《韩非子·有度》），否则，"守法守职之吏有不行王法者"则会受到"罪死不赦，刑及三族"（《商君书·赏刑》）的严厉惩罚。就制定法令和最终决定法制运行良好与否的君主来讲，法家有时亦因"上之所好，民必甚焉"，故而强调人君须"置法以自治，立仪以自正"（《管子·法法》），然而，这除了依靠君主自身的自我克制之外，他们并没有为限制君主的绝对权力提供一种客观化的优良制度设计。毋庸讳言，儒家的礼制理念亦同样缺乏相应的限制君主权力、能够解决"权力不对称"问题的客观化制度设计，而且，礼制的实施同样需要上行下效的运行机制，甚至需要运用"君上之势"和刑法政令施以强制性的规制，如荀子曰：

夫民易一以道而不可与共故，故明君临之以势，道之以道，申之以命，章之以论，禁之以刑。故其民之化道也如神。（《荀子·正名》）

听政之大分：以善至者待之以礼，以不善至者待之以刑。（《荀子·王制》）

治之经，礼与刑，君子以修百姓宁。（《荀子·成相》）

古者圣人以人之性恶，以为偏险而不正，悖乱而不治，故为之立君上之势以临之，明礼义以化之，起法正以治之，重刑罚以禁之，使天下皆出于治、合于善也。是圣王之治，而礼义之化也。……故檃栝

之生，为枸木也；绳墨之起，为不直也；立君上，明礼义，为性恶也。（《荀子·性恶》）

不过，由于孔子儒家充分地意识到人作为主体对于制度运行的决定性作用，即所谓："制度在礼，文为在礼，行之其在人乎！"（《礼记·仲尼燕居》）而且由于礼文制度本身具有深厚的人文道德含义，故而他们更加强调人作为主体应以身作则的道德主体性及其道德行为的自主性和能动性，从而对制度运行或实施道德礼义教化的政治主体提出了更多的规范性的道德要求，故子曰："上好礼，则民莫敢不敬；上好义，则民莫敢不服；上好信，则民莫敢不用情。"（《论语·子路》）又说："上敬老则下益孝，上尊齿则下益悌，上乐施则下益宽，上亲贤则下择友，上好德则下不隐，上恶贪则下耻争，上廉让则下耻节，此之谓七教。七教者，治民之本也。政教定，则本正也。凡上者，民之表也，表正则何物不正？"（《孔子家语·王言解》）而荀子亦曰："为人上者，必将慎礼义，务忠信，然后可。此君人者之大本也。"（《荀子·强国》）而且，在荀子看来，君主修身与否实关系着整个国家的治乱和兴衰，故曰："请问为国？曰闻修身，未尝闻为国也。君者仪也，[民者景也，]仪正而景正。君者槃（同'盘'）也，[民者水也，]槃（同'盘'）圆而水圆。君者盂也，盂方而水方。……故曰：闻修身，未尝闻为国也。君者，民之原也，原清则流清，原浊则流浊。"（《荀子·君道》）在荀子看来，注重个人德性的修养，主要以礼义修身，以公义克制自己的私欲，培养一种自我克制、慎礼义、务忠信、好仁义的美德，乃是为人君上者的第一要务，亦是礼制能够良好运行的先决性条件。

总之，从新制度主义的视角来看，即"任何制度分析的核心都是这样一个问题：即制度如何影响个人行为"[①]，儒家的礼制和法家的法制可以说体现了两种不同的制度运行的路径，作为一种"规范路径"，儒家礼制的合理运行需

① 何俊志、任军锋、朱德米编译：《新制度主义政治学译文精选》，天津人民出版社2007年版，第49页。

要凭借通过人格修养和道德行为示范的方式而“把其价值观灌输给其成员的能力”，而作为一种“规制路径”，法家法制的成功运行则需要借助于通过规制或激励的方式而有效地“控制其参与者行为”[①]的能力。

（五）仁政与王道

如上文所言，孔子儒家乃是古来中国人以孝悌亲亲和家庭伦理为中心的大文化传统的坚定维护者和捍卫者，其影响所及可以说使中国人如下的一种生活方式在世界上独一无二和无与伦比[②]，即以家庭家族为社会生活的重心，珍惜和重视休戚与共的天然的人伦亲情和“出入相友，守望相助，疾病相扶持，则百姓亲睦”（《孟子·滕文公上》）之乡党邻里间的伦理情谊，但他们并非封闭、排他、狭隘而偏私的家庭家族本位论者和仅仅注重乡党邻里间伦理情谊的地方主义者。事实上，他们希望在家庭生活之伦理情谊和孝悌亲亲之伦理德性的深厚根基之上，通过不断存养、充实和扩展的方式来培育和涵养人们更加博大无私而具有普适性意义的仁爱美德和仁道理念，故儒家的仁道观念，虽然首重孝悌、始于亲亲敬长，但并不止于孝悌和亲亲敬长，而是将植根于家庭之血缘共同体内部的亲亲之情和孝悌之道尽可能推扩施与那些在交往过程中不断相遇而发生各种各样相互作用的陌生的他者，正所谓“老吾老，以及人之老；幼吾幼，以及人之幼”（《孟子·梁惠王上》），“亲亲，仁也；敬长，义也。无他，达之天下也”（《孟子·尽心上》）。据此而言，亲亲孝悌之道之所以倍受重视，乃是因为它是培养普遍性的人类之爱或普世性的同情之心的天然的源头活水和坚实根基，反之，追求普遍性的人类之爱或践行普世性的同情之心，也并不以排斥、

① 何俊志、任军锋、朱德米编译：《新制度主义政治学译文精选》，天津人民出版社2007年版，第256页。

② 如梁漱溟先生说：“中国的家族制度在其全部文化中所处地位之重要，及其根深柢固，亦是世界闻名的。中国老话有‘国之本在家’及‘积家而成国’之说；在法制上，明认家为组织单位。”（《中国文化要义》，见中国文化书院学术委员会编：《梁漱溟全集》第三卷，山东人民出版社1990年版，第19页）

否定和牺牲前者为代价。不仅如此，孔子儒家更进一步以家为优良制度的理想样式和标准模板而追寻创建更大共同体的生活秩序，从而形成一种理想的家国天下的多层级的和谐共生的“差序格局”，如《大学》所谓修身、齐家、治国、平天下之过程的具体展开，会自然形成一种不断扩展的“同心圆”式的治理秩序，或者是循本末终始之序而层层推进的多层级共同体的“差序格局”。因此，孔子儒家的共同体理念，并不仅仅局限于滕尼斯所说的三类共同体，而是具有不断扩展、提升和超越之可能性的一种层级序列，这一层级序列以家为根本、以邻里为基础，但又不止于家和邻里，而是更层层上达于国和天下，其终极理想乃是要化天下为一家、中国为一人、四海为兄弟，这是一种家国天下的多层级共同体理念，并通过修齐治平的方式来实现优良治理目标的不断扩展的秩序理想。此层层上达而不断超越的共同体理念和不断扩展的秩序理想，如杜维明先生所说，其意义在于：“不能超越家庭主义或裙带关系，就不能成全家庭；不能超越狭隘的民族主义、地方主义，就不能成全地方；不能超越狭隘的国族主义，就不能真正爱国；不能超越人类中心主义，就没办法完成你作为一个人的最高的理想。”①

在孔子儒家的上述共同体理念和秩序构想中，事实上涉及两个方面的问题，一方面是“聚人而为家，聚家而为国，聚国而为天下”（《六韬》卷二《武韬》）的自下而上的秩序构建，而另一方面则是“天下之本在国，国之本在家，家之本在身”（《孟子·离娄上》）的自上而下的固本培原，而这两方面又是密不可分的，是塑造和构建不断扩展的多层级共同体生活秩序之一体两面的根本性问题。而就后一方面的问题来讲，既然克己修身乃是人伦关系融洽和家庭生活和谐的前提条件，而人伦关系融洽和家庭生活和谐则构成以家庭为组织单位的乡里社群生活乃至整个国家治理安定有序的基础支撑，正所谓“身修而后家齐，家齐而后国治，国治而后天下平”（《大学》），那么，反过来讲，以修身和齐家为秩

① 杜维明：《二十一世纪的儒学》，中华书局2014年版，第54页。

序根基的国家亦有责任和义务，即理应为每个人从事道德修养之恒心和每个家庭的稳定生活提供必要的关爱、支持和保障。进而言之，既然每个国家治理优良乃是整个天下平治的根基和前提，或者唯有每个国家得到良好的治理，才能实现整个天下治平的根本目标，那么，反过来讲，也唯有实现天下治平的根本目标，每个国家的优良治理和安定和平才有保障，而天下治平的根本目标事实上只有在“天下为公、四海一家”的精神指导和引领下才能真正实现，为此，人们必须能够超越一切此疆彼界、封畛界域的狭隘自私尤其是超越狭隘的国家观念，努力追求实现全人类之公平正义、和平安乐、休戚与共、互信互爱互利、共有共享共治而化天下为一家、四海为兄弟的共同体的价值理想信念。

孟子之仁政王道理想，说到底正是针对上面所谓“自上而下的固本培原”之问题而言的。依孟子之见，人民需要一定的赖以生存和生活的“恒产”来维持其道德的“恒心”，否则便会“放辟邪侈，无不为已”，因此，统治者必须“制民之产”，保障每一个家庭都能够过上衣食丰足而“不饥不寒”（《孟子·梁惠王上》）的生活。唯有这样，国家才能真正实现优良治理的目标。然而，仅有一国得治并不足以实现天下的治平，人类设非进于四海一家、天下统一，则仍将纷争不止、战乱不息，故孟子认为天下之安定必须“定于一”，而唯有能“以德行仁”或“以德服人”者，又或者“不嗜杀人者”才能统一天下，也只有这样的统治者，即实行仁政王道的统治者，才能赢得人民心悦诚服的归往，而人民归之，犹如“水之就下”，沛然莫能御之者，正所谓“保民而王，莫之能御也”“行仁政而王，莫之能御也”（《孟子·梁惠王上》《孟子·公孙丑上》）。要而言之，天下国家的治安与平定不仅需要自上而下、以身作则的道德行为示范，即“上老老而民兴孝，上长长而民兴弟，上恤孤而民不倍”（《大学》），更需要国家能够自上而下地为每个家庭的生活提供合理而必要的社会性的生存环境与制度保障，如是人们才能过上一种富有人道意义的社群生活，孟子以井田制为社会经济蓝图而主张制民恒产以保障民生的仁政理想，目的也正是要促进、构建和保障使人们能够过上一种家给人足乃至“出入相友，守望相助，疾病相扶持”而“百姓亲睦”（《孟子·滕文公上》）的人道主义的社群生活，进而实现“人人亲其亲、长其长，而天下平”（《孟子·离娄上》）的终极理想目标。如此，个人的修身、家庭的孝悌、国家的仁政和“以德服人”的王道，乃至天下的治平，才能真正构成为一种不断层层向上循序推进以实现连续性的优良治理目标的多层级共同体关联模式。

三、余论：何谓德治与法治？

一般认为，对功利性实用目标的关注使法家更加强调和重视制度的作用，而对超功利性的个体德性修养的关注使儒家似乎倾向于轻忽制度的作用。从我们上面的论述来看，此可谓大谬不然。在意图为混乱无序的世界建立起秩序的思考中，儒、法两家所抱持的其实是两种不同性质的制度主义的理念。就其在历史上的实际影响来讲，可谓各有利弊得失，此是后话，在此我们首先需要澄清的问题是，如何更好或更恰当地理解其制度理念的思想内涵和理论意义。

法国著名汉学家谢和耐曾如是评论法家的法律或法制观念：

> 在战国时代显示出来和形成的法律观念与我们在一般情况下对此名称的理解没有任何共同之处。它既非诞生于习惯法，又非出自一种对冲突的仲裁行为。它同样也不是一种反映了某种共同愿望的公约之结果。这是一种客观的、公开的、高于一切并排除了任何歧义解释的法制观念，它是根据称职与不称职、功与过的显示表而对充任公职的人员作一种全面划分的手段。它同时也是一种威力无比的手段，可以主宰所有人的活动以使之趋向最有利于国家强盛和民众和平的方向。它的目的在于建立一种秩序。[①]

①[法]谢和耐：《中国社会史》，耿昇译，江苏人民出版社1995年版，第63页。

> 道德品质是没有用处的。……政治并非伦理之事。政治仅仅是保证和维护国家优势的一整套行之有效的手段和计谋。
>
> 法律条文的目的不仅仅是以彻底的方式改革政治组织，而且在于改造整个社会。①

上述评论无疑是相当恰当、中肯和精到的。要而言之，在法家的法制或法治主义的制度理念中，没有为个体的美德安排任何适当的位置，或者说人的道德品质是没有任何用处的，过分强调和关注个体的德性修养即尊崇有贤德之人甚至是极为有害的，即会破坏法制的客观运作和统一执行。“政治并非伦理之事”，而是旨在通过“一整套行之有效的手段和计谋”来“改造整个社会”，建立一种实现富国强兵或君国利益最大化的国家秩序。

与之不同，儒家虽然对个体之德性修养给予最深切的关注、重视和强调，但它所代表的并非一种非制度主义的思维方式，而是一种将德性嵌入制度、以制度涵养德性的德性与制度交相为用的思维方式。明末清初大儒王夫之曾说：“仁，心也；术，政也”“心、术元为一贯，而心外无术，故可尽心以广其术，亦可因术以善其心”（《读四书大全说》卷八《孟子》公孙丑上篇）。事实上，我们也可以说，对孔子儒家而言，德性与制度其实也是“元为一贯”的，完全无视人的德性，不可能建立优良的善制，缺乏优良的善制，也不可能持久地维持美好的德性，二者密不可分，故可尽心修德以立善法建良制，亦可因善法良制以养其心修其德。因此，对于孔子儒家来说，最关紧要的问题其实是什么样的德性与什么样的制度可以相配联袂而行，亦即人们究竟应该具备什么样的德性修养和人格品行，以及相应地应建立一种什么样的制度环境和行为规范，才能创造和维持一种优良的治理秩序和美好的共同生活。这无疑涉及社会生活秩序的全面安排问题，但无须抛弃我们固有的文化传统，亦无须彻底改造整个社会，但既需要挺立人的道德主体，乃至将道德主体的自主性和能动性充分注入人的行

---

①［法］谢和耐：《中国社会史》，耿昇译，江苏人民出版社1995年版，第73页。

为和社会的秩序之中，亦需要积极地创造和不断完善适合人的道德成长和共同生活的制度环境与行为规范。

因此，与法家所谓法治及其法治主义的制度理念不同，儒家所谓德治及其礼治主义的制度理念，其实并不像一般所认为的那样，只是一种自上而下的道德教化而已。不同于法家主张和强调专制君主对整个社会实施单纯的自上而下的刑法规制与权术操控，儒家一方面主张和强调拥有道德权威的统治者对人民在行为上进行自上而下的礼义规范，另一方面则更加重视和强调拥有道德权威的统治者必须在行为上能够发挥以身作则的道德示范作用并对于人民的真正意愿作出积极的回应。事实上，在我看来，儒家所谓德治，实则包含道德教化与道德领导两个方面的内涵，而所谓道德领导，所强调的是领导者与被领导者之间并非一种单纯的命令与服从的单向支配性关系，而是“存在共同的需要、渴望和价值观念的关系”，如美国学者伯恩斯所说，“道德领导并不是单纯的说教，或信誓旦旦地表明虔信，或是主张社会的顺从”，“道德领导来自于并总是回归于追随者的基本欲求、需要、渴望和价值观念”①，这也就是《大学》所谓“民之所好好之，民之所恶恶之，此之谓民之父母”以及“大畏民志，此谓知本”。不仅如此，还有一个更加重要的含义，那就是必须从一种综合了德性与制度的整体视角，我们才能更好地理解儒家所谓德治的完整含义，缺乏相应制度的系统支撑，所谓德治便只是一句理想性的空话。总之，一句话，德性使生活更人道而美好，制度使秩序更稳固而持久。

（本文原收入《道义、权力与政治》一书，学习出版社2017年版，并载于杨朝明主编《孔子学刊》第八辑，青岛出版社2017年版）

①［美］詹姆斯·麦格雷戈·伯恩斯：《领袖》，常健、孙海云等译，中国人民大学出版社2016年版，《序言：领导危机》，第3页。

义理、权势与政治：二程兄弟[1]的政治哲学论纲

二程兄弟对于儒学第二期发展作出了杰出的思想贡献，这大概是没有什么争议的，但他们与周敦颐、张载、邵雍等一起开创的理学思潮究竟在政治思想上具有什么样的贡献和意义，却未必是确定无疑的。一般认为，他们偏于儒家内圣心性之学的阐发，而在儒家外王事业及其理论思考方面并无特殊的贡献和创见，此说虽大体不错，然就二程兄弟的政治哲学来讲，似乎仍有重新审视、反思和检讨的必要。依我之见，如果我们能够认真对待并深入领会二程兄弟政治思考及其相关论说的理论内涵，也许不难发现他们除了在儒家性理之学上作出了创造性的突出贡献之外，他们对于人类政治生活和政治事务本身之性质的理解亦富有独到而深刻的理论创见，就其政治哲学思想的核心要义或根本宗旨来讲，我们不妨称之为道义政治论或政治义理学。

---

① 程颢（1032—1085），字伯淳，号明道，世称明道先生；程颐（1033—1107），字正叔，号伊川，世称伊川先生。

一、引言：问题之分际与辨析

萧公权先生曾经这样评价两宋时期的政治思想曰：

> 此三百余年中之政治思想可分为理学与“功利”之两大派。
>
> 惟吾人宜注意，理学得佛学之助，蔚为中国空前未有之哲学系统，而其对政治思想之贡献则极细微。各家之哲学思想固多新颖分歧之点，其政论大旨则不外搬演《大学》《中庸》之正心诚意，《孟子》之尊王黜霸与乎一治一乱诸陈说而已。
>
> 宋代政治思想之重心，不在理学，而在与理学相反抗之功利思想。此派之特点在斥心性之空谈，究富强之实务。
>
> 论者惩前世之失，度当时之要，益信理国非恃空言，救亡必资实学。朱陆一切心性仁义之说，不啻儒家之“清谈”，足以致中原于沦丧而莫可挽回。永嘉、永康诸子乃大讲致用功利之学以与紫阳、象山相抗。故北宋功利思想之产生，大体由于时势之刺激。南宋则时势之刺激更深，而兼为理学之反动。①

显然，依萧公权先生之见，宋代理学思潮在思想上的贡献便主要体现在使儒学更加哲理化方面，他们在这方面所作出的贡献要远远大于其在政治思想上的贡献，因此，宋代政治思想的重心不在理学，而在与之相反对之功利（或事功）思想。而功利思想之发生乃由于时势之刺激，而“朱陆一切心性仁义之说，不啻儒家之‘清谈’，足以致中原于沦丧而莫可挽回”。

上述观点并非萧先生一人之私见，恐怕在相当程度上代表着一种学术上的“公论”，其中最值得注意的有两点，一是理学思潮对儒家内圣心性之学的思想阐发在哲学上所具有的“空前未有”之划时代意义；二是，对理学家“空谈误国”

① 萧公权：《中国政治思想史》，新星出版社 2005 年版，第 295、296、297 页。

之批评，盖自古已有其说，非始自萧先生，明末清初大儒顾炎武在其《日知录》卷七“夫子之言性与天道”条即批评说：

> 五胡乱华，本于清谈之流祸，人人知之。孰知今日之清谈，有甚于前代者。昔之清谈谈老庄，今之清谈谈孔孟，未得其精而已遗其粗，未究其本而先辞其末。不习六艺之文，不考百王之典，不综当代之务，举夫子论学论政之大端一切不问，而曰“一贯”，曰“无言”。以明心见性之空言，代修己治人之实学。股肱惰而万事荒，爪牙亡而四国乱，神州荡覆，宗社丘墟。昔王衍妙善玄言，自比子贡，及为石勒所杀，将死，顾而言曰：“呜呼，吾曹虽不如古人，向若不祖尚浮虚，戮力以匡天下，犹可不至今日。”今之君子，得不有愧乎其言？①

关于上述两点，第一点是无可否认的，或者亦是吾人所乐于肯定的，但关于第二点，却是极易引起误解和争议而需要慎加检讨的。如萧先生所言：“理国非恃空言，救亡必资实学”，这毫无疑问是政治上的一个真理，就“空谈误国”本身也没有什么好辩解的，但当我们指责说理学家空谈心性或“朱陆一切心性仁义之说”之儒家式“清谈”“足以致中原于沦丧而莫可挽回”时，事实上我们同时也要问一个并非无关宏旨的问题，那就是何以救亡必资之功利思想或“修己治人之实学”也不见之于实行而中原终至于沦丧而莫可挽回呢？随之还有一系列相关的问题，诸如：空谈心性可以误国亡国，难道空谈实学就不会误国亡国吗？我们能否将中原沦丧或国家败亡完全或仅仅归罪于“朱陆一切心性仁义之说”呢？说“功利思想之产生，大体由于时势之刺激”，那么“朱陆一切心性仁义之说”就与时势或那时之社会现实毫不相干吗？或者，无论是功利思想，还是“朱陆一切心性仁义之说”，既然产生于时势之刺激，那么其思想之意义就只是受一时一地之时势所局限吗？另如批评理学家“空谈误国”之顾炎武所作

① 顾炎武：《日知录集释（全校本）》上册，黄汝成集释，栾保群、吕宗力校点，上海古籍出版社2006年版，第402页。

亡国与亡天下之分别，那么中原之沦丧或国家之败亡究竟应归罪于掌握国家之统治权的“肉食者”，还是应归罪于空谈心性或空言实学的思想家呢？毋庸讳言，理学家之“清谈”及其“以明心见性之空言，代修己治人之实学”，本身当然会产生许多的毛病和流弊，也会影响到政治家和统治者之政治行为，这是无可否认的，但统治者和治国者对于是战是和之形势判断和治国理政之决策上的失误对于中原之沦丧和国家之败亡，恐怕要承担主要责任。平心而论，如果说国家富强之术、救亡之功利思想和“修己治人之实学”实关乎国家之治乱而不能不讲求的话，那么，就其思想本身的意义来讲，“朱陆一切心性仁义之说”实则关乎人之为人或如何做人的根本大问题，亦可说是天下兴亡之所系，故亦不可不倡明。

客观地讲，当我们批评说“朱陆一切心性仁义之说，不啻儒家之‘清谈’，足以致中原于沦丧而莫可挽回”时，我认为，更加切中要旨的是，首先应该区分辨析两种性质不同的学问，即成德之学与成功之学，如劳思光先生所说：

> 在政治层面讲，不可要求天下人成为圣贤；在道德层面讲，则必有此要求。此即涉及理论领域之划分问题。政治生活之领域，原以“众多主体之并立关系”为基本条件，故有其独立性。
>
> 人一言及“事功”，必涉及如何驾驭客观形势之“理”，而此“理”即“成败之理”。孔子以来，似无重视“成败之理”之说。宋代唯陈亮与朱熹之辩，似触及此问题，然亦无甚明确理论；而另一面“成德”之观念则一直为儒学思想之主脉。而“成德”与“成功”显然不能混为一事也。
>
> 故是否“成德之学”外另有“成功之学”，乃一大问题。探究此一问题时，吾人之思考实已越出儒学本身之范围，而对此问题之解答，亦必须诉之于另一层面之某种理论标准，而不可于儒学内部求之。[①]

① 劳思光：《新编中国哲学史》三卷下，广西师范大学出版社2005年版，第484、496页。

譬如，清初大儒孙奇逢曾就“做人”问题而回答说：“饥饿穷愁困不倒，声色货利侵不倒，死生患难考不倒，而人之事毕矣。”[①] 显然，这样一种“做人”的道理属于“成德之学”的范畴，就此而言，一个人能做到这样，的确可说“人之事毕矣”，亦可称得上是一圣贤人物，其人格风范亦非常值得他人敬仰，但若从“成功之学”的角度或依政治之事功的标准来看，一个陷身于饥饿穷愁和死生患难中而在政治上无所作为的人，就未必是成功的。但，我们切不可将“成德”与“成功”二者混为一谈，不能以一种学问来排斥或否定另一种学问，二者各有其适用的领域和范围，问题不同，要求和条件亦异。

然而，在作出对上述问题区分和辨析的同时，我们也不妨进一步深入思考这样一个问题：偏重于儒家内圣心性之学的理学家在政治思想上真的就只是在重复“搬演《大学》《中庸》之正心诚意，《孟子》之尊王黜霸与乎一治一乱诸陈说”，而毫无创造性的理论贡献吗？以余浅见所及和读二程书的体会而言，此亦未必然。理由有三。一是，如杜维明先生所说，儒家士人“一定关切政治”，“虽然不一定从政，但必须关切，完全不关切政治的儒家是不可想像的”[②]，显然理学家亦不例外，如程子曰：“学者不可不通世务。天下事譬如一家，非我为则彼为，非甲为则乙为。”[③] 所谓“世务”，主要便是指政治性的公共事务。二是，如一些学者所说：宋代儒学的整体动向是秩序重建，而“治道”——政治秩序——则是其始点。道学虽然以“内圣”显其特色，但“内圣”的终极目的不是人人都成圣成贤，而仍然是合理的人间秩序的重建。用原始儒家的语言来表达，便是变“天下无道”为“天下有道”。这一说法还是相当有说服力的，而且依此之见，理学家的“外王”之学或秩序重建已扩大了儒家传统外王学的范围，而不再仅仅局限于“治道”的问题范围，或并非专指政治秩序（即“治道”），凡属齐家以

---

① 黄宗羲：《明儒学案》卷五十七，见沈善洪主编、吴光执行主编：《黄宗羲全集》第八册，浙江古籍出版社 2005 年版，第 723 页。

②［美］杜维明：《东亚价值与多元现代性》，中国社会科学出版社 2001 年版，第 114 页。

③ 程颢、程颐：《二程集》，王孝鱼点校，中华书局 2004 年版，第 303 页。

下的“新民之事”的广大范围，皆是“外王”领域，而建立秩序的唯一凭借，根据理学家的共同信仰，便是他们所发展出来的一套“内圣”之学。就社会为一整体而言，“内圣”之学绝不可能是终点，而必须在“外王”或“秩序”的领域中显出“全体大用”。这是出于儒学本身的内在要求。总之，理学家的最大关怀是重建合理的人间秩序。三是，依余之见，即使仅就关乎政治问题本身或儒家“治道”意义上的外王之学来讲，二程兄弟之问题意识及其对政治本身性质的理论思考和相关论说亦有其独到而深刻之处，非常值得我们认真对待和深入探究。

二、天理体认与政治思考的融贯一体之学

二程兄弟的政治思考与其对天理的体认显然是密不可分的。从哲学的意义上讲，二程之学可称为性理之学或义理之学。大程明道先生尝有言曰：“吾学虽有所受，天理二字却是自家体贴出来。”[①] 二程兄弟之所以汲汲于去体贴、体认天道义理，其根本目的在于从世界之生生本源的意义上来解释天地万物之存在和人类社会之生活的自然合理性，并证成其根本的一致性，因此，对他们而言，“最大的问题是人与天地的结合以及人性与天命的统一问题”[②]，甚至可以说“天人本无二，不必言合”[③]。就人生在世的价值和意义而言，天之所命所赋即人之本质本性，故人天生就“心具天德”[④]，只要人能尽心，便可以知性知天，最终，天德的自我实现乃至拥有天理也正是人之所以为人的本质属性的根本体现，正所谓：“人之所以为人者，以有天理也。天理之不存，则与禽兽何异矣？”[⑤] 天理所在，亦即是人所当尽之职分，只因气禀清浊之不齐、私欲私意之

① 程颢、程颐：《二程集》，王孝鱼点校，中华书局2004年版，第424页。

②［法］谢和耐：《中国社会史》，耿昇译，江苏人民出版社1995年版，第282页。

③ 程颢、程颐：《二程集》，王孝鱼点校，中华书局2004年版，第81页。

④ 程颢、程颐：《二程集》，王孝鱼点校，中华书局2004年版，第78页。

⑤ 程颢、程颐：《二程集》，王孝鱼点校，中华书局2004年版，第1272页。

所蔽而不能尽其分，故曰："天地生物，各无不足之理。常思天下，君臣、父子、兄弟、夫妇，有多少不尽分处。"①

那么，究竟何谓天理或天道义理呢？程子曰：

天只是以生为道。②

天者理也。③

万物皆只是一个天理，己何与焉？④

天理云者，这一个道理，更有甚穷已？不为尧存，不为桀亡。人得之者，故大行不加，穷居不损。这上头来，更怎生说得存亡加减？是佗元无少欠，百理具备。⑤

在天为命，在人为性，论其所主为心，其实只是一个道。⑥

理也，性也，命也，三者未尝有异。穷理则尽性，尽性则知天命矣。天命犹天道也，以其用而言之则谓之命，命者造化之谓也。⑦

自理言之谓之天，自禀受言之谓之性，自存诸人言之谓之心。⑧

或问："理义何以异？"子曰："在物为理，处物为义。"⑨

要而言之，程子所谓天道义理，主要有两个意义维度，一是生命流行之生生不息的过程性或创造性的生道本源，二是天地万物之整体关联的秩序性或存在性的自然原理。此天、道、义、理，自然而然，独立自足，不以人的意志为转移，贯通天地万物和性命人伦，赋予一切事物以价值和意义，亦同样构成了人

① 程颢、程颐：《二程集》，王孝鱼点校，中华书局2004年版，第2页。
② 程颢、程颐：《二程集》，王孝鱼点校，中华书局2004年版，第29、30页。
③ 程颢、程颐：《二程集》，王孝鱼点校，中华书局2004年版，第132页。
④ 程颢、程颐：《二程集》，王孝鱼点校，中华书局2004年版，第30页。
⑤ 程颢、程颐：《二程集》，王孝鱼点校，中华书局2004年版，第31页。
⑥ 程颢、程颐：《二程集》，王孝鱼点校，中华书局2004年版，第204页。
⑦ 程颢、程颐：《二程集》，王孝鱼点校，中华书局2004年版，第274页。
⑧ 程颢、程颐：《二程集》，王孝鱼点校，中华书局2004年版，第296—297页。
⑨ 程颢、程颐：《二程集》，王孝鱼点校，中华书局2004年版，第1175页。

类生活世界的价值根基和意义源泉，人之能穷理尽性而使其行为合乎天道义理才是自然而正当的。总之，二程兄弟所说的天道义理，既是事物生成和存在的根本道理，亦是人类道德心性的形上本原，并最终奠立和构成了人类生活和社会秩序的规范、准则和根基。上引最后一句需稍加解释，即所谓“在物为理，处物为义”，依余浅见，“在物为理”意指在事物本身为理，换言之，理为物之为物的道理，而“处物为义”是指人以合乎事物本身之理（本性）的方式来处物者为义。

二程兄弟的政治思考，无疑也正是基于或围绕着他们对于天道义理或天人融贯相通之理的上述深切体认而展开的。对二程兄弟而言，对天道义理的深切体认不仅决定了“儒者之学”或儒者之道的根本关切和本质内涵，同时也决定了王者之道或王道政治的根本关切和本质内涵，正所谓“王道与儒道同，皆通贯天地，学纯则纯王纯儒也”①。具体言之，儒者为学当以义理为师，正所谓“学者必求其师。……所谓师者，何也？曰理也，义也”②，王者为治当体天之道，即“天道生万物，各正其性命而不妄；王者体天之道，养育人民，以至昆虫草木，使各得其宜，乃对时育物之道也”③；儒者之学当穷理尽性、为学修身以复其天德之本性而成圣成贤，王者之道当以“物各付物”或“以物待物”④的方式来使“万物各得其性”⑤或事事物物各得其所，正所谓“万物无一物失所，便是天理时中。（一本无时中字）”⑥，“事事物物各有其所，得其所则安，失其所则悖。圣人所以能使天下顺治，非能为物作则也，惟止之各于其所而已。止之不得其所，则无可止之理”⑦。

---

① 程颢、程颐：《二程集》，王孝鱼点校，中华书局2004年版，第411页。

② 程颢、程颐：《二程集》，王孝鱼点校，中华书局2004年版，第323页。

③ 程颢、程颐：《二程集》，王孝鱼点校，中华书局2004年版，第824页。

④ 程颢、程颐：《二程集》，王孝鱼点校，中华书局2004年版，第144、165页。

⑤ 程颢、程颐：《二程集》，王孝鱼点校，中华书局2004年版，第1261页。

⑥ 程颢、程颐：《二程集》，王孝鱼点校，中华书局2004年版，第77页。

⑦ 程颢、程颐：《二程集》，王孝鱼点校，中华书局2004年版，第1211页。

由上可见，二程兄弟的天道义理之学与其政治思考可以说是一体之两面的关系，在此意义上，其政治哲学亦可说是道、学、政融贯相通为一的道义政治论或政治义理学。如上所言，如果说二程兄弟所说的天道义理有两个意义维度的话，那么，其政治思考或政治哲学亦有两个意义维度，一是从事物整体关联的秩序性或存在性的自然原理的意义上讲，人类社会的人伦政治秩序无疑具有一种无可逃避的必然性及其自然而然的合理性与正当性，如程子曰："父子君臣，天下之定理，无所逃于天地之间。"① 在今天，二程兄弟的这一理念常常受到批评和指责，以为其最大的问题便是将君臣一伦永恒化和完全自然合理化了，这是毋庸讳言的，但二程兄弟的政治思考并不止于此，甚至可以说其政治思考的重心并不在此，而在于他们由对天道义理的体认和信仰所强调的是，人人当遵循天道义理以行，或者说人人应各尽其分，而整个人伦政治秩序的维持端赖乎此，故其常常忧思的是"君臣、父子、兄弟、夫妇，有多少不尽分处"②，并说："为君尽君道，为臣尽臣道，过此则无理"③，所谓尽其"分"或"道"，乃尽其职分、职责之谓。二是从天地生生之道的意义上来讲，二程特别强调人君为政不可违背天道生生之义，而尤当以养民遂生为其神圣职责所在，如大程明道先生曰："天生蒸民，立之君使司牧之，必制其恒产，使之厚生，则经界不可不正，井地不可不均，此为治之大本也。"④ 小程伊川先生曰："为民立君，所以养之也。养民之道，在爱其力。民力足则生养遂，生养遂则教化行而风俗美，故为政以民力为重也。"⑤ 又说："天之生民，必有出类之才，起而君长之，治之而争夺息，导之而生养遂，教之而伦理明，然后人道立，天道成，地道平。"⑥ 说到

① 程颢、程颐：《二程集》，王孝鱼点校，中华书局2004年版，第77页。
② 程颢、程颐：《二程集》，王孝鱼点校，中华书局2004年版，第2页。
③ 程颢、程颐：《二程集》，王孝鱼点校，中华书局2004年版，第77页。
④ 程颢、程颐：《二程集》，王孝鱼点校，中华书局2004年版，第453页。
⑤ 程颢、程颐：《二程集》，王孝鱼点校，中华书局2004年版，第1095页。
⑥ 程颢、程颐：《二程集》，王孝鱼点校，中华书局2004年版，第1124页。

底，二程论政之重心乃落在治国理政之君长所当尽之职分上。

钱穆先生尝言："西方人讲政治，一定先要讲'主权'。他们的政治思想，很多是建立在主权观念上。所以西方有神权、王权、民权的分法。到现在便是国家主权在民众。中国讲政治，一向不讨论主权在那里。……中国人讲政治，一向看重在'职责'。只论政府该做些什么事？它的责任该是些什么？它尽了职没有？而并不讲主权在那里。……这是双方政治思想上一绝大的歧异。"[①]中国人讲政治一向看重在"职责"这一点，在二程兄弟的政治义理学中有着极鲜明而充分的体现，这是我们首先应明确的一点。就此而言，二程兄弟的政治论说似乎也只是体现了中国思想家的一般通见共识而并无特别之处，而就君长所应尽之职分职责的具体内容来讲，亦不外遵循先儒王道仁政之旧说而责人君"以王道为心，以生民为念"[②]，其特别之处即在赋予了其政治职责以一种天道义理的信仰背景，而增强了其必须"以道自任"而不可逃避和推卸的精神性力量。不过，这只是其整个政治义理学的基础性的理念，而不是全部。

三、在理想与现实之间：政治义理学的思维向度

二程兄弟的政治义理学并未止步于上述基础性的理念，而是在此基础之上，其政治思维的触角一面伸向理想、一面又伸向现实而拓展其论域，从而极富思想的内在张力性，此亦正是其政治哲学的创新性意义和独特魅力所在。兹从以下几方面论之。

其一，置身于道义和权势之间的政治义理信念。

与同时代的其他思想家和政治家一样，二程兄弟也深怀致君尧舜、追复三代之治的政治理想和抱负，然而，他们也不得不面对拥有至尊之权力势位的皇权来思考天下国家治乱的问题，寻求解决政治问题的根本治道。这是帝制中国

① 钱穆：《中国历代政治得失》（新校本），九州出版社2012年版，第139页。

② 程颢、程颐：《二程集》，王孝鱼点校，中华书局2004年版，第515页。

时代的思想家和政治家所共同面对的问题，二程也不例外。诚如一些学者所说：因为皇权在结构上居于权力世界的源头与中心，此处一乱则必然导致政治秩序的全面解体。正是根据这一认识，理学家才念念不忘要“得君行道”。正因为皇权在结构上居于权力世界的源头与中心，是政治行动之最终权源和天下国家治乱之根本所系，故二程亦汲汲于从君主的角度来探求天下国家治乱之本的问题。如小程伊川先生曰：

今言当世之务者，必曰所先者：宽赋役也，劝农桑也，实仓廪也，备灾害也，修武备也，明教化也。此诚要务，然犹未知其本也。臣以为所尤先者有三焉，请为陛下陈之。一曰立志，二曰责任，三曰求贤。……三者之中，复以立志为本，君志立而天下治矣。所谓立志者，至诚一心，以道自任，以圣人之训为可必信，先王之治为可必行，不狃滞于近规，不迁惑于众口，必期致天下如三代之世，此之谓也。夫以一夫之身，立志不笃，则不能自修，况天下之大，非体乾刚健，其能治乎？自昔人君，孰不欲天下之治？然而或欲为而不知所措，或始锐而不克其终，或安于积久之弊而不能改为，或惑于众多之论而莫知适用。此皆上志不立故也。

…………

臣前所陈三者，治天下之本也。臣非不知有兴利除害之方，安国养民之术，边境备御之策，教化根本之论，可以为陛下陈之。顾三者不先，徒虚言尔。三者既行，不患为之无术也。①

依程子之见，所谓宽赋役、劝农桑、实仓廪、备灾害、修武备、明教化之类的具体方策治术，虽为治道之要务，但要想使它们真正得到落实贯彻，必须首先从根本和源头处求其落实贯彻之可能，即居于权力世界之源头和中心的君主必须首先能够立志、责任和求贤，这才是治天下之大本所在。所谓立志，其实

① 程颢、程颐：《二程集》，王孝鱼点校，中华书局2004年版，第521、527页。

就是要君主能够首先树立追求远大志向的政治理想和遵循义理、以道自任的政治信仰；所谓责任，即责任宰辅之意，因为“夫以海宇之广，亿兆之众，一人不可以独治，必赖辅弼之贤，然后能成天下之务”，故“自古圣王，未有不以求任辅相为先者也”[①]；然后，就是要求贤而取人任人以公，正所谓“夫王者之取人，以天下之公而不以己，求其见正而不求其从欲”[②]。此三者不先行讲求，则其他一切“兴利除害之方，安国养民之术，边境备御之策，教化根本之论”，都不过是“虚言”而已。所以然者，皆由于人君居于权力世界之源头和中心之故，正所谓“夫以人主之势，心之所向，天下风靡景从”[③]。

然而，正因为人君居于权力世界的源头和中心，故治天下之本在君，而乱天下之本亦在君。程子虽重在说治天下之本在君，而未明言乱天下之本在君，但他的相关言论已明确地喻示了这一点，如其谓：

> 人君因亿兆以为尊，其抚之治之之道，当尽其至诚恻怛之心，视之如伤，动敢不慎？兢兢然惟惧一政之不顺于天，一事之不合于理。如此，王者之公心也。若乃恃所据之势，肆求欲之心，以严法令举条纲为可喜，以富国家强兵甲为自得，锐于作为，快于自任，贪惑至于如此，迷错岂能自知？若是者，以天下徇其私欲者也。勤身劳力，适足以致负（一作贪）败，夙兴夜寐，适足以招后悔。以是而致善治者，未之闻也。
>
> 夫以居至尊之位，负出世之资，而不闻怫逆之言，可惧之大者也。[④]
>
> 居至尊之位，据能专之势，而自任刚决，不复畏惧（覆元本“惧”作“慎”），虽使得正，亦危道也。[⑤]

① 程颢、程颐：《二程集》，王孝鱼点校，中华书局2004年版，第522页。
② 程颢、程颐：《二程集》，王孝鱼点校，中华书局2004年版，第530页。
③ 程颢、程颐：《二程集》，王孝鱼点校，中华书局2004年版，第525页。
④ 程颢、程颐：《二程集》，王孝鱼点校，中华书局2004年版，第530、531页。
⑤ 程颢、程颐：《二程集》，王孝鱼点校，中华书局2004年版，第753页。

人君居至尊之势位，握无上之权力，既可以立志、责任、求贤而使“天下风靡景从”以为治，亦可以肆欲、专权、自任而致天下于危乱败亡。正因为明确意识到了后者，所以程子在论经筵札子中极论经筵、师傅之渐磨道义、道之教训、傅其德义以辅养人君德性之责。所谓涵养熏陶其德性，目的在使人君能够“知道畏义”“尊贤畏相”或“尊儒重道”，乃至节制权力而不敢骄肆自圣，故程子曰：“臣窃以人主居崇高之位，持威福之柄，百官畏惧，莫敢仰视，万方承奉，所欲随得。苟非知道畏义，所养如此，其惑可知。中常之君，无不骄肆；英明之主，自然满假。此自古同患，治乱所系也。”①

人君既为治天下之本或为天下治乱所系，故二程便将儒家王道仁政之“善治”目标的实现寄托在人君之立志和德性之涵养之上，然而，无限之政治希望寄托在此，而难以摆脱之政治困境亦在此，其根源皆在人君之“权力一元化”。如梁漱溟先生所说，“此所云‘权力一元化’，是指中国从来没有，亦永不发生‘钳制与均衡’的三权分立的事”，正唯如此，其救治之道的重心便“放在每个人自己身上，成了一个人的道德问题”，而当人们的眼光被引导注到人身上，“而不论是向某个人或向一般的人要求其道德，都始终是有希望而又没有把握的事”，因此就在政治上“常常在打圈子”而从此永远断绝了“进步”②之机。显然，程子论政便把重心放到了人君一人之身上，其重视人君之立志、德性之辅养以及经筵、师傅和佛逆之谏言等，皆旨在培养和促成人君自警反省之心，无疑并不能对至尊之皇权形成一种根本性的制度制约。不过，其政治思考也并非毫无意义，尤其是他们面对皇权至尊的政治压力，敢于公然“以身任道”而宣称“人主不当自圣”或明确反对以顺从为尊君的政治立场和态度，如大程明道先生曰：“知人主不当自圣，则未尝为谄谀之言；知人臣义无私交，则不忍为阿党之

① 程颢、程颐：《二程集》，王孝鱼点校，中华书局2004年版，第539页。

② 梁漱溟：《中国文化要义》，见中国文化书院学术委员会编：《梁漱溟全集》第三卷，山东人民出版社1990年版，第180、185页。

计”[①]，而小程伊川先生则曰：“大率浅俗之人，以顺从为爱君，以卑折为尊主，以随俗为知变，以习非为守常，此今日之大患也”“人君唯道德益高则益尊，若位势则崇高极矣，尊严至矣，不可复加也。过礼则非礼，强尊则不尊”[②]。这不仅需要超乎常人的道德勇气，而且，更揭橥了一种道尊于势、圣学与王权相对二分而欲以圣学引领、范导王权的政治思维路向，故伊川先生曰：

> 臣窃谓自古国家所患，无大于在位者不知学。在位者不知学，则人主不得闻大道，朝廷不能致善治。不闻道，则浅俗之论易入，道义之言难进。人君功德高下，一系于此。……诒谋致治之道，当使圣德日跻，善治日新。进德在于求道，图治莫如稽古。道必询于有道之士，古必访诸稽古之人。若夫世俗浅士，以守道为迂，以稽古为泥，适足以惑乱人主之听。[③]

另如宋儒周敦颐所言：“天地间至尊者道。”（《通书·师友上》）明儒吕坤更有言：“天地间，惟理与势为最尊。虽然，理又尊之尊也。庙堂之上言理，则天子不得以势相夺，即相夺焉，而理则常伸于天下万世。故势者帝王之权也，理者圣人之权也。帝王无圣人之理，则其权有时而屈，然则理也者又势之所恃以为存亡者也。以莫大之权，无僭窃之禁，此儒者之所不辞而敢于任斯道之南面也。”（《呻吟语》卷一《谈道》）显然，二程兄弟和宋明儒者对天道义理的信仰和坚守，或其置身于道义和权势之间的政治义理信念，具有极其重要的限制王权和政治抗争的意义，这是绝不容轻忽的。

其二，治道与治法相辅互济、体用兼备的儒家“善治”之道。

依小程之见，“圣人治天下之道”实有“二端”，即“治之道”和“治之法”，具体言之，即“治身齐家以至平天下者，治之道也；建立治纲，分正百职，顺

① 程颢、程颐：《二程集》，王孝鱼点校，中华书局2004年版，第458页。

② 程颢、程颐：《二程集》，王孝鱼点校，中华书局2004年版，第550、551页。

③ 程颢、程颐：《二程集》，王孝鱼点校，中华书局2004年版，第550页。

天时以制事，至于创制立度，尽天下之事者，治之法也”[1]，而“法者，道之用也”[2]。治道与治法相辅互济，适为儒家体用兼备的“善治”之道。

关于“治之道”，二程重在从人君之立志修德上确立治天下之大本，这是因为“治天下国家，必本诸身，其身不正而能治天下国家者无之”[3]，故小程说治道之要有三，即立志、责任和求贤。而在诠释“家人”之卦义时，小程更对《大学》所谓修齐治平之道作了进一步的具体阐发，如程子曰：

家人者，家内之道；父子之亲，夫妇之义，尊卑长幼之序，正伦理，笃恩义，家人之道也。……夫人有诸身者则能施于家，行于家者则能施于国，至于天下治。治天下之道，盖治家之道也，推而行之于外耳，故取自内而出之象，为家人之义也。

家人之道，必有所尊严而君长者，谓父母也。虽一家之小，无尊严则孝敬衰，无君长则法度废。有严君而后家道正，家者国之则也。

父子兄弟夫妇各得其道，则家道正矣。推一家之道，可以及天下，故家正则天下定矣。

正家之本，在正其身。正身之道，一言一动，不可易也。君子观风自火出之象，知事之由内而出，故所言必有物，所行必有恒也。物谓事实，恒谓常度法则也。德业之著于外，由言行之谨于内也。言慎行修，则身正而家治矣。[4]

显然，依程子之见，治天下国家须本诸身而以正身齐家为根本，反之，将正身正家之道推而行之一国、及于天下则可以治国家天下，因此说，“家者国之则也”，而“治天下之道”亦不过是“治家之道”的扩大推行而已。

仅就以上所言，二程之论治道盖与先儒一脉相承，似无太多之创见和胜意，

① 程颢、程颐：《二程集》，王孝鱼点校，中华书局2004年版，第1036页。
② 程颢、程颐：《二程集》，王孝鱼点校，中华书局2004年版，第1219页。
③ 程颢、程颐：《二程集》，王孝鱼点校，中华书局2004年版，第316页。
④ 程颢、程颐：《二程集》，王孝鱼点校，中华书局2004年版，第884、885页。

然而，这只是二程论政之一端，还必须结合其对“治之法”的论述，才能真正展现其别具匠心的独到创见。譬如，在论家人之道的同时，程子还特别重视和强调家道之始以法度防闲之义，故在释“家人”卦义时又曰：“初，家道之始也。闲谓防闲法度也。治其有家之始，能以法度为之防闲，则不至于悔矣。治家者，治乎众人也，苟不闲之以法度，则人情流放，必至于有悔，失长幼之序，乱男女之别，伤恩义，害伦理，无所不至，能以法度闲之于始，则无是矣，故悔亡也。九，刚明之才，能闲其家者也。不云无悔者，群居必有悔，以能闲故亡耳。”并说，“人之处家，在骨肉父子之间，大率以情胜礼，以恩夺义，唯刚立之人，则能不以私爱失其正理。故家人卦，大要以刚为善，初三上是也。”[①] 家人骨肉之间，亲情乃是最重要的维系纽带，儒家亦历来重视亲亲之伦理情谊，然而，程子所论治家之道，却重在强调“治乎众人”当以“闲之以法度”而使人情不至“流放”或者“能不以私爱失其正理”为准的，推此道以治天下国家，适足以使天下国家治，因为治天下国家亦不外“治乎众人”而已，在此意义上来重新理解《大学》所谓修齐治平之道，我们也许可以更好地来认识“修齐治平”这一治道理念之逻辑开展的深层意蕴，借用杜维明先生的说法讲，它并非如一般所误解的那样只是“顺着一条线形的思维”，而是“植根于错综复杂的运思模式”[②]。事实上，“这一错综复杂的运思模式”所欲告诉人们的是，正身齐家内含着一种普遍有效的治理天下国家亦即“治乎众人”或处理公共事务的政治艺术，而并非说一身之正、一家之齐即等同于天下国家之治平。对此，杜维明先生作了强有力的辨析和回应，对于我们更好地理解程子强调“治乎众人”须以法度防闲之意大有裨益，值得在此详引如下。杜先生说：

从表面上看，将齐家的能力和治国平天下所需要的能力之间划等号，放在一起，实在是一种错位。我们怎么能够想当然认为，有能力

① 程颢、程颐：《二程集》，王孝鱼点校，中华书局2004年版，第885、886页。

② 杜维明：《二十一世纪的儒学》，中华书局2014年版，《导言：精神性人文主义初探》，第12页。

齐家即有充分的能力治国平天下？这种在公、私领域之间的混淆是儒家政治哲学的一个致命缺陷，即实际上过于理想化。儒家如何回应这种批评？

我认为，这种明显不协调的原因是批评者采用了一个将道德和政治截然划分的视角。其实理由很简单：儒家认为，齐家非但与治国平天下有关，而且是有效治国平天下的必要条件。这意味着，如果一个人没有能力来齐家，那他是否具备治国平天下的能力是令人怀疑的。儒家进一步认为，齐家是一种巧妙的艺术，它在处理人类事物上具有政治意义上的重要性。接下来将进行更详细的阐释。

我们首先应纠正的错误印象是，儒家天真地以为，家庭仅仅是培养人成长的温暖、慈爱的有利环境，他们没有考虑到现实中有些家庭的冷酷、堕落的一面。这种对儒家片面的理解是有其误导性的。儒家非常重视家庭，因为它对所有家庭成员身心两个方面的发展都会产生很深远的影响……

家庭的概念是关键，它是一个复杂的系统。一个人的辈分、性别、年龄、地位、权力差别皆是预先确定的，是一种原初纽带。它赋予每个人一种不可改变的义务，也有望从中导出某种权利。目前的挑战是如何对这种义务进行转换，给家族所有成员中的地位优势者课以与其地位相当的义务，而又避免引发冲突的危险。这就需要每个人，包括有反叛倾向的年轻人和有嫉妒心的地位较低者，都愿意合作。这些功能在小家庭中存在，更不用说更大的家族，如南宋著名思想家陆象山，与几百口族人同居共财。如此一来，齐家与其说是私事，不如说它与公众事务更为接近。[①]

杜先生之言“齐家与其说是私事，不如说它与公众事务更为接近”，最足以

① 杜维明：《二十一世纪的儒学》，中华书局2014年版，第194—195页。

阐明程子之意。不过，在程子看来，齐家还不只是“与公众事务更为接近”，而是与公众事务在性质上完全是相通一致的，故曰：“治家者，治乎众人也”“家者国之则也”。正唯如此，必须以法度防闲人情之流放，而不能因私爱而感情用事。程子重视法度防闲之意，在其论合族宗会和防止骨肉之间仇怨忿争之礼法的重要性上更加显豁而明朗，其言曰：

> 凡人家法，须令每有族人远来，则为一会以合族，虽无事，亦当每月一为之。古人有花树韦家宗会法，可取也。然族人每有吉凶嫁娶之类，更须相与为礼，使骨肉之意常相通。骨肉日疏者，只为不相见，情不相接尔。①

> 后世骨肉之间，多至仇怨忿争，其实为争财。使之均布，立之宗法，官为法则无所争。②

家人宗族骨肉之间固有天然之亲情在，然而，单纯地依靠此天然之亲情是难以维系家人宗族骨肉之间关系的，相反，此天然之亲情却须以宗会相与之礼法来维系，即使是骨肉之间，亦须以均布之宗法来防止其为争财而起仇怨忿争。

由上可见，二程在倡明“治道”的同时，是绝不轻忽“治法”问题的。不仅不轻忽，而且特别强调为政必须首先要立善法，如谓：“凡为政，须立善法，后人有所变易，则无可奈何。虽周公，亦知立法而已，后人变之，则无可奈何也”③，或者“为政必立善法，俾可以垂久而传远。若后世变之，则末如之何矣”④。准此而论，讲“治之法”的问题又须首先明确辨别区分法之善恶，唯善法才能致善治，反之，以恶法求善治，不过是缘木求鱼，而其结果只能是南辕北辙而已。另外，二程还强调先王三代之治与后世之治之不同，如谓：“先王之

① 程颢、程颐：《二程集》，王孝鱼点校，中华书局2004年版，第7页。
② 程颢、程颐：《二程集》，王孝鱼点校，中华书局2004年版，第177页。
③ 程颢、程颐：《二程集》，王孝鱼点校，中华书局2004年版，第179页。
④ 程颢、程颐：《二程集》，王孝鱼点校，中华书局2004年版，第1214页。

世，以道治天下；后世只是以法把持天下”[①]，“三代之治，顺理者也。两汉以下，皆把持天下者也”[②]，“王者奉若天道，故称天王，其命曰天命，其讨曰天讨。尽此道者，王道也。后世以智力把持天下者，霸道也”[③]。这亦具有辨别区分治法之善恶的意义，也就是将后世之“治法”归属于“恶法”的范畴，因为其意不过只是欲以智力或“霸道”之法“把持天下”而已。

那么，究竟何谓“善法”呢？依大程明道先生《论十事札子》中的说法，上古三代圣王之法也就是他们所谓“善法”的标准和尺度，如程子曰：

> 臣窃谓：圣人创法，皆本诸人情，极乎物理，虽二帝、三王不无随时因革，踵（一作称）事增损之制；然至乎为治之大原，牧民之要道，则前圣后圣，岂不同条而共贯哉？盖无古今，无治乱，如生民之理有穷，则圣王之法可改。后世能尽其道则大治，或用其偏则小康，此历代彰灼著明之效也。苟或徒知泥古，而不能施之于今，姑欲循名而遂废其实，此则陋儒之见，何足以论治道哉！[④]

如上文所言，程子之政治理想在追复上古三代圣王之治，然而，圣王之法有须随时因革、踵事增损者，亦有“如衣服饮食宫室器用之类，苟便于今而有法度”而不必改革者，但更为重要的是，还有“惟其天理之不可易，人所赖以生，非有古今之异，圣人之所必为”而“固可概举”、当讲求者。程子所谓“善法”无疑指的是后者，并条贯列举十事以具体说明之，譬如“自天子达于庶人，必须师友以成就其德业”，“王者必奉天建官”、设职立度而理万化，立君牧民必制民恒产、行均平之治，为政施教必“始乎乡里，其法起于比闾族党、州乡酂遂，以相联属统治，故民相安而亲睦”，为治须兴“庠序之教”以“明人伦，化成天下”，为政当去“骄兵耗匮”和“府史胥徒之役”的毒祸患害，治国须“均田务农，

① 程颢、程颐：《二程集》，王孝鱼点校，中华书局2004年版，第4页。

② 程颢、程颐：《二程集》，王孝鱼点校，中华书局2004年版，第127页。

③ 程颢、程颐：《二程集》，王孝鱼点校，中华书局2004年版，第1087—1088页。

④ 程颢、程颐：《二程集》，王孝鱼点校，中华书局2004年版，第452页。

公私交为储粟之法，以为之备”，为治当使“四民各有常职”、去浮民游手而恤孤贫疾病乃至“均多恤寡，渐为之业”以救祸乱，“圣人奉天理物之道”当修五官治六府、禁止破坏耗竭、暴殄天物以保护川林山泽之自然资源，制礼定分止息争乱之道在“冠婚丧祭，车服器用，等差分别，莫敢逾僭，故财用易给，而民有恒心”①。显然，程子所举十事，乃为政求治之法的十项大纲原则，虽曰“非有古今之异”，但绝非欲事事泥古以治，故曰：“必井田，必封建，必肉刑，非圣人之道也。善治者，放井田而行之而民不病，放封建而使之而民不劳，放肉刑而用之而民不怨。故善学者，得圣人之意而不取其迹也。迹也者，圣人因一时之利而制之也。”②换言之，为政当师圣人之意而立善法，善法之立，目的在使“后人有所变易，则无可奈何”，说到底即意在防止“人存政举，人亡政息”之弊端发生；而善法之所以为善法，正在于其不同于后世“把持天下”之“恶法”，而目的在求天下之“善治”。

尤其值得我们注意和思考的是，二程所说的“善治”乃是治道为体、治法为用而相辅互济的政治均衡之道，在其治道思想中，二程格外强调人作为政治主体的决定性作用，正所谓：“善言治天下者，不患法度之不立，而患人材之不成。……人材不成，虽有良法美意，孰与行之？”③又说：“治则有为治之因，乱必有致乱之因，在人而已矣。”④也就是说，良法美意须靠“人材”来实行，故治乱最终取决于人的因素。然而，正如上文所言，二程亦绝不轻忽治法的问题，单纯强调人的因素，必然会发生“人存政举，人亡政息”之流弊，故二程又特别强调为政须立善法而后人不得轻易变易的根本重要性。由“人材”行良法善制，适足以致天下之善治，否则，其人无德不才，徒恃所据之势而肆求欲之心，“以严法令举条纲为可喜，以富国家强兵甲为自得，锐于作为，快于自任，贪惑至于

① 以上引文见程颢、程颐：《二程集》，王孝鱼点校，中华书局2004年版，第452—454页。

② 程颢、程颐：《二程集》，王孝鱼点校，中华书局2004年版，第326页。

③ 程颢、程颐：《二程集》，王孝鱼点校，中华书局2004年版，第69页。

④ 程颢、程颐：《二程集》，王孝鱼点校，中华书局2004年版，第1214页。

如此……若是者，以天下徇其私欲者也”，乃至“勤身劳力，适足以致负（一作贪）败，夙兴夜寐，适足以招后悔”①。相对于那种单纯强调治道或治法而各偏执一端的片面观点，如是之治道治法相辅互济、体用兼备的政论，最足以体现二程兄弟在政治上清醒、理性而均衡的远见卓识。

其三，以教化为本而又寓教于刑的治理理念。

自孔子以来，儒家就重视对人民的教化，主张先教后刑、德主刑辅或尚德贱刑等，当然，教化之先还必须能够保民养民以使人民过上安定的生活。二程论政亦不例外，故反复强调人君之职责在保民、安民、养民和教民，如谓：

> 为政之道，以顺民心为本，以厚民生为本，以安而不扰为本。②
>
> 为民立君，所以养之也。③
>
> 为国之道，武备不可废，必于农隙讲肄，保民守国之道也。④
>
> 先王以仁义得天下而教化之，后世以智力取天下而纠持之，古今之所以相绝者远矣。⑤

解决保、养、安的问题可以说是为政治国者最基本的职责，而儒家之所以又特别强调和重视尚德而治、极力主张以教化为本的治理理念，关键在于他们认为“政治之最高目的，为实现人类之道德生活”⑥，正唯如此，道德之教、礼义之化本身便不仅仅是一种维护统治的手段或工具而已，而是真正符合此政治最高目的之要求和实现人类之道德生活的一种根本途径或必由之路。如果说治国理民还不能完全舍弃使用刑法政令之强制性手段的话，那么它们也只能作为一种辅助性的手段来加以使用，也正是在辅助教化的辅助性意义上，才可以说，

① 程颢、程颐：《二程集》，王孝鱼点校，中华书局2004年版，第530页。
② 程颢、程颐：《二程集》，王孝鱼点校，中华书局2004年版，第531页。
③ 程颢、程颐：《二程集》，王孝鱼点校，中华书局2004年版，第1095页。
④ 程颢、程颐：《二程集》，王孝鱼点校，中华书局2004年版，第1105页。
⑤ 程颢、程颐：《二程集》，王孝鱼点校，中华书局2004年版，第1217页。
⑥ 萧公权：《中国政治思想史》，新星出版社2005年版，第332页。

刑法政令之为刑法政令，只是维持优良治理秩序的一种手段，而不是一种单纯的政治压迫的工具，此亦可以说是善法与恶法之间的本质区别所在。

那么，二程又是如何看待教化与刑法的问题的呢？

首先，关于民是否可教的问题。孔子曾经讲过一句极易被人歪曲误读以便维护和实行愚民统治的话，即“民可使由之，不可使知之”（《论语·泰伯》）。其实，在我看来，理解这句话的关键在于究竟什么才是可使民由之而不可使知之的，而单纯从“知”字的字面意思（知识、智力）上来理解，并先入为主地依据为政治民应“开民智”的观念来批评孔子这句话是在教导实行愚民政治，其实是不得要领的。当然，历史上并非没有明确主张实行愚民政治者，如法家商鞅即极力主张“民不贵学，则愚”“愚农不知，不好学问，则务疾农”（《商君书·垦令》），而且直言不讳地鼓吹实行愚民政策，因为“民愚则易治也”（《商君书·定分》）。但是，综合孔子有关道、学、政的论说，我们却不可能得出这样的结论，因为孔子不仅明确倡导“有教无类”的开放式教育理念和富而教之的政教主张，而且在其有关美政善治的整个思想脉络中，他所期望的是受过教育的士人君子能够“以德致位”并通过道德之教、礼义之化的治理方式来提升人民的道德教养水平或使之养成美善之品行。如果说从个人德行的角度来讲，君子修己以安人、内省不疚而问心无愧，其美德善行实有不必求人知甚或不可使人知者，如子曰：“人不知而不愠，不亦君子乎？”“不患人之不己知，患不知人也。”（《论语·学而》）老子亦曾讲：“善行无辙迹。”（《老子·第27章》）《朱子家训》更有名言曰：“善欲人见，不是真善；恶恐人知，便是大恶。”那么，从担负公共治理之职责者的角度来讲，如孟子所言，治国理政当“由仁义行”而“以善养人”（《孟子·离娄下》），其实亦有不必对民言或不必求民知乃至可使由之而不可使民知之者，此亦正是美政善治之为美政善治的本质特征所在，因为美政善治要在制民恒产以保障民生需要，乃至以善养人、以教化人，此乃其职责所在，必使民由之，又何须使民知之而令民感恩戴德呢？我认为，这才是孔子所言的真实本义所在，古人论人品之修养、论政品之良窳皆有境界之分别，其最上者为由道而治、以德化民，其最下者乃恃权势、肆贪欲任性而为乃至以恶法操纵控制人民，此论古人之政论者所不可不知。以“愚民”之说论孔子之意者，实不免受一种先入为主的恶意前见所影响，不过是以小人之心度君子之腹的浅人陋见而已。不过，我们也可以采取另外一种理解的方式或从另外一种亦具相当说服力的意义上来为孔子之言辩诬正名，程子采取的便是这样一种理解的方式，如有人质疑孔子圣人之言究竟是“不使之知耶”还是“民自不可知也”时，程子的回答是：“圣人非不欲民知之也。盖圣人设教，非不欲家喻户晓，比屋皆可封也。盖圣人但能使天下由之耳，安能使人人尽知之？此是圣人不能，故曰：‘不可使知之。’若曰圣人不使民知，岂圣人之心？是后世朝三暮四之术也。”[①] 依程子之见，所谓“不可使知之”，只是表达圣人自己之“不能”的无奈，并非意在“不使民知”，在我看来，程子的这一说法亦是可以解释得通的，称得上是一种通人雅见。不唯如此，程子在为孔子辩诬正名的同时，更毫不含糊地向世人宣示了自己的这样一种基本看法和鲜明观点，即“民可明也，不可愚也；民可教也，不可威也；民可顺也，不可强也；民可使也，不可欺也”[②]。

正是在民可明可教的认识前提下，二程更进一步拓宽和发展了孔子“有教无类”的教育思想而极力阐扬一种不仅人人可教而且人人可学以至圣人的以教化为本的政教理念，如大程明道先生在《请修学校尊师儒取士札子》中说：

> 臣伏谓：治天下以正风俗、得贤才为本。宋兴百余年，而教化未大醇，人情未尽美，士人微谦退之节，乡闾无廉耻之行，刑虽繁而奸不止，官虽冗而材不足者，此盖学校之不修，师儒之不尊，无以风劝养励之使然耳。窃以去圣久远，师道不立，儒者之学几于废熄，惟朝廷崇尚教育之，则不日而复。……

① 程颢、程颐：《二程集》，王孝鱼点校，中华书局2004年版，第220页。

② 程颢、程颐：《二程集》，王孝鱼点校，中华书局2004年版，第319页。

其高蹈（一作尚）之士，朝廷当厚礼延聘，其余命州县敦遣，萃于京师，馆之宽闲之宇，丰其廪饩，恤其家之有无，以大臣之贤典领其事，俾群儒朝夕相与讲明正学。其道必本于人伦，明乎物理；其教自小学洒扫应对以往，修其孝悌忠信，周旋礼乐；其所以诱掖激厉渐摩成就之道，皆有节序，其要在于择善修身，至于化成天下，自乡人而可至于圣人之道。①

小程伊川先生亦有言曰：

窃以生民之道，以教为本。故古者自家党遂至于国，皆有教之之地。民生八年则入于小学，是天下无不教之民也。既天下之人莫不从教，小人修身，君子明道，故贤能群聚于朝，良善成风于下，礼义大行，习俗粹美，刑罚虽设而不犯。此三代盛治由教而致也。后世不知为治之本，不善其心而驱之以力，法令严于上，而教不明于下，民放僻而入于罪，然后从而刑之。噫！是可以美风俗而成善治乎？②

不可否认，以上所表达的只是二程兄弟极力倡导普及教育的文教理想，但他们并非空想主义者，他们也有着极为清醒的现实意识，因为他们也充分认识到以教化人、移风易俗之政教理想的目标并非一朝一夕所能完成，而必须通过循序渐进的方式来逐步地加以实现，正所谓："君子观渐之象，以居贤善之德，化美于风俗。人之进于贤德，必有其渐，习而后能安，非可陵节而遽至也。在己且然，教化之于人，不以渐，其能入乎？移风易俗，非一朝一夕所能成，故善俗必以渐也。"③ 正唯如此，在倡明教化之道的同时，程子也极为重视治民蒙之

① 程颢、程颐：《二程集》，王孝鱼点校，中华书局2004年版，第448页。

② 程颢、程颐：《二程集》，王孝鱼点校，中华书局2004年版，第593页。

③ 程颢、程颐：《二程集》，王孝鱼点校，中华书局2004年版，第974页。

初必须首先“立法制刑”的问题，强调寓教于刑或明刑弼教的重要作用[①]。如谓：

发下民之蒙，当明刑禁以示之，使之知畏，然后从而教导之。自古圣王为治，设刑罚以齐其众，明教化以善其俗，刑罚立而后教化行，虽圣人尚德而不尚刑，未尝偏废也。故为政之始，立法居先。治蒙之初，威之以刑者，所以说去其昏蒙之桎梏，桎梏谓拘束也。不去其昏蒙之桎梏，则善教无由而入。既以刑禁率之，虽使心未能喻，亦当畏威以从，不敢肆其昏蒙之欲，然后渐能知善道而革其非心，则可以移风易俗矣。苟专用刑以为治，则蒙虽畏而终不能发，苟免而无耻，治化不可得而成矣，故以往则可吝。[②]

治蒙之始，立其防限，明其罪罚，正其法也，使之由之，渐至于化也。或疑发蒙之初，遽用刑人，无乃不教而诛乎？不知立法制刑，乃所以教也。盖后之论刑者，不复知教化在其中矣。[③]

表面上看，程子似乎在主张先刑而后教，不过，程子之意与专以严刑峻法为控制和支配人民之统治工具的法家观点实有着本质的不同，因其强调“治蒙之始，立其防限”，以及“立法制刑，乃所以教也”，即立法制刑旨在事先确立一种防止犯罪的刑罚限制，使之“不敢肆其昏蒙之欲，然后渐能知善道而革其非心”，或者“使之由之，渐至于化”，乃至最终实现善治、善教的根本目标，因此，仍然表达的是一种以教为本、以刑为辅的观点，与儒家一贯的德主刑辅或尚德不尚刑之说并不相悖。正唯如此，程子在论述止盗止恶的问题时，所强调的根本方法或要道仍然在修政教而非尚威刑，故曰：

---

① 另如宋儒周敦颐亦曾论慎用刑罚和“得刑以治”的问题曰：“天以春生万物，止之以秋。物之生也，既成矣，不止则过焉，故得秋以成。圣人之法天，以政养万民，肃之以刑。民之盛也，欲动情胜，利害相攻，不止则贼灭无伦焉。故得刑以治。……天下之广，主刑者民之司命也。任用可不慎乎！”（《通书·刑》）

② 程颢、程颐：《二程集》，王孝鱼点校，中华书局2004年版，第720页。

③ 程颢、程颐：《二程集》，王孝鱼点校，中华书局2004年版，第721页。

> 夫以亿兆之众，发其邪欲之心，人君欲力以制之，虽密法严刑，不能胜也。……君子发豶豕之义，知天下之恶，不可以力制也，则察其机，持其要，塞绝其本原，故不假刑罚严峻而恶自止也。且如止盗，民有欲心，见利则动，苟不知教而迫于饥寒，虽刑杀日施，其能胜亿兆利欲之心乎？圣人则知所以止之之道，不尚威刑，而修政教，使之有农（一作耕）桑之业，知廉耻之道，虽赏之不窃矣。故止恶之道，在知其本，得其要而已。……
>
> 在上者不知止恶之方，严刑以敌民欲，则其伤甚而无功。若知其本，制之有道，则不劳无伤而俗革，天下之福庆也。①

上述“为政之始，立法居先”的观点在《周易程氏传》释泰卦之义时亦有很好的表达，而且阐述得更加明晰而精到，其言曰：

> 天地交而阴阳和，则万物茂遂，所以泰也。人君当体天地通泰之象，而以财成天地之道，辅相天地之宜，以左右生民也。财成，谓体天地交泰之道，而财制成其施为之方也。辅相天地之宜，天地通泰，则万物茂遂，人君体之而为法制，使民用天时，因地利，辅助化育之功，成其丰美之利也。如春气发生万物，则为播植之法；秋气成实万物，则为收敛之法；乃辅相天地之宜，以左右辅助于民也。民之生，必赖君上为之法制以教率辅翼之，乃得遂其生养，是左右之也。②

此言人君当体天地通泰之象而立法建制以财成天地之道、辅相天地之宜、以左右生民者最善，由此可见程子所谓立法建制的根本用心，不在于操纵控制人民以满足其权力意志和自私欲望，而在于善于运用手中的公共权力以客观法制的形式来确保能够“使民用天时，因地利，辅助化育之功，成其丰美之利”，即维护人民“得遂其生养”的永续性的生存生活之道，故所谓“左右之”者，并非支

① 程颢、程颐：《二程集》，王孝鱼点校，中华书局2004年版，第831—832页。

② 程颢、程颐：《二程集》，王孝鱼点校，中华书局2004年版，第754页。

配和统治，而是护持、保护和辅翼之义，而“为之法制以教率辅翼之”，也正是寓教于法或以法辅教的意思。因此，在这一意义上，法制之为法制，绝非控制、支配和统治人民的工具、手段和方法，而是护持生态、保护环境、辅翼生民的绝对必要的制度性的客观建制与手段。这样一种法制的理念，不仅在当时体现了一种富有远见卓识的深刻见解，而且迄今亦仍然闪耀着智慧的光辉而值得我们给予充分的肯定和发扬。

四、人性本善与民本政治：以人民为目的的协作性事业

大程明道先生在《论王霸札子》中曾极言辨析王霸之异，其言如下：

> 臣伏谓：得天理之正，极人伦之至者，尧、舜之道也；用其私心，移仁义之偏者，霸者之事也。王道如砥，本乎人情，出乎礼义，若履大路而行，无复回曲。霸者崎岖反侧于曲径之中，而卒不可与入尧、舜之道。故诚心而王则王矣，假之而霸则霸矣，二者其道不同，在审其初而已。《易》所谓“差若毫厘缪以千里”者，其初不可不审也。故治天下者，必先立其志，正志先立，则邪说不能移，异端不能惑，故力进于道而莫之御也。苟以霸者之心而求王道之成，是炫石以为玉也。①

王霸之辨始于孟子，至宋儒严辨王霸，其说始倡大，程子所论旨在审其初而先立诚心正志以行王道。然而，王道之为王道，其根本意旨和内涵究竟何在，却不可不辨。古人言王道，主要与霸道相对而言，而立场又各自不同，如孟子尊王黜霸，荀子王霸并举，汉世王霸杂用。孟子言“以不忍人之心，行不忍人之政”（《孟子·公孙丑上》），故汲汲于道性善而辨心志，而汉儒董仲舒则力倡“王道之三纲，可求于天”（《春秋繁露·基义》），意在为人伦政治之纲常名教秩序提供一种天道阴阳之尊卑贵贱的合理化论证。余以为，孟子之王道仁政论

---

① 程颢、程颐：《二程集》，王孝鱼点校，中华书局2004年版，第450—451页。

是与其“民贵君轻”的民本之政治立场密切相关的，荀子之兼综王霸观是与其“立君为民”的尊君之政治立场一体相关的，董仲舒之王道三纲说是与其“王者受命而王”（《春秋繁露·三代改制质文》）、“参天地”（《春秋繁露·天地阴阳》）、“承天意以成民之性为任者”（《春秋繁露·深察名号》）的神权之政治立场密不可分的，今人更有喜言“政治儒学”、乐道“王道政治”者，其意只是一味强调“为民而王”，而所谓“为民而王”者既非“以民为主”，又非“以民为本”。显然，古今儒者虽然同样辨析王霸问题或倡言王道政治，其实所持政治立场和态度却是大为不同的，虽然他们都讲“为民”，但其政治立场各有所偏，或轻君，或尊君，或神化王权，或只讲为民，立场既然不同，其政论之义涵和宗旨自然有别，不可一概而论，所谓不可不辨者在此。准此以论，宋儒如二程辨析王霸，意在宗尚、弘扬孟学，虽不言“轻君”，却坚持孟子“人性本善”、民皆可教可化的人性观点，极力张扬民本政治的立场和理念，更为重要的是，二程的性理之学充分扩展和深化了儒家下学而上达的精神生活维度，发展出了一种可以将人类的整个生存提升到一个更高水平的天理化的信仰之维，不仅使人类的现实生活世界获得了一种终极本源性的深刻的价值根基和存在意义，而且使人类的政治生活具有了更加鲜明的超越了各自为私的功利性算计的公共理性精神，正所谓“公天下事”不可“用私意为之”，“有分毫私，便不是王者事”①。

王道（或曰尧、舜之道）之为王道，正在于它是一种“得天理之正，极人伦之至”性质的理想政治，故二程兄弟切切于人君能够首先立志而“以王道为心，以生民为念”，并说：“窃惟王道之本，仁也。臣观陛下之仁，尧、舜之仁也。然而天下未治者，诚由有仁心而无仁政尔。”② 徒有仁心而不能落实为仁政，并不能使天下真正得到治理。那么，如何才能将王道仁政落于实处，真正实现儒家“善治”的政治目标呢？说到底，首先必须在正确理解政治生活的本质或政

① 程颢、程颐：《二程集》，王孝鱼点校，中华书局2004年版，第77页。

② 程颢、程颐：《二程集》，王孝鱼点校，中华书局2004年版，第513页。

治事务的根本性质的基础上采取有效的政治行动。

毋庸讳言，二程兄弟的政治思考并未完全摆脱由来已久的“天下王有”政治观念、“圣君贤相”格局理想或“圣贤政治”思维定式的影响和局限，如谓：

凡土地之富，人民之众，皆王者之有也，此理之正也。①

天位之尊，四海之富，群生之众，王道之大，极丰之道，其唯王者乎！……王者有四海之广，兆民之众，极天下之大也，故丰大之道，唯王者能致之。所有既大，其保之治之之道亦当大也，故王者之所尚至大也。②

天下之治，由得贤也。天下不治，由失贤也。③

帝王之道也，以择任贤俊为本，得人而后与之同治天下。④

然而，二程对于圣贤政治的目的、根据和性质的理论思考却具有深刻而独到之处。就其目的而言，天生蒸民而为民立君，人君择任贤俊的根本目的在保民、安民、养民和教民，这是儒家一贯的政治理念和“为民”主张，然而，“为民”并不只是自上而下地贯彻一种单向的权力意志，还必须懂得尊重民意特别是“民惟邦本，本固邦宁”的道理，如《大学》所谓“民之所好好之，民之所恶恶之”，而程子则反复申言曰：

《书》曰：“民惟邦本，本固邦宁。”窃惟固本之道，在于安民；安民之道，在于足衣食。今天下民力匮竭，衣食不足，春耕而播，延息以待，一岁失望，便须流亡。⑤

上，谓人君与居人上者，观剥之象而厚固其下，以安其居也。下者，上之本，未有基本固而能剥者也。故上（覆元本“故上”下小注：

① 程颢、程颐：《二程集》，王孝鱼点校，中华书局2004年版，第770页。
② 程颢、程颐：《二程集》，王孝鱼点校，中华书局2004年版，第983页。
③ 程颢、程颐：《二程集》，王孝鱼点校，中华书局2004年版，第513页。
④ 程颢、程颐：《二程集》，王孝鱼点校，中华书局2004年版，第1035页。
⑤ 程颢、程颐：《二程集》，王孝鱼点校，中华书局2004年版，第511页。

"一作山。"义似较长)之剥必自下，下剥则上危矣。为人上者，知理之如是，则安养人民，以厚其本，乃所以安其居也。《书》曰："民惟邦本，本固邦宁。"①

显然，二程是富有浓厚民本情怀的政治家和思想家，他们继承和发扬儒家传统的民本理念和仁政理想，期望统治者能够体认此理而担负起保护、安养和教化人民的职责。虽然上文已有论述，但仍有必要在此再作一些申论。依程子之见，统治者职责在保民，反之，"不能保其土地人民，是不君也"②；统治者职责在养民和教民，"民之所宜者务之，所欲与之聚，所恶勿施尔也"③，反之，"彼庶民者，饥寒既切于内，父子不相保，尚能顾忠义哉？非民无良，政使然也"④。然而，与上古盛世相比，"后世未尝教民，任其自生自育，只治其斗而已"⑤，这是说，后世统治者既没有承担起养民的职责，也没有承担起教民的职责，只是治其斗而维持一种基本的治安秩序而已。当然，教民并不只是统治者的职责，它还是贤人君子应担负的职责，故曰："君子观有事之象，以振济于民，养育其德也。在己则养德，于天下则济民，君子之所事，无大于此二者"⑥。总之，为政治民，当以保民、安民、养民和教民为根本目的，然而，统治者却多有渎职失职而不能尽其分者。

保民、安民和养民之为统治者所应尽之政治职分和义务，此理并不难理解，然而，古今儒者论教民之义却多有歧义，孔孟之论教旨在就人性之相近和本善者，"谨庠序之教，申之以孝悌之义"（《孟子·梁惠王上》），乃至使"人人亲其亲、长其长，而天下平"（《孟子·离娄上》），荀子之论教重在以君上之势、

① 程颢、程颐：《二程集》，王孝鱼点校，中华书局2004年版，第813—814页。
② 程颢、程颐：《二程集》，王孝鱼点校，中华书局2004年版，第1124页。
③ 程颢、程颐：《二程集》，王孝鱼点校，中华书局2004年版，第382页。
④ 程颢、程颐：《二程集》，王孝鱼点校，中华书局2004年版，第512页。
⑤ 程颢、程颐：《二程集》，王孝鱼点校，中华书局2004年版，第280页。
⑥ 程颢、程颐：《二程集》，王孝鱼点校，中华书局2004年版，第790页。

礼义之化而使民改恶向善，汉儒董仲舒之论教意在“屈民而伸君”（《春秋繁露·玉杯》）、以神圣之王权“承天意以成民之性”，而二程兄弟则以人性本善、但能觉之为说，如谓：

“予天民之先觉者”，谓我乃天生此民中尽得民道而先觉者也。既为先觉之民，岂可不觉未觉者？及彼之觉，亦非分我之所有以予之，皆彼自有此义理，我但能觉之而已。[①]

人性本善，皆可以变化，然有下愚，虽圣人不能移者。……人性本善，有不可革者，何也？曰：语其性则皆善也，语其才则有下愚之不移。所谓下愚有二焉：自暴也，（一无也字）自弃也。人苟以善自治，则无不可移者，虽昏愚之至，皆可渐磨而进也。唯自暴者，拒之以不信；自弃者，绝之以不为；虽圣人与居，不能化而入也，仲尼之所谓下愚也。然天下自弃自暴者，非必皆昏愚也，往往强戾而才力有过人者，商辛是也。圣人以其自绝于善，谓之下愚，然考其归，则诚愚也。[②]

依程子之见，就人之变化气质、民之移风易俗而言，君上之教令，甚至如上文所言之“立法制刑”，无疑都是绝对必要的，但是并非如今之浅见之辈所言，“政府犹如父母”，应把人民当作“不懂事的孩子”在精神上加以管教[③]，而是重在范导和启发人性之本善和自有义理之自觉。人性本善，义理为人所自有，除自暴自弃者之外，人人皆可学可教、皆须以善自治乃至学以至于圣人，此所凸显和强调的乃是每个人的道德自觉和人格尊严，以及在认人民与圣贤皆属同类的前提下而讲觉民向善、化民成俗的问题，而绝非那种单纯强调唯有民众才是昏愚之人而有待于王权教化的精英政治观。正唯如此，二程兄弟在强调养民教民的同时，还极力主张为政之道当“以顺民心为本”[④]，或者不惮乎“清问下民，

① 程颢、程颐：《二程集》，王孝鱼点校，中华书局2004年版，第5页。

② 程颢、程颐：《二程集》，王孝鱼点校，中华书局2004年版，第955—956页。

③ 参见曾亦等：“回到康有为”专题，《天府新论》2016年第6期，第47页。

④ 程颢、程颐：《二程集》，王孝鱼点校，中华书局2004年版，第531页。

取人为善”[①]，甚至亦须“思所以报民”，正所谓“人主所以有崇高之位者，盖得之于天，与天下之人共戴也，必思所以报民。古之人君视民如伤，若保赤子，皆是报民也”[②]。另如程子所言，王之所以为王，乃“天下之义主也”，“民以为王，则谓之天王天子；民不以为王，则独夫而已矣”[③]，因此，维系王权统治之政治合法性的关键，不是由谁（某个人或某个机构）来“代表”民意，而是统治者必须充分地尊重民意，真正的民意也就是公义之所在，因此，在程子看来，为政之道需要综合地倾听人民的呼声，而非分散地倾听“各任私意”的意见，因为“夫民，合而听之则圣，散而听之则愚。合而听之，则大同之中，有个秉彝在前，是是非非，无不当理，故圣。散而听之，则各任私意，是非颠倒，故愚。盖公义在，私欲必不能胜也”[④]。

那么，如何才能将“为民”之心真正落于实处而实现保民、安民、养民和教民的根本目的呢？政治之为政治，又究竟是一种什么性质的活动或事务呢？程子曰：

> 天地生一世人，自足了一世事。但恨人不能尽用天下之才，此其不能大治。[⑤]
>
> 君相协心，非贤者任职，其能施于天下乎？[⑥]
>
> 圣人极言颐之道，而赞其大。天地之道，则养育万物；养育万物之道，正而已矣。圣人则养贤才，与之共天位，使之食天禄，俾施泽于天下，养贤以及万民也，养贤所以养万民也。[⑦]

---

① 程颢、程颐：《二程集》，王孝鱼点校，中华书局2004年版，第721页。

② 程颢、程颐：《二程集》，王孝鱼点校，中华书局2004年版，第264页。

③ 程颢、程颐：《二程集》，王孝鱼点校，中华书局2004年版，第273页。

④ 程颢、程颐：《二程集》，王孝鱼点校，中华书局2004年版，第310页。

⑤ 程颢、程颐：《二程集》，王孝鱼点校，中华书局2004年版，第2页。

⑥ 程颢、程颐：《二程集》，王孝鱼点校，中华书局2004年版，第521页。

⑦ 程颢、程颐：《二程集》，王孝鱼点校，中华书局2004年版，第883页。

天下之事，岂一人所能独任？必当求天下之贤智，与之协力。得其人，则天下之治，可不劳而致也；用非其人，则败国家之事，贻天下之患。①

天下睽散之时，必君臣刚阳中正，至诚协力，而后能合也。②

可见，程子深信“天地生一世人，自足了一世事”，而问题的关键在于，只有“尽用天下之才”才能使天下大治。故为政之道必须“君相协心”、任贤而治，或者“养贤才”而“与之共天位”，或者“求天下之贤智，与之协力”而同治“天下之事”。在我看来，程子所谓“协心”“协力”或“同治”，最足彰明政治活动或政治事务之根本性质，这意味着政治之为政治乃是一项协作性的事业，而结合“民惟邦本”和“立君为民”的理念来讲，则更可进而说，政治之为政治乃是一项以人民为目的的协作性事业。

而且，尤其值得注意的是，程子的这一政治理念不仅关涉君相、君臣之际的“至诚协力”问题，还广泛涉及作为政治主体之贤者君子之间、君民之间的协力合作以及听取顺从“公论”的问题。如谓：

贤者以其类进同志以行其道，是以吉也。君子之进，必以其类，不唯志在相先，乐于与善，实乃相赖以济。故君子小人，未有能独立不赖朋类之助者也。自古君子得位，则天下之贤萃于朝廷，同志协力，以成天下之泰；小人在位，则不肖者并进，然后其党胜而天下否矣，盖各从其类也。③

若君子之道，既消而复，岂能便胜于小人？必待其朋类渐盛，则能协力以胜之也。④

君子当睽乖之时，上下以至诚相交，协志同力，则其志可以行，不

① 程颢、程颐：《二程集》，王孝鱼点校，中华书局2004年版，第960页。

② 程颢、程颐：《二程集》，王孝鱼点校，中华书局2004年版，第889页。

③ 程颢、程颐：《二程集》，王孝鱼点校，中华书局2004年版，第755页。

④ 程颢、程颐：《二程集》，王孝鱼点校，中华书局2004年版，第818页。

止无咎而已。卦辞但言无咎，夫子又从而明之，云可以行其志，救时之睽也。盖以君子阳刚之才，而至诚相辅，何所不能济也？唯有君子，则能行其志矣。[①]

物以类聚，人以群分，这一点对于置身政治公共生活领域中的人们来讲显得尤其真实而必要，国家之治乱、天下之否泰常常取决于什么样的人能够得位掌权来共同治理天下国家。贤人君子得位，以类萃聚，相赖以济，同志协力，乐于为善，则可以成国家之治、天下之泰，反之，不肖小人在位，结党并进，争胜谋私，则可以致国家之乱、天下之否。无论是君子，还是小人，都未有能独立而不赖朋类之助者，故君子亦必待其朋类渐盛，方能协力以胜小人。尤其是君子当睽乖之时，更须上下以至诚相交，协志同力，相辅互济，才能实现自己政治上的志愿、理想和抱负。故程子曰："自古治乱相承，亦常事。君子多而小人少，则治；小人多而君子少，则乱。"[②] 又曰："天地之间皆有对，有阴则有阳，有善则有恶。君子小人之气常停，不可都生君子，但六分君子则治，六分小人则乱，七分君子则大治，七分小人则大乱。"[③] 在此意义上，可以说，国家之治乱、天下之泰否或政治之良窳，实取决于君子小人各从其类、协力合作而共同实现政治目标的能力。不仅如此，就君民关系而言，如程子所谓："民不能自保，故戴君以求宁；君不能独立，故保民以为安。"[④] 或者："建邦国所以为治也。上施政以治民，民戴君而从命，上下相交，所以治安也。"[⑤] 显然，这并非单纯地强调君民之间只是一种单向或片面的支配与服从的关系，说到底，君民之间亦应是一种上下相交、相互依存而彼此协作的政治关系，唯有如此，才能维持天下国家治安的局面。另如程子曰：

① 程颢、程颐：《二程集》，王孝鱼点校，中华书局2004年版，第893页。
② 程颢、程颐：《二程集》，王孝鱼点校，中华书局2004年版，第51页。
③ 程颢、程颐：《二程集》，王孝鱼点校，中华书局2004年版，第161—162页。
④ 程颢、程颐：《二程集》，王孝鱼点校，中华书局2004年版，第739页。
⑤ 程颢、程颐：《二程集》，王孝鱼点校，中华书局2004年版，第759页。

古之圣人，居天下之尊，明足以照，刚足以决，势足以专，然而未尝不尽天下之议，虽刍荛之微必取，乃其所以为圣也，履帝位而光明者也。若自任刚明，决行不顾，虽使得正，亦危道也，可固守乎？有刚明之才，苟专自任，犹为危道，况刚明不足者乎？①

众人之公论，必合正理，虽龟筴不能违也。如此，可谓大善之吉矣。古人曰："谋从众，则合天心。"

所以得元吉者，以其能尽众人之见，合天地之理，故自上天降之福祐也。②

在下而躁于变革，以是而行，则有凶也。然居下之上，事苟当革，岂可不为也？在乎守贞正而怀危惧，顺从公论，则可行之不疑。……在革之时，居下之上，事之（覆元本"之"下小注："一作有。"）当革，若畏惧而不为，则失时为害；唯当慎重之至，不自任其刚明，审稽公论，至于三就而后革之，则无过矣。

稽之众论，至于三就，事至当也。……如是而行，乃顺理时行，非己之私意所欲为也，必得其宜矣。③

依二程之见，政治之为政治，既关乎人类生活之公共事务或整个天下的公共利益与福祉，故而必须格外强调"公天下事"不可"用私意为之"的问题，尤其是为政治国者绝不可居尊恃势而自任刚明、独断专行，而必须"尽天下之议""尽众人之见"或听取顺从众人之"公论""正理"，反之，则不过是自取败亡的"危道"而已。此论发人深思而颇具警世之意义，亦足可证二程政治见解上的开明通达与远见卓识。

最后，仍然需要强调指出的是，贯穿于二程政治论说之始终而发挥纲领指

① 程颢、程颐：《二程集》，王孝鱼点校，中华书局2004年版，第752页。

② 程颢、程颐：《二程集》，王孝鱼点校，中华书局2004年版，第911页。

③ 程颢、程颐：《二程集》，王孝鱼点校，中华书局2004年版，第954页。

引之作用、具有提撕上达之意义的乃是其推崇圣人王者之治的最高政治理想，因为在二程心目中，所谓圣人王者，乃是量同天地、以大公无私治天下者[①]，圣人王者之治世，不仅“如天地之无私心焉”，故能“行一不义而得天下不为”[②]，而且极具“含洪之道”，包容异己而不摈弃诛绝之，故能“化奸恶为善良，绥仇敌为臣子”[③]。

综上所述，二程之政治哲学可以说以追求实现儒家“善治”理想为鹄的，而从政治作为一项以人民为目的的协作性事业，或者政治关乎通过相互协力合作来共同实现政治目标的能力意义上来讲，二程政治思考和论说的重心实则意在提升和扩展统治者治理天下国家的能力，为此，统治者不仅需要择任贤俊而与之共天位、协力同治天下，而且还必须能够听取顺从公论和含容异己。这样一种政治思维取向，虽不像有的学者所认为的那样，即所谓“同治”具有儒家宪政之意味，故而不能说它已妥善地解决了从制度上制约和限制王权的问题，但另一方面，它也绝不具有顺应维护和加强君主权势与王权统治之现实要求的含义，它所寻求的乃是超越这一现实要求而期望人君、贤者君子和人民能够共同努力通过协力合作性的政治行动来提升、扩展治理能力，从而实现开创政治新格局或儒家“善治”的政治目标。所有这些，都与二程对于天理的体认、信仰和坚守是密不可分的。依胡适先生之见，“宋儒之学，以天理为根本观念”，由此而在历史上形成的“理学的运动”实产生了两个方面的影响，好的影响便是使智识阶级能够以理抗势即凭借义理或理性来向政府的权威作抗争和奋斗，坏的影响便是“理学家把他们冥想出来的臆说认为天理而强人服从”，乃至使义理又常常成为“势力的护身符”[④]，从而造成一种以理压迫人甚至杀人的恶劣后果。不

① 参见程颢、程颐：《二程集》，王孝鱼点校，中华书局2004年版，第192、742页。

② 程颢、程颐：《二程集》，王孝鱼点校，中华书局2004年版，第313页。

③ 程颢、程颐：《二程集》，王孝鱼点校，中华书局2004年版，第1210页。

④ 胡适：《戴东原的哲学》，见姜义华主编：《胡适学术文集·中国哲学史（下册）》，中华书局1991年版，第1023—1024页。

过，“天理”在二程那里尚不具有以自己“冥想出来的臆说”为天理而“强人服从”的意味，因为他们不仅重视和推崇“众人之公论”，反对任“私意”而为，而且还公开明确地主张说：“明言吾理，使学者晓然审其是非，始得。”[①]然而，对他们而言，天理也是不可违逆的。那么，究竟何谓天理呢？天理便是那些人们不能按照自己的私意随心所欲地加以人为安排、作出改变或违逆的人伦物理，正所谓：“天理如此，岂可逆哉？”[②]天理昭昭，无须安排，不可违逆，不能改变，即使是拥有至尊之势位和权力的统治者也必须敬畏天理或“知道畏义”，这也正是整个人类政治行动的边界和共同生活的希望所在！

（本文原收入《道义、权力与政治》一书，学习出版社2017年版）

① 程颢、程颐：《二程集》，王孝鱼点校，中华书局2004年版，第408页。

② 程颢、程颐：《二程集》，王孝鱼点校，中华书局2004年版，第125页。

民心政治的儒家实践：宋儒社会治理实践的一种新尝试

在中国历史悠久、源远流长的政治文化传统中从来就不缺少深富民本情怀的思想家和政治家，我们不应怀疑他们尊重民意、顺应民心的真挚情感和理想信念及其为改善民生所作出的切实努力与不懈坚持。我们不妨把这些努力与坚持称为“民心政治的儒家实践”。这一努力和坚持在宋儒那里体现得尤其卓著而突出，而且出现了一种社会治理实践的新尝试。在宋儒那里，这种新尝试无疑应为他们基于正心诚意的道德修为而对儒家民本思想的笃切信持与奉行，而对我们来说，要算是一个读书偶得的“新发现”了，因为这种新尝试竟然不见于一般中国政治思想史的著作或为研究中国政治思想史的学者罕所言及。在我们看来，宋儒在地方社会治理中对民心政治所作的开创性和尝试性的实践新探索，在今天依然具有深刻而富有启示性的现实意义，故不愿其被永远掩埋在文籍史海之中，特撰此文予以表彰之。兹论述一二，以求教于方家。

一、正确认识传统民本思想的局限和价值

我国拥有悠久而深厚的民本政治思想传统。作为一种流动的理想，民本政治思想在中国历史上形成了一股源远流长而“不时涌现的民本思想之巨流”①。或如梁启超先生所言，民本主义为中国政治思想之一大特色②。然而，自近代以来，随着西方民主思想观念的传入，这一传统逐渐遭到人们的否定和排斥。

迄今为止，如何正确认识和评价、充分挖掘和阐扬民本政治思想传统的价值和意义，依然是摆在我们面前的一个重要的时代性课题。相对于现代的民主而言，传统的民本的确表现出在思维观念和制度实践上的某种缺陷，不过，据此便认为民本就是一种完全落后、根本错误的传统观念亦属不当。民本和民主根植于不同的文化土壤、历史传统，又在近代特殊的时代背景下碰撞，虽在初遇时体现为对立和冲突，但在其根底上亦有互补和相需的一面。简单地用民本拒斥民主体现了一种实践上的幼稚和颟顸，反之，简单地用民主否定民本则无疑彰显了一种理性上的自负和傲慢。一种更加理性而成熟的心智和态度应该是，在继承自身优良民本传统的基础上，通过对它的批评性审视和不断反省来转化改进之，使之适应现代民主形态，并与社会主义民主制度和全过程人民民主实现良性对接，成为现代民主的有益支撑。

关于传统民本的缺点与局限，近代诸贤早有清晰而深刻的洞见。梁启超和萧公权认为，与美国林肯所言民主政治之政为民政、政以为民和政由民出的三种含义或民享、民有、民治的三观念相较，中国传统的民本理念无疑包含着前两种含义或观念，所欠缺的则是政由民出的含义或民治的观念，因此，我先民虽对前二义“见之甚明，信之甚笃”，但毋庸讳言的是，其所谓民本——如孟子民贵之说——毕竟“与近代之民权有别”，故不可将二者相“混同”。③故梁启超

① 金耀基：《中国民本思想史》，法律出版社 2008 年版，第 7 页。

② 参见梁启超：《先秦政治思想史》，东方出版社 2012 年版，第 3—4 页。

③ 参见梁启超：《先秦政治思想史》，东方出版社 2012 年版，第 6—7 页；萧公权：《中国政治思想史》，新星出版社 2005 年版，第 62—63 页。

先生说："夫徒言民为邦本，政在养民，而政之所从出，其权力乃在人民以外。此种无参政权的民本主义，为效几何？我国政治论之最大缺点，毋乃在是。"[①] 萧公权先生亦言："孟子贵民，不过由民享以达于民有。民治之原则与制度皆为其所未闻。故在孟子之思想中民意仅能作被动之表现，治权专操于'劳心'之阶级。暴君必待天吏而后可诛，则人民除取不亲上死长之消极抵抗以外，并无以革命倾暴政之权利。"[②] 然而，此种缺点或局限乃是"由时代环境所限制"[③] 造成的，不能因此便断定民本是一种落后的、错误的观念。其一，如果我们承认梁、萧二先生的论断，那么民本与民主虽有民治之别，但在民享、民有的理念上是共通的，则民本不能作为民主的对立面看待，两者虽是不同事物，但实有相通互补之处。其二，历史对比应基于同样的时间标准。萧公权先生指出："吾人若一考欧洲至十六七世纪犹大倡诛戮暴君之论，至18世纪以后民治之理论与制度始进展流行，则于公元前四世纪'贵民轻君'之孟子，可无间然矣。"[④] 则民本思想在历史中亦有"先进"之时，以古久之民本对应近代之民主并非公平的比较。其三，民本思想有其独立之价值。正如梁先生所说："要之我国有力之政治理想，乃欲在君主统治之下，行民本主义之精神。此理想虽不能完全实现，然影响于国民意识者既已甚深。故虽累经专制摧残，而精神不能磨灭。"[⑤] 这种累经君主专制摧残而终究不能磨灭的民本主义的理想与精神，本身即可作为宝贵的历史文化财富。通达于上述分析，则吾人大可不必再纠结于民本与民主孰优孰劣乃至要民主还是要民本的二难选择困惑，因为它们在一定程度上都是伪问题。真正的问题在于如何充实完善我国固有的民本传统，使之更好地转化成为我国社会主义民主制度和全过程人民民主的有益资源与有力支撑。

---

① 梁启超：《先秦政治思想史》，东方出版社2012年版，第6—7页。

② 萧公权：《中国政治思想史》，新星出版社2005年版，第62—63页。

③ 萧公权：《中国政治思想史》，新星出版社2005年版，第63页。

④ 萧公权：《中国政治思想史》，新星出版社2005年版，第63页。

⑤ 梁启超：《先秦政治思想史》，东方出版社2012年版，第7页。

要实现民本思想的现代转化，辨析民本与民主的差异和融通问题是有必要的，不过，本文的目的倾向于更为基础的工作，即从民心政治这一角度对民本思想作一番考察，以实现对民本思想传统更全面深入的理解。此番考察，正是针对梁启超先生“徒言民为邦本，政在养民”的论述，即弄清古代民本思想是否仅仅是思想层面的空言，在实践层面有无具体的措施。

二、宋代理学家的民本情怀与民心政治实践

何谓民本？“民本”一词源于《尚书·五子之歌》中“民惟邦本，本固邦宁”的论断，近代自梁启超先生在《先秦政治思想史》中专列“民本的思想”章节后，遂成学界研究专题。梁启超先生并未给予明确的定义，在他看来，古代重民思想皆可视为民本思想的表现。此后学者研究也多以罗列其内容的方式呈现其义，颇有分歧。张分田教授在比较分析各种定义基础上将民本思想加以理论化界定，提出民本思想“可以概括为一个核心理念与三个基本思路。核心理念是‘以民为本’，基本思路是‘立君为民’、‘民为国本’、‘政在养民’”[①]。这三个基本思路“从政治本体、政治关系和施政原则三个层面全面论证了‘以民为本’的终极依据、政治理据和操作原则”[②]，“可以涵盖民本思想的全部内容”[③]。张教授对民本思想的定义较之其他列举式定义理论化水平更高，界定更为周延，但仍有不足，即他重视了民本思想作为建构国家或政府的理论依据的一方面，却在一定程度上忽视了民本思想作为施政手段或政治运行机制的一面。民本思想既是一套严密的国家（政府）理论，也是具体的政治运行机制。作为政治运行机制的民本思想，我们可以称之为“民心政治”。

民心政治简单说来就是顺应民心、尊重民意而“以民心为本”的政治。而

① 张分田：《民本思想与中国古代统治思想》（上），南开大学出版社2009年版，第37页。
② 张分田：《民本思想与中国古代统治思想》（上），南开大学出版社2009年版，第39页。
③ 张分田：《民本思想与中国古代统治思想》（上），南开大学出版社2009年版，第37页。

且，在我们看来，顺应民心，尊重民意，不仅是现代民主政治，也是传统民本政治的题中应有之义。古人谈民本并非空疏地讲论原则性理论，而是有具体的措施手段，并务求实际的效果，这种效果就落脚在“民心”之上。孔子论政，必言“足食，足兵，民信之”（《论语·颜渊》），三者虽有次第，却皆为为政之要。民心政治大体有三方面的含义。一是注重民生，即着眼于民众生活的需求和保障。孔子言“既庶矣”而“富之”（《论语·子路》），孟子言使民有“恒产”（《孟子·滕文公上》），荀子言“不富无以养民情”（《荀子·大略》），都注重养民、富民。二是注重民意，即关注民众的政治认知、政治情感和政治态度，并以获取民众对于政治系统正向的支持和同意为目标。孔孟儒家认为，天下的兴亡、国家的治乱直接取决于民心的向背，故真正的良政善治务须深深地植根于顺应民心、尊重民意的基础之上。诚如《大学》所谓“民之所好好之，民之所恶恶之，此之谓民之父母”，而孟子更有名言曰：“桀纣之失天下也，失其民也；失其民者，失其心也。得天下有道：得其民，斯得天下矣；得其民有道：得其心，斯得民矣；得其心有道：所欲与之聚之，所恶勿施，尔也。民之归仁也，犹水之就下、兽之走圹也。”（《孟子·离娄上》）三是注重民俗，强调教化。对孔孟儒家来讲，修己安民，保障民生，富而教之，实现“人性的合理发展与合理满足”[①]，亦即在合理满足人民基本物质生存需要的基础上，进而化之以孝悌仁爱之德，导之以礼义忠信之行，而使之向上向善，乃是政治的本真要义或根本目的所在。据此而言，依孔孟儒家之见，修齐治平，天下归仁，是本原于民心的最大的民本政治，故民本一词实有“以民心为本”之义，则民本思想便是实施“民心政治”的思想。

毋庸讳言，在君主专制及其官僚体制下，很难完全实现孔孟儒家的民心政治理想或将之全面真实地贯彻到政治实践上。但历史上，在入仕为官而志在造福人群的儒家士人君子群体中，也从不缺乏持有这种政治理想的坚定信仰者和

① 萧公权：《孔子政治学说的现代意义》，见《迹园文存》，环宇出版社 1970 年版，第 162 页。

真诚实践者，中国历代正史所载富有道德良知和政治责任心的循良之吏的事迹可为之作见证，他们无疑是儒家文化教养下的特有产物[①]。尤其值得注意的是，孔孟儒家的民本政治理想在宋代理学运动的兴起中得到了全面复兴，在修齐治平的各个层面得到全方位的试行实践，并取得了一定实效。宋世理学家们不仅格外重视增进自身道德品格的心性修养问题，而且具有强烈的以天下为己任的政治主体意识，积极地关切和推明治道问题；不仅特别注重家风家训家礼的建设，而且积极地推动立学兴教、化民成俗即创办书院、讲学育人的事业；不仅卓然立志，亟欲“为天地立心”，兴复孔孟往圣之绝学，而且挺然屹立，亟欲“为生民立命”，将孔孟往圣之民本政治理想提撕发展为以“民胞物与”“万物一体”作为善治目标和“为万世开太平”的崇高境界与普世理想；不仅在君政官治之内致力于实现官箴政德的自我规训，积极践行儒家仁政爱民的政治理想、努力实现民本善治的行政目标，而且还在君政官治之外开创性地探索试行让人民互助自治的乡约式社会治理实践[②]。而本文想特别加以表彰和阐明的就是宋代理学家顺应民心、尊重民意的民本情怀，他们绝不空言民本，而是力行实践，在此我们提出几个极具代表性的典型人物与事例加以评述。

先以两宋最著名的理学家二程、朱子为例。

北宋大儒程颢、程颐兄弟，可谓富有深厚民本情怀的思想家和政治家，他

---

① 详见林存光：《儒家的仁爱政治观与循吏文化》，《孔子研究》2008 年第 5 期。

② 如北宋蓝田吕氏乡约，诚如萧公权先生所说，虽然有其时代的局限性，如：“按《乡约》之明文，参与退出，悉本个人自愿。故入约者势必为乡民之一部而非乡民之全体，乡约乃私人之自由组织而非地方之自治政府。且所约四事，偏重道德。经济教育诸要务，均在合作范围之外。衡以近代之标准，实非完备之自治。”但“吕氏《乡约》于君政官治之外别立乡人自治之团体”，实为“空前之创制”，因为“《乡约》以德业相劝、过失相规、礼俗相交、患难相恤四事为目的。约众公推‘约正’以行赏善罚恶之事。此种组织不仅秦汉以来所未有，即明初‘粮长’‘老人’制度之精神亦与之大异。盖宋、明乡官、地保之职务不过辅官以治民，其选任由于政府，其组织出于命令，与《乡约》之自动自选自治者显不同科也”（《中国政治思想史》，新星出版社 2005 年版，第 354 页）。

们继承和发扬孔孟儒家的民本理念和仁政理想，极力践行顺应民心、厚养民生的民心政治，正所谓“为政之道，以顺民心为本，以厚民生为本，以安而不扰为本”[①]，“《书》曰：‘民惟邦本，本固邦宁。’窃惟固本之道，在于安民；安民之道，在于足衣食”[②]。在此厚养民生的基础上，他们又格外强调教化为先的理念，即通过普及教育来实现“美风俗而成善治”的社会治理目标，如小程伊川先生曰：

> 窃以生民之道，以教为本。故古者自家党遂至于国，皆有教之之地。民生八年则入于小学，是天下无不教之民也。既天下之人莫不从教，小人修身，君子明道，故贤能群聚于朝，良善成风于下，礼义大行，习俗粹美，刑罚虽设而不犯。此三代盛治由教而致也。后世不知为治之本，不善其心而驱之以力，法令严于上，而教不明于下，民放僻而入于罪，然后从而刑之。噫！是可以美风俗而成善治乎？[③]

据朱子《小学》外篇《嘉言第五》，弟子刘安礼问临民，明道先生曰：“使民各得输其情。”可见，明道先生是非常重视民情和尊重民意的。不仅如此，明道先生在为政临民之际，更是将上述为政理念力行实践。据伊川《明道先生行状》，明道先生尝为泽州晋城令，“民以事至邑者，必告之以孝弟忠信，入所以事父兄，出所以事长上。度乡村远近为伍保，使之力役相助、患难相恤，而奸伪无所容。凡孤茕残废者，责之亲戚乡党，使无失所。行旅出于其涂者，疾病皆有所养。诸乡皆有校。暇时亲至，召父老而与之语；儿童所读书，亲为正句读；教者不善，则为易置。俗始甚野，不知为学。先生择子弟之秀者，聚而教之。去邑才十余年，而服儒服者盖数百人矣”，“先生为令，视民如子。欲辨事者，或不持牒，径至庭下，陈其所以。先生从容告语，谆谆不倦。在邑三年，百姓爱之

---

① 程颢、程颐：《二程集》，王孝鱼点校，中华书局2004年版，第531页。

② 程颢、程颐：《二程集》，王孝鱼点校，中华书局2004年版，第511页。

③ 程颢、程颐：《二程集》，王孝鱼点校，中华书局2004年版，第593页。

如父母，去之日，哭声振野”[①]。二程既是民本思想的积极继承者、倡导者，亦是民心政治的忠实实践者。

另如南宋大儒朱熹，尝任职提举浙东常平茶盐公事，“日钩访民隐，按行境内，单车屏徒从，所至人不及知。郡县官吏惮其风采，至自引去，所部肃然。凡丁钱、和买、役法、榷酤之政，有不便于民者，悉厘而革之。于救荒之余，随事处画，必为经久之计。”后来知潭州，“申敕令，严武备，戢奸吏，抑豪民。所至兴学校，明教化，四方学者毕至。”（《宋史·道学三》）显然，朱子是本着儒家民本理念来为政兴教的。正是在朱子知潭州任内，弟子刘炎曾侍从朱子到唐石，亲见朱子“待野叟樵夫，如接宾客，略无分毫畦町”，朱子说：“此一等人，若势分相绝，如何使他得以尽其情？”（《朱子语类》卷第一百零七《杂记言行》）由此足见朱子之“亲民”态度及其格外重视为政应使人民充分展露其内心真实意愿从而得其隐情的重要性，唯此才能在充分了解民意的基础上有针对性地采取切实为民的施政举措。

程、朱的事例在今天看来似乎并无新奇之处，但这平凡无奇正可证明民心政治是民本思想的惯常着落处。说它们平凡无奇，但并非说他们的民本思想和政治事业不值得称道。“徒善不足以为政，徒法不能以自行”（《孟子·离娄上》），善政良法亦需待人而行。即便在现代政治体制下，当意愿诉求遇到势利而冷漠的懒政官僚时，普通百姓会有什么样的真实感受？难道仅仅因为置身现代政治体制，老百姓身边就完全没有烦心事发生了吗？反之，即便生活在传统的官僚体制下，普通百姓一旦遇见富有仁爱精神和民本情怀、热心于对人民的意愿诉求作出积极而负责任的回应的儒家君子型“父母官”，也还是会“爱之如父母”乃至立生祠以示深情感念，这难道不是很容易理解的吗？当然，将希望完全寄托在支配自己命运的“清官”“好皇帝”身上是非常不可靠的，但是，无论是传统的还是现代的政治体制，其实都是需要靠“人”来使其运行并发挥其

① 程颢、程颐：《二程集》，王孝鱼点校，中华书局2004年版，第632、633页。

有效功能和有益作用的。在任何体制之下，丧失理想信念、缺乏道德良知和社会责任心的官僚都是“蠹虫”。明了此点，我们便可知，像程、朱这样亟欲在君主专制下的传统官僚体制内力行实践儒家民本政治理念的理学家，还是非常值得我们致以最大的敬意的。以他们为代表，一大批深怀造福百姓或经世济民之志的儒家士大夫力倡民本思想、力行民心政治，值得我们予以充分肯定。仅仅以传统民本不完全合乎现代民主的标准、传统民本思想传统及其政治实践有其不可避免的缺点或时代局限性，就完全否定或蔑弃之，这种历史态度显然是不客观、不公允，也不合乎理性的。

三、宋儒民心政治实践的具体措施和新尝试

不宁唯是，我们还在这种民心政治实践中发现了一种深具“现代”意义的社会治理实践的新尝试，即传统民本思想传统中不仅蕴含着顺应民心、尊重民意的深刻意旨，而且具备一种切实可行的办法和措施。诚如梁启超先生所说：“我先民极知民意之当尊重，惟民意如何而始能实现，则始终未尝当作一问题以从事研究。故执政若违反民意，除却到恶贯满盈群起革命外，在平时更无相当的制裁之法。此吾国政治思想中之最大缺点也。”[①] 梁先生的这一看法当然是相当精到而深刻的，历史上的确鲜有思想家对如何具体实现民意这一问题作理论上的深入思考和系统研究。但我们似乎也不难发现，在儒官循吏对于民心政治的具体实践中，真诚地致力于实现民意的政治行为却绝非毫无踪迹。

民心政治的实践需要切实了解基层人民的基本意愿与真实隐情，为此，如程、朱的所作所为那样，身为一方主政官员的他们往往采取亲身访求，与基层乡民直接接触的方式了解民情民意。除此之外，南宋儒者还有一些主动征求民意并积极作出回应的有趣案例。

① 梁启超：《先秦政治思想史》，东方出版社2012年版，第45页。

据《宋元学案·岳麓诸儒学案》载，吴猎（畏斋先生）“闻言必复，见义必为，勇不可夺，而未尝有盛气矜色”，“其在荆南也，外而幕府十余人，内而士友十余人，宾客之往来不绝。每旦即出，见投献利害者，以大紫袋贮之，归辄以示人曰：‘又得一囊。’送之书院之士友，令参考之，又会通以幕府之议论。将晚，士友及幕府各以所见来告，初与和齐斟酌而求其当，然后从而行之。……以是事无不知，知无不行”。畏斋先生的这一做法，深得儒家贤达之士的赞许，如时人黄勉斋尝曰：“近日，图维国事，善资于人，未有如吴公者也。”魏鹤山亦曰：“吴公之硕大宽深，山岳镇而江河流也。”而清儒全祖望案语亦评之曰：“如先生者，有得于宣公求仁之学，而施之于经纶之大者，非区区迂儒章句之陋，而其好用善人，则宰相材也。惜乎宋不能大受之，以极其施焉。”① 图维国事政务，绝非想当然地任由私意、独断专行可以济事，务须真实了解民情民意，那么，如何了解民情民意呢？畏斋先生的做法是以“大紫袋”公开征集民意，让人“投献利害”。并且他这不是虚应故事的装装样子，而是在征集民意后，与书院的士友与幕府的客僚共同参考议论，以便和齐斟酌一个妥当地解决问题的实施方案，唯此才能真正做到“事无不知，知无不行”。这种“善资于人”的做法无疑具有现代民主的协商作风，而其“求其当”以力行之，则体现出对于民心、民意的积极回应。据此而言，则今日所说“民有所呼，我有所应”或“接诉即办”，实有深厚的传统文化底蕴。

畏斋先生的事迹并非孤例。另据《宋元学案·静明宝峰学案》载，慈溪宝峰先生赵偕曾为其门人陈文昭撰写《治县权宜》，其文曰：

> 宜每日平明到县，治事毕，抽暇时往学宫，会集贤士，从容讲明政事得失，人物善恶，及将诸簿所书，讨论是否，从公议定，庶几学校有资于政事，政事实出于学校，不致虚文。且亲君子之时多，亲小人之时少，虽不长坐县廷，其功多矣。

---

① 沈善洪主编，吴光执行主编：《黄宗羲全集》第五册，浙江古籍出版社2005年版，第853页。

言路不开，由于不喜闻过，则吏民之谀佞者得以肆其奸邪，岂惟绝君子之来路，且为小人匿过之窟。果喜闻过，则纳忠者众，非惟事之错者得以改正，其奸吏邪民罔我之罪亦不可匿，孔壬不足畏矣。今宜置一簿记己过，询同僚及吏贴，乃至乡都里正、儒释道人有公论者，用木柜封固置学堂，俾进言者实封投于柜，五日一启，请至公无私之人共为考校。吾过果实，勇改不吝，对众责己谢过，然后究问吏贴之罪。[①]

显然，这一《治县权宜》的构想，是希望地方官员能够将地方政事公诸学校贤士，以便从容讲明得失、讨论是否，并根据“公议”来确定解决问题的办法或处理事情的举措，从而实现“学校有资于政事，政事实出于学校”的优良治理目标。而且，为了使地方官员能够开放言路而喜闻己过，不仅“宜置一簿记己过”，而且征询有公论者之意见，还要“用木柜封固置学堂”，以便进言者能够“实封投于柜”，而后“五日一启，请至公无私之人共为考校”。这一构想极其富有理想主义色彩，因为这要求地方官员必须具备博大无私的公共精神、虚怀若谷的无我情怀，不过对于儒家士人来讲，这无疑是他们修己治人的题中应有之义。宝峰先生的主张，以今日眼光观之，是深切希望地方官员具备一种勇于纳谏改过、虚心征集进言、开明民主的作风，用于征集进言的“木柜”不就是当今的“意见箱”吗？“吾过果实，勇改不吝，对众责己谢过，然后究问吏贴之罪”则是对于民心、民意切实的回应。这里还有值得注意的一点是，宝峰先生“学校有资于政事，政事实出于学校”的设想可谓孤明先发，实为黄宗羲力主学校议政的先声。黄氏认为统治者理应“公其非是于学校”，并强烈主张“必使治天下之具皆出于学校”[②]，这在宋儒可说已有类似构想。由上可见，儒家并非空言民本、民心，而是时时留意实现的具体路径方法，惜乎宝峰先生终身未仕，黄氏时遭鼎革，皆未见其亲身实践。

---

① 沈善洪主编，吴光执行主编：《黄宗羲全集》第六册，浙江古籍出版社2005年版，第649页。

② 黄宗羲：《明夷待访录 · 学校》，见沈善洪主编，吴光执行主编：《黄宗羲全集》第一册，浙江古籍出版社2005年版，第10页。

如果说宝峰先生的构想还只是一种理想设计的话，那么，能否见诸实行呢？我们从其门人陈文昭的事迹中可窥一斑。据《宋元学案·静明宝峰学案》载：

陈麟，字文昭，温州人也。以进士为慈溪县尹。慈有赵宝峰者，私淑杨文元公之学，讲道山中，先生从之，北面问难。尤邃于《易》。其为吏，善通下情，自荐绅先生、寓公以至父老，时时咨访，因以得境内一切隐伏事，以相参考。又放古为缿筒，虚中而穴其上，置诸庭，令民有所欲言，投书其中，而削其主名，由是县大小事无不周知，而胥吏辈不敢逞其奸。大岚三女峰岁贡茶，所谓十二雷者也，有司缘为蠹。先生计其常额，平价市之，山中之民以苏。鸣鹤乡有界塘，与姚江接，每霖潦，江水大至，塘辄溃，鸣鹤为壑。先生于塘五尺外，楗木笼竹，加之土而甃以石，自是无水患。转运司禁濒海之私鬻盐者，杖而钛足以徒，先生言于司，听民相贸易。高士大隐杨先生墓在南山，岁久夷其封，先生正其茔域，植碣表之。尤以教化为重，慈溪之民，渐至有耻且格，说者以为自来慈溪第一循吏。[①]

正如一般的儒官循吏一样，陈氏为官一方，极力造福一方百姓，不仅关心民间疾苦，积极解决各种民生问题，而且“尤以教化为重”，并且，像程、朱一样，他也特别注重“时时咨访”民情隐事，但别具一格的是，其“善通下情”更表现在公开征集民意的方式上，即“放古为缿筒，虚中而穴其上，置诸庭，令民有所欲言，投书其中，而削其主名，由是县大小事无不周知，而胥吏辈不敢逞其奸”。

陈文昭以“缿筒”（古代投受函件的竹筒式器物）收集民意进言，名义上虽说是一种“放（仿）古”的做法，但实际上应该说是直接采用了其师赵宝峰《治县权宜》中让进言者实封投于“木柜”的建议，亦与吴猎以“大紫袋”征集收贮投献利害者的进言的方式异曲同工。他们的这些做法并非出自当时的一种制度

① 沈善洪主编，吴光执行主编：《黄宗羲全集》第六册，浙江古籍出版社2005年版，第658—659页。

化的常规设置，而只是一种个案化的政治实验，但正唯如此，便也显得更加弥足珍贵。这几则个案事例的出现绝非由于一时心血来潮的偶然，应该说是民心政治之儒家实践的必然产物。这些事例向我们昭示了传统儒家的一种真实而可贵的政治见解与政治智慧，即务须将社会的治理建立在顺应民心、尊重民意的基础之上。

四、宋儒民心政治实践的教育功能与启示意义

民心政治的儒家践行者不绝于史，不仅证明民本思想的深入人心，而且也说明民本思想和民心政治确乎具有重要的教育功能，堪为古今为官从政者的宗范与龟镜。在传统官僚政治体制下，贪墨蠹政害民的可恶官僚、寡廉鲜耻无行的士大夫，可谓所在多有①，相比而言，理学家的民本情怀及其对民心政治的真诚实践，实属难能可贵，更体现出一种超越时代、含有现代协商民主意蕴的价值。而他们的精神和做法也激励、启发着儒家士子笃行民本思想、民心政治，此诚可谓一种深刻的富有儒家智慧的政治领袖培养之道。

黄万盛先生尝言："在中国智慧中，根本的问题是对政治领袖的培养、教育、监督、限制。"②严格讲，这主要是中国传统中的儒家智慧。孔孟儒家之所以汲汲于兴办私学教育事业，其根本目的即在于通过教育来培养士君子式的政治领袖人才，在我们看来，《大学》也正是一篇专门论述儒家领袖之道的经典名文，它之所以在宋世受到理学家的格外重视和褒扬，正在于此。《大学》所谓"大学之道，在明明德，在亲民，在止于至善"以及"民之所好好之，民之所恶恶之"，无疑揭橥了孔子儒家政治领袖之道的根本原则与核心理念，究其实质，它所强

① 如南宋大儒黄震曾在轮对中"言当时之大弊：曰民穷，曰兵弱，曰财匮，曰士大夫无耻"（《宋史·儒林八》）。

② 曾明珠整理：《当前学术状况的回顾与展望——许纪霖、黄万盛、杜维明三人谈》，见哈佛燕京学社主编：《全球化与文明对话》，江苏教育出版社2004年版，第166页。

调的是，真正的政治领袖乃是以个人高尚光明而具有典型示范意义的道德人格来感召和引领人民的领导者，同时亦是能够与人民好恶同情而亲如一体的领导者，这样的领导者不仅要以养民安民的仁政满足人民的基本生存需求，还要以人伦道德的教化提高民众的道德发展水平，最终实现修齐治平、止于至善的根本目标。宋儒程朱格外重视和表彰《大学》，其根本用意也就是要将此政治领袖之道普及于士人群体当中，使之入仕为官、造福百姓而将之发扬光大。与此密不可分的，正是宋儒那强烈的以天下为己任的政治主体意识和鲜明的“先天下之忧而忧，后天下之乐而乐”的民本情怀。在他们身上，我们可以深刻而明显地感受到政治领袖与世俗官僚之间的根本区别。这一区别古往今来都是一样的，如蒲松龄在“夜叉国”的故事中讲述了一段有关“何以为官”的有趣问答：

> 问：“何以为官？”曰：“出则舆马，入则高堂；上一呼而下百诺；见者侧目视，侧足立：此名为官。”[①]

与世俗为官者不同，真正关切民生、顺应民心、尊重民意而“一切从人民立场出发”[②]的政治领袖则更乐于像朱子那样“单车屏徒从，所至人不及知”地“钩访民隐”，甚至“待野叟樵夫，如接宾客，略无分毫畦町”，也理当像吴猎、陈文昭那样乐于与人民的好恶意愿保持高度一致而做民心政治的真诚实践者。不管怎样，历史经验告诉我们的是，在传统官僚政治的体制下，为官者以民为本，顺应民心，尊重民意，才能真正在心意相通而官民一体中实现社会优良治理的目标，否则，为官者以权谋私，违逆民心，漠视民意，人民向往和追求美好生活的愿望难以实现，则只会导致心意相悖而“官民如仇”（《宋史·儒林六》）的结果。这可以说是一条历经千百年的历史经验检验而得到确证的颠扑不破的政治真理。

---

① 蒲松龄：《全本新注聊斋志异》上册，人民文学出版社1989年版，第359—360页。

② 伍庸伯口述：《〈礼记·大学篇〉解说》，见梁漱溟等：《梁漱溟先生论儒佛道》，广西师范大学出版社2004年版，第153页。

传统儒家在研究人性、人心的理学、心学上成就巨大，就像梁漱溟先生常常说的那样："除非过去数千年的中国人都白活了，如其还有他的贡献，那就是认识了人类之所以为人。"① 在政治实践中儒家亦充满智慧。我们可以这样说，除非过去数千年的中国社会治理实践都白做了，如其还蕴含着丰富的智慧遗产，那就是充分而深刻地认识了"民惟邦本，本固邦宁"的政治真理，对此，我们应充满文化自信而不是胸怀一种文化自卑的病态心理，因为我们拥有源远流长而且总也磨灭不了的民本思想传统，在此思想传统的孕育下，产生过关注民生、顺应民心、尊重民意、笃行教化的民心政治的真诚实践者。

不可否认，任何美好的政治观念或道德的理想信念都不可避免地在实际生活中有被歪曲利用或扭曲误用的可能性，因此，历史上不乏打着人民的旗号统治人民的"假民本"现象，但在历史的长河中我们仍能采撷到一些富有儒家民本情怀、积极践行民心政治的优秀人物的典范事例，这些优秀人物所体现出的熠熠生辉的民本情怀和政治智慧的异样光彩无疑是值得我们倍加珍视的一笔宝贵财富。这充分说明植根于深厚人文精神和民本价值理想的中国传统政治智慧、政治品德，同样能够培养和孕育出一些具有道德良知和政治责任心的政治领袖人物。

民本思想所彰显的政治理性和人文精神，无不体现出其深远而弥足珍贵的启示性价值与意义，民心政治作为民本思想的政治实践，也随着历史社会的变迁而不断发展。民本思想和民心政治是历史的，在过去主要由儒家来承载和体现，但它们也是发展的，我们并不需要根据其与现代民主的距离之远近而评价其价值，因为它们从根本上依存于政治实践。贬抑民本者强调传统民本思想的"极限"，并认为民本思想预设了"谁"以民为本的那个主体的存在，因而在本质上是一种专制思想。但实际上，现代民主是代议制民主，亦有政府与社会、官

---

① 梁漱溟：《中国文化要义》，见中国文化书院学术委员会编：《梁漱溟全集》第三卷，山东人民出版社 1990 年版，第 130 页。

员与民众、治理者与被治理者之别，不可避免存在代理人风险，公共权力仍有腐化的可能，政权的稳固仍然是核心的政治问题，在这种情况下，民本思想与民心政治在现代民主体制下仍有其正面的存在价值，仍有其不断发展的空间，又何来“极限”之说！

中国共产党作为民本思想和民心政治的当代实践者，深刻认识到民心的重要性，习近平总书记明确提出“民心是最大的政治”①、“以人民为中心”②等重要论断，充分体现了“中国共产党治国理政的独特智慧”③。新时代推进中国式现代化，实现人民共同富裕，实现中华民族伟大复兴，亦充分体现了最广泛的社会诉求，是民心之所向，因而也是“最大的政治”④。民本思想和民心政治在现代民主政体下体现出前所未有的生机和活力。实现传统民本思想和民心政治的创造性转化和创新性发展，与社会主义民主相衔接，推进全过程人民民主，理应是中国传统政治思想研究者不可推卸的历史使命。

（本文与侯长安合写）

①《习近平在十八届中央纪委六次全会上发表重要讲话强调　坚持全面从严治党依规治党　创新体制机制强化党内监督》，《人民日报》2016年1月13日第1版。

② 习近平：《决胜全面建成小康社会　夺取新时代中国特色社会主义伟大胜利——在中国共产党第十九次全国代表大会上的报告（2017年10月18日）》，《人民日报》2017年10月28日第1版。

③ 杨彬彬、马玉婕：《“最大的政治”论断的演进、特点与价值》，《当代中国史研究》2019年第6期，第73页。

④《中央经济工作会议在北京举行》，《人民日报》2023年12月13日第1版。

后 记

本想着只是将学习出版社于2017年8月出版的《天下为公与民惟邦本》一书纳入这套儒学著作集中，后来觉得有必要将一些主题相关的论文附在后面，但论文越增越多，篇幅扩增得已不宜再使用原来的书名了，故只好为此书重新命名，作为本书编辑的好友赵锐为本书起了一个好名字《儒家政治理念》，这是我首先要说明并须表达诚挚谢意的！需要说明的就是，本书所收论文中有几篇是笔者与学生侯长安、杜德荣、蔡鱼游合写的。另外，前两篇文章中的某些段落内容难免有一些重复，还有的文章是从《古典儒家政治哲学》一书中选取部分章节经删节修改而成，有的已发表有的还未发表，请读者朋友谅察！

关于着力阐释儒家之“理念”的用心和立意，我在《儒家的理念》一书后记中曾作过交代与说明，这里不妨再略言几句。借用法国著名汉学家葛兰言在《中国文明》一书“引言”中的一句话说，中国人的精神生活似乎“从未停止过从古代理念中汲取灵光，并一点点贮存着，没有过真正意义上的思想匮乏和理念贫穷”，而且，伴随着某种“社会活力的新型积淀”，“它同样有能力在事实上的不断高压下不断更新自己的理念”。在今天，当我们能够以目前的理解能力重新发现古人思想中具有特殊价值的理念，而不是像历史考古学家对待历史那样仅仅期望能够准确地描述古人的思想，那么，这些具有特殊价值的理念便会因我们投去的目光而在我们的心灵中重获新生。一个个理念，犹如一颗颗精神的种子，当其遇到适宜的土壤——个体心灵和人类生活的土壤时，就会生根发芽，不断生长，乃至开出鲜艳的花朵，结出丰硕的果实。又或者，当这些富有价值的理念在人类心灵之中孕育成熟，它便会如春风化雨般润物细无声地“渗透”进人类生活的各个领域，滋长发育，乃至发挥泽润生民的无穷功用。

就影响我们中国人最为深远的政治理念来讲，老子道家的政治理念明显具有两歧性，一方面崇尚“生而不有，为而不恃，长而不宰”（《老子·第51章》）或“顺物自然而无容私焉”（《庄子·应帝王》）之博大宽容的道德境界，但另一方面又试图将并不天然属于他们的“无知无欲”强加于人民。而法家的政治理念则只有一种单向性的含义，那就是运用权势和法术全面操控和支配人民，因此，他们积极发展一种以鼓励耕战和富国强兵为目的的新型的权力行使技术和对国民实施“数目字管理”的法术理念，如《商君书·去强》所曰：“举民众口数，生者著，死者削。民无逃粟，野无荒草，则国富。”“强国知十三数：竟内仓、口之数，壮男、壮女之数，老、弱之数，官、士之数，以言说取食者之数，利民之数，马、牛、刍藁之数。欲强国，不知国十三数，地虽利，民虽众，国愈弱至削。”很显然，法家的法术理念及其权力行使或行政管理技术，不是要与真正的“人”打交道，而是只在意如何有效地处理“人口”问题或利用各种物质人力资源。尽管老庄道家和商韩法家政治学说的理论旨趣和根本用意不同，但他们均有将民与物同视、“混人物为一谈”（梁启超评道家语）的思想倾向，不是将人民视同“无知无欲”的婴儿而欲“浑其心”而“孩之”，乃至使其过一种“民如野鹿”而“同与禽兽居”的“天放”式生活，就是将人民视同心智低下的婴儿或只知好利自为而可资利用的愚昧工具而统御之以服务于君国利益。然而，孔孟儒家的政治理念绝不如此，他们乐于与“人”打交道，特别注重人类的心灵特质及其多层次的基本人性需要，极力反对单纯运用强制性的刑法政令手段来实施对人民的统治，深切希望人民能够得到良好的道德礼义的教养，过上一种物质富足且富有伦理情谊的文明生活。

那么，我们扪心自问：究竟愿意生活在完全“无知无欲”的自然状态中，还是愿意生活在完全被人操控的奴役状态中，抑或更愿意生活在人与人“彼此互以人相待”的文明状态中呢？在我看来，此无须烦言而可决也。尽管我们都知道，对于那些讲求现实和注重功利主义目标的人来讲，孔孟儒家那富有道德理想主义和人文情怀的政治理念始终都是“迂远而阔于事情”的，但依我所见，在先秦诸子中，孔孟儒家的道德人格和政治学说是最为可亲、可敬、可信的。

法国著名思想家福柯曾说：“我们生活的至关重要的焦点是我们所在社会的政治运作”，而“对政治无动于衷这会是个真正的问题”。如果我们对政治不能无动于衷的话，那么，我们就需要认真思考究竟什么样的政治理念才是我们真正所需要的，如果孔孟儒家的政治理念仍然是我们需要认真汲取的有益资源的话，那么，我们就应该毫不吝惜地对孔孟表达我们的敬意和热爱。而对于我们所热爱的人，福柯说，“我就要运用他的思想”，或者“我们唯一能够表示的感激正是运用它、改变它，让它呼喊，让它细语”。我们大可不必忙于自我标榜为“儒家”，或者忙于制造各种各样的“儒学”标签，以炫耀或眩惑于世人。

“风物长宜放眼量”，撒播一些优良的“理念”种子，等待它们生根、发芽，乃至开花、结果，只要人心不死，未来便可期，希望总还是有的！谓予不信，我们不妨以大学为例而做个思想实验。梁启超先生在其经典名著《先秦政治思想史》一书第五章论儒家思想时就曾做过这样的思想实验。他说，孔子所主张的“道之以政，齐之以刑，民免而无耻。道之以德，齐之以礼，有耻且格”，此诚“在中外古今政治论中，实可谓为最彻底的见解”。“试以学校论，道之以政齐之以刑，则如立无数规条罚则，如何如何警学生之顽，如何如何防学生之惰，为师长者则自居警察，以监视之勤干涉之周为尽职。其最良之结果，不过令学生兢兢焉期免于受罚，然以期免受罚之故，必至用种种方法以逃监察之耳目，或于条文拘束所不及之范围内故意怠恣，皆所难免。养成此种卑劣心理，人格便日渐堕落而不自觉，故曰免而无耻。道之以德齐之以礼者，则专务以身作则，为人格的感化，专务提醒学生之自觉，养成良好之校风。校风成后，有干犯破坏者，不期而为同辈所指目，其人即亦羞愧无以自容，不待强迫，自能洗其心而革其面也。故曰有耻且格。此二术者，利害比较，昭然甚明。”

我们不妨以大学论，孔子的政治理念不仅可以被用于师生人格之陶冶和优良校风之养成，更可被用于科研活动之管理和优质学术之奖诱。如果是真正的教育家孔子，他会怎么做呢？我想孔老夫子有着丰富的兴办私学、广育人才的教育经验，他一定会依照着明明德、亲师生、止于至善的“大学之道”来管理一所大学，要而言之，即是：德行修则校风正，师道尊则授业传，著述富则学术兴。如果要我详细具体地讲讲，而且不拘泥于一隅之见的话，在我看来，也许杜维明先生所讲的哈佛大学培养学术人才的模式更符合孔子儒家的理念，杜先生曾在《当前学界的回顾与展望》中如是说：“像哈佛对人才的培养，我常说要感谢哈佛，因为我刚来哈佛时，在哈佛燕京，他是尽量了解你想干什么，绝对不压抑你，但导引你，他告诉你，我给你很大的发展空间，可你要知道我们不是随便浪费资金。他是放长线，不要求短时间见成效，他给你是一个承诺，你对他也是一个承诺，但这一下就是你一生的志业，因为，你有其他的各种可能性，为什么非要在这方面，他让你可以怀疑、反思，慢慢地走。假如他用一个模式来对付你，他就没办法得到你。他用的是循序渐进的方式。”

反之，如果让专门的法术家韩非来治理一所大学呢？实效为先，法术为用，以吏为师，任数不任人，严格制定各种科研考核和学术评价的标准，信赏必罚，“人孰敢不听而化诸”（《庄子·应帝王》）！故法术之吏曰：“孔老夫子汲汲于‘删述六经，垂宪万世’实在是太无聊可笑了，现在都什么时代了，还讲什么著述等身？孔老夫子虽然‘删述六经’，但并没有留下自己的私人著作，苏格拉底、佛陀和耶稣也没有什么著作留世，要著作何用？‘明主之国，无书简之文，以法为教；无先王之语，以吏为师’，这是一条千古不易的绝对真理。所以现代大学学术只需要制定一套论文量化考核的分类标准就可以了。这套标准就是：应将学术论文划分四个等次的期刊论文，分别为A类、B类、C类、D类，A类属权威，C类属核心，B类介乎权威与核心之间，D类属一般。其中，唯一重要的是A类论文，它足以支撑起一所现代大学的学术大厦，而专著再多也比不上一篇A类论文，科研奖励、人才评价和职称晋升均应遵照这一标准来严格执行，合理合法有何不可？”

上述儒、法二术，利害比较，不知读者朋友会认同和选择哪一个。宋儒伊川先生尝言：“苟长贰非人，不知教育之道，徒守虚文密法，果足以成人才乎？”（《河南程氏文集》卷七）伊川先生此言堪足警世，任何富有良知的教育家，都应将之置诸座右以时刻提醒自己。然而，有些东西似乎就像瘟疫一样总会在各大学间迅速滋生、传播和蔓延，乃至学术不必求其真，论文不必求其质，唯期于标准单一而便于行事的“法术”，这在今天似乎呈现出一种压倒真正的“教育之道”之势。而依据福柯的说法，将学术囚禁在人为制定的量化考核标准和硬性等级规定之中，这肯定是当代人的一项极富创造性的发明，一种现代一些大学治理中倚法以生事而重为学术之扰的崭新的加强学术管理的权力行使技术！当本为天下之公器的学术成为被这样一种新型的权力行使技术任意操弄之物时，你本想为学术奋斗终身，而结果却发现，你一生所过的只不过是一种被这种新型权力行使技术操弄和囚禁的学术人生。

但是，我们还是不必太过悲观，因为这世上，不光有法术家，像孔子和伊川那样的儒家式的真正的教育家和明白人还是有的。我相信，只要孔子儒家的教育之道和政治理念还没有被我们完全遗忘和蔑弃，这便是这个时代不幸中的大幸，我们岂非还有希望乎？谓予不信，请看英国著名学者李约瑟在《中国古代科学思想史》一书中讲过的一句妙语："研究中国思想史者，往往不耐儒家之微言大义，如然，则请先阅法家书籍，再复研讨儒学，则必能热诚欢迎，并体认其依于人道而严拒暴政之深义。"请先阅法家书籍，再复研讨而弄懂儒家之微言大义并热诚欢迎之，你就可以做一个真正的"有耻且格"的人，果真如是，你也就不会再一直陷溺迷失于法术的操弄之中，乃至养成一种卑劣心理，人格亦日渐堕落而不自觉，从而只能做一个上欺下蒙、昏昏然倚法以生事而重为学术之扰的"无耻"之徒啦！

姑且以儒家之微言大义留一点希望在人间吧！否则，学术的独立、尊严与权威又何由建立呢？

林存光

2025年2月25日